历史文脉系列

简明中华哲学史

JIANMING ZHONGHUA ZHEXUE SHI

彩色插图

鲁方华 编著

北京工业大学出版社

图书在版编目（CIP）数据

简明中华哲学史/鲁方华编著.—北京：北京工业大学出版社，2013.9
（历史文脉系列）
ISBN 978-7-5639-3615-1

Ⅰ.①简… Ⅱ.①鲁… Ⅲ.①哲学史—中国 Ⅳ.①B2

中国版本图书馆CIP数据核字（2013）第166921号

简明中华哲学史

编　　著	鲁方华
责任编辑	郑　华
封面设计	宋双成
出版发行	北京工业大学出版社
	（北京市朝阳区平乐园100号　100124）
	010-67391722（传真）　bgdcbs@sina.com
出 版 人	郝　勇
经销单位	全国各地新华书店
承印单位	三河市元兴印务有限公司
开　　本	787 mm×1092 mm　1/16
印　　张	25
字　　数	418千字
版　　次	2013年9月第1版
印　　次	2021年1月第2次印刷
标准书号	ISBN 978-7-5639-3615-1
定　　价	58.00元

版权所有　翻印必究
（如发现印装质量问题，请寄本社发行部调换 010-67391106）

前言

  中国哲学是世界几大类型的传统哲学之一。它致力于研究天人之间的关系和古今历史演变的规律，有着自己独具特色的自然观、历史观、人性论、认识论和方法论，特别重视哲学与伦理的联系。它以本民族特有的理论思维形式表现唯物主义和唯心主义、辩证法和形而上学的相互斗争、相互影响的过程，曲折地反映了中国历史上的阶级斗争和生产斗争。

  中国哲学史是中国文化的精华部分，是中华民族的认识史。它展示出中国哲学与神学在斗争中发展前进的历程，展示出人类抽象思维从低级向高级，人类认识由浅入深的发展历程。

  学习祖国优秀的哲学遗产，可以提高我们的民族自信心。本书围绕中国哲学史每一历史时期各哲学学派和哲学思潮及其代表人物的思想，来展开有重点性的梳理、阐发、探讨、分析，力求准确地诠释和通俗地表达传统哲学思想的意蕴，并充分注意传统哲学的多样性与丰富性，全面展示其哲学本体论、价值论、人性论、认识论和方法论等各个侧面，从而弘扬哲学文化，创造未来的精神文明。

  由于时间仓促，加之水平有限，本书错漏之处自是难免，诚望读者批评指正。

先秦哲学 001

一、中国上古哲学思想 002
二、老子的哲学思想 029
三、孔子的哲学思想 038
四、墨子的哲学思想 050
五、孟子的哲学思想 063
六、庄子的哲学思想 071
七、孙武的哲学思想 079
八、荀子的哲学思想 086
九、韩非的哲学思想 097
十、惠施和公孙龙的哲学思想 107

秦汉哲学 117

一、《史记》的哲学思维 118
二、《盐铁论》的哲学内容 124
三、汉初"黄学"的哲学思想 129
四、陆贾的哲学思想 131
五、贾谊的哲学思想 133
六、刘安与《淮南子》 137
七、"罢黜百家,独尊儒术"的哲学思想 141
八、扬雄的哲学思想 144
九、谶纬和象数之学 148

十、《白虎通义》的宗教神学思想……153
十一、道教渊源与早期道教……157
十二、王充及其《论衡》……161
十三、王符的哲学思想与治道架构……164
十四、仲长统的哲学思想……169

魏晋南北朝哲学　　177

一、玄学的产生及演变……178
二、王弼的哲学思想……181
三、裴頠的哲学思想……190
四、郭象的哲学思想……194
五、无神论思想家范缜……204
六、魏晋南北朝时期的佛教与哲学……213

隋唐五代哲学　　225

一、吕才、李华的反世俗迷信思想……226
二、卢藏用、李筌的"天人观"……229
三、韩愈的哲学思想……230
四、柳宗元和刘禹锡的哲学思想……233
五、皮日休的无神论与《无能子》的自然观……238
六、罗隐的反君主专制思想……244
七、隋唐时期的佛教与哲学……248

宋代程朱理学与陆王学派 259

- 一、程颢对"仁"的认识 260
- 二、程朱的"理"的观念的来源 261
- 三、程颐的"理"的观念 262
- 四、宋代新儒学的修养论 263
- 五、朱熹对理学的贡献 265
- 六、陆九渊论心 278
- 七、宋代士大夫与禅学 280
- 八、道教的隆盛与大发展 285
- 九、佛教的兴起与初传中国 290

元代理学的传播 297

- 一、元代理学的大力弘扬 298
- 二、"异端"思想家邓牧 300
- 三、宋元时期的道教教派 301
- 四、元代禅学思想 305

明代哲学 313

- 一、明代哲学概述 314
- 二、王守仁的宇宙观 316
- 三、李贽的哲学思想 322
- 四、黄宗羲、顾炎武和王夫之的哲学思想 324
- 五、明代心学与禅学思想 327

清代哲学   **333**

一、龚自珍的哲学思想……………………334
二、魏源的哲学思想………………………341
三、严复的哲学思想………………………343
四、康有为的哲学思想……………………355
五、谭嗣同的哲学思想……………………363
六、梁启超的哲学思想……………………369
七、近代早期改良主义代表人物的哲学思想……375
八、孙中山的哲学思想……………………377
九、佛学对清代思想界的影响……………385

先秦哲学

　　先秦哲学的发展大体可分为中国哲学的萌芽、诸子前哲学和诸子哲学三个阶段。

　　哲学的萌芽是同原始宗教相联系的，主要表现为相信灵魂不死和崇拜自然物的自发观念。在殷商奴隶社会占统治地位的思想是天帝神权观念，周灭殷后发展为天命主宰一切的观念，周公提出"敬德保民"、"以德配天"的思想。以《周易》为代表的早期阴阳、五行观念尚未完全摆脱宗教神学的束缚，表现出一种科学思维的萌芽同宗教、神话幻想的联系。

　　诸子前哲学为西周末至春秋时期，这一时期奴隶主阶级的统治出现了危机，天命神权思想也发生了动摇。出现了原始的阴阳、五行观念，对自然界的变化作了某些唯物主义的解释，表现出无神论的倾向，同时发展了朴素辩证法的思想。在《诗经》中还出现了疑天、责天的思想。

　　春秋末年，孔子创立儒家学派，是中国哲学进入诸子百家之学的开端。在春秋战国时期的社会大变革中，先后出现儒、墨、道、法、名、阴阳等重要学派，围绕着天人之际和古今之变以及名实、礼法等问题展开了激烈的哲学论辩，学派之间既互相斗争又互相吸取，每个学派内部也不断分化和发展，使这个时期的思想斗争呈现出错综复杂的局面，从而促进了哲学的繁荣。

一、中国上古哲学思想

人类一开始并无任何宗教可言,到了旧石器时代中、晚期,氏族公社产生,人类社会形成为一个个比较稳定的血缘集团。这时,人的体质与思维能力有了进步,集团内部语言有了发展,某些禁忌和规范已经形成。人们以集体的力量和简陋的工具与自然界作斗争时,一方面逐步认识到人们的生产活动与某些自然现象的联系;另一方面又受着自然界的沉重压迫,对自然界的千姿百态、千变万化得不到正确的理解。于是,恐惧与希望交织在一起,对许多自然现象作出歪曲的、颠倒的反映,把自然现象神化,原始宗教便从而产生。

事实上,原始宗教是中国哲学思想的前源,早期人类的知识是简单而又缺乏系统的。当灵魂的观念出现并且获得扩展之后,原始宗教便成为早期人类知识的总框架。作为一种复杂的文化现象,中国的原始宗教表现为自然崇拜、图腾崇拜、祖先崇拜及神话等,它们对哲学、政治、文学的兴起产生了积极的作用,并与其保持着相互影响、相互交融的密切关系。

(一)自然崇拜中的哲学思想

种种迹象表明,中国原始宗教的基本表现形式是自然崇拜。所谓"自然崇拜"就是对自然界的存在物的神化并且将对其的敬畏与景仰心理通过一定的祭祷仪式表现出来。

由于生产力水平低下,先民对于自然现象的崇拜尚处于"自发"阶段。其情感是朴素的,崇拜仪式也不像后世那样复杂。此等情形,于《礼记·祭法》可略见一斑:"山林川谷丘陵,能出云,为风雨,见怪物,皆曰神。有天下者祭百神……此五代之所不变也。"尽管《礼记》是后来儒家所奉持的经典,其叙述的内容已带有后人的思想成分,但就"祭百神"这种宗教活动而言却透露出远古

时期先民生活的许多信息。这里所描述的山林川谷等都属于地上的存在物,说明远古先民一开始就对自己赖以生存的这些存在物抱有特殊的景仰之情。

从地下发掘资料以及诸多古文献中可以看出,我国先民所崇拜的自然神是相当多的。

贺兰山类人面像岩画

《尚书·舜典》说:"禋于六宗,望于山川,遍于群神。"文中所谓"六宗"指的是星、辰、风、雨、司中、司命。对于前四项人们比较熟悉,对后二项,人们相对陌生。"司中"系星名,指文昌宫第五星。《周礼·春官·大宗伯》曾言及祭祀司中之事;《史记·天官书》谓斗魁戴匡六星为文昌宫,其第五星为司中。而"司命"也是星宿之名,屈原《楚辞·九歌》有少司命之咏叹,所指即此。《史记》以为所居为文昌宫第六。另外,或又以之指三台星中的上台二星,亦即大司命。不论其大其小,说明司命神之原形实为星宿。至于文中所言"山川"当指山川之神。最后,以一个"遍"字总括所祭祀神明之多,故谓之"群"。这个"群"可以说上达日月星辰风雨雷电,下至五岳名山以及地方上那些给人们带来神秘感的大大小小的山丘河流。总之,大自然在先民们心目中既是熟悉的,又是陌生的。风雨雷电张狂之际所体现的超凡能力,无疑给抵御能力相对低下的先民们造成极大恐惧。面对其威胁,先民们希望通过祈祷而免受灾难,这应该说是先民们崇拜大自然的最为直接的原因。从这种崇拜现象的考察中,我们可以发现,那时的先民有着将自己的命运与自然界紧密相连的思维特征。

当农业逐步发展起来时,崇拜对象便以土地及谷物为主,这是因为这时土地与谷物乃是人们食物的主要来源。所以,我们看到了诸如"社"或"稷"一类的崇拜对象的描述。《左传·昭公二十九年》:"共工氏有子曰句龙,为后土……后土为社……有烈山氏之子曰柱,为稷。"

《国语·鲁语》也有类似的话:"昔烈山氏之有天下也,其子曰柱,能殖百

伏羲与九河神女及属神治理天东一万二千里的地方

谷百蔬；夏之兴也，周弃继之，故祀以为稷。共工氏之伯九有也，其子曰后土，能平九土，故祀以为社。"

这里所言之"后土""稷"尽管都已经人格化了，但依然可以看出原始自然崇拜的遗迹。因为"后土"的本质是"土"，它是先民赖以生存的最基本的条件，在农业社会里情况尤其如此。"土"与"后"相连，表明了对于土地的崇拜与女性作为社会主要角色有关。因为"后"字本似产子之形态。那时的妇女不仅担当生育的重任，而且在农业生产中也起着相当重要的作用。故丁山先生指出："原始农神，不论任何民族，总以崇祀女性者居多数。传说中的伯益，既为烈山泽的火官，又为驯服鸟兽的虞师，这正是中国古代文化史上由渔猎进步到畜牧时代的反映，也是农业生产的萌芽。"（《中国古代宗教与神话考》）从人格化的情形来看，土地之神最初乃具有女性的特质；不过，若从更为深层的意义上来考究，则应该看到，在农神女性化的背后所蕴藏的是先民们对于土地的无限景仰。这在从"土"向"社"的衍生过程中即可得到见证。"社"字右边为"土"，左边为"示"。许慎《说文解字》称："社，地主也。从示、土。"郑玄以为，"社"乃祭土而主阴气，是"神地之道"。所谓"神"用作动词，"神地"即是对大地的崇拜。先民们为什么崇拜大地？简单讲，就是因为大地是生存的根本，粮食所出之源。在那个时候，粮食的代表为"稷"，它对于先民们的生存而言也是不可缺少的，故在古代往往"社稷"并称。作为崇拜对象，"社稷"在夏、商、周三代都已演变为相应的神话人物，但就原形而论，它们则都带有自然属性。先民们对社稷的崇拜，体现了明本报功的心理。

远古中国原始宗教信仰所反映的先民思维特点是：第一，简单的类比思维。先民由于对睡眠、做梦、死亡等现象不理解，遂引出"灵魂不死"的观念，表明了先民开始思考人的生死问题。他们以自身作为参照，并同生存环境以及周围的各种存在物进行类比，于是得出了"万物有灵"的看法，尽管这种看法还比较幼稚，但体现了先民将自己与周遭相联系的思维。第二，实用的混沌思维。在实际活动中，先民对具有特殊贡献的祖先也视为神灵，并且同自然存在物结合在一起，如以"句龙"为后土，以"柱""弃"为稷，正体现了混沌思维的特点。在这里，某种自然存在物如稷、土，实际上即是祖先的符号，而反过来，某一位祖先也可以看作自然神的代表。

（二）图腾崇拜与祖先崇拜

随着先民活动的逐步丰富，空间地域的扩展，其思维也更加活跃起来。于是，他们开始思考自己种属的来源。但因为认识的原因，他们不能科学地解释这个问题，便把自己的种属的发端归之于动植物，这就出现了"图腾崇拜"。这是随着氏族产生而形成的一种早期宗教形态。

图腾一词源自美洲印地安人鄂吉布瓦人的方言，意为"他的亲族"。其特点是每个氏族都起源于某一种自然物或自然现象，例如某种动植物。这些动植物等就是他们认同的祖先，作为图腾的现存动植物被看作他们的亲属，不准杀食。同一图腾的人不准结婚。他们相信图腾祖先是氏族的保护者，认为现存图腾动植物的兴衰象征着氏族的兴衰，所以要保护、崇拜图腾。

图腾以动物为多，如袋鼠等。中国历史上也有图腾崇拜的现象，如瑶族的狗图腾崇拜，再者在古代的画像中，伏羲、女娲都是人首蛇身，很可能是蛇图腾。史载，黄帝为有熊氏，熊当为其氏族图腾，《左传·昭公十七年》载："昔者黄帝氏以云纪，故为云师而云名。"据说，其时春官为青云，夏官为缙云，秋官为白云，冬官为黑云，中官为黄云。相传黄帝战蚩尤，蚩尤驱虎豹熊黑参战，这个故事中也很可能留存有图腾崇拜的信息。

与图腾崇拜密切相关的是女始祖崇拜。中国古姓有不少是女字旁，如姬、妇等。我们知道，古字有"威"字。在甲骨文中，"威"字的象形文是一把斧头底下站着一个女子，表示这女子掌握生杀之权。古称母亲为"威姑"，这证明了那时女子的崇高威望。再看，西王母的"王"，本读去声，表示火燃烧旺盛，其背后隐藏着女子在火种保护方面的重要作用。

在古代还流行着许多女始祖与图腾动植物感触或婚配而繁衍人类的观念。如炎帝族的女始祖女登遇龙感生炎帝，黄帝族女始祖附宝见电光感生黄帝，等等。这些感生女始祖都受到了崇拜，另外从考古资料中，我们也可以发现女始祖崇拜的现象。

由母系氏族过渡到父系氏族，男子成为社会与家庭的中心人物。反映到宗教观念上，便出现了男性生殖器崇拜，即"且"崇拜。作为男性生殖器形象符号的"且"字，为汉字"祖"的古体。值得注意的是，母亲的称呼本叫作"姐"，这是一个"女"字与"且"的结合，它透露出了古人对生殖问题的高度重视。但不管是"姐"还是"祖"，其本字乃是"且"。对于"且"字的解释，有人认为最初可能是一个祖先的牌位，但从形象来看，更像是一个男性生殖器。

图腾崇拜与祖先崇拜实际上是一种氏族宗教，其特点是具有自发性、氏族性、制度性、地域性和功利性，这时的宗教对氏族制度具有重要影响。从某种意义上说，图腾崇拜促进了氏族的形成与巩固，同时在社会经济生活中也起着不可低估的作用。而在伦理规范、文化习俗方面，氏族宗教也扮演着极其重要的角色。

图腾崇拜与祖先崇拜阶段的思维特点主要有：第一，寻根思维。这是追察人类自身本原的一种思维。这种思维是在与自然存在物进行类比的基础上产生的。寻根思维对于先民思想的发展以及后来的意识形态具有极大的影响。直到现代，许多文艺作品依然表现出强烈的寻根意识。第二，强化思维。出于一种信仰上的情感，先民们相信他们所崇拜的图腾和英雄祖先具有着超人的功能。先民们将一些常人所达不到的愿望寄托在图腾与先祖身上，这实际上是

中华民族共同崇拜的图腾形象——龙

黄帝陵

强化了崇拜对象的功能。

（三）巫术的产生及其哲学蕴含

巫术来自于舜帝部落。传说舜帝的时候，为了给老百姓生产食盐，满足人民群众的生活，舜就让他的一个儿子到巫咸国做了酋长，巫咸国因善于煮卤土为盐而得名。巫咸国的人右手操青蛇，左手操赤龙，地处大荒之中，它与巫即、巫盼、巫彭、巫姑、巫真、巫礼、巫抵、巫谢、巫罗称作十巫。巫咸国在安邑城南，传说有盐池，上承盐水，水出东南薄山，西北流，经巫咸山北。

巫咸山在安邑县南，山西运城的潞盐历史在上古时期已有。运城之"潞"名，最早称"卤"，即产盐的"卤土"，后来因为音同，篡作"潞"。"潞"今作运城，地在古安邑西。

传说舜的儿子做了巫咸国的酋长，带领巫咸国生产食盐。当地的巫咸人掌握着卤土制盐的技术，他们把卤土蒸煮，使盐析出，成为晶体，外人以为他们是在"变术"。加上巫咸人在制盐的过程中，常举行各种祭祀活动，希望南风为他们带来好的气候等，以利于析盐。他们的祭祀有各种表演，并且附有各种许愿和祈祷的言语。最后才开始各道工序，直至生产出白色结晶的食盐。

这一整个过程，在别的部落看来，好像是在实施一种方术，于是人们称这种会用土变盐的术为"巫术"。这就是"巫术"一词的由来。

今人知"巫术"就是会"变术"。其实，巫术最早是指巫咸人的制盐技术，也就是"巫人制盐之术"。今天的巫师就是由此得名的。

巫术是一种力图利用虚构的超自然的力量来实现对客体施加影响和控制的法术。巫术的产生比宗教早，而在宗教极大地发展起来以后，巫术依然有它存在的土壤，并且与某些宗教行为结合在一起。

在远古和上古，人们的主观能力与客观世界自然力以及社会力的比差极其悬殊，通过巫术行为的有形活动，能够激发并增强人类对自身能力的认识和信心。巫术的这种效用，是生产力十分低下的原始人谋求生存和斗争的重要精神支柱。所以巫或巫官，在古代天文星变中得列为星宿之名。《甘石星经》记载："巫官二星，在房（星）西南，主医巫之职事也。"

应当认为，巫术发展的最初阶段是在不同感知基础上的个体巫术，后来经过诸多个体巫术的积累，为着整个氏族、部落共同利益的目的而集中了这种积累里有普遍意义或被公认为可以广泛使用者，才上升到所谓公众巫术。正是在这个过程中，巫师应运而生了。这时候，巫师已经得到了社会的公认，从而相应地有了与众不同的地位。因此，他们便有条件以更多的精力来从事氏族、部落的文化创造和积累，许多原始历史、神话、传说、历法、天文、医药等知识，以及歌唱、表演、祭祀、祈祝等技能便渐渐地集中到他们身上。自然而然的，他们常常成为氏族或部落的首领，巫事即王事，王事即巫事。

中国古代巫术相当发达，著名的"三易"——《连山易》、《归藏易》和《周易》皆为其重要成果。巫师中女性居多，并专称巫；男性巫师除称巫外，则专称觋。巫、觋所行整套巫术程式称为降巫或巫降，巫、觋行巫时所奏音乐称为巫音，所念咒语称为巫咒，所独有的步式称为巫步。

根据良渚文化的墓葬情况来判断，巫、觋皆集中葬于祭坛，男觋的随葬品有玉琮，而女巫大多没有，可见与父权制的确立相协调，觋的地位高于巫。

巫舞，是巫的一种重要活动。《尚书·伊训》中有"敢有恒舞于宫，酣歌于室，时谓巫风"的记载，其疏云："巫以歌舞事神，故歌舞为巫觋之风俗也。"

三峡的巫山神女峰，历来见之歌咏，引发人们美丽的遐想。山名为"巫"，可见巫在当年是多么美好的事物。

在中国历史上，曾有巫、史结合的阶段，从夏代到商代，巫师即史官，史官即巫师。这种巫、史不分的情况，直至西周初年依然不变。原因是由于当时编辑典册、记录先王世系史料及王事活动的史官，需要有对占卜、祭祀、天象、历法等的专业知识，无论大史、小史、内史、外史、御史，这些都是非巫师莫属的，于是巫师的高层职务便以史官为其归宿，巫师由此分化为官巫和民巫两种。

官巫是先秦巫官文化的主体，官巫除担任史职外，主要

巫舞

负责验测国运、预卜战争、司掌祭祀、指导政治等。大名鼎鼎的巫咸即为官巫，《世本》说他是"始作巫者"，是殷中宗之贤相。巫贤，或云系巫咸的儿子，则为殷祖乙倚为柱石，《尚书·君奭》有云"在祖乙时则有若巫贤"，即指其事。

关于官巫的情况，可进一步参考《周礼》的《春官》、《夏官》、《秋官》等篇，这三篇所记多为各种官职掌四时之礼（《冬官》已佚，估计也是这样）。这些官职的司掌范围大多与巫、卜、祭等有关，如春官大宗伯的职务，就是掌握王邦祭祀天神、人鬼、地祇等的礼制；小宗伯则掌建国之神位、社稷、宗庙，于四时郊祭五帝。此外，还有掌群巫之政令的司巫，这种司巫并掌巫降之礼。

巫师治史、参政，实为中国知识分子的原型。

上古凡巫师皆专医术，《山海经·大荒西经》关于"大荒之中，有山，有灵山，巫咸、巫即、巫盼、巫彭、巫姑、巫真、巫礼、巫抵、巫谢、巫罗十巫，从此升降，百药爰在"的记载，所谓"百药爰在"，很能说明当时人们对巫师的看法。巫术所含合理的医疗术，乃是从经验提炼得来，在一定条件下会向医疗俗信转化，直接或间接地服务于生活和生产。

据《史记·封禅书》记载："周人之言方怪者自苌弘。"苌弘当周灵王（公

元前571—前545在位）时，声言可以通过射击不来朝的诸侯的替身，招致诸侯乖乖地前来。怎奈此术并不灵验，还招来杀身之祸。苌弘所施之术，实际上就是巫术。

总之，巫术信仰和巫术活动在中国古代社会特别是下层人民中间一直保持着相当炽盛的态势，它对古代政治、军事、法律、文化、民俗乃至中国人的思维方式和价值观念都曾产生过深刻的影响。

（四）上古神话中的哲学思想

神话发生在人类早期，代表了人类蒙昧时期对自然、社会、人类的充满幻想的认识，是各个民族在诞生初期必然经历的一段文化现象。世界上每个历史悠久的民族的童年时期都产生过大量神奇的，富有幻想性与创造性的神话故事。

神话是原始人认识自然、改造自然，以及与自然斗争的结晶。原始人缺少必要的科学知识，借助想象来认识自然；原始人受到自然的威胁，借助神力来改造自然；原始人没有力量和自然抗衡，创造了超自然的神来与之抗衡；原始人把现实中的人也神化，即英雄化，或者妖魔鬼怪化。

中国古代也有丰富的神话故事，但是我们的上古神话没有系统地保存下来，今天我们只能在一些古籍中看到零星片断的记载。应该说，各民族都有自己的古代神话，且各有特色。例如我国北方阿尔泰语系的民族和南方南亚语系的民族，由于自然环境的不同，其神话谱系也不一样。从至今仍然存活在这些民族的口头传说或文字记载的情况看，北方草原大漠以"苍狼"、"树"为民族图腾的神话就不见于南方，而南方的"洪水"神话则不见于北方。黄河、长江流域汉藏语系各民族的神话又有它的独异之处。但像盘古的神话、女娲的神话又为中原和南方许多民族所共有，说明这些民族神话谱系的相近，也说明远古各民族文学的相互影响。

《山海经》是先秦时代保存神话最多的古籍，其书名最早见于《史记·大宛列传》，但其内容在战国时已被广泛称引。今本《山海经》为十八卷，三十九篇，其中分为《山经》、《海经》、《大荒经》。《山海经》多言怪物，但也有学者将它看作真实的地理著作。实际上，《山海经》是运用神话的方式记录了古代人的地理知识，与其说它是一部地理著作，倒不如说是一部神怪及神话故事集。《山海经》按地理方位记叙了海外的物产、动物及各个奇异的国家。其中充满了神奇的

幻想，地理、历史、国家、民族、动物、植物、矿藏、医药等诸多方面都被神秘化或者妖魔化。《山海经》以记录描述为重点，如描写的奇形怪状的动物，或者兼有人、兽的形体特征的山神，贯胸国、羽民国、长臂国、不死国、大人国、小人国的奇异相貌、习性和风俗。再如，《海外西经》中有"奇肱之国在其北，其人一臂三目，有阴有阳，乘文马。有鸟焉，两头，赤黄色，在其旁"的记载，类似于此的奇奇怪怪的事物数不胜数。而在这些奇谈怪论后面，隐藏了许多上古时代的文化、风俗和人类理想，保存了许多原始神话。在所有的古代文献中，以《山海经》最有神话学价值，如鲧禹治水、刑天舞干戚的故事就出自其中。

另外，在《诗经》、《楚辞》等文献中，也有神话的遗留，《诗经》中的《商颂·玄鸟》、《大雅·生民》，《楚辞》中的《天问》、《九歌》，都有神话的痕迹。《左传》、《国语》、《逸周书》、《庄子》、《孟子》、《墨子》、《韩非子》、《吕氏春秋》、《淮南子》、《穆天子传》，也有被改造过的原始神话的影子，特别是《淮南子》中保留了女娲补天、共工怒触不周之山、后羿射日、嫦娥奔月等神话，以及海外三十六国、昆仑山、九州等传说，都是原始神话的记录。

中国古代神话在流传过程中，逐渐被先秦文人的理性精神所改造，并最终被历史学家去伪存真，这应该说是一个伟大的进步，是中华民族由蒙昧进入理性化文明社会的必然。不过，社会变迁的频繁，书写工具的限制，理性化的历史观念的产生，给我们了解原始人类的原始思维的历史造成了困难。"子不语怪、力、乱、神"，就表明到了春秋晚期，孔子对神话的理性化的文化态度。

中国古代神话多数散见于各种文献，一般皆比较短小，其中有些神话在各个民族有不同的流传，但也有共性。这些故事均具有叙事文学的特点，现罗列其中部分梗概。

女娲补天：《风俗通》、《淮南子·览冥训》等载，

《山海经》插图

往古之时，四极废，九州裂。天不兼覆，地不周载，火滥炎而不灭，水浩洋而不息，猛兽食颛民，鸷鸟攫老弱。于是女娲炼五色石以补苍天，断鳌足以立四极，杀黑龙以济冀州，积芦灰以止淫水。由此，"苍天补，四极正；淫水涸，冀州平；狡虫死，颛民生"。

女娲造人：《风俗通》载，天地开辟，未有人民，女娲抟黄土做人，剧务，力不暇供，乃引绳于绲泥中，举以为人。故富贵者黄土人也，贫贱凡庸者绠人。

后羿射日：《山海经·海内经》、《淮南子·本经训》载，羲和，帝俊之妻，生十日。一日方至，一日方出。尧时十日并出，草木焦枯。尧命后羿仰射十日，中其九日，故留其一日也。

鲧禹治水：《山海经》、《淮南子》、《天问》、《尚书》、《孟子》载，舜的时候，洪水滔天。人间洪水泛滥，鲧为了堵治洪水，没有得到天帝的同意就盗取了天帝的息壤，所以引起了天帝的震怒，天帝派祝融在羽山近郊杀了鲧。鲧的儿子叫大禹，天帝命令大禹接替了他父亲的职务，继续治洪水安定九州。禹三过家门而不入，为通轩辕山化为熊，其妻涂山氏见到后因羞愧而变为石头。石头开启生子，因名为启。最后禹用疏导的办法止住了洪水。

盘古开天地：相传上古时代世界开辟以前，天和地混混沌沌成一团，像个鸡蛋一样，盘古就生在这当中。过了一万八千年，天地分开了，轻而清的阳气上升为天，重而浊的阴气下沉为地。盘古在天地中间，一天中有多次的变化，他的智慧比天还要高超，他的能力比地还要强大。天每日升高一丈，地每日

女娲造人

后羿射日

大禹治水

黄帝与炎帝大战

盘古开天地

《黄帝战蚩尤》连环画封面

夸父逐日

增厚一丈，盘古也每日长大一丈。这样又过了一万八千年，天升得非常高，地沉得非常深，盘古也长得非常高大。天地开辟了以后，才出现了世间的三皇。

黄帝与炎帝大战：《史记·五帝本纪》载，轩辕时代，神农氏的后代已经衰败，各诸侯互相攻战，残害百姓，而神农氏没有力量征讨他们。于是轩辕就习兵练武，去征讨那些不来朝贡的诸侯，各诸侯这才都来归从。而蚩尤在各诸侯中最为凶暴，没有人能去征讨他。于是轩辕修行德业，整顿军旅，研究四时节气变化，种植五谷，安抚民众，丈量四方的土地，训练熊、罴、貔、貅、貙、虎等猛兽。轩辕势力的日渐强大，引起了炎帝的不满。于是，轩辕跟炎帝在阪泉的郊野交战，先后打了三仗，才征服炎帝，如愿得胜。

黄帝战蚩尤：《山海经·大荒北经》载，蚩尤制造了多种兵器用来攻击黄帝，黄帝便派应龙到冀州的原野去攻打蚩尤。应龙积蓄了很多水，而蚩尤请来风伯和雨师，兴起一场大风雨。

黄帝就降下名叫魃的天女助战，雨被止住，于是杀死蚩尤。

夸父逐日：夸父与太阳竞跑，一直追赶到太阳落下的地方。他感到口渴，想要喝水，就喝黄河、渭水的水。黄河、渭水的水不够他喝，他又去北方的大湖喝水。他还没赶到大湖，就在半路上因口渴而死。夸父遗弃的手杖，化作一片桃林。

精卫填海：《山海经·北山经》载，有座山叫发鸠山，山上长了很多柘树。树林里有一种鸟，它的形状像乌鸦，头上的羽毛有花纹，白色的嘴，红色的脚，名叫"精卫"，它的叫声像在呼唤自己的名字。它其实是炎帝的小女儿，名叫女娃。有一次，女娃去东海游玩，溺水身亡，再也没有回来，所以化为精卫鸟。它经常叼着西山上的树枝和石块，用来填塞东海。

大海奔腾咆哮着，嘲笑它说："小鸟呀，你就是干上一百万年，也休想把大海填平！"精卫在高空中答复大海："哪怕是干上一千万年，一万万年，我也要把你填平！"

中国古代神话是对中国原始社会原始人认识水平的反映，具有非常强的现实性。根据中国现存神话，我们可以把中国古代神话分为三类：一是关于自然神的故事；二是关于英雄神的故事；三是关于异人异物的故事。自然神神话，如风神蜚廉、雨师屏翳、水神共工、旱神女魃、火神祝融的故事。英雄神的故事，就是我们在上面所列的以女娲、后羿、黄帝等为主人公的神话。异人异物神话故事，

精卫填海

比如羽民国，国民长有翅膀，可以自由飞翔；骥头国的国民人面鸟喙，有羽翼，以捕鱼为生；奇肱国的人臂长，乘飞车。

如果考察中国古代神话的特征，在主题及叙事方面有如下特点。

一是反映民生疾苦。原始神话，无论是关于自然的还是社会的，都与现实密切关联，如洪水神话、太阳神话，实际是水灾、旱灾现实困境的反映。

二是反映原始人认识自然、改造自然的愿望。原始人关于开天辟地、女娲补天、女娲造人、大禹治水、后羿射日、共工与颛顼争为帝等神话，就是原始人认识自然的形成、自然现象、改造自然、改造人类的生存境遇的努力。

三是体现原始人追求社会公正、反抗暴力和邪恶的自由意志。黄帝与炎帝的战争、精卫填海，甚至原始人与自然界邪恶势力的斗争，都是原始人希望消除现实霸权，掌握自己命运的自由意志的体现。

中国古代神话在艺术上可以看作是一种对后代叙事文学有深远影响的一种文学形式，但是这种叙事形式是简洁的，没有敷衍的，这与西方神话完全不同。当然，这其中可能与中国古代神话在早期就脱离传说而以文字记录有关，但是这种现象使我们有理由推断，中国古代神话，特别是在中原地区流传的神话故事，与中国古代文学崇尚简洁的艺术精神有一脉相承的渊源。同时，中国古代神话所具有的想象性、虚构性，把自然人化，把人神话、妖魔化的想象力，也给中国文学的想象性提供了可资借鉴的传统。

从今天的立场看来，上古神话似乎显得十分幼稚，但它们却表现了古人的一种探索精神。德国神话学家恩斯特·卡西尔说："只要哲学力图确立一种理论的世界观，那它所面对的，与其说是直接的经验实在，不如说是这种实在的神话变形。哲学并没有发现它在后期所获得的（并非没有哲学反思的关键性作用）那种形式的自然，其特征是高度发达的经验意识，相反，整个物质世界掩蔽在神话思维和神话幻想之中。"

按照这种看法，植根于物质世界之上的意识形态不仅都被神话思维所笼罩，而且神话本身也具备了哲学的理念。哲学理论的世界观不过是神话的变形而已。这话虽然一时难于令人所接受，但只要看看思想史立刻就会明白其中发人深省的意蕴。在西方近代思想史中，早已有"神话哲学"的分支，这就显示了国际学术界确已认定神话之中哲学意义的存在。

德国哲学家谢林说："并不是神话受自然影响而产生，因为它宁可说是使人

类的内在生活摆脱这种影响；而是神话过程根据同样的规律，经历了那些自然界最初经历的阶段……因此它不只具有宗教意义，而且具有宇宙意义，因为在它之中所重复的是宇宙的进程；因此，包含在神话过程中的真理就是宇宙真理，无一例外。我们不能像人们通常所做的那样，否认神话的历史真实性，因为它的产生所经历的过程本身就是真实的历史，一个实实在在的事件。我们也不能排除自然真理，因为在神话进程中如同在宇宙进程中一样，自然是一个必然的转变阶段。"谢林认为，神话是根据自然规律描述了宇宙进程，其中包含着宇宙真理和自然真理。用我们的话来说，那就可以认定神话是以一种特殊的语言形象来反映一种进程。神话不仅具有解释功能，而且还具有礼仪功能与操作功能。所谓解释功能，是说它以象征化的语言情节来对宇宙的发生、变动和周围的种种事物进行一种解读；所谓礼仪功能，是说在神话中又包含了先民的伦理道德观念，这种观念以故事情节的形态向氏族成员们演示了一些应该遵循的道德原则。所谓操作功能，是说神话的语言本身又被视为具有巫术的实践引导。一旦有了必要，神话传播地区的人们就会根据其所象征的条规来进行巫术活动，以达到当时所可能进行的集体实践。

神话是一种象征符号体系，所以我们可以说，神话思维的最基本特色就是象征性的思维。在这种体系中，神话根据相似性原理使宏观宇宙与微观宇宙达到了对应。神话是具体的，但它又以一种悟性的方式来对宇宙进行整体把握。在神话体系中，物与意义之间并没有明显的界限，双方在一种直接的统一体中达到了融合状态。

（五）殷周宗教变革的哲学意义

殷周是中国思想史的一个关键性阶段，因为这是一个社会发生巨大变革的时期。在这个时期中由于社会的变革从而引起了意识形态的变革，这当中也包括了宗教变革。由于考古资料的发现，人们对殷周社会与宗教的研究比起在这之前的情况的研究要方便得多了，因此所获得的结果自然也是丰富得多了。

关于宗教变革的问题，学者们向来颇注意《国语·楚语下》之中的一段话："及少皞之衰也，九黎乱德，民神杂糅，不可方物。夫人作享，家为巫史，无有要质，民匮于祀而不知其福。烝享无度，民神同位，民渎齐盟，无有严威，神狎民则，不蠲其为，嘉生不降，无物以享，祸灾荐臻，莫尽其气。颛顼受之，乃命南正重司天以属神，命火正黎司地以属民，使复旧常，无相侵渎，是谓绝地天通。其后三苗复九黎之德，尧复育重黎之后不忘旧者，使复典之，以至于夏商，故重黎氏世叙天地，而别其分主者也。其在周，程伯休父其后也。当宣王时，失其官守，而为司马氏，宠神其祖，以取威于民，曰：重实上天，黎实下地。"

这是观射父回答楚昭王关于"重黎实使天地不通者"问题时的一段历史回顾。文中所指"少皞"又称"少昊"，是古史上确切记载以鸟为图腾的氏族部落。王嘉《拾遗记》称少昊"以金德王"，一号"金天氏"。在先民的心目中，少昊是太阳神，该氏族乃以太阳鸟为其图腾。"九黎"是古代南方的部落名。"南正重"为句芒，形容太阳发出的耀眼光芒，因运转于正南方上中天的位置，故称"南正"；"火正黎"为祝融，它本是火神，但却位居北方。《史记·律书》司马贞《索隐》说："火是地正，亦称北正者，火数二，二地数，地阴，主北方，故火正亦称北正。"至于"颛顼"或称之"高阳"，它本是北方之帝，但却远在南方，故古代郊祭的天坛置于南郊。《国语》这段话的大体意思是说：在少昊氏的时候，其统治开始衰微。那时南方的九黎部落不依典要，乱了神谱，每家每户都可以降神，神与人之间没有一定界限，神与神之间也没有一定等级。到了颛顼的时候，对这种情况进行整顿。其结果是"绝地天通"，就是说颛顼任命"重"作为"南正"负责整理天上诸神的等级，任命"黎"作为"火正"负责管理地上的人民，断绝地上的人民随意与神的交接，这就把宗教的事务垄断起来，与以往发生根本性的变化。可见，"绝地天通"是一场宗教的变革。

自"绝地天通"以来，巫史的全民宗教之性质发生了变化，官办宗教由之而兴。官办宗教的重要特点之一是形成了特殊的专业祭司队伍，这就是巫祝史。所谓"巫"主要是进行沟通人神关系工作的职业者，"祝"则是掌管宗教祭祀的具体仪

楚昭王

规者,"史"是记载古代宗教活动的文职人员。

从神谱信仰体系来说,殷周的变革还体现在以天神为至上神,崇天神学占据绝对统治地位。

"天"在殷商是很重要的概念。《诗经·商颂·玄鸟》一开始就写道:"天命玄鸟,降而生商。宅殷土芒芒,古帝命武汤,正域彼四方。"从这首诗歌可以看出,"天"已经具备了"上帝"的意义。实际上有关资料已显示,早在夏代,"天"已被作为至上神来崇拜。《墨子·兼爱》引《禹誓》说,禹进攻三苗前召开了一个誓师大会,声称征伐有苗乃"用天之罚"。这是把自己的军事行动说成出于"天"的旨意。《论语》记载,夏禹曾穿上隆重的礼服——黻冕虔诚祭天,足见"天"在那时所具有的崇高地位。商代对"天帝"的信仰更为笃坚,《尚书·汤誓》说"有夏多罪,天命殛之"。由此,商汤灭夏也找到了同样有力的神学根据。周人灭商之后,出于历史的教训,提出了天神"唯德是辅"的主张,《尚书·周书·召诰》说:"王乃初服。呜呼!若生子,罔不在厥初生,自贻哲命。今天其命哲,命吉凶,命历年;知今我初服,宅新邑。肆惟王其疾敬德?王其德之用,祈天永命。"

召公姬奭

这是召公视察洛邑时分析形势的一段话。其中谈到"疾敬德",就是要加急地推行德政!召公告诉新王即周成王必须用美德向上天求永久的福命。由此不难看出周朝对上天的坚定信仰,同时对"以德配天"的强调。在周朝上层人物之中,由于看到历史的教训,故认为王朝的权力不仅得之于"天",而且还受到"天帝"的监督。这个"天"更加神圣化了。

在"天帝"的统摄下,原先的各种神灵信仰也形成了与宗法制度相对应的系统。祖先崇拜、鬼神崇拜、圣贤崇拜等诸多形态共同构成了传统宗教的庞杂体系。与此同时,宗教仪式逐步完备起来,各种相应的法术、方术应运而生。

殷周之际的宗教变革从政治上看是专制统治意志的反映，但却也有它的哲学意义。首先，这种变革促进了大一统思维形态的逐步形成。我们知道，殷商已经相当重视"君权神授"的问题。天帝是天上神灵世界的最高权力代表，同时也是地上王朝最高权力的一种反映。"帝"是神灵统一的象征，这种象征无疑对社会典章次序产生了规范作用，从而促进了哲学上"大一统"思维的初步建立。西周建立了广大而统一的国家，标榜"普天之下，莫非王土，率土之滨，莫非王臣"（《诗经·小雅·谷风之什·北山》）。这是政治上的"大一统"观念，而它显然与宗教神灵信仰的一体化有很大关系。这种"大一统"思维对于秦汉的国家建制具有深刻影响。其次，这种变革还反映了哲学上的规整平衡理念。重、黎二人，司天、司地，均号之以"正"，这个"正"便意味着一种规范。与此同时，殷商按照东西南北中的次序来整理神谱，这又具有平衡对应的韵味。而这种平衡对应又是以天象观察为基础的，天象的变迁造成了神灵的变化。这种以"天象"为参照系的神灵谱系规范，对于往后《周易》的天人相应思想有一定的启迪。

（六）《周易》的哲学思想

《周易》包括《易经》和《易传》两部分，《易经》是周文王被囚羑里城时，据伏羲先天八卦演绎成后天八卦（即文王八卦），又进一步推演为六十四卦，并作卦辞和爻辞。羑里城是《周易》的发源地，位于汤阴县城北八千米羑、汤两河之间的空旷原野上，为殷纣王囚周文王处，是我国历史上自有文字记载以后第一座国家监狱。相传为孔子所作的"十翼"被称为《易传》。

据《史记》记载，商代末期，国君纣荒淫残暴，上下怨恨。而西部的诸侯国在西伯姬昌的治理下日益强大，这引起了殷纣王的疑虑。恰在此时，"九侯有好女，入之纣。九侯女不熹淫，纣怒，杀之，而醢九侯。鄂侯争之强，辩之疾，并脯鄂侯。西伯闻之窃叹。崇侯虎知之，以告纣，纣囚西伯羑里"。姬昌在羑里被囚的漫长岁月里，发愤治学，潜心研究，将伏羲八卦演为十六卦、三百八十四爻，并提出"刚柔相对，变在其中"的富有朴素辩证法的观点，用了整整七年的时间，著成《易经》一书，后被列为五经之首。这便是历史上著名的"文王拘而演周易"的故事。后人为纪念西伯姬昌，在羑里城遗址上建起文王庙。

《易经》是一部用阴阳学说揭示和描述宇宙内在本源规律的书，民间称之为"无字天书"，它是中国最古老的文献之一，并被儒家尊为"五经"之首。据

文王庙前"易圣"周文王塑像

《周礼·春官》记载：太卜"掌三易之法，一曰连山，二曰归藏，三曰周易"。根据郑玄《易赞》的说法，"夏曰连山，殷曰归藏，周曰周易"。这说明早在夏代，甚至更早的时候，"易"作为我们祖先思考宇宙实体的一种观念就已经出现了。《易经》以一套符号系统来描述状态的变易，表现了中国古典文化的哲学和宇宙观。它的中心思想，是以阴阳两种元素的对立统一去描述世间万物的变化。

《易经》中蕴含的哲学思想是我国人民具有唯物主义世界观的真实写照。实际上，自周朝以来，经历代圣贤先师的不断努力和完善，《周易》已经有了很大发展。现代所称的《易经》泛指丰富和发展了的一整套易学理论，包括易理和象数两派的主要著作。

《周易》是最能体现中国文化的经典，它认为世界万物是发展变化的，其变化的基本要素是阴和阳，《易传·系辞》中说："一阴一阳之谓道。"世界上千姿百态的万物和万物的千变万化都是阴阳相互作用的结果。《周易》研究的对象是天、地、人三才，而以人为根本，三才又各具阴阳，所以《周易》六爻而成六十四卦。正如《说卦》："立天之道曰阴与阳，立地之道曰柔与刚，立人之道曰仁与义。兼三才而两之，故《易》六画而成卦。分阴分阳，迭用刚柔，故《易》六位而成章。"乾为纯阳之卦，坤为纯阴之卦，乾坤是阴阳的总代表，也是阴阳的根本。孔子在《易传·系辞》中说"乾坤其易之门邪"，"乾坤其易之蕴邪"。《易纬·乾凿度》中说："乾坤者，阴阳之根本，万物之祖宗也。"通行本《周易》本经排序以《序卦》的次序为基础,而以乾、坤两卦为首。《易传·系辞》开篇即云:"天尊地卑,乾坤定矣。卑高以陈,贵贱位矣。动静有常,刚柔断矣。"《文言》是专门论述乾坤之卦德的传文,并将乾坤之德性引申发挥至人文道德范畴。说明乾、坤是《周易》中最重要的两卦,也是《周易》阴阳哲学的基础。

阴阳是我们祖先对物质世界的抽象的分类和描述,这样简单抽象的描述,随着对物质世界认识的深入,祖先们肯定感到很不够。通过进一步观察,按《易经》上讲,我们的祖先是仰观天文,俯察地理,"远取诸物,近取诸身",发现了万物类象的规律,即万物按其类基本相象,有的阳的成分多一点,有的阴的成分多一点,有的外阳内阴,有的外阴内阳。于是把所有的事物(开始主要是物质)拿来分类,结果可分成八大类,万物都拿来分类了,没有不能纳入这八大类之中的。为了描述这八大类物质,于是用八个符号来代表之,这八个符号就是由阴阳组成的,后来称之为八卦,这就是八卦的起源。

《周易》历经数千年之沧桑,已成为中华文化之根。易道讲究阴阳互应、刚柔相济,提倡自强不息、厚德载物。在五千年文明史上,中华民族之所以能够久历众劫而不覆,多逢畏难而不倾,独能遇衰而复振,不断地发展壮大,根源一脉传至今,是与我们民族对易道精神的时代把握息息相关的。文王当时做的是很伟大的科学研究,他对自然的社会的万事万物的分类归纳总结和运动变化发展规律的揭示和描述,是如此的严密和准确,具有如此强大的生力,历几千年而不衰,是现代所谓的诺贝尔科学奖成果所不能比拟的。现代的许多科学成果有许多是以《周易》理论为源泉,从《周易》理论中得到启示而发展起来的,二进制计算机的发明就是显著的例子。

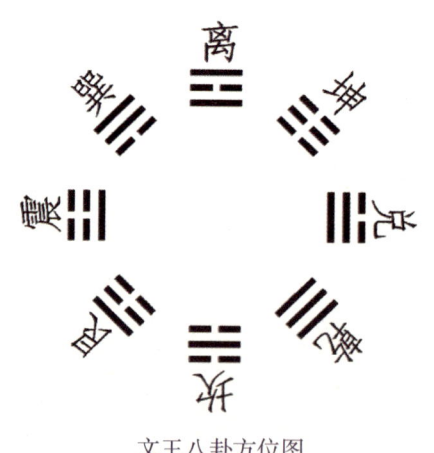

文王八卦方位图

(七)《尚书》中的哲学内容

《尚书》为一部多体裁文献汇编。该书分为《虞书》、《夏书》、《商书》、《周书》。战国时期总称《书》,汉代改称《尚书》,即"上古之书"。因是儒家五经之一，又称《书经》。这部书的写作和编辑年代、作者已很难确定，但在汉代以前就已有了定本。据说孔子曾经编纂过《尚书》，而不少人认为这个说法不可靠。

《尚书》更多的记录是古人的"精神属性"和"意识属性"。中国历代古人就是运用这些哲学思想改造物质世界和人类社会的。自汉以来，《尚书》一直被视为中国封建社会的政治哲学经典，既是帝王的教科书，又是贵族子弟及士大夫必遵的"大经大法"，在历史上很有影响。

在中国哲学的研究中，"德"是个重要的范畴。"德"在《尚书》中出现了114次。"天德"、"元德"、"德元"等概念在《尚书》中的出现，以及《尚书》作者对"三德"和"九德"的论述，都表明"德"在《尚书》中不仅已经被抽象和提升为一个哲学概念，而且还具有了最高哲学本体的意蕴。因此，研究中国哲学，应当把《尚书》中的"德"作为一个重要的范畴来看待。

《尚书》书影

在《尚书》中，德已经具有了最高本体的意蕴，这主要表现在《尚书》作者把德和天联系在一起，以天论德，提出了"天德"、"元德"和"德元"三个概念。首先是出现在《吕刑》篇中的"天德"："惟克天德，自作元命，配享在下。""克"在这里有胜任、承担的意思。联系上下文来看，"惟克天德"的目的就是要"自作元命，配享在下"，就是要在社会中处理好各种关系和事务，因此，"惟克天德"体现了《尚书》作者以"天德"来贯通天、地、人的基本思想观念。"天德"既体现着自然法则，也体现着社会法则；既彰显着宇宙之理，也呈现着人生之理。这样的"德"，不仅具有了明确的哲学内涵，而且还具有了统摄宇宙和人生的最高本体的意蕴。

"天德"在《尚书》中虽然只出现了一次，但以天论德、把天和德统一在一起的思想在《尚书》中是一贯的。《皋陶谟》篇中认为，德源自天，"天命有德，五服五章哉！"有人将这句话解释为："典礼德刑皆从天出，天次叙人伦，使有常性。"用天命之德来阐释人事，说明社会中的高低贵贱和伦常秩序是德的哲学意蕴的重要体现。德与天为一，人生天地间，获得的天之德越多，其收益就会越大；获得的天之德越少，其收益就越小；悖天而行，则会受到天的惩罚。正如朱熹在《朱子语类》中所说："若德之大者，则赏以服之大者；德之小者，则赏以服之小者；罪之大者，则罪以大底刑；罪之小者，则罪以小底刑，尽是'天命、天讨'，圣人未尝加一毫私意于其间，只是奉行天法而已。"

《君奭》、《洪范》等篇也对天和德相统一的思想进行了阐发。一方面，人只有顺德、有德才能与天命和天意相合；另一方面，只有顺天承命，才会真正拥有德性，这就为人类的生活和实践活动找到了依据。《君奭》说："亦惟纯佑秉德，迪知天威。"上天所助佑的都是奉德之人，天的威严和灵性由此来彰显，服从了德也就是服从了天，因此，作为统治者就必须好德、顺德、用德。《召诰》也要求统治者通过顺德、用德来祈求天假以年："王其德之用，祈天永命。"统治者是这样，老百姓也不例外。《高宗肜日》曰："民有不若德，不听罪，天既孚命正厥德。"老百姓若有不顺德者，天就会以其孚诚和信道端正其德性与德行。这就从正反两个方面把德和天直接统一起来了。

德所具有的最高本体的哲学意蕴，还体现在《尚书》中出现了与"天德"紧密联系在一起的两个概念："元德"和"德元"。《酒诰》云："兹亦惟天若元德，永不忘在王家。"元，有开始、大、本原的意思，还有首的意思。无论是开始、本原，还是大和首，这些含义与德结合在一起，就给德赋予了哲学的意蕴。再结合"兹亦惟天若元德"这句话的具体含义来看，"天若元德"是说天顺从其大德（《释言》释"若"为"顺也"）。连上天都要顺应它，这样的德是什么呢？这就是《易传·文言》所说的"先天而天弗违，后天而奉天时"的宇宙本体之"德"。本体之德，《文言》亦称为"大人之德"，它"与天地合其德，与日月合其明，与四时合其序"。本体之德，自天言之，谓之"天德"、"元德"；自人言之，谓之"大人之德"。大人之德是内在于人之中的天地之德。因此，这里的元德应该是具有普遍性和一般性的哲学意义上的德。

"元德"在《召诰》篇中被称作"德元"，其云："其惟王位在德元，小民乃惟刑用于天下，越王显。"意谓君主居德之首，身备大德，百姓效法王德，如此则王德行于四方而化于天下。"德元"和"元德"一样，都是在最高本体的层面上说的，颇似后儒所说的天道或天理。

《尚书》所说之德所具有的最高本体意蕴，在《皋陶谟》的"九德"说中也已有所显现。"九德"说见于《皋陶谟》，其基本内容是："宽而栗，柔而立，愿而恭，乱而敬，扰而毅，直而温，简而廉，刚而塞，强而义。"九德是讲"德"，也是讲"行"。皋陶曰"亦行有九德，亦言其人有德，乃言曰，载采采"，说的正是这个意思。"德"是用来扶"行"的，"行"则是"德"的归宿和目的。因此，"九德"直接把"德"与"行"统一起来，正是这一点奠定了中国传统哲学和伦理的德、行统一的基本特征。这是《尚书》对中国哲学与伦理思想发展的重要贡献。

对"九德"的理解仅仅停留在伦理的层面上是不够的，必须立足于哲学的高度才能把握其完整的意义。已如前述，《洪范》的"三德"说已明显地具有了哲学的意蕴。我们可以把《洪范》提出的"三德"说看作是对皋陶"九德"说的继承和发展。《洪范》"三德"实际上是对《皋陶谟》"九德"的进一步抽象和概括。相对于"三德"来说，"九德"对德的阐释较为具体细致，但二者都已上升和抽象到了哲学的层面，这一点是共同的。

其实，无论是"三德"说，还是"九德"说，在本质上都是把"德"和天、地、人的本质特性联系在一起作出的疏解。天刚、地柔、人直，集此三者之特性于一身的"德"，其作为形上的最高本体范畴的意义和地位，是毋庸置疑的。后来，《左传·文公五年》讲："天为刚德，犹不干时，况在人乎！"天刚而能柔，地柔而能刚。《易传》讲："立天之道曰阴与阳，立地之道曰柔与刚，立人之道曰仁与义，"就是从《尚书》的"三德"、"九德"理论中汲取了思想资料。

总之，"德"在《尚书》中已经具有了哲学上的最高本体的义蕴，尤其是首次出现于中国哲学史上的"天德"概念，后来在郭店竹简的《成之闻之》等篇和《易传》中得到了发展，并对儒道两家的哲学和伦理思想的发展产生了重大的影响，对此我们应予以高度的重视。

通常情况下，人们认为德是通过社会舆论和主体的内在自觉来调整、维系人们之间关系的行为规范，因而，它所表示的是一种积极的行为和选择。但是，在《尚书》中，积极的道德行为称作德，消极的非道德的行为甚至是恶行，也被称作德。如《多方》云："尔尚不忌于凶德，亦则以穆穆在乃位。"因为不知畏惧和忌讳而不慎入于凶德，就应当以恭敬之心来保有自己的禄位。又如《立政》云："惟羞刑暴德之人，同于厥邦。乃惟庶习逸德之人，同于厥政。""桀德，惟乃弗

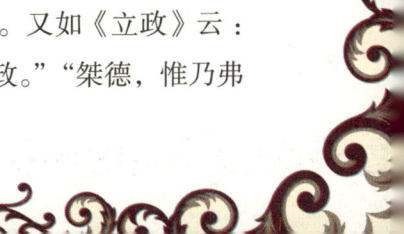

作往任，是惟暴德。"除此之外，《尚书》还讲到了"否德"、"非德"、"爽德"、"酒德"、"中德"、"比德"、"义德"、"容德"、"民德"等。

《尚书》中出现的"目视于道"、"择道而行"，所表示的是人的一种行为或选择。积极的出自善良的动机、有利于他人和社会的行为，是善行，《尚书》把它划归到善德的范围；消极的出自不正当的或者邪恶的动机、不利于他人和社会的行为，是恶行，《尚书》把它划归到凶德的范围。《尚书》对德范畴所作出的这样一种划分和理解，表明在《尚书》中德已经上升和抽象成为一个统摄宇宙和人生的最高哲学范畴。

对于中国哲学来说，知"道"、知"天"只是其思考宇宙和人生的第一步。知了天道，明了形上之理，掌握了外部世界的普遍规律和一般本质之后，还需要进一步把外在之理转化为内在之性，即所谓"化知成识"，

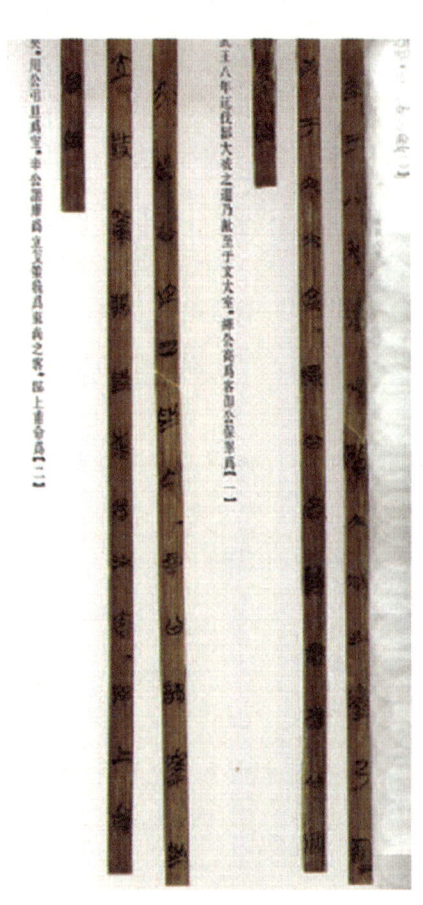

清华简：西伯勘黎

从而使人成为掌握了物质世界本质和规律的圣贤，实现外部世界之理（道）与人的内在之性（德）的统一，这才是中国哲学所致力追寻的。但是，到此为止，中国哲学的使命还没有完成，只有进到了治国安民的社会实践这一层次和境界，才是真正意义上的中国哲学。

为大家所熟知的《大学》一开头所讲的三纲领和八条目，所呈现出的基本思维理路就是：由"明明德"而达于"亲民"、"止于至善"，由"格物"、"致知"、"诚意"、"正身"、"修身"而达于"齐家"、"治国"、"平天下"，这一思维理路鲜明地体现了以儒家思想为代表的中国哲学的基本特征。中国哲学认识和把握世界的这一特征，在《尚书》中已表现得极为明显。

如前所述，《皋陶谟》提出了"三德"说和"九德"说，但《尚书》并没有把"三德"、"九德"仅仅停留在思想意识的层面，而是把它们落脚于治国安民的

社会实践。所以,《皋陶谟》提出,能行"九德"中的"三德"者,可以为卿大夫,使有家:"日宣三德,夙夜浚明有家";能行其中的六德者,可以为诸侯,使有国:"日严祗敬六德,亮采有邦";能并用三、六之德者,可以抚天子之任,使有天下:"翕受敷施,九德咸事"。因此,理政安民若不循德而行,就不能使自己的志向彰显于天下。

在德范畴的抽象和提升过程中,《尚书》第一次把"知"和"行"两方面的内涵赋予了"德",在"德"范畴中实现了道德理论和道德实践的有机结合。这一思想首先体现在《尧典》中,其云:"惇德允元,而难任人,蛮夷率服。"司马迁发挥这句话的意思说:"行厚德,远佞人,则蛮夷率服。""德"如果仅仅止于人心之中,看不见、摸不着,就不能使蛮夷率服,因此,厚德信善决不仅仅是停留在"知"的层面上的内在之性,而应当还是体现于人身的外在之行。可见,"惇德允元"所彰显出来的是"知"与"行"相统一的完整的伦理与哲学义蕴。

把知和行两方面的内涵赋予德,在《禹贡》中也有所体现。《禹贡》言:"祗台德先,不距朕行。"意谓统治者敬德在先,老百姓行德在后。孔子说:"上好礼,则民莫敢不敬;上好义,则民莫敢不服;上好信,则民莫敢不用情。"其义与《尚书》大致相同。王者敬德,则民莫敢不敬;王者行德,则民莫敢不行。因此,只有大天、尚天、敬德、顺德,才能不废王道,不辱天命。

《召诰》还提出了"敬德"、"尚德"的思想,但"敬德"、"尚德"的目的还是为了行德。其云:"王其疾敬德,相古先民有夏。"天将大命由殷商转移到周后,周王应效法先王之法,迅疾敬德,以谢天命。夏和殷都是因为不敬德顺天而失天下,"惟不敬厥德,乃早坠厥命。"周王刚刚服政天下,当以此为戒,"肆惟王其疾敬德","王敬作所,不可不敬德。"《酒诰》则明确提出了"经德秉哲"的思想。"经"就是"行","经德"即"行德","哲"就是"智",德和智的结合就是后来儒家所说的"圣"。我们知道,孔子说:"仁且智,圣也。"仁和智的结合就是圣,这和《酒诰》所说的"德"和"智"的结合,颇为相似。孔子以"仁智"为基本内容的圣人观,大概是受到了《尚书》"经德秉哲"、"德哲"结合思想的影响。

这种把行德与治国安民的社会实践相结合的思想还体现在《康诰》篇对"敏德"的阐述中。《康诰》云:"丕则敏德,用康乃心,顾乃德……乃以民宁。"这句话的意思是说,人君应效法敏德,使民心安康;审视自己的道德,使万民安

宁。何为敏德？《周礼》认为"敏德"是"行本"，是人们认识和改造世界的一切活动所必须遵守的法则。依照四时的运行和世界的规律行仁义之道，就是"敏德"。《康诰》还明确提出，治国安邦，应遵循"德"的传统，以德为"行本"，以德为统治者治国安民的基本手段。

基于此一思维路数，《君奭》篇把"秉德"和"立业"紧密联系在一起。《君奭》云："王人罔不秉德，明恤小臣，屏侯甸，矧咸奔走。"意谓王族百官皆秉德行事，优恤小臣，以诸侯为屏藩，天下百姓皆为之奔走。又说："惟兹，惟德称，用乂厥辟，故一人有事于四方，若卜筮，罔不是孚。"意谓唯有王族百官各称其德，以此治君事、安万民，才会天下化服。秉德可以正身，君臣务德、以德治事，就是立业。秉德是立业的前提，立业是秉德的结果。由德达于政，由秉德达于立业，是《尚书》德论的一个重要特征。

《尚书》讲敏德、秉德，强调勤德修政，落脚点是治国安民的社会实践，是为了实现上下清明的和谐社会。《尧典》曰："克明俊德，以亲九族。九族既睦，平章百姓。百姓昭明，协和万邦，黎民于变时雍。"能够明"俊德"，才能实现九族的亲睦。九族和睦了，就可以平理百官族姓，昭明礼义。百官族姓之理义昭明了，就会实现天下万邦的亲睦和谐。万邦协和，风俗大化，百姓万民自会雍和而化，随时而进。由此，我们可以看到社会"合和"是"敏德"、"秉德"的落脚点。

可见，《尚书》言德，无论是最高本体层面上的德，还是作为人伦规范的德，其最终目的和归宿都是认识和改造世界的实践活动。如果说"天德"、"元德"与"德元"讲的是物质世界的基本原理与法则，那么，"惇德"、"迪德"与"经德"则是从伦理的层面触及到了如何将外在之理化为人的内在之性的问题。而"敏德"、"秉德"则是在前两个步骤的基础上进一步论述如何"秉德立业"的问题

《尚书》德范畴所蕴涵的这一思想，在后来的发展过程中逐渐形成了中国哲学认识和把握世界的基本理路，这就是：从体认外在之道，经过内化的过程转化为主体的内在之性，再到把内在之性对象化于人的实践活动中。简言之，知道德、成道德和行道德，这便是中国哲学认识和把握世界的三个基本环节。

二、老子的哲学思想

老子即老聃,楚国苦县(今河南鹿邑)厉乡曲仁里人,姓李,名耳,字聃,约生于周简王六年(公元前580年),约卒于周敬王二十年(公元前500年)。据《史记·老庄申韩列传》记载,老子曾做过周王朝守藏室的史官,后来隐居,不知所适。

老子是我国春秋末期的著名思想家,是道家思想的创始者。他建立的以"道"为本的哲学思想体系,在中国古代哲学思想史上,具有极其重要的地位和意义。

(一)天道观问题

春秋末期的《老子》一书,奠定了道家学说的思想基础。《老子》提出了"道"这一最基本的哲学范畴,标志着殷末周初以来关于天道观问题讨论的进一步深入和古代哲学思维能力的发展。理性化的"道"所具有的无神论意义,对长期居于意识形态统治地位的天神观念是一个致命的打击;同时,由于"道"这一范畴性质上的整体性和模糊性,又造成了人们对它的认识的模糊性和理解的多层次、多样性。这正是我国古代任何一种理论思维初创时期所表现出的特点。但是,老子"道"这一范畴的多层次、多样性的特点,并不排斥其在天道观问题上的主要思想倾向和基本性质。

道家思想创始人——老子(李耳)

"道"的基本性质是什么?"道"的提出又主要是为了解决什么问题?"道"是老子天道观和哲学思想的最高范畴,一切问题都围绕"道"而展开,都要符合于"道"。这是因为,"道"是产生宇宙万事万物的根本。老子提出"道生一,一生二,二生三,三生万物"(《老子》,以下引文皆出自此书,不再一一注明),用以推论天地的起源。对这一个"道",《淮南子》曾解释说:道是"万物之总,皆阅一孔,百事之根,皆出一门"。就是说,只有"道"是宇宙万物统一共存的基础,是天下之母、万物之宗;万物的性能亦依赖于"道",才能正常地成长、发展。

要把握"道"的基本性质,必须理解"道生一,一生二,二生三,三生万物"中的"道"、"一"这两个概念以及"道"与"一"的关系。对此,王弼注曰:"万物万形其归一也。何由致一?由于无也。"(《老子道德经注》)明确指出万物万形为"一",而"一"是由"无"即"道"所生出。唐代李荣也指出:"无者,道也","道者,虚极之理体。"(前蜀强思齐:《道德真经玄德纂疏》)北宋的陈景元说:"道者,虚之虚者也,无之无者也。"司马光则说:"道生一,自无入有"(彭耜:《道德真经集注》)。把"道"释为虚无本体,是比较切合老子原意的。这种解释和老子所谓的"天下万物生于有,有生于无"(《老子》)是一致的。在老子这里,"道"体现着"无","无"是"道"的同义语,因此,按照"有生于无"的逻辑推论,所谓"道生一"就是"无生一"。

"道"既然是"无",它的作用又是什么呢?老子说:"有物混成,先天地生。寂兮寥兮,独立不改,周行而不殆,可以为天下母。吾不知其名,字之曰道。"(同上)这段话和《老子》第4章的"道冲,而用之或不盈。渊兮似万物之宗……吾不知其谁之子,象帝之先"及第62章的"道者,万物之奥(注:即主)也",都肯定"道"是先天地而生的东西,是天地万物的总根源。对于作为天地万物总根源的"道"的性质,老子说:"视之不见,名曰夷;听之不闻,名曰希;搏之不得,名曰微。此三者不可致诘,故混而为一。一者(据帛书本增补),其上不曒,其下不昧。绳绳不可名,复归于无物。是谓无状之状,无物之象,是谓惚恍。迎之不见其首,随之不见其后。"(同上)这说明,"道"是"无状之状,无物之象",即无形无声,不可为人们所感知而又独立于人和整个物质世界之外的精神性的东西。尽管老子自己在描述"道"的性质时,说过"道之为物,惟恍惟惚。惚兮恍兮,其中有象;恍兮惚兮,其中有物。窈兮冥兮,其中有精;其精甚真,其中有信"(《老子》),似乎是认为"道"含有某种物质属性。但是,这只是老子哲学自身的矛盾性和不彻底性,并不影响作为天地万物总根源的"道"即"无"是不可言说、不可感知的精神性的绝对。

"道"既然是一个精神性的绝对,那么,"一"又是什么?"一"和"道"又是一种什么样的关系?老子说:"万物负阴而抱阳,冲气以为和"(《老子》)。这句话解释了什么是"一"、"二"和"三"。所谓"一"是指"阴阳未分的混沌元气","二"是指"阴阳二气","三"则是指"阴阳和合的冲合之气"。成玄英说:"一,元气也。"李荣则说:"虚中动气,故曰道生;元气未分,故言一。"

（前蜀强思齐：《道德真经玄德纂疏》）陈景元也说"一"是"浑沌一气"（彭耜：《道德真经集注》）。这些解释，都是符合老子原意的。

元代毕祖立的老子画像

根据上述诠释，可知老子在推论天地起源时所说的"道生一，一生二，二生三，三生万物"的含义是：由精神性的绝对即"道"或"无"产生出元气，由元气产生出阴阳二气，阴阳二气和合产生冲气。这样，就由阴气、阳气、冲气三气的变化而为天、地、人三才；三才具备，就产生出芸芸万物。精神性的实体先于万物，并产生出万物。这种由精神性的东西出发，尔后引出宇宙间芸芸万物的论述表明，在天道观问题上，老子哲学的主要思想倾向是属于客观唯心主义的。

（二）朴素的辩证法思想

在关于天道观的论述中，老子不仅指明"道"是产生宇宙万事万物的根源，而且认为"道"本身也在无时无刻处于运动变化之中。既然宇宙万物是在道的运动、变化过程中产生的，那么，其发展变化就必然限定在"道"的总轨道之内。就此而言，"道"不仅是万事万物产生的根源，也是其必须遵循的内在规律。基于此，老子具体考察了万事万物的矛盾运动，天才地阐述了事物矛盾双方的相互依存与相互转化，提出了许多富于辩证思维的哲学命题。他说："天下皆知美之为美，斯恶已；天下皆知善之为善，斯不善已。故有无相生，难易相成，长短相较，高下相倾，音声相和，前后相随，常也（据帛书本增补）。""故贵必以贱为本，高必以下为基。"这表明，没有恶也就没有善，没有丑也就没有美，有无、难易、长短、高下、先后等对立的双方，都是互为存在的条件的。

在承认矛盾双方互为存在条件的同时，老子进一步指出，矛盾双方所以能相互发生作用，也是各以对立面的存在为前提的。他说："三十辐共一毂，当其无，有车之用也。埏埴以为器，当其无，有器之用也。凿户牖以为室，当其无，有室之用也。故有之以为利，无之以为用。"这是说，三十根辐条的一端同集在轴上

老子驾青牛出函谷关时作《道德经》(《老子》)

做成车轮,正由于车中有空间,才起到车的作用。糅合黏土制成器皿,正由于器皿中有空间,才起到器皿的作用。开凿门窗造成房屋,正由于房屋中间有空间,才起到房屋的作用。可见,"有"之所以能发挥效用,正是依赖于"无"所起的作用。老子在这里强调了"有"与"无"的对立统一。

老子还指出,矛盾对立面的地位不是固定的,而是互相转化的。他说:"祸兮福之所倚,福兮祸之所伏。孰知其极?其无正。正复为奇,善复为妖。"幸福倚傍在灾祸里面,灾祸隐伏在幸福中,谁知道它们的究竟,这是没有定准的,以此说明任何事物当其自身发展到极限时,就要向对立面转化。在承认对立面互相转化的基础上,老子还具体考察了矛盾双方转化的条件,指出,为了实现转化,就必须具备或创造一定的条件。他说:"将欲歙之,必固张之;将欲弱之,必固强之;将欲废之,必固兴之;将欲取之,必固与之。"在这里,张、强、兴、与就是事物转化为歙、弱、废、取的条件。他又说:"是以圣人之欲上民也,必以其言下之;其欲先民也,必以其身后之。"以言下民、以身后民是达到上民、先民的条件。

基于对矛盾的普遍性和对立面互相转化的必然性的深刻认识,老子提出了"反者道之动,弱者道之用"的辩证法命题,认为万事万物都在对立的互相依存和互相转化之中发展变化,而"道"的现实功能依赖于柔弱的阴性发生作用。所谓的"反",在老子那里有两层含义,一是相反,一是返回。老子认为,自然界和社会的事物总是向相反的方向运动发展,而这种运动发展又总要返回事物原来所处的基始状态。因此,老子强调从反面去映照正面,亦即从否定方面去理解肯定的方面。他说:"曲则全,枉则正,窪则盈,敝则新。"在曲和全、枉和正、窪和盈、敝和新的对立中,把握住其中的否定方面,就会得到肯定的方面。据此,他提出了"正言若反"的原则,并作了具体阐述。他说:"明道若昧,进道若退,夷道若颣,上德若谷,大白若辱,广德若不足,建德若偷,质真若渝。"这是说,光明的道路好像暗昧,前进的道路好像后退,平坦的道路好像崎岖不平,崇高的德行有如空虚无物,纯洁的白色好像污黑,广大的德行好像不足,刚健的品德好像懈怠,质朴与纯真好像混浊。他又说:"大直若屈,大巧若拙,大辩若讷"。最笔直的好似弯曲,最聪明的好似笨拙,最善辩的好似木讷。这些都表明,正面总是通过反面显示出来,只有通过反面,才能更加深刻地理解正面。在这里,老子实际上是看到了否定之中包含着肯定,强调了否定在事物发展中的作用。

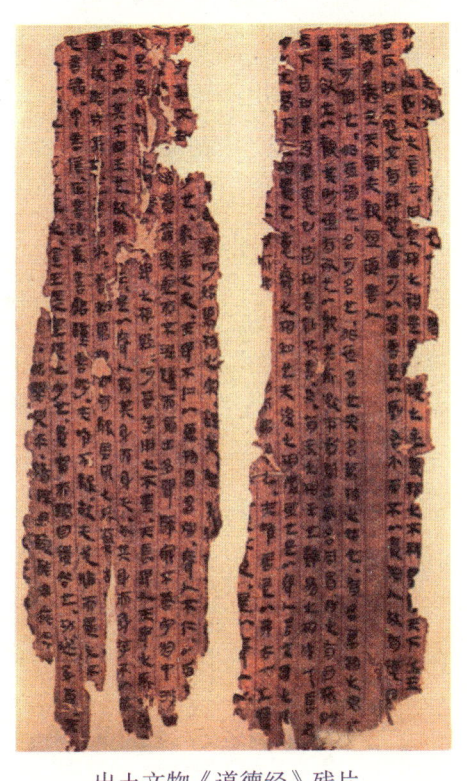

出土文物《道德经》残片

如果说"反者道之动"是从道的本体方面阐述事物运动发展的辩证法,那么,"弱者道之用"则是从道的作用方面说明事物的发展变化。老子认为,事物的肯定方面即刚强方面,发展到极限,必然要走向灭亡;而事物的否定方面即柔弱方面,因处于发展的初始,必定会战胜肯定、刚强的方面。因此,对任何事物来说,要想避免灭亡,就要执守其否定、柔弱方面,避免向肯定、刚强方面转化。他说:"人之生也柔弱,其死也坚强。万物草木之生也柔脆,其死也枯槁。故坚强者死之徒,柔弱者生之徒。是以兵强则不胜,木强则折。强大处下,柔弱处上。"据此,老子提出了"柔弱胜刚强"的结论,要求人们知刚守柔,知雄守雌。这仍然是贯彻由反入正的原则,其核心在于从积极的方面运用事物转化和否定的规律。

老子认为,万事万物不仅向相反的方向发展,而且经过各自的发展过程之后,还都要复归于道。他说:"致虚极,守静笃。万物并作,吾以观复。夫物芸芸,各复归其根。归根曰静,是谓复命。"这是说,保持心的清明状态,即可以

从万物的蓬勃生长中，看到往而必返的道理。万物纷纷芸芸，都要各自返回其根本。返回根本叫作"静"，"静"叫作"复命"，亦即返归本性。任何事物都必然要归于消灭，而道则是万物产生的根源和归宿。老子这一思想显然是有合理性的。

万物的运动发展不仅复归于道，而且道本身也处于永恒的向其出发点复归的运动之中。所以，老子说："有物混成，先天地生，寂兮寥兮，独立不改，周行而不殆，可以为天下母。吾不知其名，字之曰道，强为之名曰大。大曰逝，逝曰远，远曰反。"这表明，道即大，是循环运行、永不停息的。在这里，老子看到了"道"是自身运动变化的，无需外力的推动，这是对古代辩证法思想关于运动学说的重要贡献。但是，他又把这种运动视为一种循环往复的过程，陷入了形而上学和循环论。

总之，老子的辩证法特点在一个"反"字，注重事物反面的性质，注重否定在事物发展和转化中的作用，善于在对立中思考和解决问题，深刻地揭示了事物运动发展变化的层次性和真理的内在性，成为我国古代伟大辩证法思想之一。

（三）认识和直觉

在老子那里，"道"不仅是宇宙万物的本原，而且也是认识的对象。他说，"知常曰明"，"常"，即指"道"。老子把对"道"的认识，称作"明"。同时，老子也不反对认识客观事物，但他要求人们"得母""知子"，以道观物。他说："自古及今，其名不去，以阅众甫。吾何以知众甫之状哉？以此。"这是说，认识万事万物（众甫）的原因及其性质、面貌，必须根据道。然而，在老子哲学中，关于道的知识和关于万事万物的知识又是有原则区别的。针对这两种不同的知识，他提出了两种认识的方法，即"玄鉴""静观"的闻道方法和"以身观身"的为学方法。

不同的认识对象决定了不同的认识途径和方法，形成了不同的知识层面，构成了老子比较复杂的知识系统。在体道问题上，老子重内在的直觉，不重外在的感性经验，排斥感官在认识过程中的作用。他说："为学日益，闻道日损。损之又损，以至于无为，无为而无不为。"在老子看来，对各种具体事物的认识叫作"为学"，而对道的体认则称之"闻道"，二者截然不同。前者是关于形而下的具体事物的知识，靠感觉经验即可获得；后者是关于形而上的道的体认，靠直觉证

悟才能获得。具体知识的积累当然是越积越多，所以说是"日益"。而对道的体认，则必须舍弃具体事物的知识，所以说是"日损"，而且要"损之又损，以至于无为"，达到一无所知，无所作为的程度。在老子看来，具体知识积累得越多，就越妨碍对道的体认和把握，只有排除感觉经验，才能与道合一，进入得道的境界。因此，他说："不出户，知天下；不窥牖，见天道。其出弥远，其知弥少。是以圣人不行而知，不见而明，不为而成。"但是，在"为学"即对具体事物的知识领域，老子又强调了直接感官的作用。他说："以身观

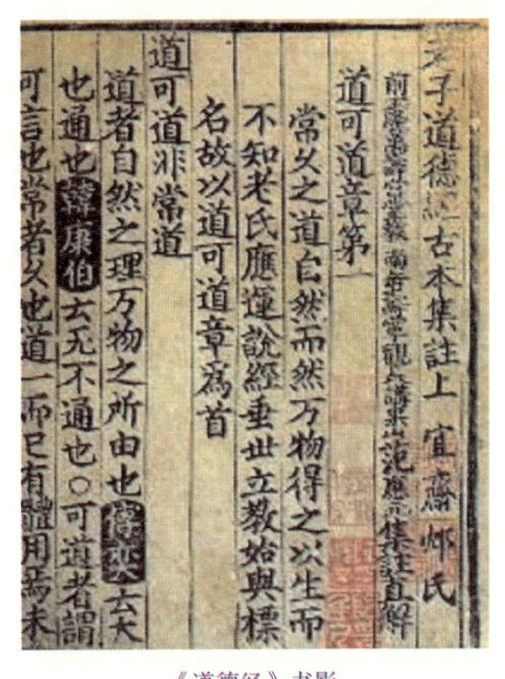

《道德经》书影

身，以家观家，以乡观乡，以邦观邦，以天下观天下。吾何以知天下之然哉？以此。"这表明必须通过直接观察才能认识他人之身、他人之家乃至整个天下，这显然是在强调直接的经验和感官认识。不过，老子又从道的角度出发，把"以身观身"的感性认识和"玄鉴"、"静观"的闻道方法对立了起来。

那么，什么是"玄鉴"、"静观"的闻道方法呢？所谓"玄鉴"，就是停止人的思维活动，不去映照外物，使心清如镜，以进入直觉状态。而要达到"涤除玄鉴"，老子认为就必须做到"致虚"和"守静"。他说："致虚极，守静笃。万物并作，吾以观复。"所谓的"致虚"、"守静"就是清理混乱的心智活动，以至于消灭心智作用。为此，就必须"塞兑""闭门"，排除外物的干扰和对情欲的追逐。老子说："塞其兑，闭其门，终身不勤。开其兑，济其事，终身不救。"意思是堵塞感觉器官，封闭嗜欲门径，不追逐外物，消解情欲，终身就不会劳扰。反之，终身就不可救药。只有如此，才能进入"玄同"即与道玄妙齐同的境界而达到豁然贯通的"袭常"状态，鉴照一切，获得对道体的认识，即"复归其明"。

总之，老子所谓"闻道"不是靠逻辑推理，也不是靠思维空间和时间的连续，而是思维中断时的直接领悟、直觉顿悟。这就决定了老子知识论的特点是求直接而少名言，靠灵感而非逻辑，重直觉而轻论证。这种认识论在关于知识价值

取向上，必然是重视对道的体认，认为有其无上的价值，而贬斥经验知识，否定具体知识的价值。

（四）社会和人生

老子并不把"道"局限于形而上的范围，而是落实到现实，并从中引出处理社会问题和人生问题的准则，这就牵涉到天道和人道的关系问题。在这一问题上，老子主张天道自然，人道无为。"道常无为而无不为"，道永远是顺任自然的（无为），然而宇宙中却没有什么东西不是由道所为而成（无不为），即"道法自然"。因此，以道为法的天、地、人也必须以自然为法，或者说，人道一定要顺乎万物之自然，遵从天道自然无为的必然趋势，不能人为地干扰。在这里，老子显然是主张用天道自然的法则取代人道即社会法则，要求在社会生活方面，也要遵循顺其自然而不加以人为干扰。他说："故圣人云：'我无为而民自化，我好静而民自正，我无事而民自富，我无欲而民自朴。'"所谓"好静""无事""无欲"都是对"无为"的解释，或者是"无为"的具体化。他又说："民之饥，以其上食税之多，是以饥；民之难治，以其上之有为，是以难治。"认为人类社会的不平等和种种弊端，完全是统治者"有为"造成的。可见，老子所谓的"好静"是

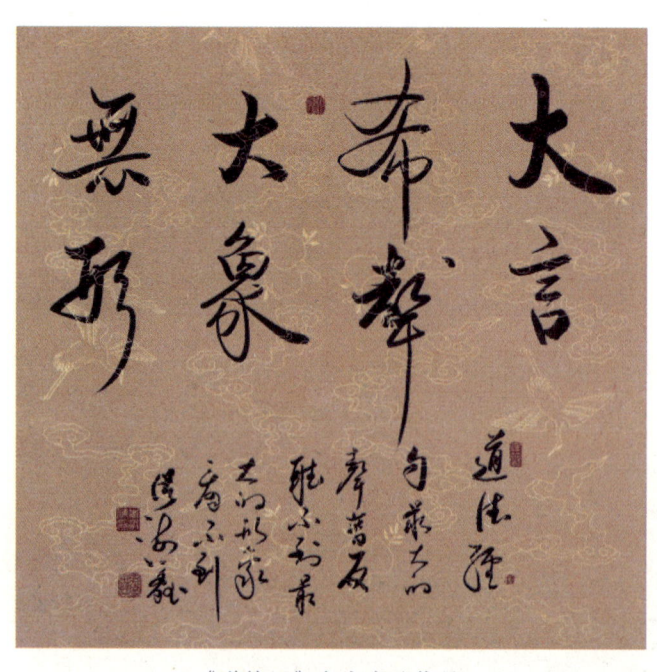

《道德经》名言书法作品

针对统治者蹂躏骚扰百姓而发的,"无事"是针对统治者政事繁苛残暴而发的,"无欲"是针对统治者贪欲糜烂的生活而发的。他认为,如果为政者能够无为而治,让人民自我化育、自然发展,自然地去完善,社会就自然会归于淳朴和安定了。总之,老子的"无为",并不是什么都不做,而是要弃绝外在的、人工的妄为,使之成为无造作、无偏执、无骚扰、无文饰的合乎自然状态。这种"无为"从社会理性层面看是无所作为,而从自然理性层面看却是有为,是无不为的,所以说"为无为,则无不治矣"。只有无为,才是治国的最好原则。

从"为无为则无不治"的治国原则出发,老子对统治者的"有为"所造成的社会动荡不安和百姓生活贫困的不公平现象,作了深刻的揭露和批判。他指责说:"朝甚除,田甚芜,仓甚虚;服文采,带利剑,厌饮食,财货有余。是谓盗夸。非道也哉!"朝廷腐败极了,农田荒芜,仓库没有储藏,统治者却还在那里穿着华丽的服装,佩带锋利的宝剑,饱餐精美的饮食,无休止地搜刮货财,这些人简直就是强盗头子!完全违反了天道自然、人道无为的原则。老子认为,这种社会腐败、不公平现象的产生,就在于没有依"道"而行,是对人类淳朴本性的反动。在此基础上,老子进一步揭露了仁义礼智等道德规范的虚伪,说:"大道废,有仁义;智慧出,有大伪;六亲不和,有孝慈;国家昏乱,有忠臣",又说,"故失道而后德,失德而后仁,失仁而后义,失义而后礼。夫礼者,忠信之薄而乱之首。"老子认为,正因为人类道德的日益丧失,才产生所谓的仁义礼智等道德规范。所以,为了摆脱这些虚伪的仁义礼智等道德规范对人类的束缚,必须归于淳朴。他说:"不尚贤,使民不争;不贵难得之货,使民不为盗;不见可欲,使民心不乱。"就是说,只要限制人们的欲望、追求,就可以实现他的"小国寡民"的社会。老子设计的这种理想社会只是一种激于对现实不满而虚构出来的桃花源式的乌托邦。

在人生问题上,基于"柔弱胜刚强"的原则,老子提出了柔弱、处下的人生哲学。他非常重视柔弱对人生的作用,认为柔弱之中蕴含着不可战胜的新生因素。所以,他也经常以水作比喻,水是至柔的,却具有无坚不摧的特点,"天下莫柔弱于水,而攻坚强者莫之能胜,其无以易之。弱之胜强,柔之胜刚,天下莫不知,莫能行"。应该指出,老子这里所说的柔弱不是指通常所说的软弱无力,而是指无比坚韧不拔的性格。

关于柔弱的表现或运用,老子提出了三种方式:首先是谦虚、处下,他说:

清代老子授经图

"江海之所以能为百谷王者以其善下之，故能为百谷王。"这里用"川谷之于江海"的例子，阐明人们应有一种虚怀若谷的谦下精神和豁达的心量。其次是不争。老子所说的不争是"为而不争"和"利万物而不争"，即顺应自然而不妄为，其内容则是"生而弗有，为而弗恃，功成而弗居"。所谓的"生""为""功成"，都要求发挥人的创造性活动，以成就事业。但是，又不能把成就的事业攫为己有。由此可见，老子提倡的不争并不是软弱无力，自欺欺人，而是要求消弭人们的占有欲望。最后是"不敢为天下先"。他说："夫有三宝，持而保之。一曰慈，二曰俭，三曰不敢为天下先……不敢为天下先，故能成器长。"。老子一贯注重事物的辩证转化，在他看来，后其身反而身先，外其身反而身存，只有先人后己，处处时时为他人着想的人，才能成就自身的高尚人格和理想生活。所以他说："是以圣人后其身而身先，外其身而身存。非以其无私邪？故能成其私。"总之，老子的柔弱处下的人生哲学，并不是弱者的哲学，而是说人们只要运用弱胜强、柔克刚的道理，矢志不渝，克服一切困难，即使处于逆境之中，也能渡过难关，实现自己的人生目的和理想。

老子哲学较少感情色彩和形象刻画，而是注重理智地辩证思考，用哲理诗形式，简练而深刻地表达宇宙发生论，反者道之动、弱者道之用的辩证法思想和超越经验的直觉思维方式，以及对理想社会和人生的追求，吝于言而善于蕴意，对中国古代哲学发生了极为深刻的影响。

三、孔子的哲学思想

孔子名丘，字仲尼，鲁国陬邑（今山东曲阜）人，生于周灵王二十一年（公元前551年),死于周敬王四十一年(公元前479年)。孔子的祖籍在宋国,因政治避难迁鲁。曾祖防叔,担任过鲁国的防大夫,故名防叔。父叔梁纥为武士,曾任陬邑大夫,有食田而无采邑。孔子3岁丧父,家道衰落,靠刻苦自学成才,30岁左右即以知礼著称,开始办私学。孔子一生主要从事教育,司马迁说他有弟子三千,著名的有七十二人。孔子在政治上很不得意,20岁左右当过"委吏"(管仓库)和"乘田"(管牛羊),51岁以后的三四年间做过中都宰、小司空和大司寇,因与季氏有矛盾,弃位离鲁,周游列国,14年后才回到鲁国,继续从事教育,整理文献典籍。孔子的言论由其弟子集为《论语》,是研究孔子思想的主要资料。此外,还有一些言论散见于《左传》、《礼记》等典籍之中。

在中国哲学史上,孔子首创了儒家学派和儒家学说。孔子的儒家哲学是究天人、通古今,以仁为核心的人道思想。

(一)天人观念

司马迁在论述中国学术思想时,把"究天人之际,通古今之变"作为评价中国哲学思想家的标准。在中国古代,关于天人观念的认识有一个发展过程。《礼记·表记》在论述夏、商、周三代的天人观念的进展时说:"夏道尊命,事鬼敬神而远之,近人而忠焉,先禄而后威,先赏而后罚,亲而不尊。其民之敝,蠢而愚,乔而野,朴而不文。殷人尊神,率民以事神,先鬼而后礼,先罚而后赏,尊而不亲。其民之敝,荡而不静,胜而无耻。周人尊礼尚施,事鬼敬神而远之,近人而忠焉。其赏罚用爵列,亲而不尊。其民之敝,利而巧,文而不惭,贼而蔽。"这是说,夏代尊崇天命,质朴而缺文采;殷商尊崇鬼神,先鬼神而后讲礼;周代尊崇礼,事鬼敬神而远之。

从甲骨文的记载看,殷代社会是神权统治的时代,殷代统治者尊崇天帝,"先鬼而后礼",遇事都要卜问天帝。但是,在周灭殷商之后,天人观念上的一大变化,就是由尊天命转向重人事。周人从殷商灭亡的历史经验中,产生了"天命靡常"的观念,认为天命靠不住,要想保住天命,就必须重视德行,"皇天无亲,唯德是辅"(《尚书·蔡仲之命》),必须"以德配天""敬德保民"。这说明,在周代天上的神的地位下降了,地上的人的地位提高了。为巩固周王朝的政权,周公制礼作乐,靠礼治而不靠上天,从尊天命转变为重人事,并产生了"以民为鉴"(《尚书·酒诰》)的思想。因此,王国维评论说:"中国政治与文化之变革,

儒家学派创始人——孔丘

莫剧于殷、周之际。"(《观堂集林·殷周制度论》)周人的天人观念，实为中国古代哲学，特别是儒家哲学的思想渊源。

孔子以继承周代文化为己任，"周监于二代，郁郁乎文哉！吾从周"(《论语·八佾》，以下凡引此书，只注篇名)。从哲学观念上看，孔子所继承发展的，是周代重人事而畏天命的天人观念。

孔子曾提出"不知命，无以为君子也"(《尧曰》)的基本观念。所谓的"命"即"天命"，一般被视为非人力所能抵御的超自然的鬼神之力，而智者则视其为一种外在的力量，这种力量虽非人力所能改变，却是可以认识的。孔子以其才智和经历，年五十始知天命，足见对命即天命认识之不易。

据《论语》记载，孔子不多谈天道，他的弟子子贡说："夫子之文章，可得而闻也；夫子之言性与天道，不可得而闻也"(《公冶长》)。孔子也不讲怪异现象和鬼神之事，"子不语怪、力、乱、神"(《述而》)。孔子关心的不是鬼神和对死后的猜测，而是人和现实的人生问题。所以，当季路问事鬼神时，孔子说："未能事人，焉能事鬼"；"'敢问死。'曰：'未知生，焉知死'"(《先进》)。并明确主张"务民之义，敬鬼神而远之"(《雍也》)。

但是，孔子虽不多谈天道，却仍然敬畏天命，他说："君子有三畏：畏天命，畏大人，畏圣人之言。"(《季氏》)孔子这里所说的"天"，一方面保留有殷周时期主宰个人命运和人世治乱盛衰的含义，认为凡是人自己无法掌握的生死寿夭、吉凶祸福、富贵穷通以及国家的治乱等，都是由天主宰的。他说的"获罪于天，

无所祷也。"(《八佾》)"予所否者,天厌之!天厌之!"(《雍也》)都是在主宰意义上使用"天"的观念的。然而,孔子的天命观却是在继承的基础上又有新的发展,他把殷周时期具有人的品格的天,向非人格化的道路上推进了一步。"子曰:'予欲无言。'子贡曰:'子如不言,则小子何述焉?'子曰:'天何言哉?四时行焉,百物生焉,天何言哉?'"(《阳货》)孔子在这里虽然没有否定天有意志,但他认为,天意不是直接表达出来的,而是通过自然界的运行变化反映出来的。这种对天的看法,较之殷周时期把天视作人格神的观念显然是一个进步,是一种超越。正是在这种意义上,我们认为,孔子的天命主要不是指天主宰人的生死寿夭、吉凶祸福、贫富贵贱,而是指天赋予人以某种东西。

那么,天赋予人什么呢?根据《论语》记载,大致可分为两类:其一,天赋予人以德。"子曰:'天生德于予,桓魋其如予何?'"(《述而》)"桓魋其如予何",意思是我的生死祸福是由天决定的,桓魋(指宋司马向魋)改变不了我的命运,这仍是承认天的主宰意。但是,"天生德于予"则与此不同,说的是天赋予我以德性。其二,天赋予人以某种使命。"子畏于匡,曰:'文王既没,文不在兹乎?天之将丧斯文也,后死者不得与于斯文也;天之未丧斯文也,匡人其如予何?'"(《子罕》)所谓"天之将丧斯文也"、"天之未丧斯文也"和"匡人其如予何",其意虽然仍未超出天命主宰的窠臼,但这其中还有另一层意思,即天赋予我自己继承和弘扬礼乐之道、不令斯文扫地的使命。

上述孔子对"天"的新解释,基本上改变了人对天的主宰无能为力的思想状态。由于天只是把"德"或"使命"赋予了某些人,对人间事不再过问,个人的进德修业全凭自己,人就具有了极大的主观能动性。所以,人要实现自己的天赋之德和天赋使命,发挥自己的主观能动性。孔子的天命观为人的自主活动提供了基础,也为人们行人道指出了正确方向。

(二)人道思想

孔子创立的以仁为核心的人道思想,是奠定在他的天命观基础之上的。

孔子人道思想的基本范畴是"仁"。《吕氏春秋·不二篇》说:"孔子贵仁。""贵仁"被视为孔子人道思想的基本特征。

"仁"这一范畴,产生于春秋时代。《诗经》中曾把仁与美连用,"洵美且仁"(《郑风·叔于田》),"其人美且仁"(《齐风·卢令》),说明仁属于人的一种德性。《国语·晋语一》提出"为仁者，爱亲之谓仁；为国者，利国之谓仁"的思想。"爱亲之谓仁"和"利国之谓仁"，都含有"爱"的意思。所谓"爱亲"即不忘记自己祖先、血缘关系的意思，故"不背本，仁也"（《左传·成公九年》）。"利国"指惠爱百姓，是爱亲的扩大。上述含义说明，"仁"是由"爱亲"逐步扩大到"爱人"。"仁，人之爱也"（《国语·周语下》），说明仁是一种爱之德，而爱的对象是人，故"言仁必及人"（《国语·周语下》）。可见，爱人是仁的表现。正是在对春秋以来"仁爱"观念的概括和总结的基础上，孔子明确地提出了"仁者爱人"的人道思想。

与春秋时期的"仁爱"思想相比较，孔子的贡献是主要体现在以下三点。首先，他突出了"仁"在各个相关范畴间的核心和主导地位。孔子指出"仁者必有勇，勇者不必有仁"（《宪问》），认为仁高于勇。在智、仁、勇三德中，他强调了仁，把智、勇纳入了仁的要求，还把恭、宽、信、敏、惠作为实现仁的标志。"子张问仁于孔子。孔子曰：'能行五者于天下，为仁矣。''请问之。'曰：'恭、宽、信、敏、惠。'"（《阳货》）认为"刚、毅、木、讷，近仁"（《子路》），这种说法都表明，仁是诸种道德范畴的统摄者。

其次，孔子明确以"爱人"释仁。"樊迟问仁。子曰：'爱人。'"（《颜渊》）孔子把"爱人"提升为学道、为政的根本原则，认为"君子学道则爱人"（《阳货》），主张"道千乘之国，敬事而信，节用而爱人，使民以时"（《学而》）。又据《论语·乡党》记载，"厩焚。子退朝，曰：'伤人乎？'不问马"。马棚失火，孔子退朝，问伤人没有，本来是很平常的事情，但后面加了一句"不问马"，就有了特别的意义，反映了孔子对人的重视。

最后，孔子不仅把仁作为处理人与人关系的基本准则，而且视为做人的最高准则。孔子说："夫仁者，己欲立而立人，己欲达而达人"（《雍也》）；"己所不欲，勿施于人"（《卫灵公》）。这一人我之间最基本的原则，被其学生曾参概括为"忠恕之道"。孔子又说："君子去仁，恶乎成名？君子无终食之间违仁，造次必于是，颠沛必于是。"（《里仁》）这是说在任何情况下，人都必须信守仁。这样一来，在孔子那里，仁不仅是处理人际关系、做人和治国的最高原则，而且也被升华为人的内在本质和道德精神。孔子说："仁远乎哉？我欲仁，斯仁至矣"（《述而》）；"志士仁人，无求生以害仁，有杀身以成仁"（《卫灵公》），这种人的内在本质和道德精神，或者说是道德理性，就是孔子人道思想的"道"。

孔子讲学图

怎样使仁升华为个人的一种内在本质和道德精神呢？这就必须修己、求仁。如何修己求仁呢？这就牵涉到仁与礼的关系问题。礼是孔子人道思想中的一个重要范畴。在孔子看来，礼不仅是治国的原则，"为国以礼"（《先进》），而且是人必须遵守的行为规范。孔子认为，要修己求仁，只能到礼中去求，离开礼，是无仁可求的。据此，孔子明确提出学礼、约之以礼和自觉地循礼行事三个即礼求仁的步骤。

孔子说："不学礼，无以立。"（《季氏》）认为只有通过学礼，人才可以从知性上把握社会典章制度和行为规范，知道当做的和不当做的，这是修己求仁的入门。但是，学礼、知礼不等于就能按礼行事，还必须有一个对修己者加以约束的阶段，所以说"博学于文，约之以礼，亦可以弗畔矣夫"（《颜渊》），"以约失之者鲜矣"（《里仁》）。约之以礼，是修己求仁必不可少的环节。通过学礼，约之以礼，人便会由一个礼仪规范的被动接受者转化为循礼而行的自觉的主体，外在地对人予以约束的礼，也就随之转化为人的内在的行动。孔子弟子中以德行著称的颜渊、仲弓等都达到了这一境界，表现出一种强烈自觉的循礼行事的实践意向。

在论述修己求仁的过程中，孔子着重提出和阐述了几个重要的理论问题。首先，孔子通过对文质关系的辩证，阐述了人的内在品质与其仪表是一种一致的关系，而人的道德修养也与其知识水平相关联。孔子说："质胜文则野，文胜质则史。文质彬彬，然后君子。"（《雍也》）所谓的"质"，指在修己过程中内化而成的仁，亦即人的道德精神，人的内在本质；"文"则指人的仪表、风度和知识。孔子认为，只有正确解决人的品质和仪表、道德和知识的关系，也就是善与美、德与才的关系问题，才能做到人格上真善美的统一。

其次，在修己求仁的过程中，孔子十分重视充分发挥人的主观能动作用，强调自律原则，说："为仁由己，而由人乎哉？"（《颜渊》）"人能弘道，非道弘人。"（《卫灵公》）认为在修己中能否发挥主观能动作用，是区分君子和小人的分水岭："君子求诸己，小人求诸人。"（《卫灵公》）基于对修己中主观能动作用的重视，孔子又提出了"内自省"的原则。他主张要经常自我反省，要"躬自厚而薄责于人"（《卫灵公》），要"能见其过而内自讼"（《公冶长》），"见善如不及，见不善如探汤"（《季氏》），"见贤思齐焉，见不贤而内自省也"（《里仁》）。因此，孔子对于能够闭门思过的蘧伯玉曾予以高度评价。

最后，在修己求仁的过程中，孔子明确提出了修己的具体程序，即"下学而上达"（《宪问》）。所谓"下学"系指"学《诗》"、"学《礼》"、"学文"、"学道"、"学干禄"等。"上达"则指礼乐之道，也就是主体精神。孔子认为，要把握礼乐之道，即主体的道德精神，必须借助于思。因此，从认识的角度来说，"下学而上达"也就是学思相结合的过程，"学而不思则罔，思而不学则殆。"（《为政》）学与思二者之间，学是基础，不学礼乐六艺，仅凭思去体认形上之道是徒劳的，"吾尝终日不食，终夜不寝，以思，无益，不如学也"（《卫灵公》）。但是，光学不思，也不能上达于道，通乎高明，所以说"可与共学，未可适道"（《子罕》）。

孔子认为，只有通过以求仁为核心的修己之道，人才能成为君子，算作"成人"。但是，君子、成人并不是一蹴而就的，而是要经历一个不断深化的过程。这样，孔子又进一步提出了他的人生境界和理想人格说。

（三）人生境界

一个人人生境界的高低是通过什么反映出来的呢？孔子认为，一般是通过志趣、情感、出处等反映出来的。

"志者，心之所之"（陈淳：《北溪字义》卷上）。孔子对"志"很重视，认为

它最能反映一个人的境界，故常让学生各言其志。"颜渊、季路侍。子曰：'盍各言尔志？'子路曰：'愿车马、衣轻裘，与朋友共。敝之而无憾。'颜渊曰：'愿无伐善，无施劳。'子路曰：'愿闻子之志。'子曰：'老者安之，朋友信之，少者怀之。'"（《公冶长》）《先进》中又记载孔子让子路、曾皙、冉有、公西华等弟子各谈其志的情况，对曾皙的"莫春者，春服既成。冠者五六人，童者六七人，浴乎沂，风乎舞雩，咏而归"的志趣，十分赞同。这说明，孔子弟子的人生境界确有高下之分，颜渊、曾皙的志趣明显高于子路等人，而孔子的"老者安之，朋友信之，少者怀之"，又高于颜渊、曾皙。

忧乐是一个人对自我认定的价值实现与否的情感表现。与一般人把贫富作为人生价值取向不同，孔子明确把闻道、体道、与道合一视为人生的根本价值。他提出"君子忧道不忧贫"（《卫灵公》）的主张，说："德之不修，学之不讲，闻义不能徙，不善不能改，是吾忧也。"（《述而》）孔子认为，一个人的所忧所乐均关系到其价值观念，而价值观念又直接体现其人生境界，所以说："饭疏食，饮水，曲肱而枕之，乐亦在其中矣。"（《述而》）"一箪食，一瓢饮，在陋巷。人不堪其忧，回也不改其乐。"（《雍也》）正因如此，儒家始终把"孔颜乐处"作为人生哲学的一个重要课题。

在进退问题上，孔子是主张"学而优则仕"（《子张》）的。但是，他认为，人生境界的高下并不在于是否出仕为政，而在于是否合于道。所以，孔子实际上是主张当仕则仕，当隐则隐。他说："天下有道则见，无道则隐。邦有道，贫且贱焉，耻也；邦无道，富且贵焉，耻也。"（《泰伯》）这绝不是明哲保身，而是审时度势、积极主动的人生态度。

在上述基础上，孔子通过自身的体验，把人生境界划分为几个阶段："吾十有五而志于学，三十而立，四十而不惑，五十而知天命，六十而耳顺，七十而从心所欲，不逾矩。"（《为政》）其中，所谓"立"与"成"同义，"三十而立"意即三十岁时已为"成人"。"不惑"意谓"于事物之所当然，皆无所疑"（朱熹：《论语集注》）。这时的人已成为一个自为的道德主体。"知天命"即明于天人之际，在此阶段，人实现了主客观的统一。"耳顺"是说此时的人心已与道合二为一。"从心所欲，不逾矩"是在心道为一基础上提出的。由于心即是道，心之所欲必然合乎人道。人按其所欲行事，也必然不会超越社会典章制度和道德规范，这是一种获得自由的人生最高境界。

书法作品《仁义礼智信》

　　当一个人通过修己求仁达到做人的标准、进入一定的人生境界时，也就具备了人格。由于孔子把自己的人生理想和社会理想贯彻其中，故称"理想人格"。孔子设计的理想人格有两种，即君子和圣人。孔子所谓的君子，是指道德高尚的人。既然仁是道德的本体，那么君子必然也是一个仁人，所以在孔子理想的君子人格构成中，仁是最基本的因素，并由仁派生出各种君子的品德，如"君子泰而不骄"，"君子和而不同"（《子路》），"君子贞而不谅"，"君子义以为质，礼以行之，孙以出之，信以成之"（《卫灵公》），"君子欲讷于言而敏于行"（《里仁》），"君子周而不比"（《为政》）等。当然，孔子认为，知也是构成君子的一个基本因素，所以，在《论语》中多次出现仁、知相提并论的记载，以仁、知双修来要求君子。

　　在孔子的理想人格中，还有一个比君子人格更高的人格，那就是圣人。圣人在孔子心目中具有崇高的地位。他认为，只有古代的尧、舜、禹、汤、文、武、周公才当得起圣人的称号，而他自己则从不敢以圣人自许。孔子提出的君子和圣人理想人格，既含有现实性，也包括有终极性。在他看来，君子是每个人都应当达到、经过努力也能够达到的具有现实性的理想人格，圣人则是人生的终极目标，并非人人都能达到。然而，这一目标的重要性恰恰也在这里，即追求圣人人格，比圣人本身更重要。只有不遗余力地朝着成为圣人的方向努力，才能实现君子的人生价值。

（四）执中用和

　　"中"、"和"两个范畴在孔子的人道思想中，既有德的含义，又是他的思维方法论和哲学理论。

　　"中"这一范畴由来已久。《论语》中记载有尧对舜的告诫辞："允执厥中"；《尚书·盘庚中》有"各设中于乃心"；《尚书·酒诰》中有"作稽中德"。这说明,"中"这一范畴早已为人们所重视。但是,孔子第一个把"中"作为一个哲学范畴引入人道思想,并提出了"中庸"的范畴。他说:"中庸之为德也,其至矣乎!民鲜久矣。"(《雍也》)视中庸为至高之德。中庸作为至高之德,可以看作是道德范畴,但在孔子的人道思想中则仍属于哲学范畴。

什么是中庸?《礼记》的解释是"执其两端,用其中于民"。朱熹解释说:"中者,不偏不倚,无过不及之名;庸,平常也。"(《四书集注·中庸章句》)中庸的基本含义是无过无不及。孔子认为,过与不及都不合乎中庸的要求。"子贡曰:'师与商也孰贤?'子曰:'师也过,商也不及。'曰:'然则师愈与?'子曰:'过犹不及。'"(《先进》)孔子不仅把中庸贯彻到其教育实践中,说:"求也退,故进之;由也兼人,故退之"(《先进》),即对胆大好胜的子路予以抑制,对胆小退缩的冉求予以鼓励,使他们都达到中庸的道德,并且把中庸原则作为处理问题的思维方法,说:"吾有知乎哉?无知也。有鄙夫问于我,空空如也,我叩其两端而竭焉。"(《子罕》)这种从两端入手解决问题的方法,注意的是对立面的统一,反对过于极端。在孔子看来,即使是对于不仁之人也不能憎恨过甚,"人而不仁,疾之已甚,乱也。"(《泰伯》)他提出的"毋意,毋必,毋固,毋我"(《子罕》),也是要人们思考和处理问题时不要过于极端。应该指出,孔子提倡中庸,并不是不分是非,不讲原则,他曾明确反对"乡愿",即言不顾行、行不顾言、阉然媚世的人,认为这种人是"德之贼"。

据《国语·郑语》记载,西周末年的史伯提出了"和"与"同"这对哲学范畴。所谓和,照史伯说是"以他平他谓之和",指不同性质事物的和谐统一;所谓"同",照史伯说是"以同裨同",指性质相同的事物的无差别同一。"和"与"同"这两个对立范畴反映了两种不同的哲学观念,在当时思想界颇有影响,齐国政治家晏婴也提倡"和",反对"同"。

孔子继承了西周末年以来关于和与同的思想,提出"君子和而不同,小人同而不和"(《子路》),把和与同作为君子与小人区别的标志。和不仅是道德范畴,而且也具有哲学意义。和与中一样包含着丰富的辩证思想方法。在孔子的《论语》中,中与和还是被分别论述的,到《礼记·中庸》中,两者已经被联系起来予以阐发了。《中庸》说:"喜、怒、哀、乐之未发,谓之中;发而皆中节,谓之和。中也者,天下之大本也;和也者,天下之达道也。"认为达到了中和,就可以赞天地之化育。这说明中、和已经是孔子和其所代表的儒家思想最重要的哲学

范畴之一。

事实上，在孔子的人道思想中，仁与礼范畴和中、和范畴是紧密结合的，前者是靠后者来协调的。

在孔子的人道思想中，仁与礼的含义并不相同。按其本义，仁是以爱人为出发点，强调人的平等原则，礼则区别等级贵贱，强调等级差别。仁是孔子人道思想中反映时代特征的新观念，礼则是维护宗法关系的旧印记，两者显然是矛盾的。但在孔子人道思想中，两者又是统一的，这就体现了他的中、和原则。因为，从中、和原则来说，一方面要用仁来充

山东曲阜孔庙的圣人之门匾额

实礼，"礼云礼云，玉帛云乎哉？乐云乐云，钟鼓云乎哉"（《阳货》）。说明礼不仅仅只是形式，而是有其内容，即仁。孔子认为，礼的根本就在于内心感情方面都符合礼的要求，只有做到仁，才会真正遵守礼乐制度，所以说："人而不仁，如礼何？人而不仁，如乐何？"（《八佾》）可见，仁与礼的结合正是孔子人道思想的特征。这既表现了孔子人道思想中的新旧交织，又表现了他重道德情操与道德规范的统一。

仁与礼虽靠中、和来协调，但中、和也必须"以礼节之"，否则也是不可行的。孔子说："礼之用，和为贵。先王之道，斯为美。大小由之，有所不行。知和而和，不以礼节之，亦不可行也。"（《学而》）孔子还说，"君子之于天下也，无适也，无莫也，义之与比。"（《里仁》）这是说，君子对于天下之事，虽然没有规定怎么去做，但只要是合于义的就去做。其中，所谓的"知和而和"、"以礼节之"、"义之与比"，都是主张用礼、义来节制中、和。一方面，孔子用中、和原

则，协调仁与礼并使之和谐统一；另一方面又用礼、义来节制中与和，这就把他的人道思想建立在辩证的思维方法之上了。这些思想对中国古代智慧的发展有重要的影响。

（五）《论语》简述

《论语》是儒家最重要的经典著作之一，由孔子的弟子和后学根据孔子的言行记录整理而成，大约成书于战国初期。《论语》书名的含义，根据《汉书·艺文志》的解释，"《论语》者，孔子应答弟子时人及弟子相与言而接闻于夫子之语也。当时弟子各有所记。夫子既卒，门人相与辑而论纂，故谓之《论语》。"

今本《论语》计12 700余字，分为20篇，每篇取篇首几字为名，杨伯峻《论语译注》又分为510章（节）。《论语》传至西汉时，曾出现三种抄本：《鲁论语》20篇，《齐论语》22篇，《古论语》21篇。各本的篇次与文字均不尽相同。汉成帝时，安昌侯张禹将《鲁论语》和《齐论语》混而为一，并称《张侯论》。至东汉末年，郑玄就《鲁论语》的篇章参考《齐论语》和《古论语》，作《论语注》，成为后世的流传本，现行本《论语》就是由此而来的。

对于《论语》这样一部重要的经典，历代对其研究和注释的著作可谓汗牛充栋，风格也有所不同。大体而言，唐代以前重于训诂和诠释，西汉有孔安国，东汉有郑玄、马融、包咸等，魏晋六朝则有王肃、何晏、皇侃等，重要著述有郑玄的《论语注》、何晏的《论语集解》等；北宋时强调义理之学，重视阐述《论

清代木刻《论语》书影

语》中的微言大义，邢昺的《论语注疏》可视为这一变化的代表之作；南宋朱熹则在其《四书章句集注》中，开创阐发理学思想的先河；清代以后，兴起乾嘉考据之朴学，注重训诂和考证，重要著述有刘宝楠、刘恭冕的《论语正义》等。近代以来，《论语》还被译成多种外文，在世界范围内广泛传播。

在中国思想史、文化史、政治史和教育史上，《论语》都有着重要的地位。其开创的儒家思想成为中国两千年来的统治思想和文化正统。在两千多年的历史中，《论语》的浸润和积淀，对中国人的素质修养、道德观念、心理结构和社会习俗，也都产生着深刻的影响。同时，《论语》对朝鲜、日本、越南等亚洲国家的思想文化和社会发展也影响颇深，并且成为西方国家了解中国文化的重要媒介。

四、墨子的哲学思想

墨子（约公元前480—前393），姓墨，名翟。据考证，墨子实际上是姓墨台（"台"字读音为"怡"），省略为墨姓，商朝孤竹国目夷氏的后人，历史上很有名的贤人伯夷、叔齐和墨子是同姓。而墨子最直接的祖先，则是春秋时期宋国公子目夷。

（一）墨子生平

墨子生活的时代，大体上是孔子之后、孟子之前，更具体的生卒年则无法确定。至于墨子的出生地同样是众说纷纭，有人认为他是宋国人，有人认为他是楚国人，有人甚至疑他为印度人，理由是"墨"即"黑"，"翟"通"狄"，墨子名字的意思就是皮肤黝黑的西方人。但大多数人则相信，墨子应该是鲁国人。因为从《墨子》一书中关于墨子的记载看，墨子的活动中心一直是以鲁国为主，他周游别国后所返回的目的地也一般都是鲁国。

墨子一生行事，史书记载很少。我们根据《墨子》和其他少量先秦典籍，对墨子的出身背景、思想性格及所做事业，可以有下面的基本判断：墨子应该是出身社会下层，或者至少特别熟悉当时社会下层手工业者的生活。墨子早年曾接受过儒家教育。据《吕氏春秋》记载，春秋时，鲁国的惠公曾经派自己的大臣宰让到洛邑，请求周天子派人指点郊庙祭祀的礼节，周桓王就派了史角到鲁

国。后来，惠公把史角留了下来，史角的后人也就一直待在了鲁国，世代做鲁国的史官，而墨子曾向史角后人学习。我们今天在《墨子》一书中，经常可以看到墨子对儒家经典著作《诗经》、《尚书》等的征引。但墨子学说又与儒家有很多不同，如儒家亲亲，墨子尚贤；儒家主张爱人是由亲及远的差别之爱，墨子是一律平等的兼爱；儒家繁礼，墨子节用；儒家重丧，墨子节葬；儒家提倡音乐教化，墨子非乐；儒家远鬼，墨子明鬼；等等。

墨家学派创始人——墨翟

墨子创立的墨家学派具有早期民间结社的性质，有弟子数百人。墨子的基本思想及学说，集中在他的弟子集体创作的《墨子》一书中，成为墨家学派的指导思想。墨子死后，墨学分成众多派别，彼此观点各异，互谓"别墨"。无论是前期墨家还是后期墨家，在当时都有很大的影响。《吕氏春秋·当染》称墨家"从属弥众，弟子弥丰，充满天下"。

《汉书·艺文志》著录《墨子》71篇，现仅存53篇。其中，《尚贤》、《尚同》、《兼爱》、《非攻》等篇带有"子墨子"字样，是墨家弟子编撰整理的墨子有关社会、政治、经济、伦理、哲学等的学术讲演、谈述资料；《非儒》、《耕柱》、《贵义》、《公孟》等篇体裁类似儒家《论语》，记载的是墨子的学术传记和言行录；《亲士》、《修身》、《所染》、《法仪》等篇，是从不同角度记录墨子思想的杂论；《备城门》以下各篇是墨家的兵书；《经》（上、下）、《经说》（上、下）及《大取》、《小取》则是战国中后期墨子后学的哲学、社会科学和自然科学等小型百科全书式的杰作。

（二）墨子的社会政治思想

墨子以及墨家学派的许多成员都是出身于底层的劳动人民，他们终身从事生产劳动，思想感情与劳动阶层息息相通。战国初年，小生产者的地位相当低下，经常遭受没落的奴隶主势力和新兴地主阶级的盘剥和欺诈，随时面临穷困潦倒甚至冻死饿死的可能。因而，墨子学说充满了重视劳动、崇尚节俭的生产观，以及推贤任能、倡导统一的政治理想。

墨子认识到人与动物的本质区别在于生产实践。他说："今人固与禽兽、麋鹿、蜚鸟、贞虫异者也。今之禽兽、麋鹿、蜚鸟、贞虫，因其羽毛以为衣裘，因其蹄蚤以为绔屦；因其水草以为饮食……今人与此异者也。赖其力者生，不赖其力者不生。"（《墨子·非乐上》，以下凡引该书，只注篇名）这就是说，动物依靠自身的身体条件和现成的自然条件求生存，人却不同，人只能靠从事生产劳动才能生存。墨子所说的"力"，意指从事改变自然、创造财富，满足基本生产需要的生产实践。

墨子谈论最多、最为重视的是农业和农民的家庭纺织业生产，因为温饱问题是最迫切的社会问题。墨子说："凡五谷者，民之所仰也。""食者，国之宝也。""故食不可不务也，地不可不力也。"（《七患》）墨子把农业看作国民经济

墨子止楚攻宋图

的根本和基础，主张抓紧节气时令，充分发挥土地潜力，全民上下都要积极从事生产活动。农民要"早出暮入，强乎耕稼树艺，多聚菽粟"（《非乐上》）；农妇要"夙兴夜寐，强乎纺绩织纴，多治麻丝葛绪"（同上）；而"凡天下群百工，轮车、鞼匏、陶冶、梓匠，使各从事其所能"（《节用中》），即手工业者也要各自积极发挥所长。墨子的最终理想是要"使饥者得食，寒者得衣，劳者得息"（《非命下》）。

墨子重视生产，因而也就尚俭节用，在衣、食、住、行、丧葬等各个方面，都主张节约开支，反对浪费。穿衣只要能"冬以御寒，夏以御暑"就足够了，反对统治者及豪门"铸衣以为钩，珠玉以为佩"的奢靡风气；饮食只要能"增气充腹，强体适腹"就可以了，反对统治者及豪门"厚作敛于百姓，以为美食刍豢蒸炙鱼鳖"的奢靡做法；住房只要能"御风寒"、"别男女之礼"就可以了，反对统治者及豪门"台榭曲直之望，青黄刻镂之饰"的奢靡作风；出行舟车只要能"完固轻利"、"任重致远"就行了，反对统治者及豪门"饰车以文采，饰舟以刻镂"的奢靡做法。墨子还大力推行"节葬之法"，认为"厚葬久丧"的恶习既劳民伤财，又耽误劳动生产。

墨子创造性地提出了"尚贤"学说，即把对于德才兼备的栋梁之才的选拔和任用，视为"为政之本"。墨子说："国有贤良之士众，则国家之治厚；贤良之士寡，则国家之治薄。"（《尚贤上》）选举人才要"不辨贫富、贵贱、远迩、亲疏，贤者举而尚之"（《尚贤中》），"不党父兄，不偏富贵，不嬖颜色，贤者举而上之"（同上），反对任人唯亲，只考虑血缘、等级、出身等因素的世袭偏见，从而为一些出身贫贱，通过后天勤习苦学的"贤人"、"智者"开辟报国仕途。墨子提出的"尚贤"主张，代表了墨子所谓"农与工肆之人"的利益，反映出他们要求提高政治地位、参与国家管理的强烈愿望。

"尚同"，即崇尚、倡导国家统一，是墨子"尚贤"论的延伸。当时的周王朝徒具虚名，诸侯割据，战事连年，社会极不安定，民不聊生。墨子主张推行贤人政治，让贤人担任从中央到地方各级政权的管理工作，以有效地形成中央集权、全国稳定的统一的政治局面。天下混乱，是没有"正长"（胜任有为的长官），应"选择天下贤良、圣知、辩慧之人，立以为天子"（《尚同中》）。然后，依次选拔、任命贤仁之人，诸侯国君、卿大夫、乡长、里长。在全国统一的贤人政治下，"上下通情"（即上情下达，下情上达），办事效率就会高而精当，这样一来，

禽子求教

遍天下的人都"不敢为淫暴",干坏事。"尚同"的功绩是能做到"赏当贤,罚当暴,不杀不辜,不失有罪"(《尚同中》),并大大简化国家管理和人事管理的程序,"治天下之国,若治一家;使天下之民,若使一夫"(《尚同下》)。墨子的"尚同"学说虽然其实质仍属封建专制,但在一定程度上反映了小生产者希冀国家统一和社会安定的心理。

(三)墨子的道德伦理学说

"兼相爱,交相利"是墨子提倡的最基本的道德伦理学说。"兼相爱",是说人与人之间应该不分血缘关系的亲疏远近和身份等级的贵贱悬殊,普遍地、平等地互助相爱,与儒家的"爱有差等"形成鲜明对照。墨子始终把"兼爱说"同儒家的"别爱说"对立起来,从各个方面与儒家信徒展开激烈的争辩,论证"别非而兼是"的道理,并自觉地以"兼爱说"来否定和替代"别爱说"。《非儒》篇开宗明义批评儒家"亲亲有术,尊贤有等"的差别观念,认为"兼爱"说必"生天下之利","别爱"说必"生天下之大害"(《兼爱下》),提倡"兼以易别"。

墨子在提出"兼爱"说的同时,还始终坚持鲜明的是非观和善恶观。墨子把人分为仁人和暴人,仁人"兴天下之利,除天下之害",暴人如盗贼之流则不劳而获，亏人自利，因而"众闻则非之，上为政者得而罚之"（《非攻上》）。在墨子看来，"兼爱"是一种奋斗目标和道德理想，应大力宣讲，但现实中的盗贼暴行，也要严正谴责。"兼爱说"反映出底层劳动人民之间互助相爱的朴素的道德观念，是对儒家传统的宗法等级观念的尖锐抨击。

墨子经常把"兼相爱"、"交相利"并提（《兼爱中》），反对孔孟把义利对立起来，崇尚道义、排斥利益的做法。墨子贵义也重利，墨子所谓的"贤人"，是要能做到"兼而爱之，从而利之"。墨子说"万事莫贵于义"（《贵义》），为达此道德目标，墨子积极倡导"自苦而为义"的做法，身体力行，同时教育弟子要为义"赴火蹈刃，死不旋踵"，连激烈抨击墨学的孟子也说："墨子兼爱，摩顶放踵利天下为之"（《孟子·尽心上》）。墨子的道德理想是兼爱天下、实现仁义，而他所谓的仁义就是谋取公众的利益。墨家把他们的全部事业都归结成"为义"，也即"兴天下之利，除天下之害"，同时把"国家百姓人民之利"作为衡量言行是非的标准。墨子义利统一的思想，反映了劳动人民之间互助互爱和互利互惠的传统美德。

墨子论"兼爱"

（四）墨子世界观中的矛盾

墨子的世界观是驳杂不纯的，一方面有着"天志"、"明鬼"的有神论思想，另一方面也有"非命"、"尚力"的无神论因素，形成谬误与真理的奇特结合。

"天志"是指天有意志，也就是说存在一个有意志的天神；"明鬼"就是证明鬼是存在的。殷周以来，有一个万能的主宰人间一切的天神观念和对鬼神的迷信，一直占据着社会思想领域的统治地位，但到春秋末期，已有人对此提出怀疑。如孔子"不语怪、力、乱、神"（《论语·述而》），提出"未能事人，焉能事鬼"（《论语·先进》），主张"敬鬼神而远之"（《论语·雍也》）。墨子提出"天志"、"明鬼"，是有感于自己提出的尚贤、尚同、兼爱、非攻、节用、节葬、非乐、非命等在一定程度上反映底层劳动人民心声的学说，仅仅依靠墨家"上说诸侯，下说列士"的宣传、说教，远远不能让当权统治者、豪门贵族乃至于底层百姓完全接受，于是不得不以这种世界观的明显倒退为代价，试图借"神"、"鬼"的权威与震慑力，以"顺天意"的名义推行自己的主张。

墨子所谓的"天"是有意志、有感觉的人格神，同时具有超自然和超人的力量，能赏善惩暴，奖福除祸，创造宇宙万物，支配社会伦常。"天"能在"林谷幽间无人"之处洞察一切，并且"欲义而恶不义"（《天志上》）。墨子说："顺天意者，兼相爱，交相利，必得赏；反天意者，别相恶，交相贼，必得罚。"（同上）又说，"天之意，不欲大国之攻小国也，大家之乱小家也，强之暴寡，诈之谋愚，贵之傲贱，此天之所不欲也"（《天志中》）。如能"顺天之意，奉而光施之天下，则刑政治，万民和，国家富，财用足，百姓皆得暖衣饱食，便宁无忧"。（《天志中》）在论证了"天"的至大全能后，墨子还以鬼神的力量，助天行道。墨子把鬼神的存在说得活灵活现，"有天鬼，亦有山水鬼神者，亦有人死而为鬼者"（《明鬼下》）；鬼神的威力巨大，"富贵众强，勇力强武，坚甲利兵，鬼神之罚必胜之"（同上）。

应当看到，墨子的有神论与传统的天神观有着明显的不同。传统的天神观念是奴隶主意志的虚幻反映，是服务于奴隶主的剥削统治的，而墨子的有神论却直接代表了以小生产者为主的劳动人民的根本利益。墨子说："我有天志，譬若轮人之有规，匠人之有矩，轮、匠执其规、矩以度天下之方圆，曰：'中者是也，不中者非也。'"（《天志上》）墨子把"天志"比喻成手工业者手中常见的圆规和矩尺，以此来量度王公大人乃至平民百姓的行为准则，从而赋予神鬼这样历来的神秘之物以一定的世俗特性。

墨子又是一个注重实际的人。由于"鬼神能赏善罚暴"等有神论观点同实际生活相抵牾，不断遭到弟子的怀疑、质问和反对，因而不得不做出某些修正。有一次墨子生病，弟子跌鼻前往探视，跌鼻不解地问："先生以鬼神为明，能为祸福，为善者赏之，为不善者罚之。今先生圣人也，何故有疾？意者先生之言有不善乎？鬼神不明知乎？"（《公孟》）墨子以所谓"百门而闭一门"的说法做了解释，意思是，信仰、祭祀鬼神只不过是堵塞人生病的百中之一的漏洞而已，体现了墨子在有神和无神之间的徘徊、折中、调和的立场。另一方面，墨子却坚决否定儒家宣扬的"死生有命，富贵在天"（《论语·颜渊》）的命定论，宣扬"非命"，强调人为。《公孟》篇载，墨子批评儒者公孟子"贫富寿夭，错然在天，不可损益"的论点，是在消磨人的意志，"此足以丧天下"；《非儒》篇也说，儒者"执有命以说议"，不能发挥人的才能，"是贼天下之人者也"；《非命》篇更指出："命者暴王所作，穷人所述，非仁者之言也。"认定宣扬命定论是一种不道德的行为。墨子反对命定论，主张强力而为的观点，体现了小生产者阶层，希望通过自己的奋发努力，改变社会政治地位的强烈愿望。

由此可见，墨子一方面竭力宣扬"天志"、"明鬼"的有神论，以更好地推行自己的政治、学说主张；同时，又反对命定论，强调人为。这表明，劳动人民在长期的社会实践中生产能力和自我认知能力的不断提高，是排除神的力量、迈入现实人间的重要一步，但由于历史和时代的局限性，墨子的认识依然还带有浓厚的唯心主义和宿命论色彩。

（五）墨子的认识论系统

墨子反对儒家"生而知之"的唯心主义先验论，认为耳目等感觉器官可以反映客观实际。这种把对客观实际的感性经验作为认识的来源和基础的观点，是符合朴素的唯物主义经验论的。在先秦各学派争论激烈的名实关系问题上，墨子从生产实际和生活经验出发，反对儒家倡导的以"名"定"实"的唯心主义"正名"论，明确提出"取实"重于"命名"的唯物主义观点。

墨子指出，人的耳目等感觉器官能真实感知到的客观事物，就"必以为有"，人的耳目等感觉器官不能真实感知到的，就"必以为无"（《明鬼下》）；人的才能和知识的差别是后天环境习染而成的，所谓"染于苍则苍，染于黄则黄"（《所染》），而不是先天就有的。要重视察"实"检"名"，"今天下之诸侯，多攻伐兼并，则是有誉义之名，而不察其实也。"（《非攻下》）；还要把名和实、言与行结合起来。在《贵义》篇中，墨子举例指出，瞎子光知道黑白的名称，不能从行动上加以选取和区分，还不算是真正的知识。墨子把能否在实际行动中鉴别、抉择实际事物作为检验真知的准则,是中国认识史和先秦朴素唯物主义认识论上的一个创举。

墨子还提出了检验认识是非真假的三条标准,即"三表法"。第一表是"考之天鬼之志、圣王之事",即依据前人的间接经验,用历史事实来衡量言论的是非。第二表是"下原察百姓耳目之实",即以劳动人民现实的直接经验作为认识的来源。第三表是"发以为刑政,观其中国家百姓人民之利",即把言论应用于政治实践之中,看其是否符合国家人民的利益,用实践效果来检验言论的是非。墨子的"三表法"明确提出以广大人民群众的实际经验和利于劳动人民的实际效果作为检验认识是非的标准,是墨子所代表的劳动群众的立场、观点和方法在认识论上的集中反映,也是人类认识史上的伟大创举。

墨子的认识论,是劳动阶层在生产实践中逐步形成的朴素的唯物主义经验论的认识论,具有广泛的社会基础。其主要局限是,有时片面夸大感觉经验的作用,没有把感觉和思维、经验和理论有机地结合起来,因而才会从幻觉、错误的经验和离奇的记载中,武断地得出"神"、"鬼"存在的错误结论。战国中、后期,后期墨家以当时的自然科学知识为依托,发展了墨子思想中的唯物主义倾向,建立了较为精当、完整的朴素唯物主义的哲学体系。

(六)后期墨家的哲学思想

墨翟一派的思想,在墨翟死后分成许多流派,对墨翟的思想有不同的解释和发展。现存《墨子》一书中《经上》、《经下》、《经说上》、《经说下》、《大取》、《小取》六篇著作,是形成于战国中后期墨家后学们的作品。现统称这些作品的作者们为后期墨家。

这些作品中记述了许多自然科学知识,积极地发展了墨翟的唯物主义思想。后期墨家抛弃了墨翟哲学中关于天志、鬼神等宗教意识,在一定程度上克服了墨翟的狭隘经验论倾向和错误。特别是后期墨家在批评惠施、公孙龙等名家的某些错误观点中,发展了墨翟的唯物主义认识论,建立了一套相当完整的逻辑学理论,这在中国哲学史上是有重要意义的。

1.唯物主义的宇宙观

后期墨家在宇宙观上坚持了朴素的唯物主义,承认世界上一切实际存在的东西,除了"物"之外什么都没有。《经说上》说:"物,达也,有实必待之名也命

之。"把"物"定义为外延最大的概念,其内涵就是"实",即实际存在的东西。物质世界是不以人们的意志为转移的,《经上》说:"举,拟实也。"《经说上》解为"(举)告以之名,举彼实也","举"就是以名模拟事物的实,实是第一性的,名是第二性的。

"墨经"对物质、运动、时间、空间以及有穷、无穷等范畴的关系做了深刻论述。《经上》说:"久,弥异时也",《经说上》解为"古今旦暮",即时间概念"久"是对具体的时间形式的概括;"宇,弥异所也",《经说上》解为"东西家(中)南北",即空间概念,"宇"是对具体的空间形式的概括。《经下》又说:"行修以久,说在先后。"《经说下》解释为:"行者必先近而后远。远近,修也。先后,久也。民行修必以久也。""宇徙而有所处,宇南宇北,在旦又在暮,宇徙久。"即认为"物"是运动的,运动必然表现为时间和空间,时间和空间是"物"的存在方式,如同人走路有先近后远一样。同时,时间、空间也是紧密相连而不可分割的。"墨经"认为整个宇宙空间是无穷的,提出"盈无穷"和"盈,莫不有也"、"尽,莫不然也"等杰出命题;有限空间不能穷尽整个宇宙,即"区不可遍举宇也"。《经说下》又说:"久:有穷;无穷。"即时间既是有穷的又是无穷的。"墨经"还用唯物主义的眼光来客观地看待人的生老病死等生理现象,《经上》说:"生,形与知处也。"《经说上》的解释是,"盈之生,常不可必也。"即生命是形体和精神的兼有,人有"形"有"知"则有生命,有"形"而无"知"则为死亡。另一方面,"知"也不可能脱离人的形体而单独存在,《经上》说:"知,材也。"即认识能力或精神是人的形体具有的本能。

"墨经"把世界上的一切事物,都归结为是在一定的时间和空间中运动着的客观存在,并在中国古代哲学史上首次较完整地阐述了时空的客观性、无限性及其相互联系等,没有给墨子的"神""鬼"留下任何余地;在对人的生命现象的解释中,也没有给有神论留下任何可乘之机,坚持了彻底的无神论和朴素的唯物主义一元论。

2. 唯物主义的认识论

后期墨家继承了墨子认识论中合理、科学的因素,经验与理性并重,建立起了一个较为深刻、全面的认识论系统。后期墨家把客观事物看作人们认识的对象,《小取》规定"辩"的任务是"摹略万物之然,论求群言之比",即认识事物的本来面目。古时"辩"与"辨"(辨别、分析事物)相通,这里的"辩"包含

了认识论和逻辑学两方面的内容，其中，"摹略万物之然"主要指认识论，"论求群言之比"主要指逻辑学。

后期墨家的认识论可以说是"摹物"之学。"摹"，即摹写、反映；"略"，即要略、概括、抽象；"然"，事物的状态、现象，还包括"所以然"，事物的本质、规律。《小取》说："其然也，有所以然也。"可见，后期墨家的认识论是明显的反映论，是研究认识世界的一般形式和规律的学问。

后期墨家认为人具有认识世界的能力，墨家认为"知"包括感性认识和理性认识两部分。"知，接也"中的"知"指的是感性认识，即人通过与事物的接触，模拟事物的面貌和外部联系，强调用人的认识能力认识外在事物；"智，明也"中的"智"指的是理性认识，即通过对感性材料的整理、分析达到对于事物的规律和内部联系的清楚认识。"墨经"把眼、耳、鼻、舌、身五种感性认识器官称作"五路"，并把"五路"视为人的认识的必要条件，同时，《经下》还以认识时间概念"久"为例，强调在感性认识的基础上，还必须结合理性思维的抽象概括作用。

"墨经"认为知识的来源有三类，即闻知、说知和亲知。《经说上》的解释是："传受之，闻也；方不㢣，说也；身观焉，亲也。"闻知是听说的由别人传授而来的间接知识。根据传播环节的差异，闻知又分为"亲闻"和"传闻"两种，其中"亲闻"自然更为可靠。亲知是人们运用"五路"感觉器官通过亲身观察得来的知识，亲知具有直接性和现实性的优点。说知是不受时空约束的、在感性认识的基础上，通过理性思维由已有知识推论出新的知识。《经说下》以用尺子量度物件为例，阐述了说知与亲知、闻知之间相互协作达成真知的关系。

"墨经"还把认识的内容具体分为名知、实知、合知和为知四类，《经说上》的解释是："所以谓，名也；所谓，实也；名实耦，合也；志行，为也。"名知，是关于对象的概念的知识；实知，是关于对象的具体实物的知识；合知，是关于对象既知其名又知其实的知识；为知，是有计划、有目的的自觉的实践之知，《经上》详细列举了常见的"为知"，包括：存（制甲筑城）、亡（疗病去疾）、易（买卖交易）、荡（剿寇荡敌）、治（庄稼治理）、化（养殖蛙鹑）六种。

后期墨家还十分注意区分认识的真假，强调要"明是非之分"。一种意见是否正确，不在于批评者的多寡，要看其是否合乎"理"。《经下》说："诽之可否，不以众寡，说在可非。"《经说下》的解释是："诽之可不可，以理。"而检验"理"的标准是要看实际辩论中是否得"当"，《经上》说："辩胜，当也。"《经下》又说："谓辩无胜，必不当，说在辩。"《经说下》的解释是："辩也者，或谓之是，或谓之非，当者胜也。""墨经"以"理"是否得"当"为据，驳斥了认识论上的种种谬误与诡辩。《经下》批判了辩者"火不热"的主观唯心主义的诡辩，《经说下》批判了公孙龙"目不见"的不可知论的诡辩，《经下》批判了"狗非犬"的诡辩和老庄"学无益"的论调等。

后期墨家在认识论上坚持世界的可知性，并细致剖析了认识的各个环节，同时以认识是否与客观实际相符合作为检验认识真理性的标准，批判了不可知论和相对主义的诡辩论，是在古代认识史上可贵的突破。

3.社会政治伦理思想

后期墨家在社会政治观点上承袭并发展了墨子的"兼相爱，交相利"学说，以"利"作为社会生活的准则。《经上》说："利，所得而喜也"，"利"就是使人们得到满足；"功，利民也"，"利民"也就成为政治的功过是非的参照。《经说上》进一步指出："不待时，若衣裘。"即政治上要想利民有为，就必须像衣裘一样常备不懈，做到未雨绸缪，防患未然。

后期墨家还劝谕人们要善于舍小利避大害、忍小害求大利，即领会和掌握"权"的智慧。《经上》说："权者两而勿偏"，强调观察思考的全面性。《大取》说："于所体之中权轻重之谓权。权，非为是也，非为非也；权，正也，利之中取大，害之中取小也。害之中取小，非取害也，取利也；其所取者，人之所执也……利之中取大，非不得已也；害之中取小，不得已也。所未有而取焉，是利之中取大也；于所既有而弃焉，是害之中取小也。"就是说，人们所应取的利，不是目前的小利，而是将来的大利；所应避免的不是目前的小害，而是将来的大害。在取利上可以主动取大利，在避害上就只能被动地取小害了。

后期墨家认为"义"不仅是主观动机，而且也应在客观上有利于人。《大取》说："义，利；不义，害；志功为辩。"并以"利"来解释"忠""孝""功"等概念，《经上》说："忠，利君也"，"孝，利亲也"，"功，利民也"。后期墨家反对"仁内义外"的说法，《经说下》说："爱利不相为内外，所爱所利亦不相为外内。""利"也不仅仅是个人得利，而是"交相利"，同时这种"公利"是包含个人利益的，"爱人不外己，己在所爱之中"（《大取》）。

《墨子·尚同》阐述了国君应从黎民百姓中遴选的主张，即"选天下之贤可者立以为天子"，这是一种原始的民主思想。"墨经"则更进一步指出："君，臣，萌（氓）通约也。"即国君应由臣民约定选出，臣民拥有政治监督的权力，这是对君权神授论和君权世袭制观念的强有力的挑战。

4. 论辩的逻辑思想

后期墨家提出了系统的逻辑学说，"墨经"逻辑学是中国古代逻辑的杰出代表和集大成者，标志着中国古代逻辑学的创立。

战国时期，百家争鸣，名辩之学风行一时。《经上》指出"辩"的性质和目的是："辩，争彼也。辩胜，当也。""彼"，相当于矛盾命题，"辩"即是争论矛盾命题的是非，矛盾命题必有一是一非，辩论双方因之必有一胜一败。这是从命题的真值关系和思维规律的层面上，对辩论的实质、规则的严格规定。《小取》开篇明义指出："夫辩者，将以明是非之分，审治乱之纪，明同异之处，察名实之理，处利害，决嫌疑。焉摹略万物之然，论求群言之比。"进一步指出"辩"在思维认识和言辞表达、治国解惑方面的突出功用。

"墨经"还详细探讨了概念、判断、推理等逻辑思维形式。《小取》说："以名举实"，即通过概念或语词来列举和模拟事物的实质，《经上》把概念的概括作用叫做"弥"，如："久，弥异时也"，"宇，弥异所也"；《小取》说："以辞抒意"，即通过语句、语词组成的判断表达心意，并区分了带有全称量项"尽"、"俱"的全称判断，带有特称量项"或""有"的特称判断，带有选言量项"或"的选言判断，带有假言量项"假"的假言判断等；《小取》说："以说出故"，即通过推理论证的"说"来阐明结论的理由和根据，"墨经"总结了许多"说"（推理）的方式方法，如"譬"式推理（相当于类比推理），"侔"式推理（相当于附性法直接推理），以及结合了演绎与归纳的一种重要的论证反驳方式"止"等。

"墨经"还详细探讨了推理的规则和谬误问题。《大取》说："夫辞以故生、以理长、以类行者也"，指的是推出结论、证明论题的推理过程所必须遵循的规则。"以故生"，是说论题或结论凭借充足的理由而成立；"以理长"，是说推理形式必须符合合理有效的标准范式；"以类行"，指的是推理的范围必须在同类事物之间。关于推理的谬误，《小取》说："是故譬、侔、援、推之辞，行而异，转而危，远而失，流而离本，则不可不审也，不可常用也。故言多方、殊类、异故，则不可偏观也。"就是说，在各种推理方式的具体运用过程中，由于推理过程辗

转繁杂，寻求的论据极易淡离本意，加之言辞不同、类别不同、原因不同，因而会出现种种错误，必须仔细审查，全面掌握，不能以偏概全。后期墨家结合中国古代语言的特点和辩论的实际，精心探讨了逻辑学的一般思维形式及其规则，提出了较为系统全面的逻辑学说，足以媲美西方亚里士多德逻辑学和印度因明学，是中国传统文化中的瑰宝。

后期墨家坚持唯物主义的宇宙观，坚持世界的可知性，系统阐明了逻辑学的基本原理，在自然科学领域做出了积极有效的探索。此外，后期墨家也从小生产者的立场和利益出发，提出了许多有益的政治伦理主张，并对形形色色的唯心主义、不可知论和诡辩做出了强有力的批判，影响深远，极大地推动了先秦唯物主义哲学的发展，在先秦哲学史上占有突出的地位。

五、孟子的哲学思想

孟子，名轲，字子舆，战国邹（今山东邹县）人。生卒年代不可确考，约生于周烈王四年（公元前372年），卒于周赧王二十六年（公元前289年）。《史记·孟子荀卿列传》说孟子"受业子思之门人"，因此，将孟子与子思相联结而称其学说为思孟学派。孟子是孔子之后儒学的主要代表人物。

孟子非常推崇孔子，认为孔子是"圣之时者也"（《孟子·万章下》，以下凡引该书只注篇名），文化思想的集大成者，"自有生民以来，未有盛于孔子也。"（《公孙丑上》）并以学习孔子为其志愿，"乃所愿，则学孔子也。"（同上）其思想保存在《孟子》一书中。从《孟子》一书看，孟子是在与当时各个学派的学说，特别是与杨朱的"为我"和墨子的"兼爱"思想的论争中，继承和发展了孔子的人道思想。

（一）天人合一思想

在孔子天人观念的基础上，孟子提出了他的天人合一说。孟子相信天命的存在，认为王位的传授是上天决定的。他说："天与贤，则与贤；天与子，则与子。"（《万章上》）尧传舜，舜传禹，而禹传子，并不是尧、舜、禹决定的，而是天命决定的，所以说"天子不能以天下与人"，是"天与之"（《万章上》）。但是，与前人相比，孟子的天命观念又有所变化，这主要表现在他继承了西周以来重

儒家代表人物之一、被称为"亚圣"——孟轲

人的思想。孟子虽然承认君权是由上天授予的，但他又认为上天并不直接发布命令，"天不言，以行与事示之而已矣"（《万章上》）。所谓"以行与事示之"，就是"使之主祭，而百神享之，是天受之；使之主事，而事治，百姓安之，是民受之"（《万章上》）。因此，君权是"天与之，人与之"，即天人共同授予的。在这里，天是虚设的，人则是现实的。所以他说："桀、纣之失天下也，失其民也；失其民者，失其心也。得天下有道：得其民，斯得天下矣；得其民有道：得其心，斯得民矣；得其心有道：所欲与之聚之，所恶勿施，尔也。"（《离娄上》）这实质上是假借天命的名义让人民百姓决定天子的命运。

在这种新观念的基础上，孟子提出"莫之为而为者，天也；莫之致而至者，命也"（《万章上》）的论断，认为天命是一种外在的超自然的力量，非人力所能左右。这种对天命的看法，已经蕴含有一种对客观必然性的认识，其具体表现就是他提出了"势"与"时"的范畴。他说："虽有智慧，不如乘势；虽有镃基（锄），不如待时。"（《公孙丑上》）所谓"势"与"时"在这里指的就是一种客观必然；而"乘势"、"待时"则是指的符合客观必然。孟子认为，只要符合客观必然，就可以事半功倍，"事半古之人，功必倍之，惟此时为然"（《公孙丑上》）。他还用揠苗助长的寓言，说明违反客观必然规律，"非徒无益，而又害之"（《公孙丑上》）。

孟子又说："天时不如地利，地利不如人和"（《公孙丑下》）。在这里，所谓天时的天，已不具有人格意志，而是指的自然之天。并且，天地人三者相比较，孟子更为重视的还是人事。正因为孟子重视人，认为人心的向背决定天下的命运，所以，他特别强调心的作用，第一次明确把心视为思维器官，提出了"心之

官则思"(《告子上》)的命题,这在认识史上有着重要的理论意义。然而,他又夸大了心的作用,提出了"诚"即属于心的一种最高境界的观念。他说:"诚者,天之道也;思诚者,人之道也。至诚而不动者,未之有也;不诚,未有能动者也。"(《离娄上》)把"诚"视为"天之道","思诚"则视为"人之道",通过反思而达到"诚",就是"天人合一"了。因此,他说:"尽其心者,知其性也。知其性,则知天矣。存其心,养其性,所以事天也。"(《尽心上》)尽心、知性,达到知天,关键在于诚,所以说"万物皆备于我矣,反身而诚,乐莫大矣。"(《尽心上》)这就又通过诚沟通了天与人。

总括上述,孟子的天人合一说,实际上包含有两个层次:一是具有神学色彩的"天与"和"人与"相结合的天人合一说,一是具有思辨特色的以诚沟通的"天之道"与"人之道"的天人合一说。这两个层次的天人合一说,对后来儒家思想的发展都产生了重大影响。

(二) 爱有差等思想

孟子继承发展了孔子的仁学思想,并做了具体的阐述和提升。孟子明确提出"仁者,爱人"(《离娄下》)的命题,认为爱人首先是爱亲,"亲亲,仁也","仁之实,事亲是也"(《离娄上》)。然后又由爱亲扩展到爱人,即由尊敬自己的长辈,扩展到尊敬别人的长辈;由爱护自己的子女,扩展到爱护别人的子女,这就是所谓的"老吾老,以及人之老;幼吾幼,以及人之幼"(《梁惠王上》)。孟子又说:"仁者以其所爱,及其所不爱;不仁者以所不爱,及其所爱"(《尽心下》)。但是,在"仁者以其所爱及其所不爱"时,不是不分先后,而是优先于贤者,故说:"仁者无不爱也,急亲贤之为务";"尧、舜之仁不偏爱人,急亲贤也。"(《尽心上》)这样,就由亲亲,扩展到爱人;又由仁民,扩展到爱物,所以说:"君子之于物也,爱之而弗仁;于民也,仁之而弗亲。亲亲而仁民,仁民而爱物。"(《尽心上》)可见,孟子的仁爱思想既保留有以血缘关系为纽带的宗法伦理特征,又带有浓厚的感情色彩,越是亲近者,爱得越是深厚,这就是爱有差等。孟子的爱有差等思想使孔子的爱人思想更加具体明确了,成为儒家人道思想中的经典理论。

在此基础上,孟子又提出义、礼、智三个范畴,与仁相并列,同时又做了详尽的论述。首先,孟子认为,"义"与"仁"一样,是人生而具有的德性,他说："孩提之童，无不知爱其亲者；及其长也，无不知敬其兄也。亲亲，仁也；敬长，义也。"（《尽心上》）仁、义虽然都是人生而具有的德性，但其功用却有区别，他说："仁，人心也；义，人路也"（《告子上》）；"仁，人之安宅也；义，人之正路也。旷安宅而弗居，舍正路而弗由，哀哉。"（《离娄上》）视仁为人内心具备的德性，义则作为人必须遵守的准则。这就把仁与义直接结合了起来。孟子不是用礼而是用义规范人们的行为，反映了春秋到战国时期的时代变化。

次于仁、义的是礼。孟子讲的礼的含义，与孔子讲的礼有原则区别。他说："迎之致敬以有礼，则就之；礼貌衰，则去之"（《告子下》）；"君子以仁存心，以礼存心。仁者爱人，有礼者敬人。爱人者，人恒爱之；敬人者，人恒敬之。"（《离娄下》）说明孟子的礼已不再是区别等级名分之礼，而是礼貌待人的恭敬、辞让之礼。在孟子看来，智不仅是知识范畴，而且是道德范畴。特别是把智作为明辨是非之德，更是孟子首次提出的。他说："是非之心，智也。"（《告子上》）

总括上述，仁、义、礼、智构成了孟子人道思想中最基本的道德范畴。他说："恻隐之心，人皆有之；羞恶之心，人皆有之；恭敬之心，人皆有之；是非之心，人皆有之。恻隐之心，仁也；羞恶之心，义也；恭敬之心，礼也；是非之心，智也。"（《告子上》）前面已经指出，孟子虽然仁、义、礼、智并提，但四者的地位是不完全相同的，他说："仁之实，事亲是也；义之实，从兄是也；智之实，知斯二者弗去是也；礼之实，节文斯二者是也。"（《离娄上》）这说明，礼、智皆从属于仁、义，是为仁、义服务的。由于孟子突出仁、义的地位，仁、义自此就成为儒家人道思想的代称，也随之成为我国封建伦理道德的代称。

（三）人性本善思想

孔子创立了以研究人性善恶为对象的人道理论体系，提出了"性相近，习相远"（《论语·阳货》）的命题，开创了我国古代专以善恶论人性的端绪。但是有关人性的系统研究，到战国时期才产生不同的观点和理论。据《论衡·本性篇》记载，孔门弟子中已经有人探讨人性问题："周人世硕，以为人性有善有恶，举人之善性，养而致之则善长；性恶，养而致之则恶长。如此，则性各有阴阳，善恶在所养焉。故世子作《养书》一篇。宓子贱、漆雕开、公孙尼子之徒，亦论情性，与世子相出入，皆言性有善有恶。"宓子贱、漆雕开等都是孔门弟子，据王

充上述的说法,其人性说可能有人主张人性为善,有人主张人性为恶,但影响都不大,真正对后世产生影响的是孟子的性善说和荀子的性恶说。因此,孟、荀人性学说的提出,在一定意义上是孔子人道思想的逻辑展开,把孔子的潜在思想发明出来了。

"孟子道性善,言必称尧舜。"(《滕文公上》)在《告子上》中,孟子亦曾列举了当时的各种人性观点,"公都子曰:告子曰:'性无善无不善也。'或曰:'性可以为善,可以为不善;是故文、武兴,则民好善;幽、厉兴,则民好暴。'或曰:'有性善,有性不善;是故以尧为君而有象;以瞽瞍为父而有舜;以纣为兄之子,且以为君,而有微子启、王子比干。'今曰:'性善',然则彼皆非欤?"就这段记载看,已有四种人性观点:"性无善无不善";"性可以为善,可以为不善";"有性善,有性恶";"性善说"。其中,第二种观点为何人主张,已不可考,第三种观点与上引王充所述虑子贱等的主张相同,第一种观点是告子的主张,第四种观点则是孟子的主张。孟子的性善说主要是在批驳告子的性无善无不善中阐述的。

告子主张"性无善无不善"的根据,就在于他提出的"生之谓性"的命题,即把人的天生的自然本能称之为性。告子又说:"食、色,性也。"(《告子上》)食、色这些生理本能是与生俱有的,因此,它们作为性,无所谓善与不善。告子的这种人性观点,曾被后来的荀子所采纳,提出"生之所以然者谓之性","不事而自然谓之性"(《荀子·正名》)。由于告子是把天生的自然本能称之为性,所以他认为,若把属于善的仁义硬说成是人的本性,就好比把自然的素材杞柳说成是人为加工制成的桮棬。在这里,告子区别了自然资质和后天人为,反对把后天人为的仁义归之于人的先天本性,不无道理。但他只看到人的自然本性,看不到人与动物的区别,即人的社会性,有其历史局限性。

针对告子的人性观点,孟子则把属于后天人为的仁义,视作人先天具有的本性,说:"仁、义、礼、智根于心",(《尽心上》)"仁、义、礼、智,非由外铄我也,我固有之也,弗思耳矣。"(《告子上》)孟子以仁义为人的本性驳斥了告子的人性观点,理论根据是他提出的人禽之辨。他说:"人之有道也,饱食、暖衣、逸居而无教,则近于禽兽。"(《滕文公上》)这是说,人如果只知道吃饱、穿暖和安逸,就与禽兽相差不多。因为,人除了穿衣吃饱之外,还应该懂得"父

孟子碑刻像

子有亲，君臣有义，夫妇有别，长幼有叙（序），朋友有信"（《滕文公上》）等人伦道德。在这里，孟子实际上提出了人具有的两种本性，即自然本性和社会本性。人在自然本性方面与动物并没有多大差别，但动物只有自然本性，没有社会本性，而人不仅具有自然本性，还有社会本性。在这种人禽区别的基础上，孟子认为，人作为一个统一的物类，是有其共性的："尧、舜与人同耳"（《离娄下》），"圣人，与我同类者"（《告子上》）。据此，孟子进一步指出："凡同类者，举相似也。何独至于人而疑之？"（《离娄下》）同类的东西，都有共同的本质特性，人也不应例外。那么，人类的共性是什么呢？他说："履之相似，天下之足同也……口之于味也，有同耆焉；耳之于声也，有同听焉；目之于色也，有同美焉。至于心，独无所同然乎？心之所同然者何也？谓理也，义也。圣人先得我心之所同然耳。故理、义之悦我心，犹刍豢之悦我口。"（《告子上》）在这段话中，孟子把人类的共同本性归结为三点：体貌相似，即天下之足同；感觉相同，人认为是美味的，我也会认为是美味；心对理、义的认同，而这是人的共性中最重要的。

应着重指出的是，孟子提出的"理、义之悦我心"，即理、义使人心理娱悦，是中国哲学史上第一次从共同的心理来考察人的特性，说明人不仅有共同的生理需求，而且有共同的心理需要。心理方面的共同需要，是人与动物相区别的根本标志。而所谓的共同心理需要，就是指的仁、义、礼、智，它们都是人生而具有的，所以他说："人之所不学而能者，其良能也；所不虑而知者，其良知也。孩提之童，无不知爱其亲者；及其长也，无不知敬其兄。亲亲，仁也；敬长，义也；无他，达之天下也。"(《尽心上》)有无良知、良能，即有无恻隐之心、羞恶之心、辞让之心、是非之心，就构成了人禽的根本区别。"无恻隐之心，非人也；无羞恶之心，非人也；无辞让之心，非人也；无是非之心，非人也。"(《公孙丑上》)"恻隐之心"、"羞恶之心"、"辞让之心"、"是非之心"即"仁之端"、"义之端"、"礼之端"、"智之端"，也就是仁、义、礼、智决定了人心是善的。

孟子虽然认为人的共同心理需要，即仁、义、礼、智决定人心是善的，但是他又从更深一层的意义上指出，仁、义、礼、智只是使人可能为善的"四端"，"四端"背后还隐藏着一个使人可能为善的东西。孟子认为，心有两种含义，一是指体言，心即能思之官；二是指用言，即心官应物而产生的知、情、意。因心有二义，所谓心性关系亦有两种：一是以体言心与性的关系，旨在说明心具有区分理、义的能力；二是以用言心与性的关系，则系指使人能够产生恻隐之心、羞恶之心、辞让之心和是非之心。可见，从体上说，性是一种伴有确定价值取向的判断理、义的能力；就用上说，性则是产生仁、义、礼、智四端的根据。综合这两个方面，孟子进一步指明性可以确定不移地把人的思想行为引导向善。这就为人们遵守和执行伦理道德规范找到了内在的理论根据。

（四）孟子的人生修养观念

基于性善说，在人生问题上，孟子提出了修身立命的主张。他说："夭寿不贰，修身以俟之，所以立命也。"(《尽心上》)其中虽有命定论的成分，其核心思想却在于"尽其道而死"(同上)，即正确地对待生命。他说："居天下之广居，立天下之正位，行天下之大道；得志，与民由之；不得志，独行其道。富贵不能淫，贫贱不能移，威武不能屈，此之谓大丈夫。"(《滕文公下》)又说，"得志，泽加于民；不得志，修身见于世。穷则独善其身，达则兼善天下。"(《尽心上》)要正确地对待生命，首先要有道，即居仁由义，所以说："居仁由义，大人之事备矣。"(《尽心上》)只有居仁由义，具备了仁义道德，才能成为大丈夫，而成为大丈夫，就懂得了如何正确地对待人生。他说："饱乎仁义也，所以不愿人之膏粱之味也；令闻广誉施于身，所以不愿人之文绣也。"(《告子上》)这是说，仁义道德很充实了，也就不羡慕别人的肥肉细米了；广为传扬的好名声在自己身上，也就不羡慕别人的锦绣衣裳了。这是把人的道德情操和精神生活看得比物质生活

更高贵，更重要。

孟子不仅重视人的道德情操，而且重视人的道德价值。他说："欲贵者，人之同心也。人人有贵于己者，弗思耳矣。人之所贵者，非良贵也。"（《告子上》）"有贵于己者"即自身所具有的德性。他认为，荣辱不在于富贵与贫贱，而在于仁与不仁，"仁则荣，不仁则辱"（《公孙丑上》）。他重视的是人自身的道德价值和人格尊严。他说："一箪食，一豆羹，得之则生，弗得则死。嘑尔而与之，行道之人弗受；蹴尔而与之，乞人不屑也。"（《告子上》）这是说，人格是不可辱的，人不会为了活命去吃嗟来之食。所以，他非常称赞伯夷的清风亮节。为保持自己人格的尊严，孟子认为，一方面要以道义为原则，尊德乐道；另一方面也要磨炼自己的心志，"苦其心志，劳其筋骨，饿其体肤，空乏其身，行拂乱其所为，所以动心忍性，增益其所不能"（《告子下》）。只有如此，才能培养为道义原则献身的精神，做到"天下无道，以身殉道"（《尽心上》）和"舍生而取义"（《告子上》）。这样，也只有这样，才叫做正确对待自己的生命，即"正命"。

为了保持"正命"，孟子十分强调自我道德修养，即修身。孟子认为，所谓道德修养，首先是要保持人天赋的德性不丢掉，这就要"存心"。他说："君子所以异于人者，以其存心也。君子以仁存心，以礼存心。"（《离娄下》）有道德的君子与一般人不同的地方，就在于能够保持天赋的仁、义、礼、智之心。因此，他反对自暴自弃，说："言非礼义，谓之自暴也；吾身不能居仁由义，谓之自弃也。"（《离娄上》）自暴自弃是一种舍正路而不走的极其可鄙的事。

其次是"养性"和"养气"。孟子认为，君子和小人的区别还在于存养不同。他明确提出"从其大体为大人，从其小体为小人"的论断，主张人要"先立乎其大者"（《告子上》）。所谓的"大体"是指天赋的仁、义、礼、智的心性，"小体"则指饮食等生理物质需求。孟子认为，只要注意存养自己天赋的心性，就可以成为一个有道德的君子，反之，"养小以失大"（《告子上》），只注重生理物质需求，必定会失去天赋的心性。天赋的心性，是决定人的道德精神的根本。这种道德精神，孟子又叫作"浩然之气"。"浩然之气"是"集义所生"的，是人们修身的一种精神境界。有了这种道德精神境界，就可以无所畏惧，能屈能伸，进可以做一番惊天动地的大业，退可以保持气节。这种在保持天赋心性基础上又重视保持自我道德精神的修持过程，孟子把它叫作"养气"。

孟子故里

最后是"寡欲"。孟子说:"养心莫善于寡欲。其为人也寡欲,虽有不存焉者,寡矣;其为人也多欲,虽有存焉者,寡矣。"(《尽心下》)这是说,存养心性的最好办法是减少物质欲望。一个人物欲不多,其天赋善性即使丧失,也不会丧失很多;相反,一个人物欲很多,其天赋善性即使保存,保存的也不会太多。孟子认为,在修身方面,只要做到"存心"、"养性"、"寡欲",即可以"反身而诚"(《尽心上》),即只要反省内求,诚实不欺,内外合一,就一定会达到人生最高的精神境界。

应该指出,在修身过程的第一个环节中,孟子自始至终强调贯彻反省内求的修养方法,要求在待人处事的各种情况下,都应反躬自问,端正自己。他举例说:"仁者如射:射者正己而后发;发而不中,不怨胜己者,反求诸己而已矣。"(《公孙丑上》)仁与不仁有如射者一样,中与不中只应在自身上寻找原因。孟子倡导的"反求诸己"即正人正己,不仅是一种修身方法,也是一种思维方法。这种修身方法和思维方法对后世的儒家学说,特别是对陆王心学有着重大的影响。

六、庄子的哲学思想

庄子,名周,宋国蒙(今河南商丘)人,约生于公元前369年,卒于公元前

286年。庄子继承和发展了老子的哲学思想，是老子之后道家思想的主要代表人物。作为战国时期隐士的庄子，不仅是一个思想驰骋于方外的哲学大家，也是一个才华横溢的语言文学大师。庄子恢诡谲怪，深闳恣肆，以开放的心灵，游世的态度，超脱功名利禄，着意把人们引向一个不同凡俗的空灵境界。他创立的庄子学派将先秦思辨哲学推向了又一个光辉的阶段，从更深层次的意义上体现了人生的价值。

《庄子》一书是战国时期庄子学派的著作总集。《庄子》一书分为内篇、外篇和杂篇，各篇在思想内容上相互出入。学术界认为，内篇基本上自成体系，与战国中期以前的其他古书颇为一致，可作为研究庄子思想的基本资料，而外、杂篇则为庄子后学的著述。

（一）以无为本的本体论

在宇宙论问题上，庄老差别很大。庄子明确提出了以无为本的宇宙本体论思想，构成他的宇宙本体论思想的基本范畴是"无"、"道"、"天"、"命"和"物"。深入分析这五个基本范畴及其相互关系，是把握庄子宇宙本体论思想的关键。

庄子首先提出一个问题："有先天地生者，物邪？"（《庄子·知北游》以下凡引该书，只注篇名）即先天地而生的宇宙本体是"物"吗？对这样一个根本性的问题，庄子的回答是否定的。为了否定宇宙本体的物质性，庄子提出了"无"的范畴。在《齐物论》中，庄子说："有'有'也者，有'无'也者，有未始有'无'也者，有未始有夫未始有'无'也者。俄而有'无'矣，而未知有'无'之果孰'有'孰'无'也？"这段话中明确提出一个"有'无'"的范畴。所谓"有'无'"，在庄子看来，既是"有"，更是"无"，是"有"与"无"的统一，指未始有物的原始状态，所以又叫作"天倪"。"倪"训始，指未与认识接触的自然原始状态。庄子的"有'无'"范畴的含义与黑格尔的"纯有就是无"的意思基本相当。

《齐物论》又说："天地与我并生，而万物与我为一……'一'与'言'为二，'二'与'一'为三。自此以往，巧历不能得，而况其凡乎？故自'无'适'有'以至于'三'，而况自'有'适'有'乎？"在《大宗师》中，庄子通过一则寓言，明确提出"以无为首"。因此在庄子那里，"无"作为万物的本体，又称作"一"。而所谓的"自'无'适'有'"，便是自"一"而至"三"。此处

072

的"一"即是"无";"二"则是指"言",即人的主观认识;"三"则指"有",即现存的事物。其中,所谓"'一'与'言'为二",是说"一"与"言"共是"二";"'二'与'一'为'三'",则是说"言"与"无"相结合,便产生了"物"。这说明,在庄子那里,万物生成不单是一个客观的自然发生的过程,而必须有人的主观认识的参与,甚至人的主观认识起决定作用。据此,庄子主张"无"与人的认识相结合,而生成万物,并从中得出"天地与我并生,而万物与我为一"的结论。庄子所说的"有'无'"即"无",是一种无任何规定性的自在实体,极度空洞而又高度抽象,完全是庄子构思的产物。

"道"与"无"是紧密相关的两个范畴。"无"指宇宙本体,"道"则指宇宙本体的运动过程。"道行之而成,物谓之而然"(《齐物论》)。所谓"道行之而成"是说"道"是由运行而成的。其特性是"其为物,无不将也,无不迎也,无不毁也,无不成也,其名为'撄宁'。'撄宁'也者,撄而后成者也"(《大宗师》)。在这里,"为"系介词,犹"于"。"撄"意为扰动,指运动变化。"宁"意为宁静,指永恒。所谓"撄宁",即永恒的运动过程。这段话是说,"道"支配着宇宙本体的运动,决定着宇宙间的一切变化,使一切均处于永恒的运动过程之中,是"万物之所系,而一化之所待"。

由于道使本体处于无始无终的流变过程之中,运动着的万物便永远处于不确定状态,而没有任何质的规定性,所以,万物是等齐的、齐一的。

庄子画像

这就是说，处于永恒运动变化中的事物，都具有成为其他任何事物的无穷可能性，任何事物就其实质来说，既是"此"，又是"彼"。"彼""此"合而为一，乃是"道"的重要的特性，这就是《齐物论》中所说的"彼是莫得其偶，谓之'道枢'"。"道"与"无"为偶，即是"道"与本体合而为一，这就无限地夸大了事物之间的相对性，取消了事物的质的差别性。

《大宗师》说："其有夜旦之常，天也。""天"指永恒运动着的宇宙自然，是本体的自然化。庄子从"道"的角度，把人等同于物，甚至认为有生命和无生命是一样的。在庄子看来，人只有绝对顺从自然，面临生死，就会不乐不哀，安时而处顺。显然，在关于天的问题上，庄子又夸大了本体自然化的决定作用，而忽略了人的主观能动性。《荀子·解蔽》批评"庄子蔽于天而不知人"，是十分中肯的。

因"道"的驱使，宇宙万物始终处于永恒的运动变化之中，对此，事物本身无法制止，也无法逃脱。只有本体自然化的力量驾驭着万事万物，规定着万事万物的生长和消亡、异同和属性、形态和处境，这就是庄子所谓的"命"。由于庄子将"人"等同于"物"，所以，社会中人与人的关系，也是由本体化的自然所规定的。人的处境，诸如贫穷祸福等，人力根本无法改变。这是一种绝对的自然决定论的观点。庄子之所以采取消极的人生态度，强调"安命""保身"，哲学基础就在于此。

"物谓之而然"说明，庄子认为物乃是人对于变化不定的本体的认识而产生的幻象。既然万物处于永恒的流变过程之中，万物在本质上就是相通为一的。如果人的认识不同，就会对本体做不同的规定，而对事物的异同，也会有不同的看法。所以，《德充符》中说："自其异者视之，肝胆楚越也；自其同者视之，万物皆一也。"甚至事物究竟是有是无，也"未始有是非"，无法明确加以肯定或者否定。

通过对上述庄子有关本体论范畴的分析，可以看到，庄子强调把本体即"无"及其所化生的万物和人的主观认识综合起来考察，有一定的合理性，但终究还是导向了唯心主义。

（二）相对主义的认识论

庄子的认识思想，对老子的认识思想有较大的发展。在对形而上的本体的认

识上，表现为神秘的不可知论；在对形而下的物的认识上，则表现为相对主义的诡辩论。

庄子认为，作为宇宙本体运动过程的"道"，是"日夜相代乎前，而莫知其所萌"，是无形无象的。因此，"如求得其情与不得，无益损乎其真"，并从而得出"已而不知其然，谓之道"（《齐物论》）的结论，强调道本身是不可认识的。就人本身的认识能力来讲，庄子认为，由于人生是"有涯"的，知识是"无涯"的，以有限的人生追求无尽的知识，是危险

庄子辩论图

的（《养生主》）。况且，本来就"小知（指理智的认识能力）不及大知（指直觉能力）"（《逍遥游》），更何况知识是无尽的呢？庄子又从中得出了"故知止其所不知，至矣"（《齐物论》）的看法，认为认识与无认识本来就没有区别，而对人的认识活动予以全盘的否定。

庄子否认人的认识能力，也排斥认识的思维方式，而代之以意向思维方式，旨在求得自我情感体验、自我观照直觉中与自然相冥合。凭直觉，"以神遇而不以目视"的"心斋"、"坐忘"等神秘主义的认识方法。

在关于对万事万物的认识方面，庄子已意识到事物的相对性及其辩证关系，并据此批判了公孙龙的"故彼彼止于彼，此此止于此，可；彼此而彼且此，此彼而此且彼，不可"（《公孙龙子·名实论》）的绝对主义观点。但是，庄子取消了事物的质的规定性，认为万物是"道通为一"，滑向了相对主义。他说："物无非彼，物无非是。自彼则不见，自知则知之。故曰：彼出于是，是亦因彼。彼是，方生之说也……是亦彼也，彼亦是也。彼亦一是非，此亦一是非，果且有彼是乎

哉？果且无彼是乎哉？"(《齐物论》)这表明，庄子不懂得相对和绝对的差别也是相对的，相对之中有绝对。他认为相对只是相对的，是排斥绝对的，陷入了主观主义的诡辩。从这种相对主义出发，通过取消事物之间的对立和比较，庄子推论出许多荒诞离奇的结论，诸如天下没有什么东西比秋毫之末更大，大山同样是小的；没有谁比殇子更长寿，彭祖同样是短命的；等等。在庄子那里，大小、寿夭，都失去了自身的规定性。

"物固有所然，物固有所可；无物不然，无物不可。""是亦一无穷，非亦一无穷也。"庄子认识到这种"二律背反"，并称之为"两行"。但是，由于"道"的作用，万事万物始终只能处于一种不确定的状态。因此庄子认为，对事物明确肯定说"是"，或者明确否定曰"非"，都是对"道"的歪曲。他说："是非之彰也，道之所以亏也；道之所以亏，爱之所以成。""是非之彰"，掩盖了宇宙万物不断的运动过程，是"道"之所以被歪曲、偏见之所以形成的原因。因此，就"道"的角度而言，庄子认为客观的是非标准是不存在的。这是相对主义认识方法必然导致的结论。

总之，庄子在认识问题上，夸大万物变动不居的运动特性，使万事万物成为与"道通为一"的主观幻象。他通过取消事物间的对立和比较，达到了从本质上和现象上齐一万物的目的。这种"齐物"的思想，虽然将相对主义和辩证思想糅合在一起，于迷离恍惚之中透射出智慧的光芒，但却从根本上混淆了一切事物，取消了客观的是非标准，成为一种典型的相对主义诡辩论。

（三）安之若命的养生思想

庄子的养生思想分为两个层次，一是处世的养生，一是以体道为目的的至人之养生。二者的核心均在于"顺物自然"、"安之若命"和"同于大通"。

所谓与世俗相处的养生目的，在于"全生"、"保身"。它首先要求"顺物自然而无容私焉"，即去除一切偏见，随遇而安，绝对地顺从自然而不计较生死之变，以求得精神上的超脱和自由。其次是讲求"无用之用"。庄子说："今子有大树，患其无用，何不树之于无何有之乡，广莫之野，彷徨乎无为其侧，逍遥乎寝卧其下，不夭斤斧，物无害者，无所可用，安所困苦哉！"(《逍遥游》)又说，"山木，自寇也；膏火，自煎也。桂可食，故伐之；漆可用，故割之。人皆知有用之用，而莫知无用之用也。"(《人间世》)对物如此，对人也适用于同样的道

理。关龙逢、比干均因其修养完美而被害,而形体残缺的"支离疏"的人却用不着当差,并且备受照顾。"夫支离其形者,犹足以养其身,终其天年,又况支离其德者乎!"(同上)庄子据此认为,只要能保身,就是大用,故主张"求无所可用",甘做"不材之木"(同上)。

为在社会现实挤压中寻求保身,庄子进一步提出了"以无厚入有间"的养生方法。庄子认为,实行这种养生方法,第一要超越是非,"为善无近名,为恶无近刑,缘督以为经,可以保身,可以全生,可以养亲,可以尽年"(《养生主》)。第二要和之以是非,"和之以是非而休乎天钧","和之以天倪,因之以曼衍,所以穷年也"(《齐物论》)。这样便会"用心若镜,不将不迎,应而不藏,故能胜物而不伤"(《应帝王》)。第三,无以好恶内伤其身。庄子认为,这样便会"有人之形,无人之情。有人之形,故群于人;无人之情,故是非不得于身。眇乎小哉,所以属于人也;謷乎大哉,独成其天"(《德充符》)。可见,庄子所谓"以无厚入有间"的养生之道,无非是要求人们身虽处于世俗,却又能洁身自好,于夹缝中求得生存。

庄子逍遥游

关于以体认本体为目的的至人的养生问题，庄子认为，自然关系是命定的，社会中的君臣关系也是命定的，人们无力予以改变。因此，在社会关系中，一方面为应付被迫的社会环境，要讲究随机应变，顺应自然之命；另一方面，君主的产生必然会损害人的自然本性。为摆脱这种两难的处境，寻找安全之所，只能向理想的境界中去追求。庄子由此提出了以体认本体为目的的至人的养生方法，即"与造物者为人"(《大宗师》)。

"与造物者为人"的"人"，当训为"偶"，意谓与"道"为偶，又称作"登假于道""乘天地之正"。"乘天地之正"的"正"，当训为"君长"。这是说"道"就像宇宙自然中支配天地万物的"真君""君长"。在庄子看来，只要"登假于道""乘天地之正"，便可以驾驭自然的变化，使认识达到洞彻宇宙运动的高度，而游于无穷之本体，实现精神上的复归。这种与本体合一又与道为偶的境界，就叫作"同于大通"。

实现"同于大通"的方法，就是"坐忘"，即通过静坐而忘掉一切的神秘的精神体验的方法。例如，在《齐物论》中，南郭子綦"隐机而坐，仰天而嘘，苔焉似丧其耦"，这种形如槁木、心如死灰的"隐机而坐"，就是"坐忘"。在《大宗师》中，"女偊"所谓"三日而后能外天下"，"七日而后能外物"，"九日而后能外生"，最后而"不死不生"，就是"登假于道"，与本体合一。

通过"坐忘"的养生功夫，以洗除心中的欲念，这叫作"心斋"。《人间世》中的仲尼说："若一志，无听之以耳而听之以心，无听之以心而听之以气。听止于耳，心止于符。气也者，虚而待物者也。唯道集虚。虚者，心斋也。"这是说，排除杂念，使心志纯一，心守虚寂，对外界听而不闻，无思无虑，才能得道，体认本体。

当然，庄子也认为，"坐忘""心斋"的养生方法，不是一般人所能做到的，只有他所谓的"神人""至人""真人"才能做到。在庄子那里，所谓的"神人""真人""至人"，实际上是宇宙本体的人格化。这是只能心向往之，而不可企及的一种理想式的人物。因为，这种"人""不食五谷，吸风饮露"，"旁礴万物以为一"，"物莫之伤，大浸稽天而不溺，大旱金石流、土山焦而不热"(《逍遥游》)；"乘云气，骑日月，而游乎四海之外，死生无变于己"(《齐物论》)。可见，这种"人"丝毫无常人之情，而只是具备了宇宙本体即无的一切特征。这是庄子顺从自然、天人合一理想的体现。庄子追求的这种理想人格和养生方法，被后来

的道教所吸收、改造成为修炼成仙的方术。

七、孙武的哲学思想

孙武,又称孙子或孙武子,齐国人。其生卒年月已不可考,大致与孔子同时。因齐国内乱,出奔吴国,"以兵法见于吴王阖闾",被任命为将军,在吴国同楚、越的争霸中立下战功。

孙武是一位杰出的军事家。他总结前人以及自己的作战经验,著有《孙子兵法》一书。

(一)人物简介

孙武,被后人尊称为孙子、孙武子、兵圣、百世兵家之师、东方兵学的鼻祖。曾以《兵法》13篇见吴王阖闾,受任为将。领兵打仗,战无不胜,与伍子胥率吴军破楚,五战五捷,率兵3万打败60万楚国大军,攻入楚国郢都。北威齐晋,南服越人,显名诸侯。

《史记》中记载孙武的史料即《孙子吴起列传》,孙武与孙膑、吴起合列一传,记载如下。

孙子武者,齐人也。以兵法见于吴王阖闾。阖闾曰:"子之十三篇,吾尽观之矣,可以小试勒兵乎?"对曰:"可。"阖闾曰:"可试以妇人乎?"曰:"可。"于是许之,出宫中美女,得百八十人。孙子分为二队,以王之宠姬二人各为队长,皆令持戟。令之曰:"汝知心与左右手背乎?"妇人曰:"知之。"孙子曰:"前,则视心;左,视左手;右,视右手;后,即视背。"妇人曰:"诺。"约束既布,乃设铁钺,即三令五申之。于是鼓之右,妇人

《孙子兵法》作者孙武

大笑。孙子曰:"约束不明,申令不熟,将之罪也。"复三令五申而鼓之左,妇人复大笑。孙子曰:"约束不明,申令不熟,将之罪也;既已明而不如法者,吏士之罪也。"乃欲斩左右队长。

吴王从台上观,见且斩爱姬,大骇。趣使使下令曰:"寡人已知将军能用兵矣。寡人非此二姬,食不甘味,愿勿斩也。"孙子曰:"臣既已受命为将,将在军,君命有所不受。"遂斩队长二人以徇。用其次为队长,于是复鼓之。妇人左右前后跪起皆中规矩绳墨,无敢出声。于是孙子使使报王曰:"兵既整齐,王可试下观之,唯王所欲用之,虽赴水火犹可也。"吴王曰:"将军罢休就舍,寡人不愿下观。"孙子曰:"干徒好其言,不能用其实。"于是阖庐知孙子能用兵,卒以为将。西破彊楚,入郢,北威齐晋,显名诸侯,孙子与有力焉。

太史公曰:世俗所称师旅,皆道孙子十三篇,吴起兵法,世多有,故弗论,论其行事所施设者。语曰:"能行之者未必能言,能言之者未必能行。"孙子筹策庞涓明矣,然不能蚤救患于被刑。吴起说武侯以形势不如德,然行之于楚,以刻暴少恩亡其躯。悲夫!

(二)军事生涯

孙武到了吴国,被伍子胥引荐给吴王阖闾,通过斩姬练兵,取得了吴王的赏识。在伍子胥、孙武的治理下,吴国的内政和军事都大有起色。吴王极为倚重二人,把他们两人视为左臂右膀。

孙武与伍子胥共同辅佐阖闾经国治军,制定了以破楚为首务,继而南服越国,尔后进图中原的争霸方略;并实施分师扰楚、疲楚的作战方针,使吴取得与楚争雄的主动权。吴王阖闾三年(前512),吴军攻克了楚的属国钟吾国(今江苏宿迁东北)、舒国(今安徽庐江县西),吴王准备攻楚,孙武认为"民劳,未可",请再等待。伍子胥则提出疲楚的战略,建议把部队分为三军,每次用一军去袭击楚国的边境,"彼出则归,彼归则出",用这种"亟肆以疲之,多方以误之"的战法来疲惫楚军,消耗楚的实力。阖闾采纳了这个意见,反复袭扰楚国达六年之久,使楚军疲于奔命,为大举攻楚创造了条件。孙武和伍子胥还根据楚与唐、蔡交恶,楚国令尹子常生性贪婪,因索贿得不到满足而拘留蔡、唐国君,蔡、唐两国对楚极其怨恨的情况,献联合唐、蔡以袭楚之计。蔡、唐虽是小国,但居于楚的侧背,这就为吴军避开楚军正面,从其侧背作深远战略迂回提供了有

孙武故里《兵之魂》雕塑

利条件。公元前506年,吴国攻楚的条件已经成熟,孙武与伍子胥佐阖闾大举攻楚,直捣郢都(今湖北江陵西北)。吴军要由今天的苏州进到江陵附近,进行千余里深远的战略奔袭。孙武等人协助阖闾制定了一条出乎楚国意料的进军路线,即从淮河逆流西上,然后在淮汭(今河南潢川西北)舍舟登陆,再乘楚军北部边境守备薄弱的空隙,从著名的义阳三关,即武阳关、九里关、平靖关,直插汉水。吴军按照这一进军路线,顺利地达到汉水,进抵楚国腹地。楚军沿汉水组织防御,同吴军隔水对阵。由于楚军主帅令尹子常擅自改变预定的夹击吴军的作战计划,为了争功,单独率军渡过汉水进攻吴军,结果在柏举(今湖北汉川北)战败。吴军乘胜追击,五战五胜,占领了楚的国都郢城,几灭亡楚国。

(三)《孙子兵法》主要内容及其影响

《孙子兵法》13篇,具体篇目为《计篇》、《作战篇》、《谋攻篇》、《形篇》、《势篇》、《虚实篇》、《军争篇》、《九变篇》、《行军篇》、《地形篇》、《九地篇》、《火攻篇》、《用间篇》。《孙子兵法》是我国古代最著名的军事著述,总结了春秋以前的作战经验,揭示了战争的一些重要规律,着重记述了战略战术的运用,创立了系统的军事理论,具有丰富的朴素唯物主义思想和原始的军事辩证法思想。

《孙子兵法》是世界上最古老的兵书,在我国古代军事学术史及世界军事学

《孙子兵法》竹简版

《孙子兵法》金书

术史上占有突出地位，对后世影响久远而深广。孙中山曾给予高度评价，认为《孙子兵法》首创了中国的军事哲学。《孙子兵法》于公元8世纪开始传入日本、朝鲜，渐次传遍世界，已被译成日、英、俄、法等十几种文字，目前仍是国内外研究的热点之一。

《孙子兵法》来源于战争实践，是在战争实践基础上的理论升华，其论述充满了朴素唯物论和辩证法因素，语言简练概括，并已为人们所熟知并运用。孙武认为："兵者，国之大事。"他强调"知己知彼，百战不殆"，注重了解情况，全面地分析敌我、众寡、强弱、虚实、攻守、进退等矛盾双方，并通过对战争客观规律的认识和掌握来克敌制胜。他还提出"兵无常势，水无常形，能因敌变化而取胜者，谓之神"。他同时也特别强调了战略战术上的"奇正相生"和灵活运用。此外，在具体的战略战术、作战原则、方式方法及选将、用兵、用谋等方面，均有精辟论述。《孙子兵法》历代注本不断，较完善的注本为《孙子十家注》。

（四）孙武的军事哲学思想

《孙子兵法》充分体现了孙武的军事哲学思想，如朴素唯物主义与阴阳说、朴素辩证法与五行说、认识论以及伦理思想。

孙武的军事哲学思想，首先表现在他的朴素唯物主义思想。《孙子兵法》十分重视战争的各种客观条件。他的速胜思想，就是从战争对人力、财力和物力的依赖关系出发的。

孙武认为，要打胜仗就必须先知道敌人的情况。而对于敌人情况的了解，他认为："不可取于鬼神，不可象于事，不可验于度，必取于人，知敌之情者也。"即不能用迷信鬼神和占卜的方法，不能以过去相似的事物作类比，也不可凭主观臆测，而必须从知道敌情的人那儿去取得。在孙武看来，天不过是自然之天，没有任何神秘的地方。

天的运动是有规律的，这种规律是可以认识和利用的。他说，春夏秋冬四时没有固定的位置，一日的昼夜变化有长有短，月亮有圆有缺。自然界是运动变化的，人们可以利用它来服务于战争。水、火都可以用来攻击敌人，《孙子兵法》（以下引文皆出于《孙子兵法》，只注篇名）专门有《火攻》一篇。

《孙子兵法》的朴素唯物主义，还表现在有阴阳说的哲学思想。阴阳说和五行说是两种以理论思维来掌握世界的哲学学说，是在齐国产生和发育成长起来的哲学流派，是齐文化的特色之一。阴阳观念与观察星象来制定历法有直接的关系，在齐国以阴阳说为基础而制定了特殊的历法。又用来解释春夏秋冬四时变化和节气的更迭，以及日夜的往复。总之，阴阳说在齐国是十分流行的。孙武说："天者，阴阳、寒暑、时制也。"自然之天中，阴阳包括昼夜（昼为阳，夜为阴）、晴雨（晴为阳、雨为阴）等。可见，要取得军事上的胜利，与阴阳四时的更替有密切关系。

在行军作战时，要注意阴阳的利用。《行军篇》认为，驻扎军队应该选择向阳干燥的地方，避免背阴潮湿的地方。因为营地在背靠阴湿之地，士兵容易生病。在丘陵和堤防这种地形上，要抢先占领向阳的一面，并把它作为军队的主力或主要翼侧的依托。这些对于用兵有利的措施，是利用地形作为辅助条件的。孙武把齐文化中的阴阳说推广到军事领域，是阴阳说进一步发展的表现。同时，也反映了《孙子兵法》深深地受到了齐文化的影响。

《孙子兵法》还有朴素辩证法思想。孙武认识到，治乱、勇怯、强弱等矛盾对立的现象是可以变化的。因此，他在《势篇》说："乱生于治，怯生于勇，弱生于强。"他认为将帅要根据具体情况，灵活处理各种问题。他在《九变篇》说："途有所不由，军有所不击，城有所不攻，地有所不争，君命有所不受。"这体现了有所不为方能有所为的辩证法思想。孙武还认为，将领考虑问题必须全面，不仅要看到有利的一面，还要看到有害的一面。他在《九变篇》说："智者之虑，必杂于利害。"只有这样，才能在战争中取胜，这也反映了孙武的朴素辩证法思想。

《孙子兵法》中还有五行说，也表现了孙武朴素辩证法的思想。我们知道，五行说是在齐文化摇篮中发育成长起来的，是古代哲学思想的瑰宝。原始五行说与古代的农业生产活动需要观察天象以制定历法有密切的关系。

孙武在齐文化中吸取了丰富的营养，他在《孙子兵法》中不仅运用了五行说，而且对其进行了发展，《孙子兵法》中以五行中的水来比喻用兵的地方很多。孙武说："夫兵形象水，水之行，避高而趋下；兵之胜，避实而击虚。""水因地而制流，兵因敌而制胜。""兵无常势，水无常形，能因敌变化而取胜者，谓之神。"《孙子兵法》中的五行，已经不是原始的五行说了，而是有了一定程度的发展。

由原始的金、木、水、火、土"五材"，即五种原始的物质，进而发展为五声、五色、五味等，并且将五行说运用于军事辩证法。《孙子兵法》说："声不过五，五声之变，不可胜听也。色不过五，五色之变，不可胜观也。味不过五，五味之变，不可胜尝也，战势不过奇正，奇正之变，不可胜穷也。"孙武认为，作战的奇正变化，是无穷无尽的，就像音乐不过五个音阶，而五个音阶的变化却听不胜听；颜色不过五种色素，而五种色素的变化却看不胜看；滋味不过五样味素，而五样味素的变化却尝不胜尝。他继承前人的思想，把五行推广到五声、五色、五味等，并从它们的变化运用来说明军事上的奇正变化。

这种军事辩证法的观点，在当时是十分可贵的。

《孙子兵法》所反映的认识论，是朴素唯物主义反映论。他认为战争谁胜谁负，取决于作战双方的政治（"道"）、天时（"天"）、地利（"地"）、将帅（"将"）、法制（"法"）等方面，以及其他战争的重要因素，如军事实力（"形"）、战争中的战斗力量（"势"）等方面的客观实际的比较。在此基础上，比较双方谁的君主政治清明，谁的将帅有才能，谁得天时、地利，谁的法令能贯彻执行，谁的兵卒强壮众多，谁的士卒训练有素，谁的赏罚严明，经过这样的分析研究就能知道谁胜谁负了。从以上认识过程，我们清楚看出，孙武的认识论体现了物质第一性、意识第二性的唯物主义哲学路线，是朴素唯物主义反映论。

孙武认为，战争的规律是可以认识的，并从前人的战争经验中揭示了一些重要的战争规律。比如《谋攻篇》说："知己知彼，百战不殆；不知彼而知己，一胜一负；不知彼不知己，每战必殆。"即了解敌军又了解我军，就能每战必胜；

不了解敌军，只了解我军，只能胜负各占一半；既不了解敌军，又不了解我军，这样每次都必然打败仗。这是对战争规律的科学认识。又比如，《军争篇》说："避其锐气，击其惰归。"即避开敌人初来士气旺盛之时，攻击敌人于疲劳怠惰的归途之中。这也是对战争规律的正确认识，为以后的军事家所经常运用。孙武认为，在运用战争规律来指导作战时，可以发挥人的主观能动性，以争取战争的主动权，即能调动敌人而不被敌人所调动。孙武把认识和运用客观规律与发挥主观能动性统一于实践之中。这种认识与实践相统一的思想，在解决认识与实践的关系问题上，比同时代的其他思想家更为高出一筹。因此，他不仅是一个军事家，而且在思想史上也是有贡献的思想家。

《孙子兵法》中的伦理思想，具有明显的齐文化伦理思想的特点。齐文化的伦理思想表现于两个方面：一方面讲"仁"、"礼"，但又不把它放在首要地位；另一方面是重功利。关于前者，是从齐文化与其他地方文化相比较而言的。

齐文化上述两个方面，在《孙子兵法》中也体现得十分清楚。孙武讲"仁"，但是并不把"仁"放在首要地位。他说："将者，智、信、仁、勇、严也。"孙武生活于有尚武精神传统的齐文化环境中，他在讲将领的五德时，把"智"（智慧）放在首要地位，而把"仁"的要求放在次要地位，是十分自然的。但是他并不是不要"仁"，而是将"仁"用于对士卒的管理和教育方面。

《计篇》说，"视卒如婴儿"、"视卒如爱子"，即体现了"仁"的思想。孙武的"仁"还有更高的原则，即要符合战胜敌人、维护国家利益的要求。因此，他在《用间篇》说，两国交兵，应该想方设法，不惜爵禄和金钱，从敌方搞到情报，以了解敌情。如果反其道而行之，吝惜爵位和金钱，就是"下仁"到了极点。这就给了"仁"以新的解释，更具有齐文化的特色。

孙武强调用兵要趋利避害。《九地篇》说："合于利而动，不合于利而止。"《火攻篇》说："非利不动。"《军争篇》说："兵以诈立，以利动。"《计篇》说："计利以听，乃为之势，以佐其外。势者，因利而制权也。"即筹划有利的作战方案，使之被采纳，然后造成有利的形势。而在表面上又进行伪装，不让敌人明白。所谓有利的形势，就是根据利害关系进行灵活的处置。《九变篇》说："智者之虑，必杂于利害。杂于利而务可信也；杂于害，而患可解也。是故屈诸侯者以害，役诸侯者以业，趋诸侯者以利。"即有智谋的将军考虑问题，必然兼顾利与害两个方面。

在不利的情况下要看到有利的条件，取胜的大事才可能得到进展。在顺利的情况下要看到有害的因素，才能消除可能发生的祸患。因此，制伏敌国要使用计谋使之受到伤害；役使敌国就要以烦劳的事，使之穷于应付；要使敌国疲于奔走，就要用小利来进行引诱。《作战篇》说："不尽知用兵之害者，则不能尽知用兵之利也。"即不完全了解用兵有害的方面，也就不能完全了解用兵有利的方面。也就是说，对用兵的利与害两方面都要全面了解，才是懂得了用兵之道。《虚实篇》说："能使敌人至者，利之也。能使敌人不得至者，害之也。"即要调动敌人前来，就要用利来引诱；能做到使敌人不得前来，就要守其险要的道路。因为对敌不利，所以敌人就不能来了。总之，在军事上，孙武对利与害的认识与分析，水平是相当高的。而这方面思想的发展，与齐文化重功利的伦理学说是有密切关系的。

八、荀子的哲学思想

荀子（约公元前325年—公元前238年），名况，字卿，又称孙卿，战国后期赵国人，是继孟子之后先秦儒家的又一重要代表人物，主要政治、学术活动时间约在前298到前238年间，曾到齐国的稷下讲学，后又做过楚国的兰陵令，晚年在兰陵著书，并死在兰陵。他的著作保存在《荀子》一书中。

（一）社会政治历史观

荀子在政治思想上为建立统一的封建专制政权作了理论准备，他十分注重建立新的封建等级制度。荀子提出"隆礼""重法"的主张，大讲"礼"和"法"的重要。但他讲的"礼"已经不是孔子所讲的"礼"了，而是经过改造，有了新的内容的封建等级制度。荀子在一定程度上看到了社会物质生活与社会政治制度的关系。他认为，人生来都有物质欲望要求，如果这种欲望要求没有度量，就要发生争夺，造成社会混乱。统治者为了防止争夺、混乱，所以制定"礼义"和"法度"等社会政治制度。荀子把"礼"等政治制度比作检验尺寸的法度、检验重量的权衡、检验曲直的绳墨和检验方圆的规矩。因此，荀子认为"礼"的中心内容是"分"和"别"，即区别贵贱、长幼、贫富等等级。

荀子说："礼者，贵贱有等，长幼有差，贫富轻重，皆有称（恰当）者也。"

(《荀子·富国》，以下引文皆出自《荀子》一书，因此只注篇名）"礼"就是要使社会上每个人在贵贱、长幼、贫富等等级中都有恰当的地位。这种等级制度，不是完全按照宗族血缘关系的世袭等级制，而是根据新的封建生产关系，按照地主阶级的政治标准建立起来的等级制。荀子明确地说："虽王公士大夫之子孙也，不能属于礼义，则归之庶人。虽庶人之子孙也，积文学，正身行，能属于礼义，则归之卿相士大夫。"（《王制》）这是讲，即使是王公士大夫的子孙，如果不符合新的政治和道德标准的，那只能当普通老百姓。相反，一般老百姓的子孙，如果努力积累学识，提高政治、

儒学大师——荀况

道德修养，能够符合新的政治和道德标准的，那就可以让他们当卿相士大夫各级官吏。荀子的这一思想打破了"世卿世禄"的宗法等级制，所以荀子在这里讲的"礼义"已经包含了按照新的封建生产关系重新确定等级关系的思想了。荀子还认为礼是法的根本原则，是法的基础。他说"礼者，法之大分、类之纲纪也"（《劝学》），在他看来，法应是根据礼的准则来制定的。

荀子反对简单地把人等同于其他自然物，他企图从社会道德关系、政治制度等方面来分析人的特点。荀子认为，人与其他物或物类是有区别的，这种区别的主要点就在于人是有组织的"群"。他说："（人）力不若牛，走不若马，而牛马为用，何也？曰：人能群，彼不能群也。人何以能群？曰：分。分何以能行？曰：义。"（《王制》）这是说，人气力不如牛，走路不如马，但为什么人却能够驱使牛和马呢？这是因为人能够结成"群"，即组织起来了。然而为什么人能够组织成"群"，而牛马等不能呢？那是因为人能够"分"，即有一定的等级区分和职业分工。至于人之所以能够实行"分"，那又是因为有一定的社会政治制度和道德规范（"义"）来保证和约束它。

荀子把人之所以能组织起来成"群"，归结为由于一定的社会政治、道德关

系，这比以前的思想家是有所进步的。但他同样根本不能了解当时的"分工"完全是一种阶级关系，是由社会生产关系所决定的这一历史唯物主义的根本原理。因此，他认为，社会的不平等完全是天经地义的事，而且是符合自然规律的。他说，如果贵贱都一样，就不能制约、役使；权势都一样，就不可能达到权力的统一。这样，必然产生争斗，造成社会混乱。所以说，社会贵贱等级是必需的，只有建立起这种社会等级制度，社会才能治理好，地主阶级的统治才能巩固。

荀子比较注重当前的现实。他反对孟子那样言必称"三代"（夏、商、周），盲目崇拜"先王"的历史观。荀子大讲"法后王"，所谓"后王"是指近代之王，即周的文王、武王，他根据新兴地主阶级的政治需要改塑了周文王、武王的面貌。荀子强调的是应该"以近知远"，他说："天地始者，今日是也；百王之道，后王是也。君子审后王之道，而论于百王之前。"（《不苟》）也就是说，要从今天的社会现实出发去考察过去的历史。这种注重现实的历史观是进步的。

荀子从历史的教训中，在一定程度上也看到了下层人民的作用。他引用古代的传说，"君者，舟也；庶人者，水也。水则载舟，水则覆舟"（《王制》），告诫统治者说，如果下层人民对政治不满，统治者的地位就不能安定了。也就像水和船的关系一样，水虽能够承载船，但是一旦掀起巨浪，也能把船吞没。所以他说，统治者要搞些小恩小惠，使下层人民安于统治，这样统治者的地位就可以稳定了。

荀子这些历史观和社会政治思想，在当时有一定的进步意义。但由于阶级地位的局限，他的整个历史观仍然是唯心主义和形而上学的，目的是要巩固封建地主阶级的统治。例如，他说："君臣、父子、兄弟、夫妇，始则终，终则始，与天地同理，与万世同久。"（《王制》）这就是说，君臣、父子、兄弟、夫妇这样一些封建等级制度和道德关系，是至高无上的，永远循环往复，与天地同样运行不息，与万世同样长久。

因此，在荀子看来，那些制定封建制度、道德规范的统治者或"圣人"，也就是社会治乱历史发展的至高无上的决定者了。所以，他说："君子者，治之原也。"（《君道》）不仅如此，荀子还认为统治者的一言一行都是人民的表率和规范，人民只能按照统治者的言行去行动。他说："君者，民之原（源）也，原清则流清，原浊则流浊。"又说，"君者，仪也；民者，景也；仪正而景正。君者，

槃（盘）也；民者，水也；槃圆而水圆。"（《君道》）这就是说，人民完全是一种消极的力量，一切都是由统治者的"清""浊"和"仪""槃"的如何来决定社会治乱及发展方向的。荀子根据这些理论，最后作出结论说："天地生君子，君子理天地。君子者，天地之参也，万物之总也，民之父母也。"（《王制》）这就是说，天地生下统治者，就是为了要他治理天地，总管万物，做人民的父母的。"君子"（统治者）与天地是同等地位的（"君子者，天地之参也"）。荀子把统治者提高到与天地同等的地位，这是为封建统治的等级制度、剥削制度的合理性作理论上的论证。

（二）"性恶"论

荀子十分重视和强调人对自然和社会的改造作用。他认为"礼义"、"法度"等政治制度、道德规范，都是由圣人、君主制定出来，教育、约束人和处理各种社会关系的，它是人为的东西。所以，他反对孟子宣扬的天赋道德观念的"性善"论，并且提出了与孟子根本对立的"性恶"论。

荀子首先明确"善""恶"的含义。他认为，一般所谓"善"，就是一切行为都符合封建的道德规范，服从封建礼义制度；所谓"恶"，就是用心险恶，行为不正，犯上作乱，破坏封建统治秩序。因此，他认为，就这种"善"的含义来讲，在人的本性中是没有的。人不可能一生下来就自然地符合封建的道德规范和政治制度。相反，人生来就好利、忌妒、喜声色，如果不加克制，发展下去就会产生争夺、犯上、淫乱，而辞让、忠信、礼义等这些道德也就没有了。所以，事实上人生来的本性是"恶"的。正因为如此，才需要圣人、君主对臣民的教化，需要礼义等制度和道德规范去引导人们。荀子说，这就像弯曲的木头必须经过修整才能直，钝刀必须经过磨才能锋利一样。如果像孟子讲的人性本善，那还要君主、圣人和礼义等制度和道德规范作什么用呢？

荀子说，"人之性恶，其善者，伪也"（《性恶》）。意思是说，人的本性是"恶"的，所以有"善"，那是人为的结果。他批判孟子没有把本性与人为两者区别开来，因此也就不能正确了解两者的关系，不能了解圣人、君子的重要作用。他在《礼论》中详细地论述了本性和人为两者的关系。他说："性者，本始材朴也。伪者，文理隆盛也。无性，则伪之无所加。无伪，则性不能自美。性伪合，然后圣人之名一。天下之功，于是就也。"这是说，人的本性只是一种原始

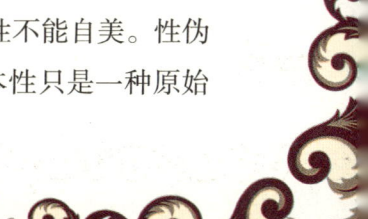

楚兰陵令荀子墓

的质朴材料，而人为（"伪"）则是用礼义道德加工后的成品。没有原始的材料，礼义道德也就没有加工的对象；没有礼义道德的加工，人的本性并不能自己变得完满美好。"圣人"的重要作用就在于把"性"和"伪"很好地结合起来。这样封建统治秩序就可以成功地建立起来了。

　　荀子明确表示，礼义与法制等制度和道德规范是与人的本性对立的，是由圣人、君子为了巩固社会统治秩序强加给人的。他说："故圣人化性而起伪，伪起而生礼义，礼义生而制法度。"（《性恶》）又说，"故古者圣人以人之性恶，……故为之立君上之势以临之，明礼义以化之，起法正以治之，重刑罚以禁之，使天下皆出于治合于善也。"圣人通过对自然本性的教化，而制定出人为的道德和法律制度，有了这些道德和制度，随之也就可以制定出各种具体的规章制度，以此来维护封建的等级秩序。所以，荀子反对孟子把学习说成是为了恢复人的"良知""良能"，保持"善"性的天赋道德论。

　　荀子说："今人之性，饥而欲饱，寒而欲暖，劳而欲休，此人之情性也。今人饥，见长而不敢先食者，将有所让也；劳而不敢息者，将有所代也。夫子之让乎父，弟之让乎兄；子之代乎父，弟之代乎兄，此二行者，皆反于性而悖于情也。而孝子之道，礼义之文理也。"（《性恶》）按照人生来的本性，饿了就想吃饱，冷了就想穿暖，累了就想休息，这是人的本性的真实表露。现在人们饿了看见长辈就不敢先吃，要有所谦让；累了不敢要求休息，要为长辈代劳。这种子让父、弟让兄、子代父、弟代兄的行为都是违背人的本性的。所以所谓孝子之道，实际上是一种外加的礼义制度、道德规范的表现。

荀子的"性恶"论，反对孟子的天赋道德观念，提出道德规范、礼义制度等是后天才有的，这种思想有唯物主义的因素，有一定的历史进步意义。黑格尔曾认为，主张性恶比主张性善深刻得多。恩格斯指出，"在黑格尔那里，恶是历史发展的动力借以表现出来的形式。这里有双重的意思，一方面，每一种新的进步都必然表现为对某一神圣事物的亵渎，表现为对陈旧的、日渐衰亡的，但为习惯所崇奉的秩序的叛逆；另一方面，自从阶级对立产生以来，正是人的恶劣的情欲、贪欲和权势欲成了历史发展的杠杆"。但是，荀子的"性恶"论仍然是一种抽象的人性论。他把人的好恶欲望归结为人的生理要求、感官的自然本能，这是错误的。他所要论证的，是封建等级制度、道德规范的必要性和通过什么途径来建立和巩固封建统治秩序。他和孟子一样，不可能认识到人的好恶欲望是社会生产关系的体现。这个问题只有到马克思主义产生后才给予了科学的说明。马克思在《关于费尔巴哈的提纲》中说："人的本质并不是单个人所固有的抽象物。在其现实性上，它是一切社会关系的总和。"

孟子讲"人皆可以为尧舜"，荀子则讲"涂之人可以为禹"，但是他这也只不过是把地主阶级的人性说成是普遍的人性而已。孟子讲"性善"只有圣人、君子才能保持，而荀子讲"性恶"只有圣人、君子才能去掉。他们所谓"性善""性恶"的含义，其实都是统治阶级的标准。荀子讲的"涂之人可以为禹"，是从人都有这种可能性来讲的，至于是不是每个人都能达到，那不一定。"小人"可以成为"君子"，但荀子说，"小人"不肯去做，那又有什么办法呢？同样，"君子"也可以变为"小人"，但荀子说，"君子"是绝不会这样去做的。所以，在荀子的心目中是有明确的阶级界限的。

（三）自然观

荀子在重视社会人事的基础上，吸收了古代的唯物主义无神论思想和当时的自然科学成果，建立起他的唯物主义自然观。

他首先批判了传统的"天命"决定人事、"君权神授"的唯心主义观点，指出要区分自然界的规律与社会人事的变化，即所谓"明于天人之分"（《天论》）。

他说："天行有常，不为尧存，不为桀亡。"（同上）这是说，天地自然有自己的运行规律（"常"），既不因为有尧这样的好统治者而正常地运行，也不因为有桀这样的暴君而改变其运行规律。同样，"天不为人之恶寒也辍冬，地不为人之恶辽远也辍广"（同上）。自然界的天绝不会因为人怕寒冷而废除冬季，地也不会因为人怕辽远而缩小它的面积。他还对尧、桀时代的自然情况和社会治乱情况进行了对比。他说，尧时的日月星辰等自然现象，春生夏长、秋收冬藏的自然规律，与桀时的情况是一样的，可是尧与桀的治与乱就大不一样。所以荀子说，人事的吉凶和社会的治乱完全取决于统治者的治理措施是否恰当，它与自然界的变化没有必然联系。

荀子对自然界的一些少见现象，作了唯物主义的说明。例如，对于陨星、木鸣、日蚀、月蚀、风雨不适时等自然现象，唯心主义者拿来宣扬"天命"意志，说这是上天的警告，一般人看到这些现象也都感到恐惧。荀子说："星队（坠）木鸣，国人皆恐，曰：是何也？曰：无何也，是天地之变，阴阳之化，物之罕至者也。"（同上）荀子用自然界本身的变化来说明陨星、木鸣等少见（"罕至"）的自然现象，认为这里没有什么特别的原因，没有任何神秘性。如果因为这些现象少见，感到奇怪是可以的，然而如果把这些现象说成是上天的谴告，并由此产生恐惧，那就错误了。

因此，荀子说："上明而政平，则是（指星坠木鸣等）虽并世起，无伤也。上暗而政险，则是虽无一至者，无益也。"（同上）这是说，如果统治者清明而政治措施平允，那么这些奇怪的自然现象即使一块儿出现，也没有任何伤害。相反，如果统治者昏暗而政治混乱，那么即使一点奇怪的自然现象都没有出现，也没有任何益处。他认为，最可怕的倒是像农业生产的破坏、政治的昏暗、社会等级制度崩溃、道德关系的混乱等这些"人祆"（人为造成的灾祸）。所以，他得出结论说："强本而节用，则天不能贫。""本荒而用侈，则天不能使之富"（同上）。只要努力搞好农业生产（"本"），且又节制使用，那天就不能使人贫困，如果荒废生产而又奢侈浪费，那天也不能使人富裕。

荀子在以上的论述中，虽然还不能科学地解释那些自然界发生的特殊现象，但他反对把那些自然界特殊现象看成是"天"的有意识的活动，是"天"对人事的干预等"天命论"思想，而把它看成是自然界天地、阴阳等本身变化的结果，这正是朴素唯物主义的主要特征。他有力地批判了孔子、孟子等所宣扬的"死生有

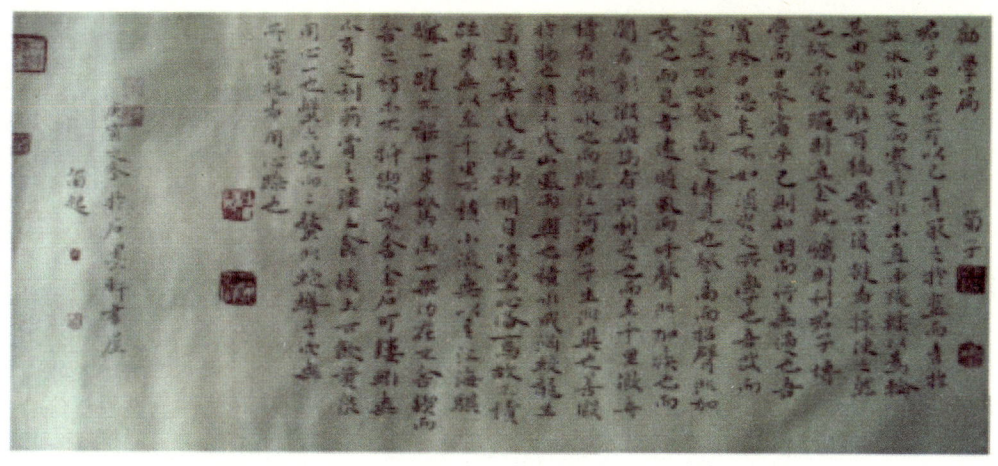

荀子《劝学》（绢本）

命，富贵在天"的天命决定论，同时也批判了老庄消极无为的神秘主义自然观。

荀子在批判了有意志的"天"和不可知的"天"以后，正面阐明了他的唯物主义观点。他把自然界看作是物质的东西，自然界的变化是物质本身固有的规律，没有任何神秘的色彩。他说："列星随旋，日月递炤，四时代御，阴阳大化，风雨博施，万物各得其和以生，各得其养以成，不见其事而见其功，夫是之谓神。皆知其所以成，莫知其无形，夫是之谓天。唯圣人为不求知天。"（同上）这是说，星宿的运转，日月的出没，四时的交替，阴阳的变化，风雨的普降，万物的产生、成长，这些都是自然界本身变化的规律。这就叫作"神"或"天"，圣人是不去勉强要求知道"天"的。人只要按照这些规律去行动，就可以管理天地、支配万物。相反，违背这些规律去行动，则将是"大凶"。

荀子反对人在自然界规律面前无所作为、消极被动的思想，提出了光辉的"制天命而用之"的思想。他认为人应当发挥主观能动性，去控制和利用自然界的万物。他说："大天而思之，孰与物畜而制之？从天而颂之，孰与制天命而用之？望时而待之，孰与应时而使之？因物而多之，孰与骋能而化之？思物而物之，孰与理物而勿失之也？愿于物之所以生，孰与有物之所以成？故错人而思天，则失万物之情"（同上）。这一大段话的意思是说：把天（自然界）想象得很伟大而期待它的恩赐，不如通过畜养万物来制裁它。顺从天而颂扬它，不如掌握天命（自然规律）来利用它。看着四时的来往而坐待其成，不如根据四时的变化来运用它。听任万物自然而赞美它，不如发挥人的能力而加以变革。幻想占有万

物，不如动手去治理万物，使它实际上为人所控制。只寄希望于万物的自发生长，不如改造万物使它成为有用的东西。最后，荀况的结论是，放弃人的主观努力而一心等待自然的恩赐，这是违背万物本性的。

荀子这一朴素的"人定胜天"的唯物主义思想，是在与天命论和消极无为的天道观的斗争中总结出来的，它对古代朴素唯物主义哲学的发展，有着十分重要的意义。

但是，荀子的唯物主义自然观也还有不彻底的地方。例如，他一方面批判了神秘主义的宗教迷信，认为祭祀而下雨和不祭祀下雨没有什么区别。而另一方面，他又主张需要保留祭祀、卜筮等宗教仪式，认为这是体现封建统治制度的必要仪式。同时，在他的思想中也还残留着关于天的神秘主义观念。如他说："皇天隆物，以示（施）下民，或厚或薄，帝（应作"常"）不齐均。"（《赋》）意思是说，上天生长万物，施给老百姓，或多或少，总是不能平均的。这里，就还是把"天"看作有意志、有目的的"天"。

（四）认识论和逻辑思想

荀子按照其唯物主义自然观，明确提出了先有人的形体，然后才有人的精神活动的唯物主义观点。他说："形具而神生，好恶喜怒哀乐臧焉。"（《天论》）他还指出，人的精神活动必须依赖于"耳目鼻口形（身）"五种感觉器官和"心"这个思维器官。荀子也十分肯定地认为："凡以知，人之性也；可以知，物之理也。"（《解蔽》）人是具有认识的能力的，客观事物是可以被认识的。

人如何才能认识客观事物，掌握知识、才能呢？荀子对此回答说："所以知之在人者，谓之知（认识能力），知有所合（接触）谓之智（知识）。所以能之在人者，谓之能（掌握才能的能力），能有所合谓之能（才能）。"（《正名》）这是说，人的认识事物和掌握技能的能力，只有与客观事物相接触（"合"）才能构成知识和才能。这里，荀子肯定了知识、才能来自客观，是后天获得的。

荀子反对天赋观念的"生而知之"，反对主观内求的"良知""良能"。他认为人的认识分为两个阶段。首先是通过感觉器官与客观事物接触，获得初步的认识。例如，通过眼辨别事物的形状、颜色；通过耳辨别声音的清浊、高低；通过口辨别味道的苦甜、咸淡、酸辣；通过鼻辨别气味的香臭、腥臊；通过身辨别痛痒、冷热、轻重；等等。荀子十分重视这种与客观事物接触的实际活动。他曾说：光是白天黑夜地冥思苦想，不如认真学习一会儿的收获大；光是踮起脚来看，不如登上高山看得广博。所以他认为，"学至于行之而止矣"（《儒效》），学习必须进入到实际行动中去，才可算好。荀子也很重视经验知识的积累。他说："故不积跬步，无以至千里，不积小流，无以成江海。"（《劝学》）不从半步半步积累起来，就不可能达到千里之远；不从一条条小河流汇拢起来，就不可能成为大江大海。知识、才能的取得也必须从一点一滴开始，逐步积累起来。

荀子进一步认为，仅由感官得到的初步认识还不行。一则，每种感官的功能都只是一个方面的，它只能分别接触事物的一方面特性，只有通过"心"的思维作用，才能加以综合、分类、区别真伪。再则，五官的接触外物都要受到"心"的支配，如果"心不使焉，则白黑在前而目不见，雷鼓在侧而耳不闻"（《解蔽》）。所以，荀子认为，"心"的认识作用比感官的认识要深入一步，它有统率感官、检验感觉、得到正确认识的作用。荀子称为"心有征知"。"征"就是检验的意思，"征知"是说感觉到的东西还要经过心的作用加以辨明、证明。

"心"的"征知"如何才能达到呢？首先，荀子认为不能脱离感性认识，也就是要依赖于感官与外物的接触。他说："然而征知，必将待天官之当薄其类，然后可也。"（《正名》）这在上面已经讲到了。其次，荀子认为，妨碍人正确认识客观事物的情况，就是受到局部现象或主观成见的蒙蔽，因而不能统观事物的全体和总的规律。万物的不同，都能造成各据一个部分而互相蒙蔽的情况。所以，要得到正确的认识，必须使"心"保持"虚壹而静"。这是荀子从《管子·心术》等四篇里吸收来而加以发展了的认识方法。

荀子讲的"虚壹而静"与老、庄讲的绝对"空虚"、绝对的"静"是根本不同的。他首先作了这种区别。他说："心未尝不臧也，然而有所谓虚；心未尝不满（或说当作'两'）也，然而有所谓一；心未尝不动也，然而有所谓静。"（《解蔽》）这就说明，荀子所讲的"虚壹而静"是在有"臧"，有"满（或'两'）"和有"动"的基础上来讲的，不是虚无或绝对的静。所以他说，所谓"虚"，就是"不以所已臧害所将受谓之虚"，也就是不要为已有的认识（知识）妨碍将要接受的认识。所谓"壹"，就是"心生而有知，知而有异，异也者，同时兼知之；同时兼知之，两也；然而有所谓一，不以夫一害此一谓之壹"。也就是说，人可能同时有两种不同的认识。"壹"则要求人不要使同时接受的不同认识互相妨碍。所谓"静"，就是"不以梦剧乱知谓之静"，也就是说，不要使幻象、假象

扰乱正确的认识。对于"虚壹而静"的作用，他举例说，站在高山上看牛，就好像羊那样小，但找羊的人一定不会下来牵它，因为他用心思考一下，就知道这是由于距离远而造成感觉上的大小变化。同样站在山下望高山上十丈高的大树，就好像筷子那么短，但找筷子的人一定不会上去拿它，因为用心思考一下，就知道这是由于位置高而造成感觉上的长短变化。

所以，荀子认为保持"心"的"虚壹而静"十分重要，这样，就可以达到头脑的"大清明"，而不为主客观的片面性所蒙蔽。他说："虚壹而静，谓之大清明。万物莫形而不见，莫见而不论，莫论而失位。"（同上）这样，万物就都可以为人所看到，都可以加以说明，得到正确的结论。而且，发挥了"心"的思虑作用，还可以由已知的认识，推论出未知事物的知识。"坐于室而见四海，处于今而论久远，疏观万物而知其情，参稽治乱而通其度，经纬天地而材官万物，制割大理而宇宙里（理）矣"（同上）。即坐在屋内就可以推论出四海的情况；处于今世而可以论述今后长远的变化；通观万物可以认识它们的性质；考察检验社会的治与乱，可以了解它的规律；管理天地而恰当地利用万物，掌握和运用普遍的规律，宇宙也就可以有条不紊地得到治理了。

荀子重视理性认识，看到理性认识要比感性认识更深刻和正确，这对古代唯物主义认识论的发展是有积极意义的。他同时也克服了墨子认识论中经验主义的缺陷。但是，在这里荀子又不免过分夸大了理性认识的作用，片面强调了心对感官的统率作用，表现出唯物主义唯理论的倾向。例如，他说："心者，形之君也，而神明之主也。出令而无所受令。自禁也，自使也，自夺也，自取也，自行也，自止也。故口可劫而使墨（默）云，形可劫而使诎（屈）申（伸），心不可劫而使易意，是之则受，非之则辞。"（同上）这是说，"心"是形体和智慧的统治者，"心"只发布命令，而不接受命令。一切行动都是自己做主。嘴可以用外力使它说话或者不说，身体可以用外力使它伸展或蜷曲，然而外力不能改变"心"的意志，它认为正确的就接受，它认为错误的就不接受。这样，荀子就把思维的作用夸大了。

荀子用他的唯物主义认识论理论，批判了春秋、战国以来各家思想的片面性。例如，他批评墨子是："墨子蔽于用而不知文"（同上），即只强调实际内容的用处，而不懂得礼乐形式的重要。他批评庄子是："庄子蔽于天而不知人"（同上），即盲目崇拜天道的作用，片面强调自然无为，而不懂得人的主观能动性的

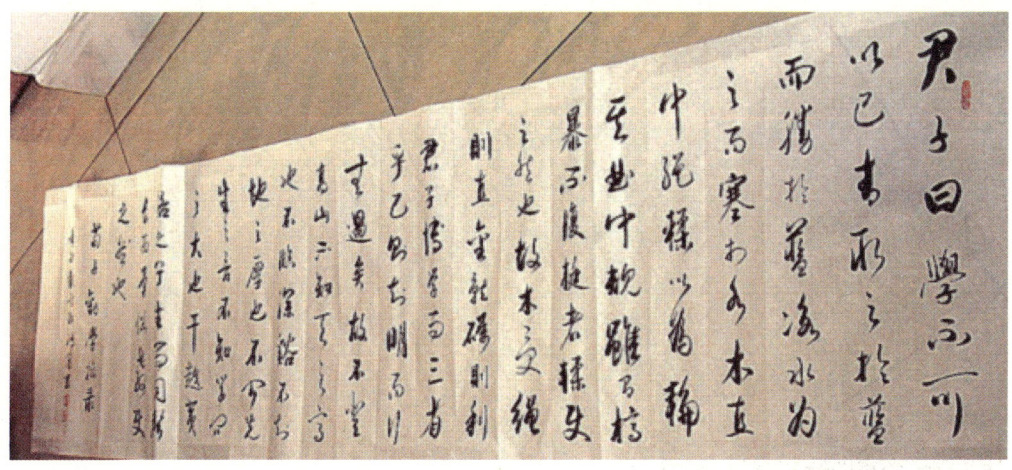

荀子《劝学》语录书法作品

重要作用。特别是荀子对名家的一些诡辩的批判，进一步用唯物主义观点发展了古代逻辑理论。

荀子是先秦哲学思想的总结者，对先秦各派哲学都进行了分析、批判，为建立统一的封建专制政权做了理论上的准备。同时，他的哲学思想对以后唯物主义思想的发展起了积极的作用。汉代的王充、唐代的柳宗元、刘禹锡等都继承和发展了他的唯物主义思想。

九、韩非的哲学思想

韩非，韩国人，生年约为公元前280年，死于前233年。他曾与李斯（秦始皇时丞相）同学于荀况门下，著有《五蠹》、《孤愤》、《显学》等五十五篇。秦始皇看到韩非的著作，十分赏识他的才识，曾慨叹："寡人得见此人与之游，死不恨矣！"并设法把他招到秦国，但他不久即为李斯等陷害入狱，被迫自杀。他是战国末期各家学说特别是法家学说的总结者之一，著名的政治家和思想家。他的著作保存在《韩非子》（以下引文皆出自该书，只注篇名）一书中。

战国末期，建立统一的封建地主阶级政权的条件已经成熟。秦始皇二十六年（公元前221年），秦最后打败齐国，统一了全国。韩非的思想反映了这一时期地主阶级建立统一封建专制政权的要求。他代表地主阶级中的激进派，在政治上主张通过暴力、战争统一地主阶级政权，宣扬政令、刑法、赏罚都只能出自君主一人之手的极端专制集权制,反对孟子所宣传的"仁政"。在经济上,他主张"重农",大力保护和积极发展农业生产。在思想上,则主张排斥各种矛盾、抵触的学说,确立一种统一的思想。他总结前期法家的学说,提出了法、术、势相结合的法治思想,坚持进步的历史观。在认识论上,他注重参验,在自然观上继承和发扬了唯物主义和无神论传统。韩非许多主张以后都为秦始皇所采用,成为秦统一封建政权的理论基础。

(一)法、术、势

法家思想的集大成者——韩非

韩非子继承了荀子的"性恶"论,反对孟子的天赋"性善"论。韩非企图从经济关系中来说明人与人之间的各种关系。但由于时代和阶级的局限,他不可能正确了解社会的经济关系。他从地主阶级的立场出发,把人与人之间的关系看成是赤裸裸的自私自利的关系。他认为,人人都有一种为自己打算的"自为心"。人的一切道德、感情、行为都取决于对自己有没有"利",根本无所谓天赋的忠、孝、仁、义等道德观念。他曾举例说:做车子的人希望别人富贵,做棺材的人希望别人早死,这不能说做车子的人就仁,做棺材的人就坏。因为人不富贵,车就没人买;人不死,棺材就没人买,这都是他们的"利"之所在,不能说做棺材的人生来就憎恶别人。

韩非认为,诸如君臣、父子、地主与雇工这些人之间的关系也都是为了各自的"利"。他说,君主之所以给臣民以高官厚禄,因为他知道这样做臣民们就可以为他服务,达到他的"利"。臣民们之所以为君主卖力打仗,也是因为他们知道这样就可以得到高官厚禄,而并不是从什么抽象的"忠"出发的。地主与雇工的关系也是各自为了自己的利益。他说,地主雇用雇工来为他耕种土地,做好的给雇工吃,付给雇工高额的报酬,并不是因为"爱"雇工,而是认为这样做,雇工可以给他耕得深,耘得好。同样,雇工之所以用力快耕细耘,设法把田畦播得整齐,也不是因为"爱"主人,而是认为这样做可以得到好吃的和较高的报酬。父子之间的关系也不是抽象的"孝",而是父养子,子供父,互相计算的关系。

如果供养不好，父子之间也照样吵架、怨怒。

韩非从人都是为了"利"的观点出发，反对用仁、义等说教来治国，而主张通过"严刑""重罚"来治国。他认为，统治者要治理好臣民，只要掌握赏（德）、罚（刑）两种权力即可。臣民们作出的成绩，必须恰如其分地完全符合君主交代的事情和命令，才给予赏赐，有任何一点过分或不及的都要严加处罚。赏和罚两者之中，特别是罚，必须"严"和"重"。并且他明确指出，无论赏或罚，都只能由君主一人来掌握，否则君主反要受制于臣下了。所以韩非所讲的统治术，都是为极端的君主集权制设立的。

韩非比较了前期法家各派的学说，综合出一套以"法"为主，"法""术""势"相结合的君主集权制的统治术。关于"法"，他说："法者，宪令著于官府，刑罚必于民心，赏存于慎法，而罚加乎奸令者也。"（《定法》）"法"是统治者公布的统一法令、制度，这些条文由官府公布，实施办法要让民众都知道，遵守法令的就赏，违反法令的就罚。关于"术"，他说："术者，因任而授官，循名而责实，操杀生之柄，课群臣之能者也。"（同上）"术"也就是统治者任免、考察、生杀官吏的权术。关于"势"，就是统治者占有的地位和掌握的权力。韩非认为这三者是相辅相成的，是构成统治术中缺一不可的，但运用时的具体情况是不一样的。例如，"法莫如显"（《难三》），就是要公开、明白，写成明确的条文，存之于官府，公布于民众，即所谓"法者，编著图籍，设之于官府，而布之于百姓者也"（同上），这样，就可以使上下都有所遵循。至于"术"，他认为必须"术不欲见"，要"藏之于胸中"，这样才可以使群臣猜测不到统治者的想法，而可以"潜御众臣者也"，暗地里操纵生杀、任免、考察大权。

韩非还总结了前期法家在运用"法"、"术"、"势"方面存在的问题。他说，商鞅治理秦国用"法"，赏赐丰厚而讲信用，刑罚严重而必行，所以很快使秦国国富而兵强。但是商鞅不注意"术"，不能辨别官吏的"忠""奸"，结果这种富强只增强了大臣们的实力，以致秦几十年还不能统一天下。他又说，申不害虽然懂得"术"，教韩国君主用权术统御官吏，但他不注意"法"。结果新、旧法令相反，前后法令相悖，使得臣民们能够各取所需，为自己的行为辩护，因此韩国历时七十年还达不到霸主的地位。因此，韩非认为，"法"和"术"是"不可一无"的。

同时，韩非也吸收了"重势"的思想，认为"势"是统治术中不可或缺的。

他说，虎豹所以能比人厉害，能抓其他野兽，是因为它的爪牙厉害。如果它没有爪牙，人很容易就可以制伏它。"势"就是君主的爪牙。君主所以能够发号施令，统治臣民，那是由于他所处的地位、所掌握的权力决定的。韩非还举例说，桀当君主，能够统制天下，并不是因为桀有高尚的品德和才能，而是因为他的地位、权力，即"势重"。尧如果只是一个一般老百姓，就是三户人家他也未必能管好。这也并不是因为尧没有才能，而是因为没有地位、权力，也就是没有"势"。所以，韩非说，如同鱼不能离水一样，君主一刻也不能离开"势"，而必须"抱法处势"，只有牢牢地掌握和巩固政权，才能推行其"法"和"术"。

韩非为了论证他的法治思想，对孟子的颂古非今、宣传"仁政"的政治历史观点也进行了尖锐的批判。他认为历史是发展变化的。

韩非把古代历史分为三个阶段：上古之世，中古之世，近古之世。他说，上古时代的人口少而财物多，男的不耕种，草木果实也够吃的；妇女不纺织，野兽的皮毛也够穿的。所以人民没有争夺，政治上不必用厚赏重罚，人民自己就治理得很好。可是现在人口多而财物少，工作劳累者得到的供养少。因此，人民就要互相争夺，即使加倍的赏赐，多次的惩罚，也不能免除社会的混乱。所以说，仁义只适用于古代，而不适用于现在。

韩非批判孟子等宣传的所谓古代帝王如何仁义谦让，现在人民如何争夺不义，认为道德一代不如一代的说法。他认为这都是由生活条件决定的，不能作抽象的道德比较。他说，古代尧为帝王的时候，住的是没有修剪过的茅草屋，吃的是野菜糙粮，穿的是粗布兽皮，而现在犯人的吃穿住都不比他差。再如，禹为帝王的时候，手拿农具，身先士卒地干活，大小腿上的毛都磨光了，而现在奴隶的劳累都不比他苦。由此可见古代帝王让出帝王的地位，实际上是去掉犯人的吃穿、奴隶的劳累而已，所以那时并不以世代传位为重。可是现在情况不一样了。一个县令，即使他死了，子孙好几代还是有车坐，所以大家都十分看重，不肯轻易地让掉县令的职位。这都是由于古今所得利益多少不一样，权力、地位的轻重不一样造成的。不能说古代帝王就有谦让的高尚品德，现在人争做官吏就是品德低下。

同样，韩非认为，古代人所以看轻财物，也是因为那时财物多，而不是因为古代人仁义；现在人好争夺，也不是因为现在人卑鄙，而是由于财物少。因此韩非认为，治理国家刑罚轻不能说就是慈爱，杀戮严也不能说就是暴戾，而要根据

社会具体情况而论。

韩非概括古今的不同，得出结论说："世异则事异"，"事异则备变"，"故事因于世，而备适于事"（《五蠹》）。时代不同了（"世异"），社会的情况也不同（"事异"）；社会情况不同了，采取的措施（"备"）也就应该变化。总之，社会情况随时代而变化，措施要适合于社会具体情况。因此，一定要反对循古守旧的思想。他说："是以圣人不期修（循）古，不法常可，论世之事，因为之备。"（同上）即是说，圣人不期待因循古代，不认为有一种永远可行的法则，而主张根据当今时代的实际情况采取相应的治理措施。韩非尖锐地批评那种循古守旧，主张用古代帝王的办法来治理当今社会的人，认为这种做法就像"守株待兔"一样愚蠢可笑。

韩非并不能正确地解释历史发展、变化的真正原因。他把历史变化归结为人口多少与财物多少的矛盾，其实这只是一种极其表面的现象。但也应该看到，他这种厚今薄古、注重发展的历史观，反映了当时新兴地主阶级改革旧制度、建立新制度的进步的政治要求，这是符合历史发展趋势的，对当时地主阶级建立封建统一政权的斗争是起了积极作用的。

（二）认识论

韩非在认识论上主要继承了荀子的思想。韩非与荀子一样，充分肯定人的认识能力。他认为："聪明睿智天也，动静思虑人也。人也者，乘于天明以视，寄于天聪以听，托于天智以思虑。"（《解老》）这是说，聪明智慧这些认识机能是人的自然属性，运用这些认识机能去看、听、思考则是人的认识活动。所谓人的认识活动，就是人运用明的认识机能去看，凭借聪的认识机能去听，依靠智慧的认识机能去思考，等等。

韩非认为人要得到认识，必须接触客观事物，遵循事物规律。他明确反对离开客观事物规律冥思苦想的唯心主义认识论。他曾批判一种叫作"前识"的唯心主义先验论的理论。他说："先物行、先理动之谓前识。前识者，无缘而忘（妄）意度也。"（同上）意思是说，那种在没有接触事物之前就行，在没有了解规律之前就动，叫作"前识"。"前识"这种东西，是毫无根据（"缘"）的妄想、臆测。

韩非举了一个具体的例子来批判这种"前识"论。有一天詹何（战国时道术家）与他的弟子在一起，听到门外牛叫声。弟子说，这是一只黑牛，而蹄是白的。詹何说，是一只黑牛，但角是白的。派人出去一看，果然是一只黑牛，而角上裹了一块白布。韩非评论这件事说，以詹何这种办法去博取人们的心，乍看起来非常了不起，实际上却是害人的。其实，像这种事情即使叫一个很笨的小孩子亲眼去看一下，他会立即认识到是一只黑牛而角上裹了一块白布。詹何坐在屋里，煞费苦心地猜测，与一个笨小孩亲眼看一下的结果一样。所以詹何的这种认识方法，完全是一种"苦心伤神"的最愚蠢的办法。

韩非提出了与这种完全凭主观妄想猜测的"前识"论相对立的"缘道理"的唯物主义认识论。韩非认为，自然有总的规律（"道"），每个具体事物又各有自己的具体规律（"理"）。人的认识应当"因天之道，反形之理，督参鞠之，终则有始，虚以静后，未尝用己"（《扬权》），即根据自然的总规律，联系到具体事物的规律，由始到终，由终到始，反复进行考察比较，虚心以待，静随事物，绝不用主观成见或猜测。他认为"夫缘道理以从事者，无不能成"（《解老》），就是说，如果按照上述认识办法去从事活动，没有不成功的。

《韩非子》线装书

对于真理标准问题，韩非提出了注重"参验"的检验方法。他认为，认识的内容是客观的事物与规律，因此必须考察认识、言论与客观事物是否符合，才能确定是非，只有比较各种言论、判断，才能确定哪种言论或判断是正确的。所以他说："循名实而定是非，因参验而审言辞。"（《奸劫弑臣》）据此，他提出了检验认识的办法："参伍之验。"所谓"参伍之验"，就是"偶参伍之验，以责陈言之实"（《备内》），即把各种言论、判断集合起来进行比较研究，看它是否符合客观事实。他说："言会众端，必揆之以地，谋之以天，验之以物，参

之以人。四征者符，乃可以观矣。"（《八经》）这是说，要确定某一认识的正确与否，必须会合各种说法，并以天、地、物、人四方面的实际情况加以比较、检验。只有符合这四方面的实际情况的认识，才说得上是正确的。所以，韩非总结说："无参验而必之者，愚也；弗能必而据之者，诬也。"（《显学》）一种学说，如果没有经过"参验"的检查就肯定它，这是愚昧；不能肯定的学说，而拿来作为行动的根据，其结果必然是错误的。

在考察和比较中，韩非特别注重以实际功效来检验认识的正确与否。他认为，许多言论和事物光凭它的外表是无法作出正确判断的。如果到实际中去实践一下，那就立刻能作出正确的判断。例如，他说，大家都闭着眼，你就不知道谁是瞎子；大家都不说话，你就不知道谁是哑巴。但只要叫大家都睁开眼看东西，提出问题让大家回答，那谁是瞎子、谁是哑巴一下子就判断出来了。又比如，光凭剑的颜色，即使铸剑专家也很难一下子判断出是否锋利，但如果拿剑去砍一下东西，那么一般人也能判断出剑的利钝。特别是对一个人的判断，韩非说："观容服，听辞言，仲尼不能以必士；试之官职，课其功伐，则庸人不疑于愚智。"（同上）光凭人的外貌服装，光听人的言谈论说，即使孔丘也不能判断这个人一定是个能干的人。但如果用一定的官职试用他，责成他做出一定的成绩和效果来，那么平常人也能毫不怀疑地判断出这个人是愚笨无能还是聪明能干。

韩非不仅注重以实际功效来检验认识，而且还十分强调认识必须以实际功用为目的。他说："夫言行者，以功用为之的彀者也。"（《问辩》）任何一种言行，都必须以一定的实际功用为目的。他举射箭的例子说：一个人毫无目标地乱射，即使箭箭都射中最细小的东西，也不能说他是一个好射手。如果设一个五寸大的靶，十步（八尺为一步）远的距离，那就非好射手是不容易射中的，因为它有一定的目标。同样，任何一种言行，如果不以一定的实际功效作为目标，即使讲得再明白，做得再坚决，也像乱射箭一样没有用处。这就是韩非说的"今听言观行，不以功用为之的彀，言虽至察，行虽至坚，则妄发之说也"（同上）。

韩非对当时各派学说的评判、取舍也是以是否切合社会的实际情况和功用为标准的。他认为当时的学说各有各的议论和主张，但它们不可能同时都是切合客观实际功用的。因此，必须把那种经过"参验"检验不合实际的"愚诬"知识，"恍惚"、"微妙"的空谈清除出去，确立一种切合实际功用的统一学说。否则，

人们就没有规矩可遵循，而造成社会思想、行动的混乱。韩非把不同学说的根本对立，提高到逻辑学上的矛盾律来说明。他第一次在哲学意义上使用了"矛盾"这个词。他用了一个寓言来说明"矛盾"一词的含义。他说："楚人有鬻盾与矛者，誉之曰：吾盾之坚，物莫能陷也；又誉其矛曰：吾矛之利，于物无不陷也。或曰：以子之矛陷子之盾，何如？其人弗能应也。夫不可陷之盾与无不陷之矛，不可同世而立，矛盾之说也。"（《难一》）攻不破的盾和必攻破的矛是不能同时并存的。韩非说，这就叫"矛盾"之说。

韩非对老子朴素的辩证法思想也有所改造和发展。他在一定程度上注意到了事物转化的条件性。例如，他认为事物都有一定的"量"的界限，超过了适当的量就会走向反面。他说："道譬诸水，溺者多饮之即死，渴者适饮之即生。"（同上）这是说，道就像水，掉到水里去的人由于过多地喝了水，所以就死亡，然而口渴的人适当地喝水，却得以生存。又如，他在讲到"祸""福"转化时，也注意到一定的条件性。他说："人有祸则心畏恐，心畏恐则行端直，行端直则思虑熟，思虑熟则得事理。行端直则无祸害，无祸害则尽天年。得事理则必成功，尽天年则全而寿，必成功则富与贵。全寿富贵之谓福，而福本于有祸。故曰：'祸兮福之所倚'。""人有福则富贵至，富贵至则衣食美，衣食美则骄心生，骄心生则行邪僻而动弃理。行邪僻则身死夭，动弃理则无成功。夫内有死夭之难，而外无成功之名者，大祸也，而祸本生于有福。故曰：'福兮祸之所伏'。"（同上）这里韩非看到由于祸或福所引起的人在主客观上的懈怠、骄心，或畏恐、思虑，以至行端直或行邪僻等，构成了祸、福互相转化的条件。韩非这种对矛盾转化依赖一定条件的认识，虽然也还是直观的、朴素的，但在发展古代朴素辩证法思想上，也还是值得重视的。

（三）自然观和无神论思想

韩非在自然观上也继承了荀况的唯物主义和无神论思想。同时，对老子哲学中的一些思想资料作了唯物主义的改造和吸取。

韩非发扬了历史上无神论的传统，对当时社会上流行的鬼神迷信思想进行了尖锐的批判。他曾列举大量历史事实来驳斥迷信鬼神的荒谬。例如，他说，当初赵国准备攻打燕国，用龟问吉凶，得兆大吉。同时，燕国准备攻打赵国，也用龟问吉凶，得兆也是大吉，可是打的结果是燕国弄到兵败国危的地步。这难道能

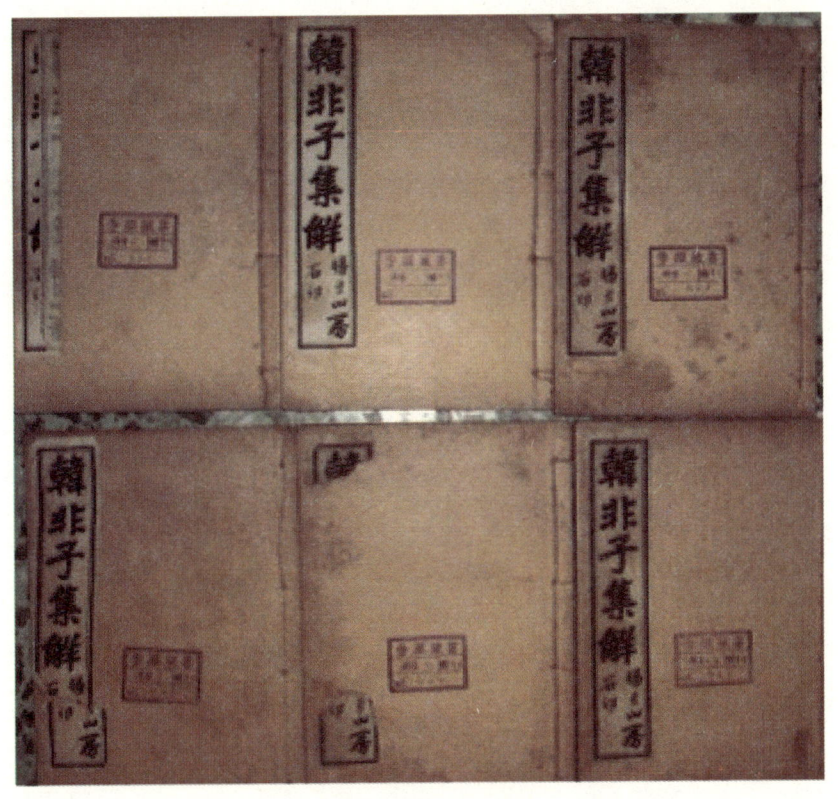

《韩非子集解》线装书

说赵国的龟就灵验,燕国的龟就骗人?再比如,有一次赵国胁迫燕国与自己一起抗拒秦国,卜筮也是大吉。可是结果赵国弄得地失兵败,而秦国却扩大了地盘,又获得救燕的好名声。这难道能说秦国的龟就灵验,而赵国的龟就骗人?韩非认为,神龟是不能保证取胜的,要取得胜利必须依靠采取恰当的政治措施笼络人民。他又列举了越王勾践复国的故事。他说,越王勾践起先依靠神灵的龟卜跟吴国打仗,结果惨遭失败,连自己和近臣都做了吴国的奴仆。回国后,勾践丢掉乌龟壳,致力于改革法令、亲近人民,然后对吴国进行报复,结果吴王夫差反被俘虏。所以,韩非说:"龟鬼神不足举胜,……然而恃之,愚莫大焉!"(《饰邪》)意思是说,龟鬼神是不能保证取胜的,想要依赖它来取胜,没有比这更愚蠢的了。

韩非从无神论的观点出发,还否认有意志的"天"。他说:"若天若地,孰疏孰亲?"(《扬权》)"非天时,虽十尧不能冬生一穗。"(《功名》)这里他继承了荀子"天行有常,不为尧存,不为桀亡"的思想。天地对谁亲对谁疏呢?离开了自然的天时条件，即使有十个尧，也不能使冬天生长出一颗穗来。他认为无论社会和自然界都没有任何神秘的力量。社会的治乱主要取决于人是否努力和统治者的政治法令措施是否得当。而对于自然界的治理，则要顺着自然界本身的性质和规律，因势利导。他说："夫物有常容，因乘以导之，因随物之容。故静则建乎德，动则顺乎道。"（《喻老》）意思是说：任何事物都具有一定的形态、规范，根据这个来引导它，顺着事物自己的规范，所以一动一静都能合乎自然界的总规律和事物的性质（"德"）。

根据这些思想，韩非对老子的神秘主义的"道"进行了唯物主义的改造。在韩非的哲学思想中，"道"只是指自然界万事万物的本来面目，自然界或治理社会的总的规律。"道"不是什么精神主宰，没有任何神秘色彩。他明确地讲："道者，万物之所然也，万理之所稽也。"（《解老》）道这个东西，就是指万物本来的那个样子，是适合于各种具体规律（"理"）的一般规律。

韩非把"道"看作自然界的一般本质，而每一具体事物的特殊性质他称之为"德"。他论述"道"与"德"的关系，认为"德"是体现"道"的。同时，韩非第一次把自然界的规律分为"道"和"理"。他说："理者，成物之文也；道者，万物之所以成也。"（同上）这就是说，"理"是构成每一具体事物的具体规律，而"道"是使万物所以成为那个样子的一般规律。他还说，事物由于"理"而得以区别开来，例如，可以区分成方圆、短长、粗靡（细）、坚脆等。韩非在阐明"道"和"理"的关系问题时说，"道"不是在万"理"之外的另一种规律，"道"就在万"理"之中。例如，他说："道"与尧、舜在一起就体现为"智"，与接舆（相传春秋时楚国的一个隐士）在一起就体现为"狂"，与桀、纣在一起就体现为"灭"，与汤、武在一起就体现为"昌"。所以，"道"这个东西，你以为近，可是它体现在四面八方；你以为远，可是它又经常体现在你身边。总起来讲，韩非说："凡道之情，不制不形，柔弱随时，与理相应。"（同上）"道"这个东西的真实情况是：它既不制裁任何东西，也不创造什么东西，而是柔弱顺从，随时变化，存在于所有具体事物的具体规律之中。因此说，"万物各异理，而道尽稽万物之理"（同上）。万物的"理"各不相同，也就是说，万物各有自己的"理"，然而"道"却完全适合于万物的理。韩非还认为，"理"是"有存亡，有死生，有盛衰"的，而道则是"柔顺随时，与理相应"的。因此，他反对老子所谓的那种"与天地之剖判也俱生，至天地之消散也不死不衰"的永恒不灭、不能

言说的"常道"。他认为,他所说的"道"是"无常操"的,是可以"执其见功以处见其形"的,也是可以论说的。这就是他说的:"圣人观其玄虚,用其周行,强字之曰'道',然而可论。"这样,韩非也就和老子那种神秘主义的精神本体的"道"区别了开来。

韩非发挥了"理"这一哲学范畴,并论证了"理"和"道"的关系,即万物的具体规律与自然一般规律的关系。这反映了人们对客观物质世界及其规律性的认识在不断提高,因而在理论上的说明也更加深入细致了。韩非关于"理"的思想,在以后的中国哲学史上是有很大影响的。

十、惠施和公孙龙的哲学思想

从春秋到战国,是一个剧烈的社会大变革时期。当时,社会上许多名物制度都发生了急剧的变化,常常是原来的名称与新的实际不相符合。不仅诸侯国的统治者称王称霸,周天子形同虚设,甚至卿、大夫也有把旧诸侯推翻而掌握政权的。这样,旧有的等级名称与现实的政治关系已经不相符合了,所以许多政治家、思想家对"名"(名称、概念)与"实"(内容、实际)的关系问题都纷纷发表自己的看法,他们之间进行了长期的争论。

孔子对春秋时期"名""实"不符的现实已提出了"必也正名乎"(《论语·子路》)的主张,主要还是着眼于一些具体事物的"名实"关系。而到战国时期,则进一步发展到对概念的规定和分类、判断、推理等逻辑问题的研究。当时,出现一些被称为"辩者"或"名家"的学者,他们主要从事于辩论中逻辑问题的研究。其中的主要代表有名家的惠施和公孙龙,后期墨家也参与了这一辩论。

(一)惠施的"合同异"说

惠施,战国中期宋国人,生平已不可详考,约生于公元前370年,死于公元前318年。惠施曾做过魏国的相,与庄子经常辩论问题。他的著作已全部散佚了,现在仅能根据《庄子》、《荀子》、《韩非子》、《吕氏春秋》等书中的片段记载,对他的思想进行分析研究。

据说惠施很博学。《庄子·天下篇》说:"惠施多方,其书五车。"但并没说清楚这五车书是他的著作,还是他读过的书。他很有辩论的才能。当时,有一个

名家思想的开山鼻祖和主要代表——惠施

叫黄缭的人曾问他关于天地所以不坠不陷的道理,据说惠施不假思索,滔滔不绝地遍讲了万物的道理,还觉得不够。

惠施在政治上曾为魏国立新法,"示诸民人,民人皆善之。献之惠王,惠王善之"。(《吕氏春秋·淫辞》)但由于一些大臣的反对而未能实施。他还提出"王齐王",拥护齐国统一天下。另外,据《吕氏春秋·爱类篇》记载,惠施还主张"去尊",但详细内容没有记载,已不得而知。惠施还鼓吹"泛爱万物"和"偃兵"等说教,不主张用暴力来解决统一的问题。

根据《庄子·天下篇》记载,惠施经常和别人进行争论的哲学和逻辑思想,主要有以下十个命题:

其一,"至大无外,谓之大一;至小无内,谓之小一"。

其二,"无厚不可积也,其大千里"。

其三,"天与地卑,山与泽平"。

其四,"日方中方睨,物方生方死"。

其五,"大同而与小同异,此之谓小同异;万物毕同毕异,此之谓大同异"。

其六,"南方无穷而有穷"。

其七,"今日适越而昔来"。

其八,"连环可解也"。

其九,"我知天下之中央,燕之北,越之南是也"。

其十,"泛爱万物,天地一体也"。

关于这十个命题,没有更详细的记载,很难给予确切的解释,但从中可以看出惠施的主要思想倾向。

第一个命题是讲空间的无限性和相对性的问题。《管子·心术上》中曾讲道"道在天地之间也,其大无外,其小无内",是具体形容"道"的无所不在。惠施这里可能是对《管子》的说法作以逻辑上的概括，而成为讲空间的无限性和相对性问题。"至大无外"是讲大到无所不包；"至小无内"是讲虽小却能不断有所分割。这两个命题本来含有宇宙空间的大与小都是无限的意义。但是由于惠施离开具体的大、小而只从抽象的大、小概念上来论证，这样他所谓的"无外"和"无内"，同时也就可能意味着"至大"之外再没有大了，"至小"之内也再没有小了。因此，这也就在实际上又否定了宇宙空间大、小的无限性。其次，惠施从论证空间大、小无限性中也看到了大、小有相对性的一面。因此，他给"至大无外"下定义叫"大一"，给"至小无内"下定义叫"小一"，说明同是"一"，从不同角度看就有大、小之别，这具有辩证法的因素。但也由于他是脱离具体事物的大小来论证大、小的相对性，因此又陷入了把"至大""至小"都抽象地命名为"一"，这就有可能导致否定大与小之间的质的差别，以致为相对主义开了后门。

第五个命题是讲事物的"同""异"关系。惠施认为，事物有"大同"，也有"小同"，"大同"则小异，"小同"则大异，"大同"小异和"小同"大异是不同的，但无论这种不同如何，它都只是"小同异"而已。因为，不管事物之间是"大同"小异还是"小同"大异，也不管"大同"与"小同"之间又有什么不同，这些"同"或"异"都只是具体事物之间在互相对比之中的"同""异"。如果从事物的根本上来讲，万物既可以说是"毕同"，也可以说是"毕异"，这才是事物的"大同异"。这个命题的思想方法与第一个命题的思想方法是相通的。从"至大"到"至小"，事物没有一个是大小相同的，这就是说万物"毕异"，然而不论"至大"还是"至小"，又都是"一"，这就是说万物"毕同"。惠施这一思想与庄子"齐万物为一"的思想有一致的地方。《庄子·德充符》就讲："自其异者视之，肝胆楚越也；自其同者视之，万物皆一也。"但是，惠施的万物"毕同""毕异"的命题与庄周根本否定事物差别的观点还不完全相同。他在一定程度上是讲同和异的相互联系，讲同异之间有统一性。所以后人称惠施这种对同异的看法为"合同异"。

第十个命题是说，万物既然有"毕同"的方面，那对万物就应当同等看待，无差别地、普遍地爱一切东西，这就与庄子在《齐物论》中讲的"天地与我并生，万物与我为一"的说法非常相近。

上述三个命题是惠施哲学的主要命题，其余那些命题都是由此推演出来的。

其中，二、三、六、九四个命题是讲空间上的相对性；四、七两个命题是讲时间上的相对性；命题八则是对当时流传的连环不可解说法的一种反驳。据《战国策·齐策》记载的故事，有一次秦昭王派使者送一玉连环给齐王，并说，齐国智士很多，能解这个连环吗？齐王把玉连环给各位大臣看，大家都不知怎么解。齐王就用锥子把玉连环一下子打破了，交给秦国使者说，这样不就解开了嘛！惠施可能根据这种事实认为，这也不失为解连环的一种办法，以说明没有绝对不可解的东西，可解与不可解也是相对的。

惠施在这些命题中，从观察事物的角度不同，说明高低、大小、中央与四周等事物的空间关系都是相对的。如"天与地卑，山与泽平"，"无厚不可积也，其大千里"，"我知天下之中央，燕之北，越之南也"，等等。从事物不断的变化中，说明生死、今昔等事物的时间关系都是相对的。如"日方中方睨，物方生方死"，"今日适越而昔来"等。

惠施这些思想含有一定的辩证法因素，他在一定程度上直观地猜测到了事物运动中包含着矛盾。惠施关于"日方中方睨，物方生方死"的命题正是对于机械位移和生命运动本身就是矛盾的一种直观的猜测。这一思想在古代来说是难能可贵的，它对发展人的认识，促进人们正确认识事物的发展、变化，弄清概念含义的条件性，是有一定意义的。但惠施并不能全面地了解事物的同和异的关系，他片面夸大事物和认识的相对性，而不谈事物和认识在一定范围之内的绝对性，这样又陷入了相对主义。而且由于惠施抽象地来谈论事物和认识的相对性，有些命题就成了诡辩。

荀子批判惠施是"蔽于辞而不知实"（《荀子·解蔽》），即专在概念上兜圈子，而不管客观实际的情况。荀子又说，"山渊平"（"山与泽平"）这种提法是"惑于用实而乱名"（《荀子·正名》），就是说，根据一两个个别事实（例如，某个高原上的湖泊可能与某个平原上的高山一样高低），而混淆了概念的确定含义（因为"山"表示"高"的意思，而"渊"或"泽"表示"低"的意思）。这些批评，都有合理的一面。

（二）公孙龙的"离坚白"说

公孙龙，战国中期赵国人，约生于公元前325年，死于公元前250年左右。曾做过赵国平原君的门客。他的著作一部分失散，现存《公孙龙子》一书共有六篇,其中第一篇《迹府》是后人编集的有关公孙龙的事迹。其余五篇《白马论》、《指物论》、《通变论》、《坚白论》、《名实论》基本可信是公孙龙的作品。

公孙龙的思想,据《淮南子·齐俗训》分析是"别同异,离坚白"。所以,他与惠施"合同异"的思想是有区别的。惠施通过事物相对性的分析,强调事物的"毕同""毕异"。公孙龙则通过对事物的性质和概念的分析,强调它们之间的差别和独立性。他的主要思想就是"离坚白"。

名家"离坚白"派的代表人物——公孙龙

公孙龙所谓的"离坚白",就是说"坚"和"白"两种属性不能同时联系在一个具体事物之中,"坚"和"白"是两个各自独立的性质或概念。他在《坚白论》一文中,举了具有"白"和"坚"两种属性的"石"为例,专门论述了这个观点。

按照一般常识的见解,一块既坚又白的石头,我们就可以称它为"坚白石"。因为"坚"和"白"同时都是这一具体石头的属性,而这两种属性在这一具体石头中是与石互相联系在一起的。可是公孙龙却不这样看,他认为"坚"与"白"是有差别的,所以不能同时都是石的属性。他说:"视不得其所坚而得其所白者,无坚也;拊不得其所白而得其所坚者,无白也。"(《坚白论》)这是说,你用眼看石时,得不到"坚",而只能得到"白"的感觉,这时是没有"坚"的;同样,你用手摸石时,得不到"白",而只能得到"坚"的感觉,这时是没有"白"的。他还说,当见到"白"时得不到"坚",那是"坚"自己隐藏起来了("自藏"),摸到"坚"时得不到"白",那是"白"自己隐藏起来了。这种藏与不藏,见与不见的情况,他叫作"——不相盈",即"白"与"坚"是互相不渗透的。于是,他得出结论说,不能把这块石头称为"坚白石",因为"坚""白"是互相分离的。这就是"离坚白"的基本观点。

公孙龙看到坚和白作为事物的共性或一般的概念是有差别的，但他割裂感官与感官、感官与感觉、感觉与感觉之间联系的论证方法是错误的。因此，当时就有人反驳他说，眼虽然得不到"坚"的感觉，手虽然得不到"白"的感觉，但绝不能说这时没有"坚"或没有"白"。这只是感官的职能不同，不能互相代替而已。"坚"与"白"同是这块石头的属性，同时包含在这块石头中，怎么能"离"呢？这是对公孙龙"离坚白"观点的一个致命驳难。公孙龙回答这一驳难时说："物白焉不定其所白，物坚焉不定其所坚。不定者兼，恶乎其石？"（同上）意思是说，我们说物"白"，那不是定死了就是某一个物的"白"，说物"坚"，也不是定死了就是某一个物的"坚"，这种不固定在一物上的性质，它可以兼为其他物所具有，怎能说一定就在"石"里呢？所以，他得出结论说："坚未与石为坚而物兼，未与物为坚而坚必坚。其不坚石物而坚，天下未有若坚而坚藏。"（同上）这里，他认为，"坚"的性质既可以不与"石"联系在一起，而为其他物所具有，甚至也可以不与一切物联系在一起而为独立自存的"坚"。不与一切石或物联系在一起的"坚"的性质，纯粹是一个抽象的概念。这种"坚"的概念是不能为人所感觉到的。因此他说，这就好像天下从没有这种"坚"的性质。其实，这种"坚"是自己隐藏起来了，关于"白"的情况也是如此。

公孙龙在这里片面夸大了事物的差别，把具体事物各属性之间的联系绝对割裂开来，而且把一般与个别，也就是把共性和个性截然割裂开来，进而又把一般说成是脱离个别而存在的独立实体。本来，就一般人的常识而言，如果离开任何具体的事物，就无所谓"白"和"坚"。作为一般属性的"白"和"坚"，或"白"和"坚"的概念，是从一切具有"白"或"坚"属性的具体事物中概括出来的，是一种理性思维的抽象。公孙龙只看到一般和个别的差别，看不到二者的联系，结果得出了一般先于个别而存在，一般能脱离个别而独立自存的结论。

公孙龙还把"离坚白"的命题，上升到哲学一般原理上来加以论证。这就是他在《指物论》中所做的工作。他在这篇文章中，一开始就明确提出："物莫非指，而指非指。"公孙龙所谓的"指"就是指事物的共性或概念、名称。这句话是说，事物都有共性或概念（指），而每一共性或概念则不必依赖于别的共性或概念。他认为，"指"这种共性或概念，是不能为人所感觉到的，它与具体事物能感觉到不一样。所以说："指也者，天下之所无也；物也者，天下之所有也。""指"既然感觉不到,所以也可以说是天下没有的,而物是能感觉到的,所以也可以说是天下存在的。但是,紧接着公孙龙就说,共性是一切物所共有的,虽说我们不能感觉到共性,但不能说物是没有共性的。其实"物"都只是一些共性("指"),所以说"天下无指,物无可以谓物"。这就是说,世界上如果没有了各种共性或概念,物也就无法说明它是什么样的物了。

那么,是如何由"指"到"物"的呢?公孙龙承认有尚未表现为任何具体事物的属性,或尚未与任何事物结合在一起的属性,即纯粹抽象的独立自存的属性,他称为"指",而把那些已表现为具体物的一个个属性,叫作"物指"。"物指"又称为"非指"。他说:"且夫指固自为非指,奚待于物,而乃与为指?"意思是说,由"指"到"非指"完全是"指"的自我转化,"指"绝不需要依赖于具体的物而才成为一种共性。这里,"指"不仅是独立自存的,而且是独自转化的,它不但不依赖于物,相反,物只是它的自我表现。所以,公孙龙的结论是,由各个独立自存的"指"组成一个"概念世界",然后又自我转化为各个具体的"物指"和"物"。

公孙龙还有一篇《白马论》,通过论证"白马非马"这个命题,专门论述了概念与概念之间的关系。

公孙龙认为,事物和概念都是有差别的,所以概念与概念之间是绝对没有相联系之处的。在他看来,"白马"与"马"这两个概念是不同的,因此它们之间是

公孙龙画像

毫无联系的，所以，"白马"不是"马"。他说，"白马"这个概念是既名"色"又名"形"的，而"马"这个概念是名"形"的，"命色者非命形也"，所以说"白马非马"。从"白马"和"马"这两个概念的内涵和外延来讲，它们是有区别的，"马"概念的内涵小，"白马"概念的内涵大，但是"马"这个概念的外延比"白马"这一概念的外延广，它包含了"白马"在内的所有的马。这两个概念在逻辑上说有类属关系（即蕴含关系），在哲学上有一般与个别辩证统一的关系。从一般和个别的关系说，马和白马是有区别的，一般不等于个别，任何一般都是个别的一方面或本质。但"白马"是与"马"相联系而存在的，"马"只能通过具体的白马、黄马、黑马……而存在，离开了这些具体带色的马，是找不到一个抽象的"马"的。公孙龙看到马和白马的区别，就这一点说，他的"白马非马"的命题含有辩证法的因素。但由此否认二者的联系，否认"马"对"白马"来讲有着逻辑上的蕴含关系。这当然是错误的。

公孙龙证明"白马非马"的另一条论据是："求马，黄黑马皆可致；求白马，黄黑色不可致。"这里后一点是对的，求白马，送上黄黑马是不行的。但是，在前一点中，公孙龙故意不说，求马，送上白马也是可以的。他的结论是："故黄黑马一也，而可以应有马，而不可以应有白马。是白马之非马审（明白）矣。"这后一句话就流于诡辩了。

公孙龙的"白马非马"这个命题，就其指出一般和个别的差别，指出由于内涵和外延的不同，应当区别概念的不同，这在逻辑上对明确概念这点来讲是有意义的。但就其排斥概念之间的联系来讲，则是违背客观实际的。

《名实论》则是公孙龙专门讨论名实关系的著作。《名实论》认为："名，实谓也。"即是说，名是实的称谓。又说："知此之非此也，知此之不在此也，则不谓也。"这就是说，如果知道这个名称不是指这个事物，这个事物不应当用这个名称，那就不应当用这个名称去称谓这个事物。从这点看，公孙龙强调名与实必须一致的思想，是有其合理的成分的。但公孙龙过分强调概念（名）的独立自存，夸大事物与事物、概念与概念之间的差别，他的思想最终陷入形而上学诡辩论。这样，他在如何达到名实一致的问题上，就走上了以"名"正"实"的唯心主义道路。他说："其正者，正其所实也，正其所实，正其名也。"这是说，所谓"正"，就是正客观实际存在的事物，正了实，名也就正了。

据《庄子·天下篇》记载，公孙龙一派的"辩者"，还提出了许多"离坚

白"一类的命题，其中有些命题富有辩证法的思想。如"飞鸟之景未尝动也"，这是说，动中有静，又动又不动。但这一命题的缺点是片面地夸大了静止的一面。又如"一尺之棰，日取其半，万世不竭"，这是说，一尺长的棍子，每天取其一半，万世也取不完，这是认为物质是可以无限分割的。其中也有些命题则属于诡辩，如"鸡三足"等。

先秦哲学

秦汉哲学

　　秦建立统一的中央集权国家后,崇尚法家思想,"以法为教,以吏为师",哲学思想几无发展。汉初记取秦亡教训,缓和矛盾,休养生息,黄老之学盛极一时。随着社会政治经济形势的发展,汉武帝时"罢黜百家,独尊儒术",儒学逐渐成为统治思想。其后谶纬之学兴起,同时出现了王充等人的反正统思想。东汉后期,佛教传入,道教兴起,社会危机频仍,哲学思想呈现复杂的新局面。汉代哲学主要围绕天人关系、宇宙形成、形神关系以及古今、人性等问题展开。

一、《史记》的哲学思维

《史记》是中国第一部纪传体通史,由西汉武帝时太史令司马迁所撰。司马迁(公元前145年或公元前135年—公元前约87年),字子长,西汉夏阳(今陕西韩城,一说山西河津)人,中国古代伟大的史学家、文学家,后人尊称为"史圣"。

(一)作者生平

司马迁的父亲司马谈是一位历史学家,在政府中担任太史令的官职。司马谈希望儿子能够继承自己的事业,所以从小就对司马迁进行了十分严格的培养。司马迁10岁的时候,就开始诵读《左传》、《国语》、《尚书》等古代流传下来的史书,在历史和文学两方面打下了坚实的基础。

司马迁酷爱读书,不管遇到什么疑难问题,他都反复思考,寻根问底。他也喜欢寻访名胜古迹,从20岁那年起,司马迁开始到全国各地去游历。往南,他到过长江流域和淮河流域,最远到过会稽(今浙江省绍兴市)。据说夏禹曾在会稽召开过各部落的酋长大会,因此在会稽留有禹穴的古迹,司马迁特地到禹穴进行了实地考察。他还爬上了今湖南省境内的九嶷山,眺望了三湘的秀丽景色,并且在沅水和湘水中泛舟,饱览了水光山色。往北,司马迁渡过汉水、泗水,到过春

《史记》作者司马迁

秋战国时代齐国、鲁国的首都，实地考察了孔子、孟子当年给学生讲学授课的遗迹。每到一地，凡是古代历史记载或传说中出名的地方，司马迁都要亲自去考察游览，访问当地的老年人。他听说战国时代秦国蜀郡太守李冰修建了都江堰，能防洪和灌溉，就特地跑到四川，爬上岷山眺望，到都江堰的离堆上去踏勘。他听说秦始皇灭魏国的时候，曾经引黄河水去淹魏国首都大梁城，就特地跑到大梁，观察了城墙上当年被水淹过的痕迹，向老人询问水淹大梁的惨状。他听说屈原怀才不遇，自沉汨罗江而死，就特地跑到长沙，在汨罗江畔凭吊了这位伟大的爱国诗人。在这次大规模的游历和考察中，司马迁开阔了眼界，增长了知识，锻炼了观察事物的能力，积累了大量的原始资料，为写作《史记》打下了坚实的基础。

司马迁父亲司马谈在他36岁那年因疾病去世。父亲生前正在着手编写一部历史书，刚搜集了一些材料，写了几篇，没有写完。临死之前，父亲拉着儿子的手再三嘱咐说："汉朝兴起以后，海内又统一了，上面有贤明的君主，下面有众多的忠臣义士。他们的事迹都很丰富感人，我们做太史令的，如果不能把他们的业绩记载下来就算失职。我死了以后，你一定要继承我的事业，把书写完。"司马迁流着眼泪，连连点头，接受父亲的嘱咐。

过了两年，司马迁接替父亲做太史令，开始编写父亲没有写完的历史书。这时候，他有机会接触到各种文书档案，并且读到了许多珍贵的书籍，知识更加丰富，搜集到的材料也更加丰富了。

可是，一件不幸的事降临到司马迁的身上，那年他48岁。司马迁的朋友李陵，被派去征讨匈奴。由于孤军深入，粮尽援绝，被匈奴包围俘虏了。当时有人报告说李陵投降了匈奴，汉武帝一生气，把他的全家都杀了。司马迁跟李陵认识多年，对李陵比较了解，他在汉武帝面前替李陵辩解了几句，因此触犯了汉武帝，受到腐刑的处分。腐刑就是割去生殖器官，是使人丧失生殖能力的残酷刑罚，虽然不至于危及生命，却让人蒙受极大的耻辱。

司马迁感到在人格上受到了沉重的打击，内心十分悲痛，他几次想要自杀，可是一想到父亲的遗愿还没有实现，又不甘心就这样死去。他决心坚强地活下去，把那部历史书写完。从此，他利用已经搜集到的材料，夜以继日地发愤著书。

经过多年的艰苦努力，在53岁那年，司马迁终于写成了我国第一部不朽的历史巨著《史记》。这部书共130篇，有52万多字。其中包括本纪12篇，记载帝王的事迹；表10篇，用列表的方法记载大事和重要人物，补充本纪；书8篇，记载重要的典章制度、天文现象、政治设施和社会经济生活；世家30篇，记载诸侯王和孔子、陈胜等特殊重要人物的事迹；列传70篇，记载重要人物、少数民族和邻国的历史。其中最重要的是本纪和列传，因此后人称它为纪传体史书。自从《史记》首创了这种纪传体以后，中国历代的正史，即通常所说的二十四史，基本上都是以《史记》作榜样，采用纪传体这种形式来写的。

司马迁写的《史记》，不仅内容翔实可靠，是一部了不起的历史书，并且文字生动优美，人物写得栩栩如生，因此也是一部了不起的文学著作。司马迁表现在《史记》中的思想是很进步的。他爱憎分明，对历史上的明君、贤臣、义士和农民起义领袖，大力褒扬歌颂，对暴君和奸臣酷吏，无情讽刺鞭挞。对当代的历史，不管好事坏事，都能够如实地记录下来。对好事不夸大，对坏事不隐瞒，就是对当代皇帝汉武帝的缺点和过失，也给予恰如其分的叙述。司马迁希望通过对历史上经验教训的叙述，使人们预见未来的前途。他的进步思想和严谨的写作态度，直到今天也是值得我们好好学习的。

《史记》原称《太史公书》，《汉志》著录《太史公》有30篇，附注"十篇有录无书"。旧说在元帝、成帝年间由褚少孙补撰，尚有疑义。

司马迁《报任少卿书》曰：他之撰写《史记》，"欲究天人之际，通古今之

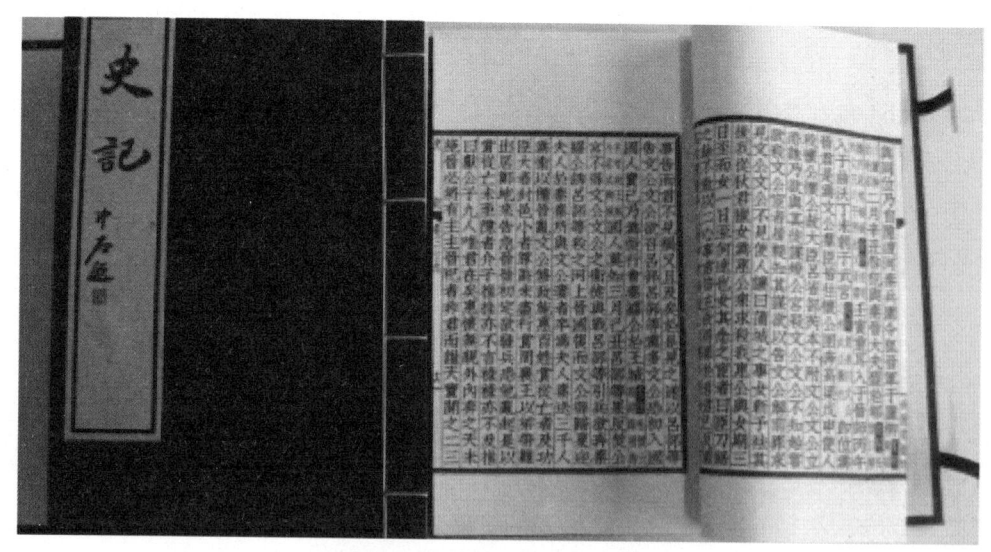

开版于乾隆年间的仿宋版《史记》

变,成一家之言"。其书不但保存了先秦至西汉前期许多哲学家和思想家的传记资料,而且保存了司马迁本人及其父司马谈的哲学史料。司马父子通晓诸子百家之学,《太史公自序》评论六家,对阴阳、儒、墨、名、法五家既有肯定,又有批评,唯独认为道家思想最完备。他们所推崇的道家实属黄老一派。司马迁对传统的天道福善祸淫观念提出怀疑,《伯夷列传》列举一些善人、恶人在历史上的实际遭遇,曰:"余甚惑焉,傥所谓天道,是邪,非邪?"项羽临终云"天之亡我"、蒙恬临终说他因"绝地脉"而获罪于天,司马迁在其二人的传记中驳斥:"岂不谬哉""何乃罪地脉哉?"《封禅书》揭露秦皇、汉武迷信鬼神及封禅活动的荒诞无验。《天官书》认为《春秋》只记自然怪异,而不言天人感应。叙述古史,摒弃神秘传说史料。《五帝本纪》曰:"百家言黄帝,其文不雅驯,荐绅先生难言之。"《大宛列传》曰:"至《禹本纪》《山海经》所有怪物,余不敢言也。"《刺客列传》曰:"世言荆轲,其称太子丹之命,'天雨粟、马生角'也,太过。"他在考察"古今之变"的过程中,非常注重时势的作用,关心下层民众的活动及其命运,但"天授"、"天幸"、"天命"的字眼常见,仍有神学史观的痕迹。

(二)《史记》的天人观

司马迁的《史记》,既不是所谓局限于有文字时代的人类史实的研究成果,不是局限于所谓异时代的、断面的史实的研究成果,不是所谓个人传记式的帝王政治史之类的研究成果,同时也并不以年代关系为其研究上的特征。司马迁撰著《史记》最重要的目的是究天人之际,通古今之变,成一家之言。不过他是借史的形式以发表罢了。

作为一部历史文化著作,《史记》的涵盖性和包容性是非常之大的。从历史哲学的角度来看:它不仅要总结人间帝王事业成败的原因,不仅要论列历史和现实中帝王事业成败的原因,而且要从历史的终始环节上探索因果联系。探索天人关系,是司马迁的职责。

天命思想是司马迁哲学思想的重要组成部分。探讨天人关系,实质上是要回答历史哲学的一个基本问题:人类史是神意的体现和安排,还是人类社会自身的发展过程。"天"这个概念,在《史记》中经常运用。《史记》中关于"天"的含义,大致有三种:

一是自然之天。《史记·乐书》中有:"天地之道,寒暑不时则疾,风雨不节则饥。"作为我国古代一位有成就的天文学家，司马迁在《史记·天官书》中记载了许多星体、星座，并说明了它们出现的时间和运行的情况，总结了我国古代的天文知识，反映了当时天文学的发展水平。文中的"天"、"天变"就是如此。

二是天性。在《史记·匈奴列传》中司马迁曾说匈奴人："逐水草迁徙，毋城郭常处耕田之业，然亦各有分地。毋文书，以言语为约束。儿能骑羊，引弓射鸟鼠；少长则射狐兔：用为食。士力能毋弓，尽为甲骑。其俗，宽则随畜，因射猎禽兽为生业，急则人习战攻以侵伐，其天性也。"司马迁认为，匈奴人生活的自然环境同内地不同，其生活习惯，性格自然也与内地不同。因此。他认为生存环境对于形成人的气质性格有很大关系。所以，在《史记·齐太公世家》中他又说："吾适齐，自泰山属之琅琊，北被于海，膏壤两千里，其民阔达多匿知，其天性也"，"夫齐鲁之间于文学，自古以来，其天性"。司马迁这里讲的天性，主要是指人的气质。

三是天命论思想。作为史学家，司马迁在实践自己的"欲究天人之际，通古今之变，成一家之言"的宏愿时，却不能不受天命论思想的影响，天命论思想在《史记》中占有重要的地位。

司马迁在《史记》中提出一个天人感应的宇宙观，这个宇宙观将宇宙分为天命意志、显示天命的中间环节和人类社会三个层次。

天命意志在《史记》中是占有重要地位的。司马迁通过对君权神授、天道赏善罚恶的记述表明，神学目的始终是自然界和人类社会历史发展变化的第一推动力。中国古代的天命神学主要是为君权提供宗教论证的，王权与神权是合一的。《史记》中无论是论及神权对君权的决定与支持上还是宣扬阴功阴德思想上，都说明在人间之上，尚有一个明察秋毫且主持正义的天帝存在。

《史记》中显示天命的中间环节是一个广义的概念，它既包括五德终始和三统循环，还包括像预言、卜筮、占梦这些术数，也包括日月、星辰、四时等自然现象。天人之间就是通过这些中间环节得以沟通。

天命的变化表现为德或统的转移，而最终落实到王朝的嬗递更替。《史记》也以五德终始说来解释王朝更替，《史记·三代世表》云："稽其历谱谍终始五德之传。"而在《史记·封禅书》中则引五行家说，将五德具体运用到历代王朝，形成黄帝土德、夏木德、殷金德、周火德、秦水德的封闭循环系统。司马迁主张汉家获土德。司马迁关于三统循环的观点见之于《史记·高祖本纪》，他认为夏、商、周三王之政可用忠、敬、文来概括："三王之道若循环，终而复始。"与日月、星辰、祥瑞灾异和占梦卜筮等体现天命的媒介不同，五德和三统并不是在即刻的具体政治问题上显示天命意志，而是在一个漫长的时间长度上揭示天命发展变化的过程。天命变化就会引起人间帝王政治的变化。这样，在司马迁《史记》的宇宙观内，实际上存在着一套以五德终始和三统循环为内容的历史哲学。所谓"通古今之变"，首先是指天命的变化。

《史记》的宇宙观从空前恢宏的时空上，展现了天命意志对人类社会发展变化的重要作用。历代帝王应天而治，对上天顶礼膜拜。这种宇宙观使《史记》具有包举宇宙的磅礴气势，其中澎湃着一种由天命观激发的宗教情感，一种惊异于天命的宏伟安排和帝王上应天命创业立功的壮举。如果说《史记》是一曲威武雄浑的交响乐，那么其中的一个重要乐章则是对天命的礼赞。

在《史记》宇宙观中，人类社会处于最低层次，帝王通过应天改制和实行德治来上应天意。人类除了顺应天命之外，尚有改变天命的能动作用。帝王可以通过修德、修政、修禳、修救等措施来挽救自己的统治或改变天命。意识形态领域中的任何一种精神倾向一旦形成以后，将必然以其强大的历史持续力，施于后代以鲜明的影响。

《史记》在讲天命对人的控制的同时，也极力渲染道德对天命的影响作用。如《史记·天官书》中，就渗透着德治思想，论述五大行星的运行，有"义失者，罚出岁星（木星）"；"礼失，罚出荧惑（火星）"；"杀失者，罚出太白（金星）"；"刑失者，罚出辰星（水星）"；"填星（土星）"属"黄帝"，"主德"，"礼、德、义、杀、刑尽失，而填星乃为之动摇"。"五星合，是为易行，有德；受庆，改立大人，掩有四方，子孙蕃昌；无德，受殃若亡。"尽管司马迁相信天人感应，但作为一个研究人类活动的卓越史学家，他也相信道德的力量。他说"凡天变过度，乃占"，此时，"国君强大，有德者昌；弱上，饰诈者亡。"因此，对于《史记》中天命鬼神预言之类的说教不应完全以消极视之，还应看到其驱人向善的积极意义及其作者试图以此来探究历史发展规律的有益的贡献。

《史记》中的道德观主要表现在以下两个方面：一方面，认为历史的发展、国家的兴亡、个人的命运都取决于活动的主体是否尊礼守礼，道德是否完善，并且通过对历史事件的记述和历史人物之口，全方位地体现这一思想。司马迁对此寄予深切的希望：德之盛衰决定天下得失，国家兴亡；德之盛衰决定帝王霸业成

功与否；德是战争胜负的根据；有德者长享国，无德者亡家身。另一方面，大量依据人的预言与未来结局的高度一致，显示道德的决定作用。总之，司马迁认为，德之于国，是政治的基础；于人，是安身立命之本；于战争，是胜负关键。故而，司马迁在《史记》中对于他所撰写的历史人物，总是通过体现他们个人行为的"德"同其国、其家乃至个人的生命紧密地联系在一起。

如果说《史记》中天命神意并不是那么经常显示权威的话，道德则时时刻刻与人同在，渗透在人日常生活的诸多领域。《史记》将天命神意与人的道德结合起来，赋予道德以神学目的的权威特征，其结果是在史记中表现为天命与道德相结合的天命观。人是社会历史的主体。

在《史记》中，司马迁主要以历史人物为中心，将有关的历史事件归纳、排比，记载到这一人物的传记中，从而，由许多人物的传记构成一部贯通古今的通史，可以说正是看到了人类社会历史发展过程和自然界发展过程的这个根本不同点，从而有意识地突出人的活动和人在历史进程中的作用，这在历史观上不能不说是很大的进步。

司马迁作为中国历史上第一个注意描写和研究历史人物的历史家，他的功绩是不可磨灭的。司马迁的思想成为不同于他以前思想家的新思想。尽管司马迁并没有为我们留下他个人专门阐述自己思想的论文。但是，洋洋洒洒的《史记》无疑成为体现他新思想的最好素材。

二、《盐铁论》的哲学内容

《盐铁论》是西汉盐铁会议的记录，由桓宽整理。《汉志》著录60篇，今基本完整。

（一）《盐铁论》成书背景

汉昭帝始元六年（前81），大将军霍光以昭帝名义，命令丞相田千秋、御史大夫桑弘羊，召集贤良文学60余人，举行了一次大规模的政策讨论会。这次会议是要"总论政治得失"，对汉武帝时期的各项政策，特别是盐铁专卖政策进行全面的总结和辩论。这便是历史上有名的"盐铁会议"。

汉武帝在位时期，重用大理财家桑弘羊，实行盐铁专卖，收回铸钱大权，同

时设立"平准"、"均输"制度,加上"算缗"、"告缗"办法,使朝廷增加了巨额收入,削弱和打击了大工商业主和封国诸侯的经济势力,加强了中央政权的经济基础。汉武帝利用这个有利条件,内削诸侯王,北击匈奴,西通西域,大大巩固了中央集权,促进了统一多民族国家的发展。但同时也因负担过重,导致"天下虚耗,百姓流离",不断爆发小规模起义,阶级矛盾日趋尖锐。汉武帝一方面进行镇压,一方面决定在基本方针不变的前提之下,适当调整一些政策。

征和四年(前89),桑弘羊等上书汉武帝,要求在今新疆轮台一带,实行军事屯田,"以威西国"。汉武帝深知力所不及,为此下了一道"轮台诏令",不同意再加重百姓口赋,拒绝在轮台兴办屯田,并明确表示:"当今务在禁苛暴,止擅赋,力本农"。同时,他又封丞相田千秋为"富民侯","以明休息,思富养民",积极恢复和发展生产事业。这个政策对巩固前一时期加强统一集权的成果很有必要,但汉武帝还来不及全面贯彻"轮台诏令"的方针,便在公元前87年死去。临死前,他任命霍光为大司马、大将军,并确定以其为首,与上官桀、桑弘羊等一起共同辅佐即将继位、年仅8岁的汉昭帝。

霍光主持朝政时,"无所改作",坚持汉武帝加强集权的各项主要政策,同时能够"知时务之要,轻徭薄赋,与民休息",注意贯彻汉武帝"轮台诏令"的精神。公元前81年,朝廷下令,征求地方贤良文学对"民间疾苦"的意见,一致回答"愿罢盐、铁、酒榷",桑弘羊不同意。因此,霍光便组织了"盐铁会议"。

会上,霍光没有出面,由丞相田千秋主持会议。桑弘羊是代表朝廷答辩的主要发言人。从各地请来的贤良、文人,则利用这次机会,对汉武帝的各项政策进

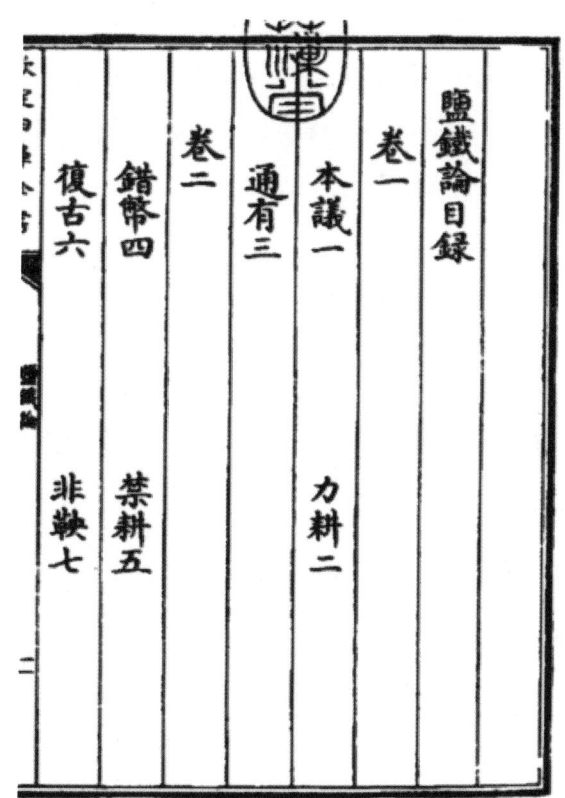

被《乾隆御览四库全书荟要》选入的《盐铁论》

行了论辩，主要矛头指向桑弘羊，纷纷要求有所更改。于是，会上以贤良、文人为一方，桑弘羊为另一方，展开了激烈的辩论。他们的争论主要集中在三个问题上。

第一，要不要继续实行盐铁专卖、统一铸钱、榷酤、平准、均输等经济政策。贤良、文人认为政府垄断这些事业，是"与民争利"，主张加以废止。桑弘羊坚决反对这种意见，他说："总一盐铁，非独为利人也，将以建本抑末，离朋党（打击分裂势力），禁淫侈，绝兼并之路也。"桑弘羊指出，汉初不禁私利，吴王刘濞铸铁煮盐，结果力量一大，就造起反来。另外，大规模抗击匈奴的战争，"车甲之费，克获之赏，以亿万计，皆赡大司农"。事实说明，实行盐铁专卖，对于加强中央集权，抵抗匈奴贵族的侵扰，确实起了很大的作用。司马迁对此曾说过"民不益赋，而国用饶"，加以肯定。汉武帝时，"为治粟都尉，领大农，尽管天下盐铁"的桑弘羊，为此立功。所以在会上，桑弘羊坚持继续执行盐铁专卖，在当时的历史条件下，是有积极意义的。

贤良、文人反对盐铁专卖，把它说得一无是处，不合历史实际，但却反映了封建官僚制度控制下的盐铁专卖，存在不少问题。有些官吏管理不善，假公济私，所造铁器质量低劣，"割草不痛"，价钱又贵，农民不愿用，出现了"木耕手"的现象。制出的盐也有苦味，人民只好淡食。桑弘羊也承认这些事实，致使"民烦苦之"。

第二，对匈奴和战问题。匈奴贵族长期扰边，汉武帝发动大规模反击战争，这在当时还是必要的。不过，连年征战，也造成了严重的社会问题。史书记载，武帝晚年，"海内虚耗，户口减半"，"东方盗贼滋起"，封建统治呈现不稳。贤良、文人以此为口实，全面否定抗匈斗争。他们认为，早就不应该轻启战端，只要用仁义加以感化，匈奴贵族自然就不来骚扰，"以仁义导之，则北垂无寇虏之忧"。会议上，他们主张"罢关梁，除障塞"，撤除边防要塞，"偃兵休士，厚币结和"，认为这样自能安定和平。这些议论，不切实际，非常迂腐可笑。桑弘羊摆出汉朝与匈奴关系的历史，说明匈奴贵族贪婪好战，即使"重质厚赂"，照样"暴害滋甚"。所以，他认为对于匈奴贵族"可以武折，而不可以德怀"，仁义感化不可能收效。

第三，实行"法治"，还是实行"德治"。桑弘羊坚持汉武帝长期实行的"法治"政策。他认为，"令严而民（谨）慎，法设而奸禁"，实行严刑峻法，则"民不逾矩",才能巩固封建统治。

来自地方的贤良、文人,直接感受农民反抗的威胁,指出,"疲马不畏鞭,疲民不畏刑法",单靠酷刑镇压,"不可久也",汉朝政权有可能步秦后尘,迅速垮台。贤良、文人主张实行"德治",是要求汉朝廷变换统治手法,加强对人民的思想统治,先"礼"后"法","礼用敬明,不从者,然后等之以刑"。

儒法之争,是指春秋战国社会大变革过程中,儒法两个学派之间的斗争,有它的特定含义。尔后,随着封建社会的确立和发展,产生儒法斗争的社会历史条件发生变化,儒法逐渐走上了合流。盐铁会议正是在儒法日趋合流的历史条件下召开的。

盐铁会议是汉朝政府讨论国策的一次会议。会议留下了记录。宣帝时的桓宽利用这些记录材料,写成了几万言的《盐铁论》一书。《盐铁论》保存了当时辩论双方代表人物的原来风貌,为后人提供了西汉盐铁专卖和盐铁会议的重要情况。

《盐铁论》本属经济史文献,涉及政治、军事、社会文化等许多方面,亦包含有哲学史料,尤其是桑弘羊的哲学史料。哲学史料主要涉及天人、古今、义利、刑德之关系和儒、法、道、阴阳家的治国之道,主要见于《复古》、《非鞅》、《论儒》、《遵道》、《水旱》、《论邹》、《刑德》、《申韩》、《周秦》、《大论》等篇。

(二)《盐铁论》中的经济伦理思想

《盐铁论》中的经济伦理思想,透射出经济、政治和哲学的相互关系对当时传统社会的制度结构的辩护或批判。在当时,被选为官吏的贤良、文人全面抨击了汉武帝时制定的政治、经济政策。在经济方面要求"罢盐铁、酒榷、均输"。他们以儒家思想为武器,讲道德,说仁义,反对"言利",认为实行盐铁等官营政策是"与民争利",违背了古代圣贤"贵德而贱利,重义而轻财"的信条,败坏了古代淳朴的社会风尚,引诱人民走"背义而趋利"的道路。他们提出了战国以来法家的重本抑末说,认为官营工商业"非治国之本务",主张"进本退末,广利农业",指责官府经营工商业是"与商贾争市利"。他们的重本抑末说,实际上是要抑官营工商业,而为私人工商业争取利权,是计划经济向市场经济转化的一种方式。

《盐铁论》中的经济伦理思想体现在如下几个方面:

一是义与利的辩证分析。"义"表示某一社会的伦理规范即道德标准,"利"主要指人们的物质利益即经济价值尺度。盐铁会议以地方豪富和儒士的代言人贤良、文人为一方,以代表中央皇权利益的大夫、御史为一方,双方争论中贯穿始终的一个关乎全局的思想基调就是双方的义利之争。

贤良、文人从历史事实的角度,更从道德人格修养的角度论重义轻利的必要性;另一方面,又强调君子不必刻意避财,只要以平和之心待财即可。

大夫、御史则重利,主张自利、利国、利民的统一,认为好执政者、好政策就应当满足人民自利的人性需要。大夫、御史的义利观揭示了物质利益的决定性作用。

二是官营经济和民营经济的辩证分析。《盐铁论》中的经济伦理思想涉及社会结构中的政治、经济和哲学,最重要的就是官营经济和民营经济的关系问题。在对西汉时期工商业政策及其影响的评价中,主要是如何认识官营经济与民营经济在国家中的作用与地位,以及政府与商贾之间的利益关系。

盐铁官营和禁榷制度的经济体系构造一直都很发达,成为中国封建社会经济的一个重要特点。官营经济广泛存在甚至作为经济主体,则会导致生产力低下,社会经济缺乏活力。因为官营企业的生产和经营不受经济规律的约束,甚至违背经济规律,脱离严谨复杂的市场规律,则以官僚集团的简单命令,来指挥生产产品脱离人民的实际生活需要。如果全面实行官营经济,结果就必然是计划经济。官营经济是中国封建经济的主要特点,也是中国传统社会经济发展缓慢和封建经济长期延续的主要原因。

民营经济的产生和发展,主要是依靠民众自身的资源进行的,遵守商业原则以赢利为唯一目标,具有灵活的用人机制和分配激励机制,自己经营、自负盈亏、自我约束和自主发展。所以民营工商业比官营工商业更有活力,更能促进经济发展,更有社会效益,对封建自然经济具有更强的分解作用。但是民营经济的发展冲击了封建自然经济,威胁了封建政权被历代统治者所戒备。在当时的传统社会抵制或蔑视民营企业的经济伦理背景下,民营经济既不能与官营经济相抗衡也无法独自发展壮大。

大夫与文学之争的实质是国家干预主义与自由主义的两种经济伦理思想的博弈,这种理论或伦理的冲突,对制度变迁和经济发展产生了深刻影响。

三是经济伦理与意识形态的和谐共处。盐铁会议是儒家思想夺取法家思想

统治地位的标志。儒家经济伦理思想和法家经济伦理思想，作为意识形态的一部分，它又具有相对的稳定性。

汉代指导思想发生了三次大的转折，分别是立国初期的黄老思想，到武帝前期的独尊儒术，再到汉武帝中期崇尚战争法术，再到盐铁会议后的"儒外法内"。《盐铁论》表明，盐铁会议不仅在政治上是终止武帝的战争政策，是转入新的休养生息的和平状态的开始和标志，也是思想上终止汉初儒、法合流，重新恢复先秦孔孟思想传统的历史契机。

从经济基础与上层建筑的关系来说，儒家思想适合中国农业社会，所以作为官方意识形态处于思想垄断地位。汉武帝完成了儒家作为权威的意识形态的制度化，却实际推行法家思想。剥削阶级的统治向来具有镇压和欺骗两手。按照"阳儒阴法"规则来统治人民，正是封建统治者高明之处。封建国家政权对工商业经济组织异常敏感，根据意识形态标准实施保护或打击的措施，传统经济伦理思想沦为保守的意识形态。

三、汉初"黄学"的哲学思想

西汉前期，在历经战国纷争和秦朝苛法之后，实行与民休息政策。无为之学适应时代的需要，长期居于支配地位，为当时官方的指导思想。关于当时"黄学"的文献史料，现在可考者主要是《黄帝四经》。

（一）《黄帝四经》的考古发现

1973年发生了一件轰动世界华人的大事，《黄帝四经》在湖南长沙马王堆三号汉墓中出土了。《黄帝四经》包含四部经典：《经法》、《十大经》、《称经》、《道原》，起源于战国，盛行于西汉初期的"黄学"，即《黄帝四经》，曾是百家学术之林。司马迁在写《史记》时并未看到此书，致使黄学被淹没了五千余年都没有被历代史学者重视。西汉时期流行的"黄老"思想，在中国思想史上一直是个谜。现在《黄帝四经》出土，经过今人唐兰先生考证后，确认《黄帝四经》不是伪书，而是几千年来出土的轩辕黄帝第一本书。这是一部"治国之本"的书，它由四篇文章组成，这就为海内外黄帝子孙重新认识黄帝和黄帝思想提供了可靠的史料依据，它证明轩辕黄帝不再是传说人物，而是实实在在的历史人物。

司马迁之所以未曾见过《黄帝四经》，原因是他生在汉武帝时代（景帝是文帝之子，武帝之父，在位 16 年），天汉年间司马迁为李陵事件触怒了汉武帝，被腐刑下狱，其父司马炎正在朝中出任太史令，父子二人同朝为官。那时，司马迁才三十多岁，而《黄帝四经》已入土 27 年了。所以说，司马迁写《史记》时并没有看到过《黄帝四经》。只是按当时的传说写下"五帝本纪"，排在《史记》开宗明义第一篇。

《黄帝四经》是马王堆汉墓出土帛书，初附于帛书老子乙本前，当时称《老子乙本卷前古佚书》，后经专家鉴定，认为此书是失传已久的《黄帝四经》。《汉书·艺文志》曾经著录此书，但汉以后就失传了，学者根据书的内容、文字、篇章数目等研究，认为此书成书时期当晚于《老子》，早于《管子》《孟子》《庄子》。它体现了道家学说由老子一派变成黄老学派的转变，对先秦各家各派都有直接或间接的影响，其中对黄老学派、稷下学派与法家至为深刻。它的出现推翻了很多一贯以来已经被认定的经学理论，于经学研究有极重要的地位。

（二）"黄学"天道环周论对汉初统治者的影响

天道环周的思想，贯穿在整个"黄学"（《黄帝四经》）中，是黄帝之言哲学思想体系的核心和基本点。它肯定了自然界和人类社会的变化是有规律的，这就是环周往复、盛极必反、交替不已的天道。

天道环周论被汉初统治者接受之后，直接用于治国安民。从汉高祖刘邦开始，汉初君臣大都信奉黄老之学。在刘邦的谋臣中有信奉道家的张良，他所习的《太公兵法》便是道家著作。而陈平少时家贫，好读书，治黄帝、老子之术，亦乃黄老的忠实信徒。在与项羽争战的过程中，主要是两人运用黄老之术，以退为进，以柔克刚的方法帮刘邦夺得天下。

那么，究竟什么是天道环周论呢？这种哲学思想，固然有其古老的历史渊源，但更重要的是，它的形成与天文学、历算学、物候学的巨大发展密切相关。它要求君王掌握这个有期信，有法式，有适度，具有必然性和规律性的环周不已的天道，去治理国家，解决一年四季中的经济政治问题，调节动与静、外与内等一系列的矛盾关系。这对于外部面临天下动荡、诸侯纷争，内部有上下相克之忧的一个古代农业国家，无疑是十分重要而迫切的现实问题。

因此，黄帝之言学派认为，准确地等待和抓住天道返还的时机，是"执

道"的关键，是最难能可贵的事。照这样去解决国计民生问题，那就是"毋乱民功，毋逆天时，然则五谷稑熟，民乃蕃滋。君臣上下，交得其志，天因而成之"。（《十大经·观》）照这样去处理战争问题，那就是要等待敌国违背天地利、造成自身的错误、从强盛发展到顶点而走向自己反面的时候去打败它。反之，违背天道，贻误了时机，即使是胜利者也要遭到惩罚。这种循环里面，包含着相反相成，对立统一的朴素辩证法。

黄帝之言学派虽然和阴阳家流派一样，与天文、历算学有渊源关系，但是，阴阳家末流那种"牵于禁忌，泥于小数，舍人事而任鬼神"，"推刑德"却要"假鬼神而助"的恶习弊病，基本上被黄帝之言抛弃。它已经成为真正的哲学，而不是宗教迷信。就是黄帝之言学派为了探讨人类社会和自然界的共同规律和相互联系而提出的方法，荀子、韩非都继承和发展了这个思想，从而深化了先秦唯物主义的认识论。由此可见，不能低估《黄帝四经》在中国哲学史上的影响和地位。

在春秋末年，天道环周论还是一种比较新的思潮。它承认世界是变化的，并力求找出变化的普遍规律。它主张因天之时，伐天之所毁，让应该灭亡的灭亡，就必然背离西周宗法奴隶制的许多传统观念。黄帝之言在认识论方面，解决了春秋末年和战国初期许多政治家、思想家最苦恼的社会名物制度混乱的问题。

西汉初年国家刚刚经历了秦末战乱，民生凋敝，百姓羸弱，国家经济实力低下，没有足够的国力进行大规模的建设和对外征伐战争，统治者从这个现实角度出发，其统治思想上逐渐陷入保守，而"黄学"恰恰迎合了这种现实情况。"黄学"的天道环周论，非常适合于百姓的休养生息，使国家的国力快速恢复。

四、陆贾的哲学思想

陆贾（约公元前240年—约公元前170年）是汉初著名的著作家，思想家，是汉高祖刘邦的一个谋士，著有《楚汉春秋》和《新语》。关于《新语》的著作缘起，《史记》叙述说："陆生时时前说称诗书，高帝骂之曰：'乃公居马上而得之，安事诗书！'陆生曰：'居马上得之，宁可以马上治之乎？且汤武逆取而以顺守之，文武并用，长久之术也……向使秦已并天下，行仁义，法先圣，陛下安得而有之？'高帝不怿而有惭色，乃谓陆生曰：'试为我著秦所以失天下，吾所以得之者何，及古成败之国。'陆生乃粗述存亡之徵，凡著十二篇，每奏一篇，

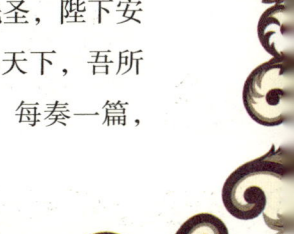

高帝未尝不称善，左右呼万岁，号其书曰《新语》。"《新语》的主要内容是总结秦亡汉兴以及历史上兴亡成败的经验，为汉代统治者提供一个治国方针。陆贾所提供的治国方针以儒家的"仁义"为主，而以道家的"无为"为最高理想，又为仁义无为的思想提出了一个简单的唯物主义理论根据。

陆贾以为，万物是天地所生成的，有了人类，然后有所谓"道术"出现。他说："天生万物，以地养之，圣人成之，功德参合，而道术生焉……故在天者可见，在地者可量，在物者可纪，在人者可相……故知天者仰观天文，知地者俯察地理，跂行喘息，蜎飞蠕动之类，水生陆行，根著叶长之属，为宁其心而安其性，盖天地相承，气感相应而成者也。"（《新语·道基》，以下仅列篇名，不列书名）这里是说，有天有地然后有物有人，万物和人类都是天地间"气感相应"而生成的，至于道术乃是有了圣人之后才出现的。因此，天地万物和人类都是可以被认识的。这是一种唯物主义的观点。

陆贾区别了天道和人道，并且讨论了天人关系问题，他说："尧舜不易日月而兴，桀纣不易星辰而亡，天道不改而人道易也，……故世衰道亡，非天之所为也，乃国君者有所取之也。"（《明诚》）这是说，天道和人道是有区别的，社会的治乱兴衰是由统治者的政治措施造成的，与天无关。这是荀况"天行有常"和"明于天人之分"学说的继承。但是，陆贾又以为，人事也能影响天。他说："恶政生于恶气，恶气生于灾异，螟虫之类，随气而生，虹蜺之属，因政而见，治道失于下，则天文应于上，恶政流于民，则虫灾生于地。"（同上）所谓恶政会引起恶气，恶气就引起灾异的说法是不科学的，带有神秘主义的色彩。但他这里所讲的恶政与灾异的联系是一种机械的因果联系，并不是天意、天命的体现，这和以后董仲舒宣扬的天人感应学说还是有所不同的。

陆贾

陆贾从唯物主义的自然观出发，还批评了当时流行的追求长生不死的神仙思想和宗教迷信。他认为，人们"苦身劳形，入深山，求神仙"和"背天地之宝，求不死之道"，都是"非所以通世防非者也"（《慎微》），意思是说求仙祈长生对于世事毫无补益。他尖锐批评那些鼓吹宗教迷信的人："不学诗书，行仁义，尊圣王之道，极经艺之深，乃论不验之语，学不然之事，图天地之形，说灾变之异，乖先王之法，异圣人之意，惑学者之心，移众人之志，指天画地，是非世事，动人以邪变，惊人以奇怪，听之者若神，视之者如异，然犹不可以济于厄而度其身。"（《怀虑》）他认为那些"不验之语"、"不然之事"都是不可讲不可听的，那些"邪变"、"奇怪"的事情都是不可信的，宣扬这些迷信不会有良好的结果。

陆贾强调仁义的重要，他说："危而不倾，佚而不乱者，仁义之所治也……守国者以仁坚固，佐君者以义不倾，君以仁治，臣以义平。"（《道基》）仁义是定危拯乱的方法。陆贾所谓仁义也就是先秦儒家所谓的仁义，他以仁义为最高的道德准则。

陆贾认为，政治的最高理想是无为。他说："夫道莫大于无为，行莫大于谨敬。何以言之？昔虞舜治天下，弹五弦之琴，歌南风之诗，寂若无治国之意，漠若无忧民之心，然天下治。"（《无为》）孔子也曾说"无为而治者，其舜也欤"（《论语·卫灵公》），陆贾赞扬无为，即是企图把先秦道家思想与儒家思想糅合在一起。他指斥秦代的过分有为说："秦始皇帝设为车裂之诛以敛奸邪，筑长城于戎境以备胡越，征大吞小，威震天下，将帅横行，以服外国，蒙恬讨乱于外，李斯治法于内，事愈烦，天下愈乱，法愈滋，而奸愈炽，兵马益设而敌人愈多。秦非不欲为治，然失之者，乃举措暴众而用刑太极故也。"（《无为》）秦代统治之所以不能维持，迅速崩溃，就是由于过分违背了无为的原则，对人民压榨太甚。陆贾讲无为的境界说："君子之为治也，块然若无事，寂然若无声，官府若无吏，亭落若无民，闾里不讼于巷，老幼不愁于庭，……老者息于堂，丁壮者耕耘于田，在朝者忠于君，在家者孝于亲。"（《至德》）由此可见，陆贾所谓无为就是主张朝廷和官吏对于人民的生活不要进行过多的干涉，以便恢复战乱后的封建经济。因此，他认为，这样的"无为"也就是"有为"。

陆贾宣扬无为，与当时的黄老之学有一致之处，但他既讲无为，也讲仁义，就与道家学说不同了。陆贾是兼综儒道的思想家。

五、贾谊的哲学思想

贾谊是汉初著名的政论家、文学家、思想家，洛阳人，生于汉高帝七年（公元前200年），死于汉文帝十二年（公元前168年）。贾谊总结了秦朝统治被农民起义所推翻的经验教训，向汉文帝提出了缓和阶级矛盾，巩固中央政权，削弱诸侯王地方割据势力，抵御异族侵略等有关政策方针的一系列建议，对汉代政权的巩固和文化的发展起了重要的积极作用。他的议论文章，后人编为《贾谊新书》，班固摘选其中最重要的部分录入《汉书·贾谊传》中。贾谊还写了《鹏鸟赋》等文章，其中也表述了他的哲学观点。

在《鹏鸟赋》中，贾谊继承、发挥了先秦时代的朴素辩证法思想和朴素唯物主义观点。他首先肯定了变化的无穷无尽，他说："万物变化兮，固无休息。斡流而迁兮，或推而还。形气转续兮，变化而嬗。沕穆无间兮，胡可胜言！"（《汉书·贾谊传》）这里说万物变化，就是形气转续，是永远不会停止的。他还指出：变化是对立双方的相互转化，一切对立双方都必然相互转化，"祸兮福所倚，福兮祸所伏；忧喜聚门兮，吉凶同域。彼吴强大兮，夫差以败；越栖会稽兮，句践伯世……夫祸之与福兮，何异纠缠！"对立双方不断相互转化，所以可以说是"聚门"、"同域"，"聚门"、"同域"就是统一的意思。万物变化的根源何在？他解释说："万物回薄兮，震荡相转。云蒸雨降兮，纠错相纷。大钧播物兮，块圠

贾谊

无垠。天不可与虑，道不可与谋。迟速有命兮，乌识其时？且夫天地为炉兮，造化为工，阴阳为炭兮，万物为铜，合散消息兮，安有常则？"这里提出了天地、阴阳、大钧、造化在世界生成中的作用。天地好比炉，阴阳好比炭，造化即是大钧，是变化的动力。大钧、造化是什么？他没有明说。但值得注意的是，这大钧或者造化是无"虑"无"谋"，即没有意志没有目的，是一种无意识的动力。因此也就是说，万物是在自然变化着的。从这一点看，贾谊表现了唯物主义的倾向。

贾谊还著有《道德说》、《六术》等篇，讲"德有六理。何谓六理？曰道德性神明命，此六者德之理也"（《道德

说》)。在这里，贾谊认为"德"是具体万物以至仁义道德的根源。他说："德之所以生，阴阳、天地、人与万物也。""仁者德之出也，义者德之理也。"一切变化也从德中产生，所以又说，"德者，变及物理之所出也。"但是，"德"又是从"道"中来的，以"道"为本。这就是他说的"变及诸生之理，皆道之化也，各有条理以载于德。德受道之化而发之各不同状"。又说，"物所道（导）始谓之道，所得以生谓之德。德之有也，以道为本。"（同上）关于"道"的性质贾谊没有详细的论述，只是说"道者无形，平和而神"，但就他说"德者离无而之有"的意义看，他关于所谓道与德的说法，显然是渊源于老子并受韩非《解老》篇思想的影响。《六术》篇强调"以六为度"，当是受了秦朝"以水德王，数用六"的影响。后来贾谊向汉文帝建议"改正朔，易服色"，主张"色尚黄，数用五"（《史记·贾生列传》）。《道德说》、《六术》等篇以六为基本数，显然是贾谊二十岁以前写的。《道德说》文字很晦涩，思想内容不明确，是贾谊早年不成熟的作品，他后来所写的《鹏鸟赋》中，就比较明确地表达了朴素唯物主义的思想。

秦吞并六国，统一海内，表现了强大的力量，但是仅仅十几年的时间，秦朝就被人民推翻了，这证明人民的力量比秦更强大。贾谊深刻考察了人民推翻秦朝统治的历史事实，在一定程度上认识到人民力量的巨大，得出了"与民为敌者，民必胜之"的结论。他指出，民是国家的根本："闻之于政也，民无不为本也。国以为本，君以为本，吏以为本。故国以民为安危，君以民为威侮，吏以民为贵贱。此之谓民无不为本也。"（《新书·大政上》）他以战争为例，战争的胜败是由民心决定的："故率民而守，而民不欲存，则莫能以存矣；故率民而攻，民不欲得，则莫能以得矣；故率民而战，民不欲胜，则莫能以胜矣。"（同上）民心起决定的作用，"故夫灾与福也，非降在天也，必在士民也。"（同上）民虽然是被统治者，而国家的兴衰，君主的安危，都是由人民决定的。"故自古至于今，与民为仇者，有迟有速，而民必胜之"。（同上）贾谊认为这是从古到今的一种必然性。

贾谊仍然认为民是没有知识的，他说："夫民之为言也，瞑也；萌之为言也，盲也。故惟上之所扶而以之，民无不化也。"（《大政下》）他把人民看成群氓。但他认为，这些群氓却是不可侮的。"故夫民者，至贱而不可简也，至愚而不可欺也"。（《大政上》）贾谊认识到人民的力量，这是贾谊的进步思想。

贾谊所谓民，不仅指劳动人民，也包括没有做官吏的地主阶级中下层，凡受

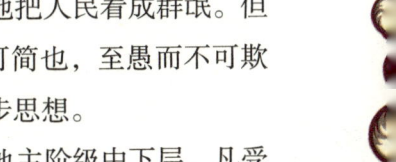

国君和官吏统治者都是民。

贾谊考察了秦代兴亡的过程，分析了秦亡的原因。他认为秦朝迅速灭亡的原因在于不行"仁义"。他说："然秦以区区之地致万乘之势，序八州而朝同列，百有余年矣。然后以六合为家，崤函为宫。一夫作难而七庙堕，身死人手，为天下笑者，何也？仁义不施，而攻守之势异也。"（《过秦论上》）又说，"秦王怀贪鄙之心，行自奋之智，……焚文书而酷刑法，先诈力而后仁义，以暴虐为天下始。夫并兼者高诈力，安危者贵顺权，推此言之，取与守不同术也。"（《过秦论中》）贾谊认为攻（取）与守需要不同的方法，攻是进行兼并战争，可以用"诈力"；守是巩固统一政权，必须用"仁义"。他所谓仁义主要是安定人民的生活，使人民能安居乐业。贾谊认为，统治者必须照顾人民的生活，"凡居上位者，简士苦民者是谓愚，敬士爱民者是谓智"。（《大政上》）"故有国畜民施政教者，臣窃以为厚之而可耳"。（《连语》）对待人民，要从宽从厚。他认为必须重视人民的衣食，"管子曰：'仓廪实，知礼节；衣食足，知荣辱。'民非足也，而可治之者，自古及今，未之尝闻"。（《无蓄》）足民然后才能治民。

贾谊着重论述了礼与法的区别和联系。他认为法固不可不用，而礼更为重要。他说："夫礼者禁于将然之前，而法者禁于已然之后，是故法之所用易见，而礼之所为生难知也。若夫庆赏以劝善，刑罚以惩恶，先王执此之政，坚如金石，行此之令，信如四时，据此之公，无私如天地耳，岂顾不用哉？然而曰礼云礼云者，贵绝恶于未萌，而起教于微眇，使民日迁善远罪而不自知也。"（《汉书·贾谊传》引《治安策》）所谓礼是道德教育，让人民从思想上服从统治。他认为礼有保民的作用。"礼者，所以固国家，定社稷，使君无失其民者也"。（《礼篇》）礼的内容就是人与人的关系的规范。"君仁臣忠，父慈子孝，兄爱弟敬，夫和妻柔，姑慈妇听，礼之至也"。（同上）能实行礼，封建的统治秩序就巩固了。

贾谊比较了礼与法的效果，他说："以礼义治之者积礼义，以刑罚治之者积刑罚。刑罚积而民怨背，礼义积而民和亲……道之以德教者，德教洽而民气乐；驱之以法令者，法令极而民风哀。哀乐之感，祸福之应也。"（《汉书·贾谊传》引《治安策》）以"礼义"治民，可以达到"民和亲"的效果；以"刑罚"治民，就会发生"民怨背"的危险。殷周的历史有许多复杂的情况，而周代比较重视德教，秦代比较重视刑罚，也还是明显的。贾谊就从这一方面来论证礼法的优劣。但贾谊也认为法制是必要的。他说："仁义恩厚，此人主之芒刃也；权势法制，

此人主之斤斧也……今诸侯王皆众髋髀也，释斤斧之制，而欲婴以芒刃，臣以为刃不折则缺耳。"(《新书·制不定》) 这是说，对于当时的诸侯王割据势力，只用仁义去牢笼他们是不行的，还是需要用权势法制加以处理。贾谊认识到，仁义和法制都是统治的工具。

荀况兼重礼法，认为礼比法更重要，但关于礼法的关系讲得不够清楚。贾谊提出了对于礼（道德教育）与法（法律制裁）的相互关系的比较明确的说明。这在中国伦理学史和政治思想史上是有重要意义的，是先秦以来"礼治"和"法治"的争论的一个总结。

《史记》说贾谊"颇通诸子百家书"，从贾谊的思想体系来看，可以说他的思想是以儒家为主而兼采了道家和法家的一些见解。他的哲学观点基本上是唯物主义的。

六、刘安与《淮南子》

刘安（公元前179年—公元前122年），生于汉文帝元年，卒于汉武帝元狩元年，西汉时期的思想家、文学家。汉高祖刘邦少子淮南厉王刘长之子。刘长谋反死后，文帝封他为淮南王。为人好读书鼓琴，言语辩博而善为文辞，先后受到文帝、武帝器重。28岁时，吴楚七国叛乱，据称未有参与而事有交葛。32岁时据说因谋反暴露而"自杀身死"。这两件事，至今人们看法不一。冯友兰认为刘安之主持编撰《淮南子》是反对统一，反对统一思想，认为各家都有所长，不可专要一家。张岱年认为《淮南子》成书比董仲舒贤良对策要早些。刘安后来反对武帝是想取而代之，并不赞成分裂的局面。其事迹主要见于《史记·淮南衡山列传》、《汉书·淮南衡山济北王传》和二史《武帝纪》。

班固注《汉志》经籍略《易》类著录《淮南道训》二篇云："淮南王（刘）安聘明《易》者九人，号九师说。"此书早已佚失。"诸子略"杂家著录《淮南内》21篇、《淮南外》33篇（师古曰：内篇论道，外篇杂说）。"数术略"著录《淮南杂星子》19卷（星占学著作）。"诗赋略"著录《淮南诗歌》4篇、《淮南王赋》82篇。新旧《唐志》著录《淮南王万毕术》，按其书名亦应属数术类，《汉志》无目，但《史记·龟策列传》提到此书。本传记载《内书》《外书》之外，"又有《中篇》八卷，言神仙、黄白之术，亦二十余万言"。《汉书·刘向传》记载：

淮南王刘安

"淮南有《枕中鸿宝苑秘书》，书言神仙使鬼物为金之术，及邹衍重道延命方，世人莫见。"此书可能就是《万毕术》，而《万毕术》很可能即是《中篇》，因言种种方术而名之《万毕术》，现只有辑本。

现存《淮南子》21篇，原只称《内篇》，高诱注叙曰："刘向校定撰具，名曰《淮南》。"《汉志》称《淮南内》，由刘向所定。《汉书·马融传》列举马融所注诸书中已有《淮南子》之名。《西京杂记》曰："淮南王著《鸿烈》二十一篇，……号为《淮南子》，一曰《刘安子》。"《隋志》开始正式著录为《淮南子》，仅指《内篇》，《外篇》和《中篇》俱亡。《淮南子》原称"鸿烈"，高诱注谓"鸿，大也；烈明也，以为大明道之言也。"许慎注谓"鸿，大也；烈，功也。凡二十篇，总谓之鸿烈"。《唐志》著录《淮南鸿烈音》二卷，《宋志》著录《淮南鸿烈解》21卷，由此"淮南鸿烈"合称。

目前一些著作多谓《淮南子》成书约在武帝建元二年。但细读有关材料，究竟著于武帝时还是文帝时、景帝时，实难确断。本传云："时武帝方好艺文，以安属为诸父，……初，安入朝，献所作'内篇'新出，上爱秘之。使为《离骚传》，旦受诏，日食时上。"刘安初入朝应在文帝时，"上爱秘之"亦应指文帝。高诱注叙曰："孝文皇帝甚重之，诏使为《离骚赋》，自旦受诏，日早食已。上爱而秘之。天下方术之士多往焉。"献《内篇》和赋《离骚》都是对文帝而言。但汉书本传记载同一事件，只提武帝而未及文帝。《淮南子·览冥训》有一段话："逮至当今之时，天子在上位，持以道德，辅以仁义，近者献其智，远者怀其德，拱揖指麾而四海宾服，春夏秋冬皆献其贡职，天下混而为一，子孙相代。"高诱注：天子，汉孝武皇帝。这一条材料看起来，好像是《淮南子》著书于武帝时的一条内证。其实，高诱注误，不足为据。此处"天子"泛指汉天子，而非专指武帝。"持以道德"乃道家的道德，所以"仁义"处于辅助的地位。"拱揖指麾"正是道家无为而治的形象化的描述。因此，与其说指武帝，不如说指文帝或

历史 文脉系列——简明中华哲学史

景帝。这段话的确可以看作"文景之治"的盛况。许多学者认为,刘安编著《淮南子》,是针对汉武帝,阴谋搞分裂、反对大一统。事实并非如此。即使刘安最后是将此书献给汉武帝的,此书也是在武帝即位之前撰写和完成的,即在文帝或景帝之世撰写和完成的。刘安后来是否有取代武帝的企图,当时就有不同的看法。《汉书·张汤传》记载,博士狄山指斥张汤"治淮南、江都,以深文痛诋诸侯",是为"诈忠"。即使淮南真有反叛之心,《淮南子》同样主张天下统一、反对诸侯割据,只是统一的方式有所不同。

《淮南子》是刘安"招致宾客方术之士"集体编撰,刘安当属主编。高诱列举这些编撰者有"苏飞、李尚、左吴、田由、雷被、毛被、伍被、晋昌八人,及诸儒大山、小山之徒"。但其书的整体框架、指导思想及最后之定稿,非刘安莫属,因而《淮南子》完全可以看作刘安的思想史料。

刘向、班固将《淮南子》归入杂家,是因为其思想特征是"兼儒墨,合名法"。但从其整体的主导倾向而言,应属道家。高诱曰:"其旨近老子,淡泊无为。蹈虚守静,出入经道。"不过,其书既不同于先秦的老庄道家,亦与汉初的黄老之学有异。黄老道家以道论法,对儒多有贬抑。《淮南子》虽然以道为本,但"讲论道德,总统仁义",企图把道家的形而上学与儒家的外王之道结合起来。

清代庄逵吉校刊《淮南子》

《要略》篇屡言"仁义之间"、"礼义之宜"、"伦理之序"、"纲纪王事"、"帝王之道",正说明儒家思想成分的增大或其地位的上升。

天道观的史料主要见于《原道训》、《俶真训》、《天文训》、《精神训》、《泰族训》等,以"道"为最高范畴,阐明自然无为之义,具体提出宇宙混沌生成论,对后世哲学有深远的影响。值得注意的是,道家的"无为"在被用于人事时给予了新的诠释,认为"无为"并非"寂然无声,漠然不动",而是不以"私志"、"嗜欲"轻举妄为。"无为"的真正意义应该是"循理而举事,因资而立功,权自然之势"。

历史观的史料主要见于《氾论训》、《齐俗训》、《览道训》等,吸收法家"不必法古""因时制宜"的思想,又吸收了儒家的礼乐制度和民本思想,但把道家的"至德之世"作为理想目标。

形神论和认识论的史料主要见于《精神训》、《原道训》、《诠言训》、《览冥训》等,继承了荀子"形具而神生"的观点,具体用"精气"、"血气"说明人的精神,在形神关系上最先提出烛火之喻和"精神有既(尽)"的观点。以镜水之喻说明"知与物接",提倡尊师好学,亦受荀子影响。

政治哲学史料主要见于《泰族训》、《主术训》、《缪称训》等。以"经纬治道,纪纲王事"为中心。"仁义为本,法度为末",属于儒家;君主督责群臣之术,"君道无为,臣道有为",属于法家。但基本倾向还是道家的无为而治。

另外,《氾论训》说明鬼神、祭祀的根源,有无神论的倾向。《人间训》讨论祸福、利害、得失、终始的关系,有辩证法思想。《地形训》、《时则训》有阴阳家史料,《主术训》、《缪称训》有名家史料。《兵略训》有兵家史料。

《淮南子·要略》一篇应该予以特别注意,它不但是全书的纲要,而且和后来的太史公《论六家要旨》、《汉书艺文志·诸子略》一样,都是对先秦以来中国学术思想史的一种总结,当然都是站在各自的立场上所做的总结。《要略》曰:"文王欲以卑弱制强暴","故太公之谋生焉";"孔子修成康之道,述周公之训,以教七十子,使复其衣冠,修其篇籍,故儒者之学生焉";"墨子学儒者之业,受孔子之术",但后来又批评儒家礼繁、厚葬、伤生,"背周道而用夏政","故节财、薄葬、闲(简)服生焉";齐桓公尊王攘夷,"故管子之书生焉";齐景公好声色犬马,左右皆有佞臣,"故晏子之谏生焉";六国诸侯割据,"故纵横修短生焉";申子(申不害)佐韩侯,法令新故相反、前后相缪,"故刑名之书生焉";

"（秦）孝公欲以虎狼之势，而吞诸侯，故商鞅之法生焉"。而刘安之《淮南子》"观天地之象，通古今之事"，"非循一迹之路，守一隅之指"，说明他要融合诸子百家。

《淮南子》认为，其他各家只是抓住大道的一个方面。《俶真训》曰："百家异说，各有所出，若夫墨、杨、申、商之于治道，犹盖之一橑，而轮之一辐，有之可以备数，无之未有害于用也。"《氾论训》曰："夫弦歌鼓舞以为乐，盘旋揖让以修礼，厚葬久丧以送死，孔子之所立也，而墨子非之。兼爱尚贤，右鬼非命，墨子之所立也，而杨子非之。全性保真，不以物累形，杨子之所立也，而孟子非之。趋舍人异，各有晓心。故是非有处，得其处则无非，失其处则无是。"唯有它所推崇的大道最为全面，时时处处都是适用的。

七、"罢黜百家，独尊儒术"的哲学思想

"罢黜百家，独尊儒术"是董仲舒于元光元年（公元前134年）提出的。汉武帝（公元前156年—公元前87年）统治时期，西汉王朝非常强大，为了巩固统治，汉武帝在政治、经济方面加强中央集权的同时，在思想上实行了尊崇儒术的文化政策。在当时，"罢黜百家，独尊儒术"思想已非春秋战国时期儒家思想的原貌，而是掺杂道家、法家、阴阳五行家的一些思想，是一种与时俱进的新思想。它维护了封建统治秩序，神化了专制王权，因而受到中国古代封建统治者推崇，成为两千多年来中国传统文化的正统和主流思想。

汉初在政治思想上以黄老的无为而治为指导思想，经过几十年的休养生息，社会生产逐渐恢复，统治秩序渐趋巩固。文景之时，"流民既归，户口亦息，列侯大者至三四万户"，在政治思想上也出现了由无为到有为，由道家到儒家的嬗变趋势。文帝时，政论家贾谊根据当时诸侯王势力凌驾朝廷，封地超过古制等问题，上疏陈政事，提出变无为为有为的主张。景帝即位，擢晁错为御史大夫，推行重农抑商政策，法令多所更定，主张募兵充实塞下，积极防御匈奴攻掠；又上削藩策，建议逐步削夺诸侯王国封地，以巩固中央政权。在文化典籍上，其时，"天下众书往往颇出，皆诸子传说，犹广立于学官，为置博士"。而儒家学说更是卓然复兴，出现各种不同学派。《汉书·儒林传序》云："汉兴，言《易》自淄川田生；言《书》自济南伏生；言《诗》，于鲁则申培公，于齐则辕固生，燕则

韩太傅；言《礼》则鲁高堂生；言《春秋》，于齐则胡毋生，于赵则董仲舒。"此种形势，为汉武帝实行尊崇儒术提供了有利条件，而首先提出这一主张的则是董仲舒。

董仲舒（公元前179年—公元前104年），广川（今河北枣强）人，西汉著名的哲学家、思想家、今文经学大师。董仲舒的哲学著作主要是《春秋繁露》和《汉书》本传收录的"天人三策"。

《西京杂记》卷二说："董仲舒梦蛟龙入怀，乃作《春秋繁露》词。"《春秋繁露》之名始见于此，而后才有《隋志》的著录。从《本传》的记载来看，"繁露"即"蕃露"，原是一篇之名，整理者以此作为全书之名。今书首篇《楚庄王》取本篇开头的前三字为题，不同于其他篇目以其文义为题，可能就是原来的《蕃露》篇。本书82篇，现缺3篇。内容主要是以公羊学阐明《春秋》经中的"微言大义"，全面反映了董仲舒公羊哲学的思想体系。公羊哲学以儒家的政治伦理学说为基础，以阴阳家的阴阳五行理论为框架，其中心是讨论"天人相与之际"，认为天人相互感应。"天人感应"

汉武帝

主张"罢黜百家，独尊儒术"的董仲舒

论过去被完全视为宗教神学，我认为有宗教神学的层面，也有自然经验的层面，与当时的天文学和医学有密切的关系。这方面的史料主要见于《王道通三》、《天地之行》、《循天之道》、《阴阳义》、《五行之义》、《人副天数》等篇。人性论史料主要见于《深察名号》、《实性》、《玉英》、《玉杯》等篇。认识论史料主要见于《深察名号》、《二端》、《为人者天》、《精华》等篇。"三统""三正"等历史观的史料主要见于《楚庄王》、《义基》、《阳尊阴卑》等篇。董仲舒的历史观有形而上学，同时也有辩证法的成分，《竹林》、《玉英》之讨论常与变、经与权，《循天之道》主张中和养身与中和治天下，都应给予足够的重视。

"天人三策"即《举贤良对策》，为汉武帝举贤良文学三次策问的对答，是董仲舒政治哲学的纲领。强调"天人相与之际，其可畏"，既以神权论证君权，又以神权限制君权；认为"道"是治天下的至上原则，"天不变，道亦不变"，建议"罢黜百家，独尊儒术"，以儒术"正法度""教化民"，通过统一思想而实现"《春秋》大一统"。

汉武帝建元元年（公元前140年），董仲舒在举贤良对策中说："《春秋》大一统者，天地之常经，古今之通谊也。"他所说的"大一统"，即诸侯皆系统于天子，不得自专。为了维护统治，在哲学理论上，董仲舒提出了"天人合一"说和"天人感应"说。他认为人们所具有的一切，都是从天而来，此之谓"人副天数"，即"天人合一"。他还认为，天是有意志的，自然界和社会的一切变化，国家的兴亡，都是天意的表现。"唯天子受命于天，天下受命于天子"。"受命之君，天意之所予也"。人民服从皇帝，即是服从天道，以此来论证皇权的神圣性。在宣扬"君权神授"的同时，他也企图对皇权略加限制。他说："国家将有失道之败，而天乃先出灾害以谴告之；不知自省，又出怪异以警惧之；尚不知变，而伤败乃至。"（《汉书·董仲舒传》）因此人君必须"强勉行道"，此即董仲舒的"天人感应"学说。

董仲舒认为，"天人之征，古今之道也"。"道之大原出于天，天不变，道亦不变"。从此观点出发，他反对重大变革，主张一切要"法古"，要"以古准今"。但是他认为，朝代更换也有举偏补弊的问题。他说："继治世者其道同，继乱世者其道变。"秦朝是乱世，是"朽木粪墙"，无可修治，汉继大乱之后，必须改弦更张，效法天道，才能"善治"，此之谓"更化"。因此他反对"汉承秦制"而专靠法治的做法。他说："天道之大者在阴阳，阳为德，阴为刑，刑主杀而德主生。"人君的统治必须阴阳相兼，德刑并用，以德为主，以刑辅德。由此他提出"明教化"、"正法度"，限民名田，禁止专杀奴婢等措施。在他看来，"王者有改制之名，无易道之实"，所以改制并不影响"天不变道亦不变"的理论，不影响皇权的巩固。

董仲舒还吸收先秦法家韩非的思想，提出了"三纲"理论，即"君为臣纲，父为子纲,夫为妻纲",并附会于天意,说:"王道之三纲,可求于天。"(《基义》)这一思想,后来成为封建社会"纲常名教"的准则,束缚人民的精神枷锁,曾经长期为统治者所拥护。他的学说,实际上是以儒家学说为主体,融合道家、法家和阴阳家中的专制理论,重新解释儒家经典,从而为统治者加强集权,提供了理论根据。

政治上加强集权,反映到学术思想上则要求"罢黜百家,独尊儒术"。董仲舒有鉴于此,在建元元年(前140)举贤良对策的第三策中,正式向汉武帝提出"今师异道,人异论,百家殊方,指意不同,是以上无以持一统,法制数变,下不知所守。臣愚以为诸不在六艺之科、孔子之术者,皆绝其道,勿使并进。邪辟之说灭息,然后统纪可一而法度可明,民知所从矣"。武帝嘉纳其言,于同年采纳丞相卫绾之奏,皆罢"治申(不害)、商(商鞅)、韩非、苏秦、张仪之言"的贤良。二年(前139)冬,卫绾病免,武帝以窦婴为丞相,田蚡为太尉。窦婴、田蚡皆好儒术,推荐赵绾为御史大夫、王臧为郎中令。太皇窦太后(武帝祖母)素好黄老之术,非薄《五经》。御史大夫赵绾奏请武帝毋向窦太后奏事,郎中令王臧建言立明堂辟雍。太后大怒,借故下狱,二人皆自杀,罢去丞相窦婴、太尉田蚡职务。儒家势力暂时受到打击。五年(前136)春,武帝设置五经博士,儒家经学被立于学官。六年(前135),窦太后死,武帝起用"隆推儒术"的田蚡为丞相。田蚡"黜黄老、刑名百家之言,延文学儒者以百数"。董仲舒提出的"罢黜百家,独尊儒术",至此得以真正实现。从此以后,官吏来源主要出自儒生,如"公孙弘以治《春秋》为丞相封侯",天下学士靡然向风,而"公卿大夫士吏彬彬多文学之士矣"。儒家学说得到蓬勃发展,取得支配地位,成为此后两千年间统治人民的封建正统思想。

八、扬雄的哲学思想

扬雄(前53—18),生于汉宣帝甘露元年,卒于王莽天凤五年,西汉末年著名的思想家、文学家、语言学家。

扬雄的著作很多,哲学著作主要是《太玄》和《法言》,其他文赋(如《太玄赋》、《橄灵赋》、《解嘲》)中亦间有哲学史料。

《汉志》著录《太玄》19篇,后亦称《太玄经》,共10卷。其体例模仿《周易》。《周易》卦象有阴阳二爻,《太玄》玄象有一、二、三画;《周易》有六个爻位,《太玄》有方、州、部、家四位玄位;《周易》有64卦,《太玄》有81首;《周易》有384爻,《太玄》729赞。同时对玄象、玄位、玄序、玄图等都有专篇进行解说。其核心概念为"玄":"夫玄也者,天道也,地道也,人道也。兼三道而天名之。"(《太玄图》)集中反映了扬雄的天道观或宇宙观。其实质是建构一个新的象数体系,实现儒、道思想的融合。"太玄"体系与扬雄的天文学有密切关系,包含着丰富的辩证法,但被僵硬的、绝对化了的形式所束缚。

扬雄

《汉志》著录《法言》13篇,其体例模仿《论语》。以尊孔崇儒为特征,亦兼容道家思想。以孔子为衡量百家的标准,提出"书非经,非书也;言非经,非言也"。但否定"天命"和神化的"先知",主张人性善恶混,认为天道无为。有关天道自然的史料主要见于《修身》、《问道》、《君子》等。否定神仙方术的思想见于《重黎》、《君子》、《五百》等。伦理道德和治国之道主要见于《问道》、《修身》、《先知》等。

扬雄是西汉著名的辞赋大家,而其创作又以模拟著称。前代辞赋家,尤其是屈原、司马相如对其创作产生了深远的影响。扬雄作赋的时候,经常模仿他们的赋作。扬雄一方面对于屈原刚正执着而不为世俗所容,最终投江而死的悲剧命运感到深切的同情,反映屈原精神历程的楚辞作品《离骚》也深深地感动着扬雄,每次阅读都使得他落泪,所谓"读之未尝不流涕也"。但另一方面他却不赞赏屈原选择的人生方式。扬雄认为当个人理想与现实环境出现无法调和的冲突时,执着对抗是没有必要的,而应该顺世从俗,与世沉浮。扬雄以为君子如果生逢其时则安步徐行,如果不得其时则可以像龙蛇一样潜伏,学会保全自我。扬雄还说,"遇"与"不遇"都是命中注定的,没有必要以身沉江。

于是,扬雄也着手模仿屈原创作的楚辞作品,虽然在形式上往往是以《离骚》为模范,而在表现意旨上则是反其道而行之。他仿效屈原楚辞,写有《反离骚》、《广骚》和《畔牢愁》等作品。《反离骚》为凭吊屈原而作,对诗人遭遇充满同情,但又用老庄思想指责屈原抛弃许由、老聃所珍爱的人生方式,而继承了彭咸的人生之路,反映了他明哲保身的思想。《广骚》、《畔牢愁》今仅存篇目。

扬雄后来将辞赋视为"雕虫小技",不再作政治讽喻赋,又不愿卷入外戚专权的斗争中去,于是他转向天文历法,研磨"浑天之术",为将来撰写《太玄》做准备。本传说:扬雄意识到"赋劝而不止","辍不复为"后,于是"大潭思浑天"。四川自来有重视天文历法的传统,据蒙文通先生考证,大概周灵王时,明于历数的苌弘贬死于蜀,天文历数之学遂传于巴蜀。至西汉落下闳而大放光华。落下闳,字长公,阆中人,汉武帝时征诣待诏太史,与太史公司马迁等同造《太初历》,他的成绩是阐明"浑天说",将"四分法"的颛顼历改造为《太初历》的"八十一分法"。又制造浑天仪(又称浑仪)来模拟天体运行,计算时节,比较合乎天体运行规律。因此自《太初历》制定之后,历代历法都只在此基础上做某些校正,无根本改变。扬雄的前辈学人司马相如擅文赋,落下闳长于天数,严君平兼黄老、卜筮,扬雄既从严君子肆业,传习黄老、易卜之术,是一位思想家,又依仿相如为辞赋,是西汉末杰出的文学家。今又传落下闳之业,研算天文历法。于是,古代巴蜀传统四学,兼而有之,最为全面,最为博洽。

尤其可贵的是,扬雄运用浑天说原理入《太玄》,创造了一种新的模拟天道人事运动变化规律的哲学著作。自序说:"而大潭思浑天,参摹而四分之,极于八十一。旁则三摹九据,极之七百二十九赞,亦自然之道也。"正是讨论用浑天入《太玄》的原理。

扬雄作《太玄》,具体在哀帝朝。当时,外戚丁氏、傅氏及佞幸董贤先后当权用事,一些趋炎附势之徒依附他们,多平步青云,起家为二千石大官。扬雄不屑同流合污,无所依傍,淡泊自守,草拟《太玄》以寄托天人之思。当时有些人嘲笑他"不能画一奇,出一策,上说人主,下谈公卿",以便"历金门,上玉堂",谋取荣华富贵,却来作《太玄》,为经五千,为说十万,虽然"深者入黄泉,高者出苍天,大者含元气,纤者入无伦",巧思极虑,可以说是无所不用其极了,可还是"位不过侍郎,擢才给事黄门",官卑职微。岂非为玄不玄,功夫未到,"其玄尚白"乎?面对世俗的嘲讽,扬雄作《解嘲》为自己寻找自我安慰、自我解脱。

扬雄著作的价值究竟如何,在当时就有截然不同的两种意见。扬雄创作

《太玄》、《法言》之后，很多人认为没有什么价值，不可能流传久远。《易经》是儒家六经之一，汉代推为六经之首。扬雄拟《易》作《太玄》，敢做圣人才能做的事，在当时是需要勇气的。当时儒者之中就有人认为扬雄并非圣人而作经书，犹如春秋时的吴、楚之君违背礼仪，僭号称王，犯的是该死的大罪。当时的大学问家刘歆也曾经读过扬雄的一些著作，可是读了以后却不以为然，讥笑《太玄》一钱不值，并挖苦说"将来恐怕只能给后人用来盖酱坛"。扬雄听了之后，笑而不答。

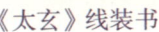
《太玄》线装书

在众多人对扬雄著作进行非议的时候，也有一些有识之士却称赞他与圣人同功，桓谭就是典型代表，他高度评价了扬雄的《太玄》等著作，认为超世绝伦，足以流传千古。桓谭《新论》说："扬雄作《太玄》书，以为玄者天也道也，言圣贤制诰作事，皆引天道以为本统，而因附属万类、王政、人事、法度，故伏羲氏谓之易，老子谓之道，孔子谓之元，而扬雄谓之玄。"又说，"扬子云何如人邪？答曰：扬子云才智开通，能入圣道，卓绝于众，汉兴以来，未有此人也。"又说，"子云所造《法言》、《太玄》经也，玄经，数百年，其书必传。"在人们对扬雄作《太玄》普遍不理解的时候，桓谭竟将扬雄其人其书视为汉朝建立以来未曾有过的奇才奇书，并进而将他与伏羲、老子、孔子相提并论，推许他"能入圣道"，可与圣人并驾齐驱。

当时大司空王邑、纳言严尤听到扬雄去世的消息以后，就问桓谭说："您曾经称赞过扬雄的书，难道它真的能够传于后世吗？"桓谭肯定地说："一定会流传，只不过你们和我是等不到那个时候的。凡人贱近而贵远，亲眼看见扬雄的禄位和容貌非常平常，所以就轻视其书。从前老子著作虚无之言《道德经》，鄙薄仁义，否定礼学，然而，后世喜欢它的人还以为超出了《五经》，从汉文景帝到司马迁都有这样的言论。现在扬雄的书文义至深，而且论点也不违背圣人，如果遇到欣赏它的君王，为之赞赏，那就必然超越诸子了。"

　　班固创作《扬雄传》的时候，离扬雄去世已经有四十余年，据本传说，那时候扬雄的《法言》已经大行天下，而《太玄》还没有显著。时至今日，扬雄的《太玄》在中国哲学史和天文学史等方面的价值已经逐渐受到了应有的重视，对于它的研究也在日趋深入，这在一定程度上证明了桓谭当年的睿智和远见。

九、谶纬和象数之学

　　西汉末年，由于社会危机的加重，谶纬迷信宗教思想开始盛行。到东汉初年，统治集团发现谶纬对加强封建专制统治极为有利，大力提倡，因而其一度成为占有统治地位的官方宗教神学。

　　谶是一种"诡为隐语，预决吉凶"（《四库全书总目提要·易类》）的粗俗迷信，用模棱两可的文字假托神的预言，为现实政治斗争服务。早在春秋时期就曾出现过赵谶、秦谶，秦始皇时期更在燕齐一带的方士中流行。例如，秦始皇三十二年（前215）派方士燕人卢生入海求神仙，卢生回来时据说带来一本图书，上面写着"亡秦者胡也"。秦始皇断定这个"胡"就是北方的匈奴，因此派了30万人北征，夺取了河套地区。但是后来秦朝却亡在秦二世胡亥手里，所谓"亡秦者胡也"的"胡"原来是指胡亥，从而证实了这个谶语的预言很准确。又如秦始皇三十六年（前211），有一个使者从关东来，路过华阴时有人送了一块璧给他，还告诉他"今年祖龙死"。不久，秦始皇南游时就死在路上，据说这句话也是一个应验的谶语。从这些谶语流行的过程看来，反映了秦始皇统治末期老百姓中普遍流行的不满情绪。

　　西汉初期，社会比较安定，这类谶语也少。到了西汉末年，各种谶语又与纬书结合在一起，逐渐流行。据说光武帝早年就听到过"刘秀当为天子"的谶语。王莽统治的末期，他割据一方，在带兵镇压铜马农民起义军后，势力大振。他的僚属劝他做皇帝，而这时恰好他有个老同学送来所谓《河图》、《赤伏符》，上面说道"刘秀发兵捕不道，卯金修德为天子"（《后汉书·光武帝纪》），于是他就以此为受天命应做皇帝的启示，宣布即皇帝位。此后，他在军事统一的过程中，又用《西狩获麟谶》来做征服四川公孙述的宣传武器。统一全国后，他还利用谶纬作为施政用人的根据。其实，刘秀自己也知道这类谶语并不足信，而且有些谶语本来就是在他的示意之下制造出来的。他大力提倡这种迷信，将这些极端荒谬的东西赋予绝对的权威，无非是为了树立他本人的绝对权威而已。东汉后来的皇帝都继承他宣扬谶语的传统，从而间接造成了东汉时期政治上日益黑暗的发展趋势。从这个历史现象看，即使完全没有事实根据和违背思想发展趋势的荒谬东西，只要统治者有意大力提倡，它就可以得到一定的支持，甚至在一定时期内可能在该社会中占据统治地位。马克思在《德意志意识形态》中说"统治阶级的思想在每一时代都是占统治地位的思想"，这一论断在这个特殊的历史现象中可以找到特别显著的例证。

纬是"经之支流，衍及旁义"（《四库全书总目题要·易类》），即对经而言，是由儒生用阴阳灾异之说来解释、演绎和附会儒家经典的著作，例如有七经就有七纬，易有易纬，书有书纬等。这些纬书的名字都很怪诞，如易纬有《乾凿度》、《稽览图》等，书纬有《考灵曜》、《刑德放》等。此外还有大量有关河图、洛书一类的纬书则是附会易经河出图、洛出书的说法而来，如《稽曜钩》、《灵准听》之类。据说这些纬书显示经书中隐藏的思想秘密，因此，一时纬书的地位反在经书之上，一些士大夫以"博通五经，尤善图纬"（《后汉书·方术传》），受到赏识，而那些"士之赴趣时宜者，皆驰骋穿凿争谈之也"（同上）。当时称图谶和纬书为内学，原有的经书为外学。纬书中除了受到朝廷特别重视和利用的一些与谶语类似的神灵故事外，也包括一些典章制度、历史地理、天文历数等，还夹杂一些具有哲学意义的理论。实质上，这是比董仲舒天人感应说更为怪诞的，将儒家经典加以神秘

清末宁乡保留的《易纬·乾凿度》藏书（局部）

化和宗教化的极为粗俗的宗教神学。

纬书中所包含的一些具有哲学意义的理论主要是易纬中的象数之学。《易传》中本来包含有象和数，其中最基本的象是阳爻（——）和阴爻（— —），及由其组成的卦象。最基本的数是所说的奇偶，天一地二、天三地四、大衍之数五十等。数中的奇偶与象中的阳、阴相应。易纬及当时与易纬相呼应的周易注，专门发展《易传》中这方面的思想，构成一个世界图式，成为所谓象数之学。这些书大部分都没有完整地流传下来，但从保存得比较完整的易纬《乾凿度》中，还可以看出这种象数之学的主要观点。

《易纬·乾凿度》说："昔者圣人因阴阳定消息，立乾坤以统天地也。夫有形生于无形，乾坤安从生？故曰：有太易，有太初，有太始，有太素也。太易者，未见气也。太初者，气之始也。太始者，形之始也。太素者，质之始也。气形质具而未离，故曰浑沦。浑沦者，言万物相混成，而未相离。"这里所谓太易，是"未见气"即没有开始有气的阶段，因而也就是什么也不存在的"无"的阶段。《乾凿度》更说："易起无，从无入有，有理若形，形及于变而象，象而后数。"这里提出"易"是由无开始，从无生有，然后产生形、象和数。这段话可做前面《乾凿度》所说的"太易"的更为明确的解释。然后，到了"太初"的阶段，才开始有气；到了"太始"的阶段，气凝集成形；再发展到太素的阶段，才由形具体化而成为各种事物的质。在这个阶段，虽然有气、有形、有质，因三者尚未分离，所以叫作"浑沦"："气、形、质具而未离，故曰浑沦。"

《乾凿度》又说："视之不见，听之不闻，循之不得，故曰易也，易无形畔。易变而为一，一变而为七，七变而为九。九者，气变之究也，乃复变而为一。一者形变之始，清轻者上为天，浊重者下为地。物有始、有壮、有究，故三画而成乾。乾坤相并俱生，物有阴阳，因而重之，故六画而成卦。三画以下为地，四画以上为天，物感以动类相应也。"这是由气的变化来说明周易卦象的形成和作用，由卦象的作用说明宇宙间事物相感相应的变化发展。易是不能感知的，没有形状的。由无变有，就是由易变而为一，这个一是太初的气。再变而为七、为九，这是表明阳的发展共有一、七、九三个阶段。此外，阴的发展是二、六、八三个阶段。与数的这个发展相应，万物都有发生（始）、发展（壮）、结束（终）三个阶段。每一卦有六画即六爻，这些爻就组成卦象。这些数与象具有神秘的作用，是宇宙一切事物的产生和变化的根源和力量。

对于易系辞中所讲的"大衍之数五十",《乾凿度》发挥说:"五音、六律、七变,由此作焉。故大衍之数五十,所以成变化而行鬼神也。日十干者,五音也。辰十二者,六律也。星二十八者,七宿也。凡五十,所以大阂物而出之者也。"这是进一步具体说明五音配甲乙等十干,六律、六吕配子丑等十二辰,四方中每一方有星宿七,共二十八宿。三者相加构成大衍之数五十。这个大衍之数的五十,具有"成变化而行鬼神"的力量,音律和星宿就是这个数生出来的。

《乾凿度》又说:"阳动而进,变七之九,象其气之息也;阴动而退,变八之六,象其气之消也,故太一取其数以行九宫,四正四维,皆合于十五。"这是说,东、南、西、北是四方,东南、西南、东北、西北是四维。一年之中,阴阳之气在四正四维及中央共九宫中运行,有消(衰微)和息(盛长)的过程。这九宫由九个数目字代表,即二九四,七五三,六一八。在这个数目字的组合中,横、竖、斜相加,都是十五。这样的数字组合图形很奇巧,具有特殊的意义,显示了宇宙的秘密。后来宋朝人认为这就是易传中所说河出图、洛出书的河图或洛书。

《乾凿度》关于世界观的理论体系并不是前后完全统一的,例如在另一处又说:"易始于太极,太极分而为二,故生天地,天地有春、秋、冬、夏之节,故生四时。四时各有阴阳刚柔之分,故生八卦。八卦成列,天地之道立,雷风水火山泽之象定矣。"这里完全继承《易传》"太极生两仪,两仪生四象"的说法,但以四象为四时,同时却以八卦配入四方和四时,成为一个时空与八卦相配合的世界图式。震、离、兑、坎在东、南、西、北四方,巽、坤、乾、艮在东南、西南、东北、西北四维。《乾凿度》接着又说:"八卦之气终,则四正四维之分明,生长收藏之道备;阴阳之体定,神明之德通,而万物各以其类成矣,皆易之所包也。至矣哉,易之德也。孔子曰,岁三百六十日而天气周,八卦用事,各四十五日,方备岁矣。"这又是以八卦所表示的阴阳消长说明四时寒暑的变化。阴气和阳气在这个宇宙间架中运行正常,则每一卦用事四十五天,每年的寒暑变化就很规律,万物的生长变化也就很顺利了。

《乾凿度》还认为人的仁、义、礼、智、信五种道德品质也是与八卦相应的。它说:"人生而应八卦,体得五气以为五常,仁义礼智信也。"因此以八卦配五常,例如以东方的震卦配仁:"夫万物始出于震,震、东方之卦也。阳气始生,受形之道也,故东方为仁。"用类似的理由,以南方的离卦配礼,西方的兑卦配义,北方的坎卦配信,以统摄四方的中央配智,等等。总之认为:"故道兴于仁,

《钦定四库全书荟要》曾辑录《易纬·乾凿度》

立于礼，理于义，定于信，成于智。五者，道德之分，天人之际也，圣人所以通天意，理人伦，而明至道也。"这是认为在这个宇宙的间架中，阴阳之气具有道德的属性，八卦的方位具有道德的目的，天与人相感应，圣人应掌握这个规律，认识天人之际的至道，通过天意以端正人伦。《乾凿度》的神秘主义在这里表现得更明显了。

上面说明《乾凿度》将八卦配入四方四时，易纬《是类谋》、《稽览图》和京房则将六十四卦皆配入四时，并将四时细分为二十四节气和七十二候。例如易纬《是类谋》说："冬至日在坎，春分日在震，夏至日在离，秋分日在兑。四正之卦，卦有六爻，爻主一气。余六十卦，卦主六日七分，八十分日之七。岁十二月，计三百六十五日四分日之一。六十而一周。"这是将历法中具有科学根据的冬至、夏至及春分、秋分等二十四节气及物候学中的七十二候，纳入六十四卦的图式中。这些是当时易学中具有科学意义的合理因素，但是，从整个思想体系来说，卦气说仍是以唯心主义的阴阳灾变说为主导思想的。

易纬以外其他纬书，大都是将儒家经典宗教化、神秘化，将儒家推崇的帝王、圣人神灵化。例如尚书纬《璇玑铃》说："尚书篇题号，尚者上也，书者如也。上天垂文象，布节度，书也如天行也。"这是说尚书具有代天立言的神秘意义，是永恒不变的真理。又如春秋纬《演孔图》说，孔子首类尼丘山，长十尺，大九围，在端门受命，上天派他为汉代刘家立法等，将孔子描绘成神，将儒家思想变成一种极端粗俗的宗教神学。

易纬中的象数之学，以象和数作为宇宙的形成和发展的根源。这种神秘主义的思想体系与西方希腊毕达哥拉斯学派有相似的地方。毕达哥拉斯学派认为从一产生二，再产生各种数，由数产生形，由形产生质，再产生万物："万物的始基是一元（一），从一元产生出二元（二），二元是从属于一元的、不定的质料，一元则是原因。从完满的一元与不定的二元中产生出各种数目，从数目产生出点，从点产生出线，从线产生出平面，从平面产生出立体，从立体产生出感觉所及的一切物体，产生出四种原素：水、火、土、空气。"（《古希腊罗马哲学》）这与象数之学所谓"形由象生，象由数设"的观点相似。毕达哥拉斯学派的神秘主义体系中，包含有天文、数学、音乐等科学知识，其中有些人是古代希腊的科学家。中国的象数之学也包含中国古代一些天文、历法及物候学的科学知识，这种情况也与希腊有类似之处。但从主要思想来说，二者都是一种神秘主义和唯心主义的体系。这种唯心主义的哲学与科学相结合的情况，不但古代存在，在现代也仍然存在。即使对这种神秘主义思想，我们也不能采取形而上学的办法，一律加以肯定或一律加以否定，而应该根据具体情况和历史条件，给予适当的分析和估计。

十、《白虎通义》的宗教神学思想

东汉建初四年（79），为了进一步加强思想统治，减省当时经学中的"章句烦多"，汉章帝在白虎观亲自主持召集了一个会议以"正经义"，这就是所谓"讲论五经同异"的白虎观会议。参加会议的有许多官僚、诸儒和诸生，规模庞大，历时甚久，讨论发言的情况，模仿西汉宣帝的石渠阁会议，编成《白虎议奏》。汉章帝还命班固编辑整理他对《白虎议奏》所作裁决的定论成为《白虎通义》，或简称为《白虎通》。《白虎通》继承和发展了董仲舒的天人感应的世界观，直接引用谶纬的文字作为立论的根据，使谶纬具有了国家法典的地位。这样，《白虎通》就进一步使经学神学化，并成为总结当时今文经学的一部简明扼要的百科全书。

在世界观上，《白虎通》继承了纬书从无生有的唯心主义思想。它说："万物怀任交易，变化始起。先有太初，然后有太始，形兆既成，名曰太素，混沌相连，视之不见，听之不闻。"（《天地》）《白虎通》还引用《易纬·乾凿度》"太初者，气之始也"解释这个观点，可见，这同样以气的开始叫作太初。太初以前，气不存在，实质上也就是认为由无生出太始。发展到太素阶段，仍旧是不能闻见的混沌状态。关于混沌以后的状况，《白虎通》叙述说："然后剖判，清浊既分，

汉章帝

班固

精曜出布,庶物施生,精者为三光,为五行。"(同上)这是说,太素混沌状态分裂以后,就生成日、月、星三光和金、木、水、火、土五行。在这个宇宙发生论的具体过程上,《白虎通》不同于易纬。易纬以八卦为主,而《白虎通》却直接继承了董仲舒的理论,以五行为主。

《白虎通》还认为五行就是在天的支配下,金木水火土五气的运行。对天而言,土是服从于天的,正如臣僚服从君主一样,所以说:"五行者,何谓也?谓金木水火土也。言行者,欲言为天行气之义也。地之承天,犹妻之事夫,臣之事君也,其位卑。卑者亲视事,故自同于一行,尊于天也。"(《五行》)但土对其他四行而言,又是最尊贵的,居于中央,不居于四方中任何一方,不属于四季中任何一季。所以又说:"土在中央,中央者土。土主吐含万物,土之为言吐也。何知东方生?《乐记》曰:'春生,夏长,秋收,冬藏'。土所以不名时者,地,土之别名也,比于五行最尊,故不自居部职也。"(《五行》)《白虎通》也引用纬书《元命苞》做根据,认为土虽不像其他四行一样,不担任某一具体职务,但却具有支配其他四气的能力,主管万物的变化:"《元命苞》曰,'土无位而道在',故大一不与化,人主不任部职"(《五行》)。董仲舒曾说,土为五行之主,土事天要竭其忠,但对其他四行而言,却又是促成其他四行发生作用的力量:"土者,五行之主也。五行之主,土气也,犹五味之有甘肥也,不得不成。是故圣人之行,莫贵于忠,土德之谓也。"(《春秋繁露·五行之义》)在这里,《白虎通》继承了董仲舒的观点,用社会伦理的关系说明自然界五行的关系,但阐述得更为明确。

五行之间,有相生相克的关系,董仲舒继承了战国以来的思想,已有明确的说明："行者，行也。其行不同，故谓之五行。五行者，五官也，比相生而间相胜也。"（《春秋繁露·五行相生》）这是基本上按照《礼记·月令》所列的木、火、土、金、水的次序中，以其间相胜比者相生，即木生火，火生土，土生金，金生水等；相间隔者相克，即木隔火胜土，火隔土胜金，土隔金胜水，金隔水胜木等。但董仲舒对相生相克的理由说明得不够充分，《白虎通》则具体阐述其相生的理由说："木生火者，木性温，暖伏其中，钻灼而出，故木生火。火生土者，火热故能焚木，木焚而成灰，灰即土也，故火生土。土生金者，金居石依山，津润而生，聚土成山，山必生石，故土生金。金生水者，少阴之气，温润流泽，销金亦为水，所以山云而从润，故金生水。水生木者，因水润而能生，故水生木。"（《白虎通疏证》转引《五行大义》引《白虎通》）这是从物理方面的性能加以说明，使人比较容易了解和接受。《白虎通》同样对五行相克的理由加以分析说："五行所以相害者，天地之性，众胜寡，故水胜火也；精胜坚，故火胜金；刚胜柔，故金胜木；专胜散，故木胜土；实胜虚，故土胜水也。"（《五行》）因而在这方面，《白虎通》对董仲舒的观点有具体的发挥，表现得更为完整。

《白虎通》虽然从物质的性能上对五行相生相克的理由有所说明，但从根本点说，《白虎通》仍然继承了董仲舒的观点，主要以社会伦理关系解释五行之间的相互关系，肯定五行的运行及其关系具有伦理的性质和道德的目的。《白虎通》对水胜火说，"火，阳君之象也；水，阴臣之义也。臣所以胜其君何？此谓无道之君，故为众阴所害，犹纣王也"（《五行》）；又对火烧木解释说："木生火，所以还烧其母何？曰，金胜木，火欲为木害金。金者坚强难消，故母以逊体助火烧金，此自欲成子之义。"（同上）因此，《白虎通》的五行说，从根本观点说，同样将五行的运行伦理化，以便为封建社会伦理秩序的合理性与永恒性提供世界观的根据。

《白虎通》还进一步发挥了董仲舒的天人之际的思想，对社会上的一切关系都用五行之间的关系加以说明。它认为人们的一切行为都是以五行的运行作为模仿的标准。如说："父死子继何法？法木终火王也。兄死弟及何法？法夏之承春也。善善及子孙何法？法春生待夏复长也。恶恶止其身何法？法秋煞不待冬也。主幼臣摄政何法？法土用事于季孟之间也。子之复仇何法？法土胜水，水胜火也。子顺父、妻顺夫、臣顺君何法？法地顺天也。男不离父母何法？法火不离木也。女离父母何法？法水流去金也。娶妻亲迎何法？法日入阳下阴也。"（《五行》)《白虎通》在这方面例举的事实很多，实质上就是要将汉代封建社会所实行的具体制度和所颁布的法令，一律纳入五行关系的间架中，使其具有不能违抗的神圣意义和永恒性质，更好地为加强东汉豪强地主专政服务。

在社会伦理的关系中，《白虎通》又继承了董仲舒和礼纬《含文嘉》的思想，特别强调"三纲"的重要意义。它说："三纲者，何谓也？谓君臣、父子、夫妇也。六纪者，谓诸父、兄弟、族人、诸舅、师长、朋友也。故《含文嘉》曰：'君为臣纲，父为子纲，夫为妻纲'……何谓纲纪？纲者张也，纪者理也。大者为纲，小者为纪，所以张理上下，整齐人道也……君臣、父子、夫妇，六人也。所以称三纲何？一阴一阳谓之道，阳得阴而成，阴得阳而序，刚柔相配，故六人为三纲。"(《三纲六纪》)这里说明纲纪是维护统治秩序的关键。在极为错综复杂的社会关系中，整顿了纲纪，就可稳定上下统属的秩序，巩固社会的伦理关系。三纲中一方对另一方的关系，正如天道中阴阳的关系一样，虽然相反相成，但主次分明，阳尊阴卑，阳绝对统摄阴，阴对阳只能绝对服从。这就将过去《易传》中认为阳阴是对立面的矛盾统一的辩证法因素改造成了形而上学思想。《白虎通》还特别说明夫妇的关系说："男女者，何谓也。男者任也，任功业也。女者如也，从如人也。在家从父母，既嫁从夫，夫殁从子也。《传》曰'妇人有三从之也焉'。夫妇者，何谓也？夫者扶也，扶以人道者也。妇者服也，服于家事，事人者也。"(《嫁娶》)这也是继承过去《礼记》的观点，用"妇者服也"的说教，突出宣扬束缚妇女的三从思想，把妇女完全捆在封建主义的夫权下。总之，《白虎通》将董仲舒的形而上学思想发展到极端，把封建等级制度说成是自然界"阳尊阴卑"关系在社会生活中的表现，特别宣扬三纲思想，从而使所谓纲常名教在中国以后的长期封建社会中，更明确更集中地发挥了压制人们的四大绳索的作用。

《白虎通》的唯心主义观点在另一方面的表现是更具体地宣扬了天命论。《白虎通》将人的命运加以区分，认为有三种不同的命即决定人的寿数的"寿命"，决定遭受祸患的"遭命"，对人的行为的善恶做相应报答的"随命"，而这三种命都由上天所决定。这种唯心主义的命运论比孔子的天命论更为具体和细致，曾在汉代得到广泛的传播流行，一直到王充才给予了初步的批判。

在历史观上，《白虎通》继承了董仲舒的"三统""三正"说，但理论的分析上更为细致。例如，《白虎通》在说明为什么有"三正"时说："正朔有三何？

本天有三统,谓三微之月也,明王者当奉顺而成之,故受命各统一正也,敬始重本也。朔者,苏也,革也,言万物革更于是,故统焉。"(《三正》)又在说明新王受命为什么要改正朔时说:"王者受命必改朔何?明易姓示不相袭也。明受之于天,不受之于人,所以变易民心,革其耳目,以助化也。"(同上)《白虎通》根据三统三正的思想,说明历史的演化就像连环那样,周而复始。它认为,这种王朝的替代虽然是承天地,顺阴阳,符合天命的,但还是必须在改正的时候加强思想教化,承衰救弊。它说:"王者设三教何?承衰救弊,欲民反正道也。三正之有失,故立

《白虎通》印本

三教以相指受。夏人之王教以忠,其失野。救野之失莫如敬。殷人之王教以敬,其失鬼。救鬼之失莫如文。周人之王教以文,其失薄。救薄之失莫如忠。继周尚黑制,与夏同。三者如顺连环,周则复始,穷则反本。"(《三教》)因此,《白虎通》继承了董仲舒的历史循环论,并且将这种天命论的三统历史观发展得更为完备。

十一、道教渊源与早期道教

　　道教是我国的本土宗教,其信仰内容具有汉民族古代宗教意识的特点,秦汉以来的严重的社会危机,充斥汉代思想界的鬼神崇拜、神仙思想、黄老思潮与宗天、谶纬神学的相互结合,统治思想的日益宗教化,这些都是道教产生的重要条件。

　　道教内容十分庞杂,从其主体内容来探索其起源,则道教大致不外是在三种原始宗教意识的基础上衍化而来:一为鬼神崇拜;二为神仙之说与方术;三为黄

老学说中之神秘主义成分。

中国古代盛行的自然崇拜和鬼神崇拜是道教产生的温床。殷商时期，在我国就初步建立了以上帝为中心的天神系统，原始的鬼神崇拜已发展到以血缘为基础、与宗法关系相结合的祖先崇拜。人们相信地上发生的一切事情或后果，都是天神意志的体现，而天神的意志与情绪，是依世人对他崇敬的程度以及行为的善恶而作出的反映。人们为了取悦于鬼神，祈求鬼神的保护，相应地兴起祭祀以宣扬神威和献谀于神。但神灵奥妙难识，不是人人都能与鬼神打交道的，于是便有了巫祝的产生。巫祝专门负责官方或民间宗教祭祀活动，掌握神人之间的沟通，用各种手段调动鬼神之力为人祈福消灾。先民的鬼神巫祝之风对后世道教以深刻影响，如符箓派的符咒、斋醮、科仪均取自鬼神祭祀活动与巫术。

战国至秦汉的神仙传说与方术方士是道教的又一个来源，道教神仙不同于生活在冥冥之中的一般鬼神，而是现实中人的个体生命的无限延伸及超越。神仙的突出特点是形如常人而长生不死，逍遥自在而神通广大。神仙信仰是道教的核心，是道教有别于其他宗教的显著之处，神仙之说其来甚久，早在战国时期不仅漱正阳、含朝霞、保神明、入精气等吐纳延寿之术为世人所习慕，彭祖之长寿、三神山之仙阙为世人所向往，且载营魄而登霞、掩浮云而上升的幻想登仙之说，也为世人所乐道和探求。求成仙不死之药的传说既是封建帝王们做神仙梦的诱饵，又成为道教服食丹药成仙论的思想渊源。总之，追求服药不死、长生成仙的

古代道士炼丹图

思想经过学者的论述、方士的鼓吹、帝王的崇信而影响深远，最终为道教所继承和发展。

先秦道家与秦汉黄老道是道教的又一个重要的思想来源。老庄与秦汉黄老道均非宗教，而是学术派别。《老子》、《列子》、《庄子》、《淮南子》均为学术著作，而非神学经典。由于道家确实为道教提供

了可借鉴之处，特别是由于道教在理论上紧紧依托道家，举道家旗帜，这就使人容易混淆二者的不同。先秦道家虽其主旨在于天道自然无为，但其中确有长生成仙的思想成分，为道教信仰提供了经典根据。老庄关于大道化生天地万物的理论及清净无为、保精爱神的养生论，也给道教提供了博大精深的哲学基础，为道教建构其独特的神学体系提供了重要的思想资源。于是在早期道教的发展过程中，神话老庄，奉习《老子》、《庄子》之书，便成为一种重要的创教活动。战国时的稷下学派继承老庄思想，并把黄帝与老子结合起来，以道家为骨干，广泛吸收儒、法、阴阳诸家思想。它的黄老学说是专就国家政治而言的，还尚未与神仙家发生联系。在汉代，神仙家攀附黄老之学推崇黄帝、老子，汉武帝以后具有宗教色彩的黄老道才逐渐形成，为道教的产生和发展做了理论准备。

此外，儒家的神道设教说及忠孝伦理，佛教的轮回报应观念、明心见性之说，墨家的均平思想和刻苦精神，以及阴阳家的占验数术等，也都为道教所吸收融摄。

东汉末，黄老道分衍为三支：一支为张角之太平道，主要经典为《太平经》；一支为张鲁之五斗米道，其主要经典为《老子五千文》、《老子想尔注》；另一支为魏伯阳之金丹道，其主要经典为《周易参同契》。其中早期道教的主要两大派别则是太平道和五斗米道。

太平道因崇奉《太平经》而得名。太平道的酝酿应从于吉、宫崇算起。于吉为东汉末方士，琅玡（今山东临沂）人。据《后汉书·襄楷传》记载，于吉在曲阳泉水上得神书一百七十卷，称《太平青领书》（即《太平经》）。该书是道教理论化的肇始。它既有对《道德经》思想的继承，又有对传统天神信仰的论述；既吸收了阴阳五行学说和仙家方术，又吸纳了封建的谶纬神学。它的宗教神学观念后来成为道教的基础，它所提出的"乐土"思想是道教区别于其他宗教的最突出特点。顺帝（126—145年在位）时，于吉弟子宫崇曾将此书献给朝廷。太平道的真正创始人是钜鹿（今河北平乡）人张角（？—184）。据《后汉书》载，张角在传教之初，先奉事黄老道，后据《太平经》自称"大贤良师"，并利用书中的某些宗教观念和社会政治思想，创立了一支庞大的道教组织。他反对剥削聚敛，主张周穷救济，畜养弟子，跪拜首过，以符水咒语治病，并借此方式传教，深得百姓推崇。十余年间，徒众达数十万，遂置三十六方，各立主帅分管教务。184年，张角发动了"黄巾大起义"，给封建统治者以沉重打击，东汉王朝名存

实亡。然而太平道自身也遭受到了严酷的镇压，大批骨干和教徒惨遭杀戮，从此销声匿迹。

张陵（亦称张道陵）创立的五斗米道，大约也在后汉顺帝年间，流行于汉中、川北一带。"五斗米道"，是由于入道者须交纳五斗米以供道或酬师而得名，又称为"米巫""米贼"或"米道"等。张陵生卒年代不详，传为汉留侯张良之后，后被尊为张天师、祖天师、正一真人等。他尊老子为教主，奉《老子五千文》为教典。他把教区划为二十四治，每一治都设祭酒主持教务，并立定了禁忌戒律要求徒众遵守。总之，张陵时期的五斗米道已有了道书、教仪、组织和戒律，粗具宗教规模。他的孙子张鲁掌控五斗米教后推行政教合一，雄踞汉中二十余年，在民间影响颇大。张鲁为注解《五千文》作《老子想尔注》。该书以信"道"为核心，神化老子，认为人应信行"真道"，奉守"道诫"，主张"积精成神"和"积善成功"，可以致"仙寿天福"。它开创了道教系统改造和论释道家著作的传统，在道教发展史上占有重要地位。张鲁后来归顺曹操，很受优待，五斗米道得以流传，使张道陵的声誉与影响俱过于于吉、张角等。故后世论及道教的创始者，自然都认为是东汉的张道陵。史称道教至此形成。

太平道和五斗米道是民间宗教，而魏伯阳则是活动于仕宦豪门之间的方士的

道教中的最高尊神"三清"

代表。魏伯阳其人，正史无载，葛洪《神仙传》最早谈到他和《参同契》："魏伯阳，吴人也。本高门之士，而性信道术……作《参同契》《五相类》，其说如似解释《周易》，其实假借爻象以论作丹之意。"可见，该书是借《易》理、黄老道来论述炼丹修仙之方法的，是道教炼丹术的最早理论著作。

道教的基本教义是追求长生不死而成仙。在神学理论上，则主要是借用道家的学说，同时又吸收儒、释的一些思想为补充。道教以"道"为最高信仰，认为"道"是超越时空的先天地万物的宗祖。为了适应宗教信仰的需要，道教还把"道"人格化为"三清尊神"，即"元始天尊"、"灵宝天尊"、"道德天尊"（太上老君）。对于道的把握，在认识上应用虚心静虑以领悟的方法，但却是着重于通过一定方术的修炼使自己融会于道。道教的道术杂而多端，具体来讲，有所谓占卜、符箓、祈禳、禁咒、内丹、外丹、辟谷、房中、饵药、吐纳、引导、存息、养性、服气、按摩等。其中有些是迷信，有些是与体育、医药结合起来的养生之道。所以在道教典籍中，保留着一些我国古代有关化学、医药、体育等方面具有科学内容的资料。隋唐之际，受到盛传的佛教的影响，尤其是吸收了禅宗的某些思想，在修炼方法上发展、充实了道教的修炼体系，并对宋明理学的产生和发展有极大的直接影响。

十二、王充及其《论衡》

两汉时出现了不少唯物主义思想家，他们有力地批判迷信鬼神的观点，其中，王充就是最杰出的代表。东汉初年的思想家桓谭对封建统治者迷信鬼神的思想作了尖锐的批评。他反对灵魂不灭的观点，认为人的精神是不能离开人的形体而独立存在的，并比喻说，犹如独火不能离开蜡烛而凭空存在一样。至今，人们常说的"人死如灯灭"这句话，就是从桓谭这里来的。

王充生于汉光武帝建武三年（27），约卒于汉和帝永元十二年（约100）。东汉重要的哲学家、思想家。出身"细族孤门"，自幼好学，"家贫无书，常游洛阳市肆，阅所卖书"。曾往京师入太学，一度从学于班彪。任过小吏，不合而辞职回乡。晚年专门从事著述。其生平事迹主要见于《后汉书·王充王符仲长统列传》与《论衡》中的《自纪》《对作》等篇。

据《论衡·自纪》王充自述，他有四部著作：一是《讥俗》12篇，揭露当

王充

时的风俗道德"贪进忽退,收成弃败",他自己"升擢在位之时,众人蚁附;废退穷居旧,故叛去志"。此书早已亡佚。二是《政务》,篇目不详。《论衡·对作》曰:"《政务》言治民之道。"亦亡佚。三是《养性》16篇,"年渐七十"而作,以养性之经验与方法"垂书示后",亦亡佚。四是《论衡》。这些书均体现了王充的哲学思想。

秦汉时期,求仙、鬼神迷信等思想在统治阶级中盛行。秦始皇和汉武帝都曾经派方士为他们寻求仙药,幻想长生不老。西汉儒家代表人物董仲舒为神化封建皇帝和麻痹人民,也宣扬迷信思想。他说,天是有意志有感觉的最高主宰,而皇帝是"天子",代表天意统治人间。因此皇帝行德政,天就用风调雨顺来嘉奖他;皇帝无道,天就降临灾害来谴责和警告他。

王充对这些因果报应和鬼神的观点是不以为然的,而且对这种说法进行了批驳。比如当时有些人讲这样一个故事,春秋时期有个楚惠王,有一天,他吃酸菜,发现酸菜里有一只水蛭。如果他挑出来这条水蛭,厨师就会因此被处死。他怜悯厨师,就不声不响连水蛭一起吞下去了。到了晚上,楚惠王大便时,不但把水蛭排泄了出来,而且原来肚子疼的病也痊愈了。为什么会这样呢?他们说这是"善有善报"的证明。

而王充批驳了这种说法,他的解释是:因为人肚内的温度高,水蛭经受不住,热死了,所以被排泄出来。又因为楚惠王肚内有瘀血,水蛭恰好吸血,在水蛭还没热死的时候,把他肚内的血都吸走了,所以楚惠王的病自然就好了。这是巧合,而不是"善有善报"。

还有一次,雷电击死了一个人。有些宣传迷信的人说:这是因为受害者做了亏心事,天上的雷公把他劈死了,这就是"恶有恶报"。王充在现场观察到死人

的头发被烧焦了，身上也有被烧焦的臭味。他的解释是：打雷时有闪电，闪电是火，因此雷实际上是天火，被雷公打死的人是被天火烧死的。天上并没有雷公，也不是"恶有恶报"。王充的解释虽然不完全符合科学道理，可是在当时却是很了不起的。王充一生在政治上很不得志，曾做过几任州、县的官吏，但都没什么实权，多系幕僚性质。因为他嫉恨俗恶的社会风气，常常因为和权贵发生矛盾而自动辞职。因此，每次做官的时间都为期极短。

几次幕僚经历使他接触到了当时官员的腐败生活，他对这些很看不惯，因此，几次辞官不做，一生大多在家里写书。他以毕生的心血写下了四部哲学巨著：《讥俗》、《政务》、《养生》、《论衡》。其中，《论衡》一书是王充用了30年时间写就的。他为此书题名《论衡》，"衡"是古代对天平的称号，含义是对古往今来的一切思想和学说，都要加以称量和品评，辨别真伪，权其轻重。书名表明了王充不畏世俗、追求真理的精神。为了写《论衡》，他搜集的资料装满了几间屋子，房间的窗台上、书架上都放着写作的工具。他闭门谢客，拒绝应酬，用了几十年的工夫才写成。这部著作的主要内容是宣传科学和无神论，对迷信进行了批驳。

王充在《论衡》一书中，提出唯物主义的自然观，认为世界万物是由元气构成的，元气乃是一种客观存在的物质。他认为天无意志，日月星辰的运行是自然

光绪刻本《论衡三十卷》

规律，并不是天的意志的表现，否定了董仲舒以来把天说成是有意志的人格神，认为天有意识地创造了自然万物的理论。他反对鬼神迷信，认为人死则血脉枯竭，精气灭绝，形体腐朽，变成灰土，不会成为鬼，断然否定了当时流行的"死人为鬼，有知，能害人"的说法，从根本上揭露和批驳了谶纬迷信说教的荒诞和虚伪。王充还坚持朴素唯物主义的认识论。他反对汉代俗儒宣称的孔子等圣人能"前知千岁，后知万世，有独见之明，独听之聪，事来则名，不学自知，不问自晓"的说法，认为虽圣人也无法生而知之。人的知识的获得，首先必须通过感官与外界事物接触，然后再进行抽象思维。只有这样获得的知识才是比较可靠的。他认为为了探求知识，质问和驳斥孔子，也不"伤于义"、"逆于理"。

由于当时生产条件和科学水平的限制，王充对自然现象和社会现象也作了不少错误的解释。他无法把唯物主义运用到社会历史领域，因而不得不用宿命论来说明人间富贵贫贱的现象，认为"人禀气而生，含气而长，得贵则贵，得贱则贱"等，这是王充思想的重大局限。

王充著述活动也不是一帆风顺的，经常遭到社会舆论的非难，一些权贵人物说他不是书香门第出身，没有投靠门师，不配著书立说。以致他的学说一经问世，便被视为异端邪说，甚至遭到禁锢，但王充还是冲破种种阻力，坚持著述。

王充的无神论观点打击了汉代统治者提倡的唯心主义先验论和传统的尊孔观念，其著述在东汉末期以后产生重大影响。王充的唯物主义思想和勇于批判的精神，为中国古代后来的唯物主义者树立了榜样。《论衡》可以说是公元一世纪时一盏闪烁着智慧之光的明灯，王充更称得上是一位真正出色的思想家。

十三、王符的哲学思想与治道架构

王符（约82—约167），约生于汉章帝建初七年，约卒于汉桓帝延熹十年。是东汉中后期重要的政治家和思想家。

王符幼年受乡人歧视，但笃志好学。青年时与马融、窦章、张衡、崔瑗等交好。为人耿介，终身不仕。在隐居避乡过程中，以"潜夫"的身份评论时政。所以命名自己的书叫《潜夫论》。

在《潜夫论》中，王符以"元气"为本源，为起始，来论证宇宙万物的演化，指斥时政的缺陷，声讨人情世故，述评风尚政教，阐述了王符的治道架构，是王符为东汉统治者提供的治国大纲。

"元气"概念始于董仲舒,元气本源论则始于两汉之际的谶纬神学,后经王充、张衡的批判论证,元气本源论逐步得以完善。王符正是在批判继承前人的成果基础上,提出了一个更加完整的元气本源论,把两汉元气论提高到了一个新的水平。

王符的元气本源论有以下几个新的特点,首先,他肯定宇宙万物是由"元气"生成,"元气"是世界的本源,且是一元的,并否定了宇宙有始的论调。其次,王符称他的"元气"在其衍生过程中没有任何外力的干涉与作用,元气的衍生仅仅是一个自我孕育、自我变化、自为自在的过程。这样,就进一步从宇宙变化发展的动力因处与官方正统神学目的论划清了界限。再次,王符的元气本源论有一个发展、演化的表现过程。他改造了《周易》的"太极"、"阴阳"学说,以"元气"为本原,借用"四太"之一的"太素"一词,并通过"阴阳"的"翻然自化",来说明其天道演进过程。正是这一改造承继,使王符元气论与王充元气论的根本差异表征出来。

以上三点构筑了王符元气本源论之天道观的总体特征,正是这些有别于前贤的论断,使得王符的元气论显得更加彻底与全面,王符也因此成为两汉元气论思想较为系统的总结者。

当王符用这种元气论来具体解释人类社会与自然界的各种现象的时候,就显得特别有批判性与战斗力,使《潜夫论》宗旨在于一个"治"字,并对"治道"即"治国之道"进行探讨,这是是全篇成文的圭臬。

王符雕像

在《潜夫论》所论治国之道的架构上，《赞学》、《本训》、《本政》、《务本》、《德化》及《思贤》诸篇，构筑了全书的骨架，前三篇主要从治道之形而上依据的角度来立论，后三篇则主要从治道之社会现实基础的视角来立论，合在一起，此六篇较系统表述了其治国之道的整体架构。

在《潜叹》、《忠贵》、《慎微》、《班禄》、《明暗》诸篇中，王符进一步论证了"国以民为基"（《救边》）的民本思想，以及"君臣法令之功，必效于民"的统治秩序合理性或统治权力正当性的论述，他认为："国之所以为国者，以有民也"（《爱日》），为使民氓不相陵虐侵渔，于是"天命圣人使司牧之，使不失性"（《班禄》），此处之"天"，已是只有形式化的符号意义，其实质内容已被"民"所代替，王符曾谓："帝以天为制，天以民为心。民之所欲，天必从之"（《遏利》），并认为："天之立君，非私此人也，以役民，盖以诛暴除害利黎元也"（《班禄》）。在《实边》、《边议》、《救边》及《劝将》诸篇中，王符又系统地结合边防实际指出"圣王之政"应当"普覆兼爱"、"与民共之"（《救边》）的重要性。在《浮侈》、《务本》、《爱日》诸篇中，王符从经济的角度，指出"爱民"、"利民"的基础是"富民"，"富民"为"太平之基"、"体征之祥"（《务本》），富民的实现靠"务省役而为民爱日"（《爱日》），而"爱日"就是爱惜劳动者的劳动时间。《遏利》、《论荣》、《交际》、《德化》等篇，集中反映了王符的德化与交际思想，并将前者做为其国家规范理则的重要手段之一。其中在《交际》篇，王符将"交际"进一步提升为一个伦理学范畴，写出了中国思想史上较早的一篇人际关系专论，并重新划定了君子与小人的界限。

《衰制》、《断讼》、《三式》、《述赦》、《明忠》等篇，主要探讨了法令赏罚思想，这也是王符用予规范封建统治秩序，使之有序稳定的又一个重要手段，王符称："法令赏罚者，诚治乱之枢机也，不可不严行也"（《三式》）。在《贤难》、《考绩》、《思贤》、《实贡》等篇中，主要反映了王符的用人与贤才思想，针对当时社会"求贤之难得"（《贤难》），骄奢之人"噬贤"、"隐贤"、"蔽贤"之怪现象，王符严肃警告统治者"国以贤兴，以谄衰，君以忠安，以佞危。此古今之常论，而世所共知"（《实贡》）之道理，吁求统治者"待贤而治"，除此之外，王符还论述了为臣之道，怎样处理和君主的关系。《相列》、《卜列》、《巫列》、《梦列》诸篇，主要反映了王符对天命鬼神、世俗迷信的探讨，这些问题是东汉社会的热点问题，王符采用"君子以为文，而百姓以为神。以为文则吉，以为神则

凶"的方法来分析之后指出："鬼神与人殊气异务"(《卜列》),对待之应"明乎天人之道,达乎神民之分"(《巫列》)。最后,王符将其纳入治国之道的德化规范中去,认为:"凡人吉凶,以行为主,……非德不行"(《巫列》),若"以德迎之"则"天禄永终"(《梦列》)。《志氏姓》、《五德志》、《释难》诸篇,集中反映了王符的逻辑及对古史热点问题的看法。

以上即是《潜夫论》各篇所述内容的一个概览。下面,我们将结合根据王符《潜夫论》治道思想(主要依据其《务本》《本训》《本政》篇)所凸显的治道理路进一步分析其治道架构。

在《潜夫论》的《本训》篇中透露出这样一个重要信息,即王符把"元气"视为其治道的宇宙本源,以"元气"为起始论证宇宙万物的演化及合理秩序,并将"元气"的演变归于"莫制莫御"、"翻然自化"(《本训》)之原因,没有任何外在的有目的主宰和干预,这样,首先就同官方正统的神学治道划清了界限。"元气"剖为阴阳,阴阳是王符治道图式中很重要的一个概念,它即是衍生万物且由和气生人的关捩点,同时也是从宇宙规则进入社会秩序递进演生的转折处,王符一再强调:"凡人君之治,莫大于和阴阳","将致太平者,必先调阴阳"(《本政》),阴阳协调则万物亨顺,阴阳乘戾则凶异由生,"凡四时五行,人类万物,吉凶变异,莫非二气迭相运而成之者也"(《本训》)。接着,王符又对阴阳二气相互影响的结果赋予善恶的价值内涵,其结果有和有乖,有顺有逆,从而与此

《潜夫论》书影

相映，便有善恶之分。关于人，王符认为："天地之所贵者人也"（《赞学》），故将其归于阴阳作用之和气所生，并高扬人的主体能动性，提出"人道曰为"（《本训》）的命题，以与高颂神命天道的官方正统思想有别，"为"的突出表现显象于其有"感通阴阳而致珍异"（《本训》）之"统理"功能上，"统理"即调和治理，总体亨通。

在此，王符由元气出发，自化成阴阳，衍出万物，和气生人后，反推上去，作用于阴阳，调通元气，即"理政以和天气"（《本训》），从而进驻社会历史治理领域。在王符将其理论通过阴阳概念进论社会领域时，改造利用了"天心"这一概念，"阴阳者，以天为本。天心顺则阴阳和，天心逆则阴阳乖。天以民为心，民安乐则天心顺，民愁苦则天心逆"（《本政》）。王符的"天"已含有"民"的意义，已不是那个被神化了的天，在王符这里，"天心"实"民心"，"天心"徒有形式符号之义，他强调："帝以天为制，天以民为心。民之所欲，天必从之"（《遏利》），特别凸显了"民心"的地位和作用，并以此为出发点和归宿，详细论述了"君政"、"得臣"、"选贡"和"法令"之关系："民以君为统，君政善则民和治，君政恶则民冤乱。君以得臣为本，臣忠良则君政善，臣奸枉则君政恶。臣以选为本，选举实则忠贤进，选虚伪则邪党贡。选以法令为本，法令正则选举实，法令诈则选虚伪。法以君为主，君信法则法顺行，君欺法则法委弃。君臣法令之功，必效于民"（《本政》）。在这里，王符试图通过将"选贡"制度化、"法令"规范化来调整君臣民三者之关系，并把判定其关系协调与否的善恶价值标准交给"民"来执行，民成了政治体制运作的价值判断平台，民也成了君主统治权力合理性与否的坐标圭臬。

王符治国理论也非常强调法令赏罚，将其提高到"治乱之枢机"的高度来认识，并认定其为治国的重要秩序规范理则之一，但王符学附儒家，治道的最终理想目的是"兴大化而升太平"之"和"境，而欲达此境"必先原元而本本，兴道而致和，以纯粹之气，生敦庞之民，明德义之表，作信厚之心，然后化可美而功可成也"（《本训》）。故，王符治道法德并行，一方面批驳了"德化可独任"的观点，认为"此非变通者之论"，强调"行赏罚而齐万民者，治国也"（《衰制》），另一方面又认为理想"人君之治，莫大于道，莫盛于德，莫美于教，莫神于化"（《德化》）。他认为德化、法禁各有自己适用的范围和不同的功能，各应视时势不同调适应用之，不宜偏颇。

以上所述，即为《潜夫论》之治道架构，是王符为东汉统治者提供的治国大纲，虽然未有机会"典司治民，以效其能"，但王符那种忧国忧民的社会担当精神，除旧布新的救世济民治道情结却跃然纸上，芳溢千古。

中国古代以一些思想家、哲学家等精英名流为代表的知识分子群体，有着浓烈的治道情结，把对治国之道的求索作为自己的历史使命。为学之时，总能与为政结合起来，有的身体力行，实现报负，有的则"志意蕴愤"，专心著述，"独蓄大道"，王符显然属于后者。王符《潜夫论》不仅是东汉中期社会的一面镜子，反映了东汉中期的时代精神，而且王符也是上述知识分子群体的一个缩影，从他身上我们能清楚地感到古代知识分子群体那种自强不息的奋斗精神和为民请命的治道情怀。

十四、仲长统的哲学思想

仲长统（180—220），东汉末期重要的政治家和思想家。复姓仲长，名统，字公理，人称仲长子。兖州山阳郡高平（今山东邹县西南）人。生平事迹主要见于《后汉书·王充王符仲长统列传》。其著作现在可考者有：《乐志论》1篇，诗2篇，今存见于《后汉书》本传；《兖州山阳先贤赞》1卷，《唐志》和《明志》原有著录，现已亡佚；《昌言》12卷，现只有辑本。

《后汉书》本传曰："因著论名曰《昌言》，凡三十四篇，十余万言。"《三国志·刘劭传》注引仲长友人缪袭《昌言表》曰："《昌言》二十四篇。"本传文字除节录《昌言》三篇外与《昌言表》基本相同，"三十四篇"可能是"二十四篇"之误。《隋志》著录"仲长子《昌言》十二卷，录一卷"，新旧《唐志》著录已少二卷。宋代《崇文总目》称"今有十五篇，分为两卷"，而其他书志已不见著录。现存佚文，本传有引文3篇，《群书治要》、《意林》、《齐民要术》和《抱朴子·至理》分别摘录9条、21条、4条和2条。其他类书中还有散见的片言只语。总计不到2万字，佚失十之八九。

仲长统少年时好学，广泛涉猎书籍，富于文辞。二十多岁时，在青、徐、并、冀四州间游学，与他结交为朋友的人大多惊奇他的才学。并州刺史高幹，是袁绍的外甥。一向尊贵有名望，招揽四方的游士，士人很多都投靠了他。仲长统曾到高幹家，高幹很好地招待他，向他请教当时的事情。仲长统对高幹说："君有雄心而没有雄才，喜好士人而不能选择人，所以希望君深以为戒。"高幹一向自视甚高，不采纳他的话，仲长统于是离他而去。没过多久，高幹以并州反叛，终于失败。并、冀二州的人都因此而敬重仲长统。

仲长统的性格卓绝不凡，敢于直言，不拘小节，时而沉默不语，时而高谈阔论，变化无常，当时有人称他为狂生，每次州郡辟召他为官，他就称病不去。常以为凡是游宦于帝王身边的人，无非想立身扬名，而名不常存，人生易灭，不如悠闲的安居，可以自我娱乐，想选一个清新空旷的地方居住，以满足他的志向，他为此著论说："使居处有良田广宅，背靠山，面对河，沟渠池塘环绕四周，竹子树木种植四边，场院和园圃建之子前，果园种之于后。出门有船和车代替步行的艰辛，使我足以让四体免受

仲长统

劳苦。孝养父母有多种名贵的膳食，妻子儿女不再有累人的劳动。好朋友一齐到来，就能布置美酒佳肴加以款待；吉庆的节日，就能烹制羔羊和小猪以进献。漫步于菜畦苗圃之间，游戏于田野上的树林之中，清水濯身，凉风去暑，垂钓游动的鲤鱼，箭射高飞的大雁。祈雨于舞雩坛下，唱着歌回到高堂之中。养神于闺房，思索老子的玄虚之道；吐纳精气，以求同道德修养达到至高境界的人相仿佛。与通达的几位君子，论道讲书，谈天说地，品评人物。弹奏《南风》一类高雅的琴曲，发出清商等弦组合的妙乐。逍遥在尘世之上，冷眼旁观于天地之间。不承受当时的责任，永葆性命的长久。这样的话，身心就可以上达霄汉，出乎宇宙之外。怎么还会羡慕进入帝王之门呢！"又作诗二首，以表达他的志向，诗句说：

"飞鸟留下足迹，蝉蜕丢却陈壳。腾蛇抛弃鳞片，神龙解下头角。至人能够

应变，达士能够脱俗。乘云无须执辔，驾风不必用足。垂下雨露作成帷帘，张开霄气作成顶幄。沆瀣之气可以当餐，太阳之光可以代烛。恒星如艳丽的珍珠，朝霞如圆润的宝玉。六合之内，随心所欲，人事全可抛弃，何必忍受拘束？"

"大道虽然平坦，见微知著者少。任意而为不一定就错，迎合时尚不一定就好。自古以来千回百转，世事犹如锁链般曲折缭绕。何必千思百虑，关键在于自我。寄愁天上，埋忧地下。背叛《五经》，毁弃《风》、《雅》。百家烦琐杂碎，不如拿来生火。隐居明志于山上，一心留意于海左。以元气为舟，以微风为舵。翱翔于太清之中，纵情予以装扮。"

尚书令荀彧听说仲长统的大名，很欣赏他，推举他为尚书郎。后来曾协助丞相曹操处理军务。每次谈论古今以及时俗风尚，常愤然叹息。因而写下论著叫《昌言》，共二十四篇，十余万字。

汉献帝让位的那年，仲长统死了，当时是41岁。朋友东海人缪袭曾说仲长统的才干文章足以接续西汉的董仲舒、贾谊、刘向和扬雄。

仲长统对东汉末年社会政治的批判，是广泛而深刻的，涉及到政治、经济以及社会风习各个方面；从专权擅政的外戚、宦官，到贪欲昏聩的皇帝，他都顺笔予以抨击。他把社会祸乱的根源归之于"愚主"，而希望明君贤臣改革弊政，实施正确政策，反映了中小地主阶级在政治、经济方面的要求。但是，黄巾大起义的风暴，以及变乱相继的政治现实，又使他看不到本阶级的真正出路，因而产生悲观绝望情绪。其思隐居避世、慕老思玄，即这种心态的反映。

仲长统在政治思想方面与当时流行的神权政治理论相对立，提出人事为本，天道为末，国家兴亡和社会治乱取决于"人事"，而不在于"天道"，主张废除三公（太尉、司徒、司空）联合执政体制，恢复西汉时实行的丞相执政制度，认为"任一人则政专，任数人则相倚。政专则和谐，相倚则违戾"。他对于外戚擅权尤加谴责，提出人君不可与掌权的大臣结为婚姻关系，已经结为婚姻关系者，就不要任用他掌权执政。

仲长统在法制问题上有以下主要观点：

一是因时势决定法律，繁简宽猛相济。他虽然持儒家"德主刑辅"观点，强调德教是"人君之常任"，而"刑罚为之佐助"；但并不反对使用重刑。他主张"繁简唯时，宽猛相济"，非严刑峻法不足以"破其党"时，则必须使用重刑。法律之繁简、轻重应当根据形势的需要而变化。

二是"治"、"乱"在于用法者。他认为,国家"治"、"乱",不在于"法制"的不同,而在于统治者执行"法制"的好坏。"君子用法制而至于化,小人用法制而至于乱。均是一法制也,或以之化,或以之乱,行之不同也"。

三是恢复肉刑有利于惩罚"中罪"。西汉文帝十三年(前167)下诏废肉刑,以髡、笞代替黥、劓、刖。此后,时有人提出恢复肉刑,东汉末期甚至开展争论。仲长统也主张恢复肉刑。他认为在死刑和髡、笞刑之间增设肉刑,有利于惩罚"中罪"。因为对"中罪"杀之则太重,髡之则太轻,如果没有与"中罪"相适应的肉刑,必然造成执法上的混乱,使刑罚"轻重无品",罪与罚"名实不相应"。

仲长统还认识到,上古人民大体平等的社会结构解体以后,贫富相差已是不可逆转的趋势:"汉兴以来,相与同为编户齐民,而以财力相君长者,世无数焉。而清洁之士,徒自苦于茨棘之间,无所益损于风俗也。"在当时,财富之集中,已达到令人惊叹的地步:"豪人之室,连栋数百,膏田满野,奴婢千群,徒附万计。船车贾贩,周于四方;废居积贮。满于都城。琦赂宝货,巨室不能容;马牛

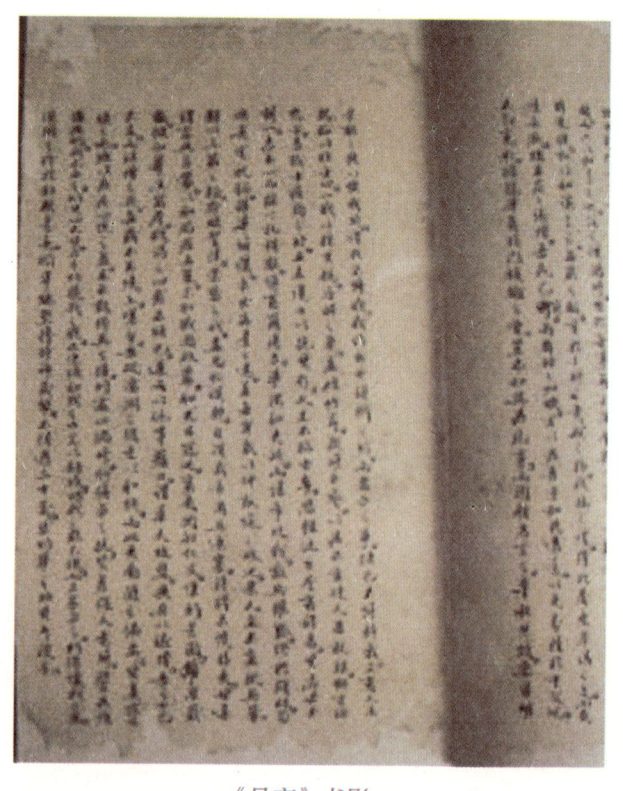

《昌言》书影

羊豕，山谷不能受。妖童美妾，填乎绮室；倡妪伎乐，列乎深堂。宾客待见而不敢去，车骑交错而不敢进。三牲之肉，臭而不可食；清醇之酎，败而不可饮。睇盼则人从其目之所视，喜怒则人随其心之所虑。此皆公侯之广乐，君长之厚实也。苟能运智诈者，则得之焉；苟能得之者，人不以为罪焉。源发而横流，路开而四通矣。求士之舍荣乐而居穷苦，弃放逸而赴束缚，夫谁肯为之者邪！"这确乎是社会发展之必然，直至今日之社会，财富集中的情状更令人惊骇。连社会主义革命都未能解决的社会贫富问题，让几千年前的古人解决实在荒唐。仲长统也未开出什么好药方。但他能对这种现象有所认识便很可贵，这对于思考宏观养生与个体养生，恰恰是已存在的事实，不能不加以正视。

仲长统反对巫祝、祈禳和风水、迷信，认为祭祀和祈祷绝不可能使人益寿延年。他指出，要寿考，就得"和神气，惩思虑，避风湿，节嗜欲"。在讲究卫生的前提下万一生了病，就要用"针石汤药"来治疗。要想吉祥，就要"修身正己"，端正言行；要想除灾免祸，就得"克己责躬"，严格要求和约束自己，改正错误，薄己厚人。搞迷信活动并无任何补益，万物和草木生长都不会讲究什么吉日良辰，为什么建造房屋与器物要选择吉日良辰呢？那么阴阳风水先生尚且不能使自家的子孙富贵，又怎么能使别人的子孙富贵呢？沉溺于迷信的人，荒废了自己的正事，"而反求福佑于不祥之物，取信诚于愚惑之人，不亦误乎！"

一些贵族士大夫尽管物质生活很好，但许多人却生命短暂，有如朝露，往往英年早逝，这是为什么呢？仲长统指出，这与经常醉酒饱食和贪色纵欲是密切相关的。仲长统有一段言简意赅的精彩描写，切中要害，很值得人们反复诵读玩味，仔细体会其深刻的用意。唐代名医孙思邈就曾将这段话引述在《千金要方·道林养性》之中，可见孙氏对这段话也是高度重视的。仲长统说："王侯之家，美女兼千；卿士之家，侍妾数百。昼则以醇酒淋其骨髓，夜则房室输其血气，耳听淫声，目乐邪色，宴内不出，游外不返，王公得之于上，豪杰驰之于下。及至生产不时，孕育太早，或童孺而擅气，或疾病而媾精，精气薄恶，血脉不充。既出胞藏，养护无法，又蒸之以绵纩，烁之以五味，胎伤孩病而脆。未及坚刚，复纵情欲。重重相生，病病相孕。国无良医，医无审术，奸佐其间，过谬常有，会有一疾，莫能自免。当今少百岁之人者，岂非所习不纯正也！"

上面所引仲长统的这段话明确指出，那些王公贵族的宫中养着数千美女，卿士大夫之家也有美女数百人，全都是供淫乐之用。他们白天饮酒食肉，喝得酩酊大醉，让酒精残害脏腑骨髓，夜晚极情纵欲于房中，竭耗阴精，满目美色，满耳淫声，宴会不停，游乐不止。王公在上是如此，士大夫在下予以效法，其身体备受摧残损害，又哪能保证得了健康呢？他们全都早婚，生育子女过早，这些早婚早育的孩子本来先天不足，禀赋薄弱，血脉不充也不流畅，体质羸弱，出生以后养护又不得法，穿得过暖，吃得太饱，致使身体非常柔脆。这些羸弱的孩子尚未发育成熟，复又醉酒贪色纵欲，致使疾病一代一代地因袭相传，使其体质更加一代不如一代。仲长统特别指明，在他所生活的那个时代，国无良医，医生没有过硬的治病本领，有的还是一些医疗骗子，往往造成误治，致使患者无法免除病灾而枉死。为什么当时极少能见到百岁以上的老人？这是由于生活方式不好和生活习惯不良所造成的。

　　那么，怎样才利于养生呢？仲长统形象地提出自己的人生理想，实即一种隐居避世、养性保寿的养生术："使居有良田广宅，背山临流，沟池环布。木周布，场圃筑前，果园树后。舟车足以代步涉之艰，使令足以息四体之役。养亲具兼珍之膳，妻孥无苦身之劳。良朋萃止，则陈酒肴以娱之；嘉时吉日，则烹羔豚以奉之。蹰躇畦苑，游戏平林，濯清水，追凉风，钓游鲤，弋高鸿。讽于舞雩之下，咏归高堂之上。安神闺房，思老氏之玄虚；呼吸精和，求至人之仿佛。与达者数子，论道讲书，俯仰二仪，错综人物。弹南风之雅操，发清商之妙曲，逍遥一世之上，睥睨天地之间。不受当时之责，永保性命之期。如是，则可以凌霄汉，出宇宙之外矣，岂羡夫人帝王之门哉！"这种既无劳苦又无干扰的闲适生涯，只能是个幻想，很难成为现实，所以，这种养生术并无推广价值。真正的隐士，有耕作之劳，有断炊之虞，有虎豹盗贼之害，并不那般潇洒。但此论所提出的以养性为养生的见解，正是传统的道家养生观。

　　尽管仲长统的养生告诫已经过去一千八百多年了，但至今仍然很有现实的教育意义。现今人们开始富裕起来，物质生活大为改善，有的人凭着自己很有钱，便经常出入豪华宾馆和酒楼，饱餐山珍海味，醉酒贪色，极情纵欲，夜生活无度。名之曰享受生活，实则是在糟蹋自己的身体，及至染上性病和其他恶性疾病，健康不断丧失，直到即将命归黄泉之际，才后悔不已，然而悔之晚矣。

　　仲长统在哲学上除受儒家正统思想影响外，更多地吸收了其他百家学说。提出"叛散《五经》，灭弃《风》《雅》"及"百家杂碎，请用从火"的口号，又说"思老氏之玄虚"、"求至人之仿佛"，追求"无待"和"逍遥"，因而更多地具有

异端色彩，并表明经学的衰落和向玄学的过渡。仲长统在"天人之际"问题上坚持"人事为本"，认为治乱"壹之乎人事"，对世俗迷信与仙人观念多有批判。认识论以求道重行为特征。历史观认为治乱循环论，但主张根据时势进行"理乱"，有损有益、有变有复。在伦理学上主张人人都要修养，并对儒家忠、孝、信、义概念进行了新的辨析。

仲长统在思想中虽说有唯心主义的糟粕，但他一生，唯物主义思想和进步主张是他思想的基础方面。他以"人事为本、天道为末"的唯物主义武器，批判了两汉时期宗教神学的喧闹，他的思想在中国哲学史上有着特殊的历史地位。他是一位伟大哲学家和进步的思想家。

魏晋南北朝哲学

  魏晋南北朝时期的哲学，受当时的政治经济条件制约，有着鲜明的时代特点。在曹魏和西晋时期，出现了嵇康、阮籍、裴頠、欧阳建、何晏、王弼、向秀、郭象等著名哲学家。魏晋时期占统治地位的哲学主要是以玄学的形式表现出来的，它是适应门阀士族夺取统治权力和维护身份等级特权的需要而兴起的哲学思潮，它融合儒道，提倡"三玄"（《老子》、《庄子》、《周易》），以老庄解《易》，用道家的自然无为之说来维护儒家传统的纲常名教。

  魏晋南北朝时期，哲学上两条路线斗争的重心转移到唯物主义神灭论反对佛教唯心主义神不灭论的斗争方面来。在佛教唯心主义泛滥之际，魏晋南北朝时期也先后涌现出一批反佛学的唯物主义无神论者，其中最重要的代表是范缜。他写了著名的《神灭论》，在形、神关系方面，提出了"形质神用"的命题，给佛教宗教神学的理论基础——神不灭论以沉重的打击，把唯物主义的形神关系理论推进到当时所能达到的最高水平。

一、玄学的产生及演变

魏晋时期，我国思想界出现了一股崇尚老庄之学的思潮。这一思潮被时人称为"清谈""清言"，或称为"玄远之谈""虚谈""玄论"等。其言谈的内容以先秦时期的《老子》《庄子》《周易》（以老庄思想解释之）三书为中心，所以后人又把这一思潮称为三玄之学，或简称为玄学。"玄"意指黑色，又有微妙、神秘、深奥、幽远之意，玄学就是玄远之学。"玄"这一概念来自《老子》第一章，是用来形容道的，它是指深远而不可得的意思。换言之，玄即是深奥莫测之意。玄学即是一种研究深奥理论的学问。国学大师汤用彤先生认为其包含三个方面的意思：一是玄理、玄论、玄言，即不讲具体道理而讲抽象的本性之学；二是玄妙，即不讲文句，不论具体事物、不谈具体的人和物，而讲一般的义理；三是玄静，即追求精神上、人格上的玄远。

魏晋贵族对坐清谈

玄学的产生首先有其思想理论上的原因，即它是汉代儒学日趋衰颓和汉代道家自然主义思想日益兴起的一种自然演变的产物。两汉重经学，西汉主要是今文经学，东汉主要是古文经学，都十分烦琐。前者讲微言大义，后者讲章句训诂。同时，两派都推崇周公、孔子之道，宣扬以忠孝为核心的君臣、父子、夫妇、朋友之义，这即是魏晋人所说的"名教"。但是，独尊儒术在学术上造成了很坏的后果：其一，谶讳盛行，儒学成为一种神学。其二，形成了一种烦琐的学风。"说五字之文，至于二三万言"（《汉书·艺文志》）；"一经之说，至百万余言"（《汉书·儒林传》）。其三，儒者为官。于是东汉末年，随着儒学的颓败，道家逐渐取代了儒家的地位。他们试图以老庄解释儒家，即把三玄抬出来，从中去找"名教"的形而上学依据。因此他们主要讲社会"名教"和宇宙"自然"（自然而然，合乎本性主义）的关系，即通过讨论本体论而为其社会政治主张作论证，从而重视本和末、有和无的关系。

其次，玄学的产生还有其社会历史原因。西汉经学强盛时期，董仲舒奠定了思想上的统一而实行了独尊儒术。东汉末年，这种思想上的统一遭到了瓦解，儒学威严扫地，儒家名教已不能维系人心。此时，社会上出现了门阀士族（豪强地主）和（寒门庶族即有知识、有文化阶层）的对立。曹操即是后一种势力的代表，他废除了东汉以来由豪强地主操纵垄断的推举官吏的察举制度，提出了"尚才不尚德"的用人标准。于是曹操以"贱守节"而著称，东汉则"尚气节"。这种做法极大地破坏了"名教"的统治地位。但是，曹操削弱、压制豪强大地主的行为遭到了保守势力的反抗。魏文帝曹丕时实行了"九品中正"的选拔人才方法，朝廷依据门第的高低任用官吏，连皇帝也不能侵犯高级士族做大官的特权，即所谓"举贤不出世族，用法不及权贵"。这样，不久便形成了"上品无寒门，下品无世族"的局面，门阀士族的势力日益扩张，君权削弱。司马氏在门阀士族的支持下以政变方式夺取了政权，建立了晋王朝，倡导"名教"，玄学正是在"名教"盛行这一社会历史背景下出现的，它以"名教"反对者的身份而盛行于一时。

玄学的产生也有其直接现实的原因。魏晋时期是一个社会处于分裂而战乱不断的时代，门阀士族割据称雄，统治阶级之间互相争杀，人民生活不得安宁。统治阶级内部也倾轧不已，比如司马懿杀曹爽、何晏、曹彪、夏侯玄等曹魏集团中的重要成员；司马昭杀曹髦、嵇康；司马炎篡位称帝。此时，郭象等人也被杀戮

而死。于是，人们意识到人的生命是何等的短暂、坎坷、欢少愁多，这便使得人们对生死存亡更加关注和感伤，对人生短暂的感慨唱叹，对生命意义的思索追求成为当时的典型音调。这样，玄学作为当时的处世哲学也就因而流行一时。有些人以此来重新探求新的"治国安邦"之策，如何晏、王弼，有些人则探求知识分子自己的安身立命之地，如阮籍、嵇康等。他们从主张清静无为的《老子》中找来了"君人南面之术"，从主张齐物逍遥的《庄子》中找到了自己的安身立命之地。

玄学主要有两个派别，"贵无论"和"崇有论"，他们辩论的主题是"有"和"无"的问题。"有"，中国哲学称天地万物为"群有"或"众有"，它是最大的类名，外延最大，内涵没有规定性，而实际上没有也不可能有没有任何规定性的东西，这就是说实际上没有也不可能有不是任何东西的东西，这样"有"也就是"无"了，从这个角度来说，抽象的"有"就是"无"。

玄学的方法是"辩名析理"（"名理"，它是由郭象提出来的）。"名"就是名词，"理"就是一个名词的内涵。一个名称代表一个概念，一个概念的对象就是一类事物的规定性，这个规定性就是理。一类事物的规定性对于这一类事物的"名"来说，就是那个名的内涵；对于人的认识来说，它是一个概念；对于客观事件来说，它是一个理。把一个理用言语说出来，这就是一个"义"。

后人画作《竹林七贤》

玄学的发展大致经历了以下几个阶段：

一是"正始玄学"阶段。玄学萌芽于汉末与魏初的清谈思想，如刘劭的《人物志》、钟会的《四本论》等。魏曹芳的正始年间，正式产生了以夏侯玄、何晏、王弼为代表的玄学"贵无论"思想。他们是曹魏政权的支持者和官方哲学家，以老庄道家思想去阐释孔子儒家观念。他们的思想体系重心是论证"名教"必须符合"自然"才能发挥作用，提出了"以无为本"、"以有为末"的宇宙本体论学说，因此才被称为玄学"贵无派"。

二是"竹林玄学"阶段。魏朝末年产生了以嵇康、阮籍为代表的竹林玄学，代表人物就是被称为"竹林七贤"的阮咸、刘伶、向秀、嵇康、阮籍、山涛、王戎七位名士。他们都崇尚老庄之学，高扬道家的自然主义思想，抨击虚伪的儒家名教，提出了越名教而任自然的主张。后来，阮籍的放达风度流变为西晋元康年间的狂放时风，但后人多徒求狂放的形式而缺乏思想。

三是"中朝玄学"阶段。西晋中期针对当时盛行的崇尚虚无的玄学思想和元康放达之时风，裴頠、郭象等人揭起了玄学崇有论的旗帜，起来批判何晏、王弼的玄学贵无论思想和当时所谓的放达之风。裴頠从维护儒家礼教的立场出发，著有《崇有论》一文，批评了玄学贵无论和玄学放达派的思想。郭象则从调和儒道的立场出发，提出了名教即自然的主张，在哲学上也批评了何宴、王弼的贵无论，而坚持了自己的崇有思想。东晋时期张湛《列子注》中的玄学思想，只不过是企图把何晏、王弼玄学，竹下老庄之学和郭象玄学三者思想加以综合杂糅而已，并无多少新的创见。南北朝时代，南朝仍继承玄学的传统，玄学是文、史、玄、儒四大门学科之一。至隋唐时代，玄学逐渐被佛学所代替。

二、王弼的哲学思想

王弼（226—249），字辅嗣，三国时魏国山阳（今河南焦作）人。他是刘表的曾外孙，24岁时因病而死，他和何晏是魏晋时期新经学和新哲学的主要创始人。王弼现存著作《老子注》《周易注》《周易略例》《老子微旨略例》《论语释疑》，后两本书的内容散见于其他著作中，均已失传。楼宇烈的《王弼集校释》汇集了王弼现存全部著作，中华书局1980年出版。

（一）"名教"本于"无为"

两汉以来，以儒家"名教"为核心的统治思想，在实际政治生活中暴露出不少的弊病。汉末一些进步思想家，如王符、崔定、仲长统等对当时的政治制度、伦理道德等都进行了不同程度的揭露和批判。汉末农民起义又用武器批判了现实的政治。这样就产生了一个问题，封建的统治制度是不是合理的？怎样才能更有效地巩固地主阶级对农民的统治？以王弼为代表的玄学，打起了评论汉朝名法之治的旗号，从另一个角度，用玄学的形式来为封建等级制的统治秩序的合理性作论证。

王弼

在王弼看来，汉王朝推行的礼法制度越来越烦琐，越来越成为形式化的东西。由于注意形式，讲仁义博施的人，往往是在那里赤裸裸地追求虚名，因此引起了人民的怨恨；提倡礼义的人，反而毫不掩饰地和别人争权夺利，这样也就使人民争夺不已；所表彰的一些所谓忠信的人，实际上是一些假名节之士；制定了许多刑法来限制老百姓，然而人民却想出更多的逃避刑法的办法。这就是王弼所说的："崇仁义，愈致斯伪"，"巧愈思精，伪愈多变，攻之弥甚，避之弥勤。"（《老子微旨略例》）因此，王弼提出，对于这些"仁义""忠孝""刑罚"等"下德"应该重新评价，应该看到这些形式是有其局限性的，甚至搞不好还会有副作用。那怎么办呢？王弼认为，应该抓根本的东西。

所谓"根本的东西"（本），就是先秦道家所提倡的"无为"。王弼认为，"无为"是推行礼义之治的根本，如果"名教"根据它来建立，就能更好地发挥作用。他说："仁德之厚，非用仁之所能也；行义之正，非用义之所成也；礼敬之清，非用礼之所济也。"（《老子》第38章注）应该怎样呢？应该"载之以道，统之以母"。（同上）这里的"道"或"母"，都是指"无为"。所以，王弼说："本在无为，母在无名。弃本舍母，而适其子，功虽大焉，必有不济；名虽美焉，伪亦必生。"（同上）他认为，以无为为本，仁义的作用才会真正地显示出来，礼法的作用才会真正地发挥出来。因此，要懂得什么是母（根本的东西），什么是子

（派生的东西），什么是本，什么是末，做到"崇本以息末，守母以存子"（《老子微旨略例》），政治才能搞好。可以看出，王弼表面上认为"仁义"、"礼法"等不重要，但实际上他是企图用所谓提倡"无为"来巩固"名教"，使"名教"起到更好地维护封建统治秩序的作用。

王弼认为，对任何事情都应采取"无为"的态度，他说："从事于道者，以无为为君。"（《老子》第23章注）他提出，不仅统治者应该"无为"，被统治者也应该"无为"。从统治者说，"行无为之治"，才能达到"无不为"的目的。因为在上的统治者既然"无为"了，下面的被统治者就应该效法，就像子效法母一样。他说："上之所欲，民从之速也。我之所欲唯无欲，而民亦无欲而自朴也。"（《老子》第57章注）这是说，统治者如果有什么欲望要求，老百姓也就会很快地跟着来了；如果统治者宣扬说"我所想的就是无欲"，那么老百姓也就会没有什么欲望要求，而过着朴素安静的生活。王弼鼓吹"无为"，当然不是要统治者真的什么事也不干，而是企图通过"无为"的宣传，从根本上杜绝社会上的争夺和倾轧，以达到他心目中的理想社会。所以，王弼在《老子微旨略例》中说："闲邪在乎存诚，不在察善；息淫在乎去华，不在滋章；绝盗在乎去欲，不在严刑。"这是说，要防止社会产生"邪恶"、"淫欲"、"偷盗"，不能在它发生之后，再用严刑去制止它，而要在它发生之前就把它消灭掉。所以他又说，"故不攻其为也，使其无心于为也。不害其欲也，使其无心于欲也。谋之于未兆，为之于未始，如斯而已矣。"他把这种办法称为"崇本以息末"，就是说使人们过着无知无欲、安分守己的生活，这样仁义、刑罚的作用也就自然而然地发挥出来了。

王弼这种思想，表现出董仲舒以来所提倡的儒家学说经过汉末农民革命的打击，发生了动摇。于是，封建统治阶级不得不寻找新的统治思想和统治方法，以适应历史的新变化。

（二）"天地万物皆以无为本"的本体论

王弼的整个哲学体系抛弃了两汉以来烦琐的经学和谶纬迷信，不再用那些荒诞的天人感应目的论做理论根据，而采用了思辨哲学的形式，以探讨宇宙本体问题作为其哲学体系的核心。王弼认为，万有统一于一个共同的本体，这就是"道"（或者为"无"），世界万物之所以能存在，就是因为有这个本体，多种多样的世界万物，就是这个本体的表现。这就是所谓的"天地万物皆以无为本"，

王弼的哲学体系就是从各个方面来论证这个命题的。

王弼认为，世界上形形色色的万物（有）只是现象（末），而在这些现象之中，有一个更根本的东西决定着万有的存在。他说："天下之物，皆以有为生；有之所始，以无为本；将欲全有，必反于无也。"（《老子》四十章注）这句话的意思是说，天下万物都是具体存在着的东西；具体存在着的东西之所以成为它存在的那个样子，是因为由"无"作为它的本体；如果万有要保全自己，必须返归于"无"。

为什么呢？照王弼看来，任何具体的东西（有），都不能作为另外一个具体东西的本体，更不能是整个宇宙的本体。因为具体的东西总有其规定性，是方的就不能又是圆的，是温的就不能又是凉的。因为有其规定性，因而不能成为万有共同存在的依据，所以万有的本体只能是无形无象的"无"。和王弼同时的另一个主张"以无为本"的玄学家何晏认为，就声音说，如果是宫就不能是商，是角就不能是羽，因此最根本的声音就是"无声"，"无声"是各种声音的根本。就颜色来说也是如此，因此"无色"是各种颜色的根本。从这里看，每一类事物的根本都是"无"，那么整个万有的根本当然也就是"无"了。王弼等人所谓的"无"并不是空无，而是世界万物的无形无象的本体。他曾这样来说明这个本体："欲言无邪？而物由以成。欲言有邪？而不见其形。"（《老子》）这是说，这种本体是无形无象，没有任何质的规定性的。在王弼、何晏看来，正是这个没有任何规定性的"无"，才决定了具有各种规定性的"有"的存在和发展。

王弼为了论证世界万物由一个根本的东西作为本体来统一它们，因而又从"一"和"多"的关系方面来论证"以无为本"。王弼认为，万有是多种多样的，不能自己治理自己，必须有一个"至寡"的东西来统率它们，世界才有秩序。他说"众不能治众，治众者至寡"，"少者多之所贵，寡者众之所宗。（《周易略例·明象》）"又说，"统之有宗，会之有元，故繁而不乱，众而不惑。"（同上）所谓"至寡"是什么呢？王弼认为就是"一"。他说："众之所得咸存者，主必致一也。"（同上）这是说，"一"是统治万有的。"一"又是什么呢？王弼在解释老子的"道生一"时说："万物万形，其归一也。何由致一？由于无也。由无乃一，一可谓无？已谓之一，岂得无言乎？有言有一，非二如何？有一有二，遂生乎三。从无之有，数尽乎斯，过此以往，非道之疏。"（《老子》）这就是说，"一"也就是"无"，用"一"来统"众"，也就是用"无"来统"万有"。这一点，

在《老子》第 11 章的注中,王弼有更明确的说明。他说:"毂所以能统三十辐者,无也。以其无能受物之故,故能以寡统众也。"这是说,车毂辘之所以能把三十辐集中起来,使其发生作用,是因为毂辘中间有个空的地方(无),正因为有这个"无",才能把众多的东西统一起来,使其发生作用。所以说"无"比"有"更根本,"无"是万有的"宗主"。

两汉神学目的论认为,自然界和人类社会中的一切变化都是依天的意志决定的,这样就取消了自然界和人类社会发展的客观规律性。王弼的说法与神学目的论的说法不同,他说"物无妄然,必由其理"(《周易略例·明象》),这是说,万有的存在和变化都有其规律性。那么这种规律性在哪里呢?王弼说:"道者,物之所由也。"(《老子》)这是说,万物之所以存在是由于"道","道"也就是"一"或"无"。这个观点说明,王弼承认客观事物的发展变化有其规律性,而这个规律性从根本上说也就是本体"道"或"无"。

王弼还从动静的关系来论证天地万物以无为本。他认为,万有是有形有象

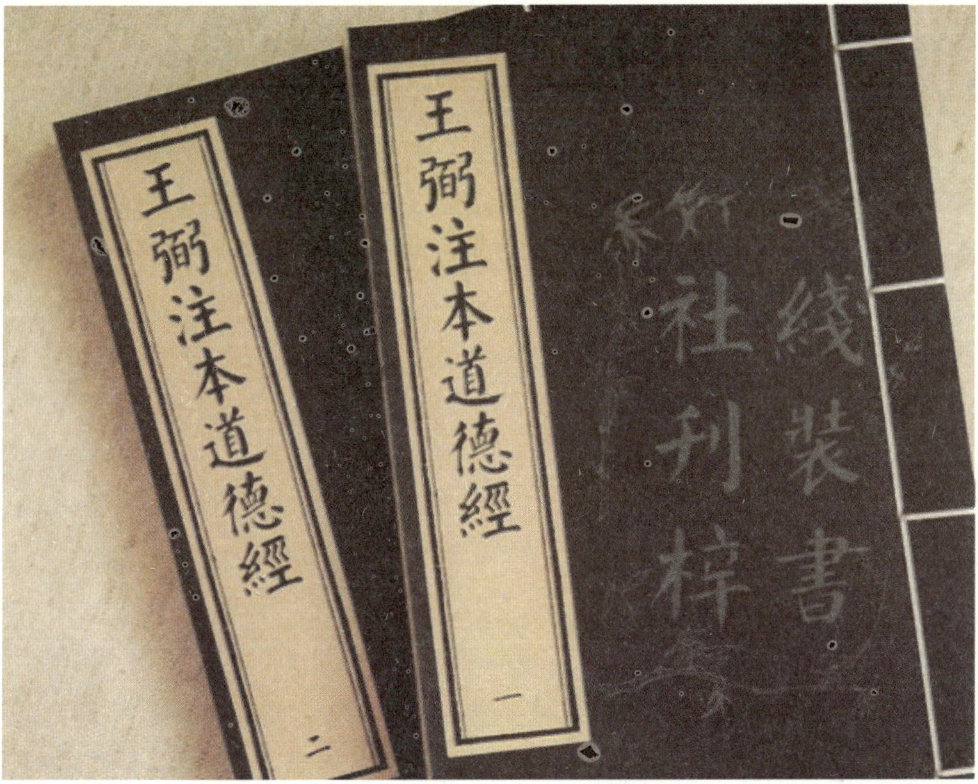

《王弼注本道德经》四库荟要本

的、千变万化的，这样它就不能永恒地存在着，不能永恒地存在着的东西，就不能是根本的。"无"则是无形无象、不动不变的，它是永恒存在的，所以是绝对的，万物的根本。他说："复者，反本之谓也。天地以本为心者也。凡动息则静，静非对动者也；语息则默，默非对语者也。然则天地虽大，富有万物，雷动风行，运化万变，寂然至无，是其本矣。"（《周易略例·复卦》）这是说，世界万物是千变万化的，但对不变来说，变化是相对的，不变才是绝对的，所谓"动""语"不过是"静""默"的变态，终究要归于静默。因此，人们应在"动"的现象中看到本体的常静，于动中求静，这叫作"反本"。

总之，王弼是通过对"有"和"无"的关系的抽象分析来论证其天地万物"以无为本"的命题的。他所说的"有"和"无"的关系是："无"是无形无象的，是本，"有"是有形有象的，是末。有形有象的东西依赖无形无象的本体才能存在；"无"是"一"，"有"是"多"，万有由于"无"统率，才有规律性；"无"是绝对静止的，万有是千变万化的，然而终究归于静止。这就是说，世界的统一性不是它的物质性，而统一于没有任何质的规定性的"无"。因此，王弼的哲学是一种客观唯心主义，从它的认识根源上，可以归纳出以下两个特点：

第一，王弼在现实世界之外虚构了一个精神性的东西（无）作为它的本体，但是世界万物之外是不可能有什么东西的。如果要在世界万物之外找一个本体，那无非是为它找一个造物主，王弼不说这个虚构出来的精神性的东西是造物主，而是把它称作"道"或"无"，但其实它们在本质上是一样的。这样的观点从其认识论的根源上说，是认为人们对于千变万化的现实世界，没有办法把握它的规律，不能从现实世界自身中去寻找它的变化的原因，不能从现象中把握本质。总之，把本质和现象加以割裂，因此不得不从它外面去找原因，这样就不能不虚构出一个与现实世界对立的本体以建构其本体论学说。

第二，抽象有两种，一种是科学的抽象，一种是非科学的抽象。科学的抽象就是要通过对事物的分析，把它的本质属性概括出来，因此科学的抽象概念是有客观内容的，是对事物本质属性的概括，所以列宁说："物质的抽象、自然规律的抽象、价值的抽象等，一句话，那一切科学的（正确的、郑重的，不是荒唐的）抽象，都更深刻、更正确、更完全地反映着自然。"（《哲学笔记》）然而王弼对"以无为本"的论证，却不是从对具体事物的科学分析中概括出事物的本质属性来，而是在头脑里虚构了一个把事物的任何性质全都抽掉的"无"来，然后把

这个"无"说成是"有"的本体或是事物的本质。

（三）"得意忘象"的认识论

魏晋时期，玄学在方法论上宣扬"辩名析理"，即从分析抽象的概念和义理出发，探讨世界的本原问题。王弼解释孔丘"吾道一以贯之"说："夫事有归，理有会，故得其归，事虽殷大，可以一名举；总其会，理虽博，可以至约穷也。"又说，"能尽理极，则无物不统；极不可二，故谓之一也。"（《论语释疑》）他认为，要得到这个统率一切事物的"一贯之道"，就必须抛开具体的物象，如果只停留在具体物象上，是不可能得到的。这就是他"得意忘象"的理论。

王弼在他的《周易略例·明象》中，研究了言、象、意三者的关系。言，指卦辞，代表语言；象，指卦象，代表物象；意，指一卦的义理，代表事物的规律。王弼认为，语言是表达物象的，物象是包涵义理的。但语言不等于物象，物象不等于义理，所以要得到物象应该抛弃语言，要得到义理应该抛弃物象。他说："言者所以明象，得象而忘言。象者所以存意，得意而忘象。"在他看来，言只是得象的工具，象只是得意的工具，如同蹄是捕兔的工具、筌是捕鱼的工具一样。因为是工具，所以想得到义理，就应抛弃物象。王弼把这个观点进一步发挥，又得出一个结论：如果拘泥于物象，则妨碍对义理的认识，拘泥于语言，则妨碍对物象的表达，所以要想真正把握住义理，就得忘掉物象。他说："然则忘象者乃得意者也，忘言者乃得象者也。得意在忘象，得象在忘言。"这就是说，只有抛弃物象的限制，才能认识事物的规律。

王弼的这些议论，看到了语言、物象和义理三者的差别，有其合理性。但是他把这种差别夸大了，割裂了三者的内在联系，其结果是，抛弃现象去认识本质，排斥感觉经验，排斥实践，把对

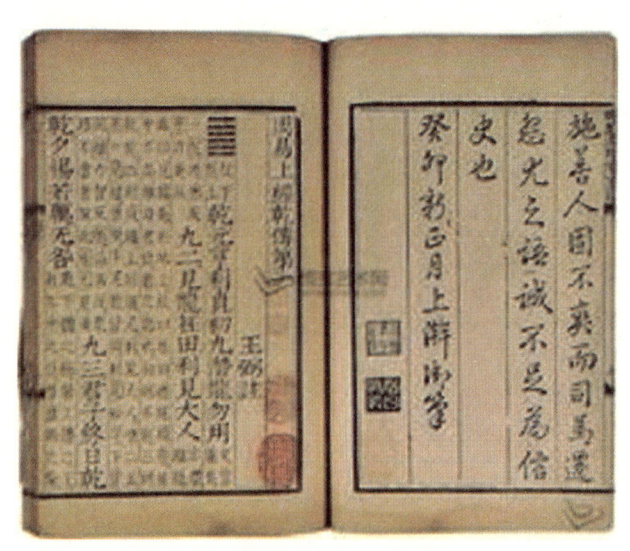

《王弼注周易十卷》

事物规律性的认识，看成是头脑自生的东西。这种先验论同他的本体论是一致的。王弼宣扬的作为世界本体的"无"是超经验的、通过具体物象是不能认识的，因此在认识论上便导出了"忘象求意"的结论。如何去"忘象求意"呢？王弼认为，这要靠一种非凡的、天生的智慧。

他称这种天生的聪明和才能为"神明"。他曾在与钟会辩论时提出了这个观点，他说："圣人茂于人者神明也，同于人者五情也。神明茂，故能体冲和以通无；五情同，故不能无哀乐以应物。"他认为，圣人和普通人的根本不同点就在于圣人有天生的智慧，"智慧自备"（《老子》），这种天生的智慧完全不用从后天的学习和实践中来，圣人有了这种天生的智慧就可以完全体会本体"无"，所以王弼提出"圣人体无"的观点。对"圣人体无"这个观点可以从两个方面来分析：从认识论上说，"圣人体无"就是说圣人能靠他天生的神明体认本体；从本体论上说，"圣人体无"就是说圣人和本体"无"是一回事，即与"无"同体。王弼在《老子》第23章注中说："道以无形无为成济万物，故从事于道者以无为为君，不言为教，绵绵若存，而物得其真，与道同体；故曰同于道。"这就说明，王弼把圣人（就是这里所说的从事道者）抬高到和"道"一样的地位，从而将其神化了。本来"道"或"无"都是王弼所谓的"圣人"虚构出来的，自然这个虚构的本质也就只能存在于"圣人"的心中了，也就是说"圣人"是真理的化身，这样王弼具有先验论倾向的"得意忘象"说又导出了天才论，甚至带有神秘主义的色彩了。

（四）"治众者至寡"的英雄史观

在魏晋时代，由于社会的大变动，因此什么样的人是"英雄"也是当时哲学家讨论的重要问题之一。所谓"英雄"就是指应该当统治者的人，最高的"英雄"在当时称作"圣人"。剥削阶级几乎没有例外，都要把人分成两类，一类是统治别人、教化别人的英雄，另一类则是被英雄统治、教化和牵着鼻子走的老百姓。当时有所谓"月旦评"，就是评论什么样的人最适宜当统治者。曹魏时期的刘劭作了一本书叫《人物志》，这本书就是专门讨论英雄人物的标准的，刘召力给"英雄"下了一个定义："聪明秀出谓之英，胆力过人谓之雄。"（《人物志·英雄第八》）就是说，英雄与一般人不同，他们有特殊的智慧和才能，他们可以统治别人，"成大业"或"致太平"。王弼在这个问题上，把刘劭的英雄史观更往前

发展了一步,他从哲学上对这个问题给予理论的论证。

王弼的著作中没有采用"英雄"这样的字眼,而是用"圣人"来讨论这个问题。他认为圣人是最理想的统治者,而统治者又是社会中必不可少的。为什么社会上一定要有一个至高无上的统治者呢?因为整个宇宙有一个最高的本体叫"道"或"无",它是世界万物的宗主,世界万物因为有它而存在,而有秩序和条理。那么在社会上也应有一个至高无上的统治者,由他来当老百姓的主宰,给社会以秩序和条理。王弼说:"譬犹以君御民,执一统众之道也。"(《论语释疑》)圣人怎样"执一统众"呢?他说:"真散则百行出,殊类生,若器也。圣人因其分散,故为之立官长。以善为师,不善为资,移风易俗,复使归于一也。"(《老子》)这是说,圣人看到了众多的老百姓各行其是,没法统一,于是就为他们设立"官长",使他们统一起来;既然设立了官长,就不能不定出上下尊卑的名分来,否则还是得不到统一,所以这种上下尊卑的统治与服从的关系是合乎"道"的,是圣人所制的。在王弼看来,"执一统众"或"执一御万"不仅是自然和社会的总原则,也是君主或圣人统治人民的重要原则,它具有普遍的意义。因为道是万物的宗主,而君主或圣人又能体道,所以能够成为万民的主宰。他说:"百姓有心,异国殊风,而王侯得一者主焉。"(《老子》)王弼把君主与圣人对百姓的治理提到本体论的高度加以论证,集中反映了他的英雄史观的内容。

由于圣人体无,"德合自然",应该当统治者。那么,老百姓应该怎样呢?在王弼看来,老百姓处于无知无欲、安分守己的状态是最符合"道"的要求的,他说:"愚,谓无知守真,顺其自然也。"(《老子》)可见历史上任何把统治者说成是应该高高在上的"英雄"或"圣人"的哲学家,同时也就必然轻视下层民众,甚至把他们看成消极被动、任人宰割的群氓。

王弼认为"圣人"是具有天生智慧的天才、超天才式的人物。在他看来,只有这种具有天生智慧的人才能根据"道"的要求来处理世事、治理百姓。但是,作为事物本体的"道"是无形无象的、是不能言说的,也是老百姓无法懂得、无法认识的,因此圣人还得用有形有象的东西来进行统治。王弼说:"圣人体无,无,又不可以训,故言必及有。"(《世说新语·文学篇》)这无非是说,圣人制定出来的"名教"等封建制度之类都是合理的、必要的。王弼讲上面那段话本是想调和孔子和老子的学说,然而从这里也暴露出他实际上仍然把孔子看成是比老子更高的圣人,用以肯定维护封建等级制的"名教"。

三、裴頠的哲学思想

裴頠（267—300），字逸民，河东闻喜（今山西闻喜县）人，晋朝的政治家、玄学家、地理学家和医学家，其父为著名学者裴秀。他被赵王司马伦所杀，时年33岁。著有《崇有论》一文，保存在《晋书·裴頠传》中，另有些文章散见于严可均辑《全晋文》中。他着重批评贵无论不利于个人的养生、保生，也不利于国家的政治统治，为此他具体地阐发了崇有论思想。

（一）崇有学说

裴頠提出了崇有学说，即主张以有为体。他的这一思想，具体讲来，有以下七点。

一是"夫总混群本，宗极之道也"。（《崇有论》）裴頠认为，整个世界就是由万有本身所组成，并不需要在现实世界万有之外寻找世界的本体。此处的"群本"即指万有本身，万有本身就是世界的本体，宇宙即是总括一切万有的存在，这就是所谓最高宗极的"道"。因此离开了万有的存在也就无所谓"道"。这就否定了王弼所主张的"将欲全有，必反于无"的思想。

二是"形象著分，有生之体也"。（同上）裴頠认为，各种有形有象的具体存在物，就是各自有生之物的本体，它并不需要以"无"做本体。这即是向秀所说的"天地以万物为体"。说的是客观事物都是有形有象的具体事物，它们就是生动的实体，除此以外，没有超越于具体事物之上、之外的实体或本体。正由于事物各自有各自的本体，有着自己不同的性质，所以它们能够各自按照自己族类的不同而加以区分。"方以族异，庶类之品也。"（同上）

三是"理之所体，所谓有也"。（同上）这是讨论理（规律）与万物的关系。

裴頠

裴頠认为理即是事物本身的理。而在王弼看来，理是事物的宗主，它是统率事物的，最高的理即是"一"或"无"。裴頠反对这种理在物先，以无为体的观点，主张"是以生而可寻，所谓理也。理之所体，所谓有也"（同上）；"化感错综，理迹之原也"（同上）。可见，在裴頠看来，理并不是独立于事物之上的东西，而是由于事物的变化和事物之间错综复杂的相互作用与相互感应而表现出来的现象，而这些形迹是可以探究得到的，这就叫作理。因此，理是事物运动变化的结果，理的本体就是"万有"本身，决没有凌驾于万有之上而存在的理。

四是具体事物之间相互依存。裴頠说："夫品而为族，则所禀者偏。偏无自足，故凭乎外资。"（同上）；"有之所须，所谓资也。资有攸合，所谓宜也。择乎厥宜，所谓情也。"（同上）这表明：既然万物能够区分为不同的品类，各个族类的事物都有各自的特点，因此，各类事物也就不能包括所有事物的性质，都是各具一偏的。既然万物各具一偏，因此每个事物也就不能只依靠自己就能存在。例如树木生长需要水、日光和养料，人活着需要空气、水、食物、阳光等。这就需要凭借外在的物质条件。所以每一个具体事物的存在，都要依赖于其他事物（"济有者，皆有也"），万物之间是互相成济的。不过，外在的物质条件要符合自己生存的需要，符合的才是适宜的，因此对于外在物质条件就需要有所选择、有所取舍，这就是人的情欲。所以人的正当情欲应加以肯定，它为人类生存所必需。这样，裴頠就从客观物质世界本身中提示出了万事万物所以能存在的原因，这也就与何晏、王弼所宣扬的"万物恃无以生"对立起来了。

五是"无不能生有"与"有之自生"。关于万物究竟如何产生出来的，老子认为"有生于无"，万物是由无中产生的。何晏、王弼认为"无也者，开物成务，无往而不存者也。阴阳恃以化生，万物恃以成形"。（《晋书·王衍传》）即是说万物是依赖于无而生成的。然而，到底"无"怎么能生出有来；有又是怎样恃无以生成的？老子、何晏、王弼谁也讲不清楚。对此，裴頠提出了"夫至无者无以能生，故始生者自生也"（《崇有论》）的思想。至无就是绝对的无，既然是绝对的无，什么也没有，当然这样的无也就什么也生不出来。那么，万物是如何产生的呢？裴頠的回答是"始生者自生也"。万物的产生都是自己生自己，并没有一个超物质的东西使它产生，这就否定了一切造物主的神学梦呓。这一自生说可能是受了魏晋之际向秀的"生自生耳，生生者岂有物哉"思想的影响，这一思想也与同时或稍后的郭象所主张的"无不能生物"而"物自生"的思想相近。

六是"虚无是有之所谓遗者也"。(同上)这是谈有和无的关系。上面讲到,至无即绝对的无是不存在的,那么人们一般所讲的"无"是什么意思呢?裴頠认为,所谓"虚无"是对有而言的,也就是对有的否定。既然万物都是自生的,不是从无中产生的,那么万物必定是以有为本体,即以自己为自己存在的根据,不能以无为本体。如果万物失去了"有"这一本体,遗弃了有,那生命也就随之结束,不复存在了。所以裴頠说:"生以有为己分,则虚无是有之所谓遗者也。"(同上)

七是"济有者,皆有也,虚无奚益于已有之群生"。(同上)这是《崇有论》一文的最后结论。依裴頠看来,有是指各种事物的实际存在,无是有的否定,也就是不存在。具体事物的存在都是要凭借外部的物质条件(外资)的,但外部的物质条件绝不能是无,而应是实际存在的事物,所以成济事物的都是"有"而不能是"无"。于是,裴頠说:"故养既化之有,非无用之所能全也;理既有之众,非无为之所能循也。心非事也,而制事必由于心,然不可以制事以非事,谓心为无也。匠非器也,而制器必须于匠,然不可以制器以非器,谓匠非有也。是以欲收重泉之鳞,非偃息之所能获也。陨高墉之禽,非静拱之所能捷也。审投弦饵之用,非无知之所能览也。由此而观,济有者,皆有也,虚无奚益于已有之群生哉!"(同上)

这段话的意思是说,要成全一件事物,就要依靠有,而不能依赖于虚无。要做件事情就要用心思考,虽然心并不就是事,但绝不能说心是无。制器需要工匠来制,虽说工匠并不就是器,但绝不能说工匠是个无。不投诱饵,钓不着深水的鱼;不张弓发箭,打不下高处的鸟;偃卧无为、静息拱手是什么事情也办不成的。因此,结论只能有一个,即"济有者,皆有也,虚无奚益于已有之群生"。这样,在裴頠看来,主张虚无无为对于群生来说只能说是有害而无益。这明显是对玄学口谈虚玄、不务实事的一个有力的批判。

(二)反"贵无论"

裴頠首先从养生论角度揭露了玄学"贵无"思想的理论错误。依他看来,既然万有各自有着自己的本性和特点,都有自己的局限,并不是圆满自足的,因此它们的生存都需依赖于外物,追求外物的欲望是生物的通情。这本来是无可非议的事。然而一个人的吉凶、祸福、得失、成败,也都是在与外物接触中产

生的。过分地追求物质欲望反而会妨碍生存，给人带来祸患，但适当的物质欲望则是必需的。

因此，裴頠说："贤人君子，知欲不可绝而交物有会，观乎往复，稽中定务。惟夫用天之道，分地之利，躬其力任，劳而后飨；居以仁顺，守以恭俭，率以忠信，行以敬让；志无盈求，事无过用，乃可济乎？故大建厥极，绥理群生，训物垂范，于是乎在，斯则圣人为政之由也。"（同上）这就是说，摒弃一切欲望是不可以的，重要的是掌握住与物相接交中决定吉凶存亡的关键之处，这就必须观察其往返的变化，然后考订适当的准则，决定自己努力的方向。在自然界要运用天道，分享地利，亲自疾作，劳而后享；在社会里则要有仁顺、恭俭、忠信、敬让等道德原则，这样就不会有过分的行为，事情就可以成功。这就是治理国家的最高准则，圣人为政之根由。

然而，王弼、何晏等贵无论者却不懂这一道理，他们只片面地看到了淫欲的危害，认识到"若乃淫抗陵肆，则危害萌矣。故欲衍则速患，情佚则怨博，擅恣则兴攻，专利则延寇，可谓以厚生而失生者也"。（同上）因此，他们害怕淫欲的这些危害，从而陷入了"察夫偏质有弊，而睹简损之善，遂阐贵无之议，而建贱有之论"（同上）的理论错误。为此，裴頠指出："夫盈欲可损而未可绝有也，过用可节而未可谓无贵也。"（同上）即是说，欲可损但不可绝，用可节但不可以无用为贵。这就较正确地解决了节欲还是绝欲，节用还是以无为用的问题，同时也揭露了王弼等玄学贵无论者把节欲夸大为绝欲无欲，把节用说成是以无用为贵，从而主张"虚无"的错误。另外，此点也从理论上与当时放达派们的纵欲思想划清了界限。

其次，裴頠也指出了玄学贵无思想对社会政治的危害性。裴頠从维护儒家名教出发，指出玄学家们主张"贵无之议"也就必"建贱有之论"。他说："贱有则必外形，外形则必遗制，遗制则必忽防，忽防则必忘礼。礼制弗存，则无以为政矣。"（同上）这就是说，只去追求所谓根本的"无"的本体，而把各种具体存在的事物当作次要的东西，这样也就必然会把自己的形体置于度外，进而不去重视那些社会上的礼制法度，一旦忽视了防止人们逾越名教的各种礼制规范，则政治统治也就无法维持，从而对国家造成严重的危害。

在裴頠看来，玄学家们所宣扬的是："立言藉于虚无，谓之玄妙；处官不亲所司，谓之雅远；奉身散其廉操，谓之旷达。"（同上）结果却造成了"砥砺之

风，弥以陵迟。放者因斯，或悖吉凶之礼，而忽容止之表，渎弃长幼之序，混漫贵贱之级"。（同上）更有甚者，"至于裸裎，言笑忘宜，以不惜为弘士，行又亏矣。"（同上）这种不遵礼法，追求旷放，直至纵欲放肆的做法，走到了何晏、王弼玄学愿望的反面。

裴頠还指出了玄学贵无思想是源于先秦老聃"有生于无"的学说。裴頠指出，老子之学中的"虚无之言，日以广衍"，发展成为"众家扇起，各列其说。上及造化，下被万事，莫不贵无"（同上）。即把万物一切都说成是以无为根本，最终造成了魏晋玄学贵无思想的泛滥。

综观裴頠对玄学贵无派的反驳，我们发现其反驳的力度和广度是远远不能驳倒贵无哲学的。同时，其理论运思的深度也不及何晏、王弼等人，因为他实际上是站在常识的观点和角度来批驳以哲学和逻辑来立论的贵无思想。不过，抛开裴頠理论论证上的不足之处，我们依然能够从其挚热的现实关怀中，看到他那种积极地投身于反叛当时极端贵无放达之流弊的真情实感。公允地讲，裴頠的此种批判确实为纠正当时和后世的时风有着一种积极而长久的影响力。

四、郭象的哲学思想

郭象（252—312），字子玄，河南人，西晋末年哲学家。他在魏晋玄学家当中，才学与名声很高。他"少有才理，慕道好学"，"能清言"，"语议如悬河流水"滔滔不绝。他"托志《老》、《庄》"，尤其是他的《庄子注》最有"清辞遒旨"。因此，当时人称"王弼之亚"。

郭象的代表作为《庄子注》，但对此有不同的看法。一种看法认为郭象的《庄子注》是剽窃向秀的，此些人都承袭《世说新语·文学》和《晋书·郭象传》的说法。宋明学者对此说皆无疑议，似乎已成定论。但入清以来，又有许多人对宋明学者的意见提出疑议。他们开始注意向秀、郭象之间的殊异，以证明郭象剽窃向秀之说不能成立。此问题在近代愈趋愈烈，但大多数人认为郭象是在向秀《庄子论》的基础上加以发展而作出今本《庄子注》的。对于郭象的《庄子注》，主要见于王叔岷的《郭象庄子注校记》一书，郭庆藩的《庄子集释》中也有记载。另外，郭象还有《论语体略》（或称《论语隐》）一书，现已佚失，只有部分内容保留在黄侃《论语义疏》中。

（一）万物"自生独化"说

"造物者无主"与"物各自造"的万物"自生独化"说，是郭象哲学思想的核心。不过，此种理论的提出是建立在他的有无观上的。

承接裴頠崇有论的思想，郭象对有无关系作了全面的发挥，这是针对王弼派的以无为本之说而讲的。王弼说："凡有皆始于无，故未形无名之时，则为万物之始；及其有形有名之时，则长之育之，亭之毒之，为其母也。"（王弼《老子》）王弼把有无解释为母子关系，以无为母，就是以无为独立自存的实体，而有则是由无派生的。郭象反对此种本体论，而提出了"无不能生有"和"无不能为有"的命题。

郭象说："无即无矣，则不能生有；有之未生，又不能为生。然则生生者谁哉？块然而自生耳。"（《齐物论注》）又说，"此所以明有之不能为有而自有耳，非谓无能为有也。若无能为有，何为无乎？一无有则遂无矣，无者遂无，则有自歘生明矣。"（《庚桑楚注》）在郭象看来，所谓"无"就是一无所有，即"一无有则遂无矣"。此种解释与裴頠的"虚无是有之所谓遗者也"，即以无为有的消失在本质上是相同的。"一无有"即一无所有，即以无为零。以无为空，无就是非存在，这就否定了"无"的实体性。

对"有"这一概念，郭象沿用传统用法，指的是个别的具体的存在物。也就是说，它既不是作为一般存在的"有"（或"有"的一般），也不是抽象的"无"。他说："夫有之未生，以何为生乎？故必自有耳。岂有之所能有乎？"（同上）作为个别存在物的有，它的产生是"自有"。因为自有，就一定不是某个具体的东西所能产生的。因此有时，郭象又把"有"称为"物"。"谁得先物者乎哉？吾以阴阳为先物，而阴阳者即所谓物耳。谁又先阴阳者乎？吾以自然为先之，而自然即物之自尔耳。吾以至道为先之矣，而至道者乃至无也，

郭象

既以无矣，又奚为先！"（《知北游注》）在郭象看来，阴阳作为二气，乃是具体存在的东西，而自然不过是万物存在的一种状态，它总是物的自然，因此它们都是有，都不能成为先物者，即不能成为万有的总根源。同样，至道或至无又是不存在，是零，因此就不能成为万有的根源。这种对有、无的具体规定为郭象解决有无关系奠定了基础。

郭象首先论证了"无不能生有说"。他说："无不能生物，而云物得以生，乃所以明物生之自得。任其自得，斯可谓德也。"（《天地注》）"一者有之初，至妙者也。至妙，故未有物理之形耳。夫一之所起，起于至一，非起于无也。"（同上）在郭象看来，"无"既然在空间上和时间上都等于零，并非是一个实体，所以它不能生有，就连最微妙的一也不是由无产生的。所谓"一者有之初"，是指万有存在的原初阶段，这时万有还没有物理之形，但不能说有形的东西还是无形的东西，都不能说是由"无"产生的。可以看出，他反对以"无"为实体，认为无不能生有，也不能为有，把万有的存在归之于自生自建。这是崇有论的基本观点。

关于有和无的关系，郭象还认为万物既非无所生，亦不能归于虚无。他说："夫有不得变而为无，故一受成形，则化尽无期也。"（《田子方注》）；"非唯无不得化而为有也，有亦不得化而为无矣。是以夫有之为物，虽千变万化而不得一为无也。不得一为无，故自古无未有之时而常存也。"（《知北游注》）在此，"有不得化为无"有两层含义：其一，就某一个别存在物来说，一旦形成后，就要变化下去，没有穷尽，即所谓"一变成形则化尽无期"。这即是说，无论怎样变化，都是作为个别存在物而变化，怎么变化也不能变为虚无。其二，就万有的总和来说，是永远的存在，物质世界是长存不灭的，即"自古无未有之时而常存"，没有一个什么也没有的时候，亦即所谓的"天地长存乃无未有之时"。这就是说，天地万物既不被创造，也不被消灭。这不仅包含了物质世界不灭的思想萌芽，也包含了物质世界在时空上无限的思想。

可见，郭象对有无的看法不同于王弼、裴頠。王弼把无看作天地万物的"本"、"体"，裴頠把"天"看作是"有之所谓遗者也"，而郭象则主张无不是相对于有而言的，它既不是有的"本""体"，也不是有的消失状态。无仅仅是说明天地万物的生成没有任何东西作为它的根据，而是自生的。于是，郭象通过有无关系的辩论，在自然观上，提出了又一个基本命题——"造物者无主，物各自造"。这一命题是和"无不能生有"联系在一起的。

郭象说："夫天籁者，岂复别有一物哉！即众窍比竹之属，接乎有生之类，会而共成一天耳。无即无矣，则不能生有；有之未生，又不能为生。然则生生者谁哉？块然而自生耳。自生耳，非我生也。我既不能生物，物亦不能生我，则我自然矣。自己而然，则谓之天然。天然耳，非为也，故以天言之。所以明其自然也，岂苍苍之谓哉！而或者谓天籁役物，使从己也。夫天且不能自有，况能有物哉！故天者，万物之总名也，莫适为天，谁主役物乎？故物各自生而无所出焉，此天道也。"（《齐物论注》）这即是讲宇宙间并无造物主存在，所谓天籁只是一种自然现象而已。因此，郭象否认在万有之上还"别有一物"主宰着世界。

郭象又说："万物万情，趣舍不同，若有真宰使之然也。起索真宰之朕迹，而亦终不得，则明物皆自然，无使物然也。"（《齐物论注》）宇宙间万事万物，纷纭复杂，趣舍各异。表面看来，好象有一个"真宰"在那里安排操纵，但只要认真地探寻一下这个"真宰"的踪迹，却虚无缥缈，什么痕迹也得不到，这只能表明，宇宙中没有一个操纵万物的主宰，"物皆自得之耳，谁主怒之使然哉！"（《齐物论注》）

在郭象看来，不仅"无"不能生"有"，没有造物主存在，就是事物的运动变化也不能归结为"无"或"造物主"的推动。他说："无则无所能推，有则各自有事。然则无事而推行是者谁乎哉？各自行耳。"（《天运注》）；"大块者，无物也。夫噫气者，岂有物哉？气块然而自噫耳。物之生也，莫不块然而自生，则块然之体大矣，故遂以大块为名。"（《齐物论注》）

于是郭象得出结论："故造物者无主，而物各自造。物各自造而无所待焉，此天地之正也。"（《齐物论注》）既然万物不是造物主生化而成，无也不能生有，那么有怎样产生？郭象因此又提出了"自生"概念。他说："物之生也，莫不块然自生"；"得生之难，而犹上不资于无，下不待于知，突然而自得此生矣！又何尝营生于已生，以失其自生哉！"（《天地注》）在郭象这里，"自生"有两层含义：其一是与"为生"相对为文，即"自生耳，非为生也"（《在宥注》）。"自"，即自然而然，无目的无意识。其二是与"它生"相对为文，即所谓"天籁者，岂复别有一物哉"；"物自生而无所出焉"，也即是所谓"万物各反所宗于体中而不待乎外"。"有"存在的根据不在外部，而是在自己身上。

郭象在"自生"说的基础上又提出了"独化"概念。他说："若待蛇蚹蜩翼，则无特操之所由，未为难识也。今所以不识，正由不待斯类而独化故耳。"（《齐物论注》)独化即是说万物独自变化，它是对自生的进一步引申，也是"物各自造"的逻辑发展。郭象的独化说有两个方面的意思：第一，天地万物的生成和变化都是自然而然的，"万物必以自然为正，自然者，不为而自然者也。"(《齐物论注》)；"自然即物之自尔耳"(《知北游注》)；"(天)不运而自行也，(地)不处而自止也，(日月)不争所而自代谢也。皆自尔。"(《天运注》)第二，天地万物的生成、变化都是各自独立、互不相关而突然发生的。天地万物"突然而自得"((天地注》)；"忽然而自尔"(《知北游注》)；"掘然而自得"(《大宗师注》)。

依据"独化"说，如果有一个终极原因的话，那不是别的，只能是"无故而自尔"。这种"无故而自尔"的状态，郭象称之为"玄冥之境"。"独化"在"玄冥之境"中进行，"独化于玄冥之境"(《庄子注》序)。他又说："是以涉有物之域，虽复罔两，未有不独化于玄冥者也。故造物者无主而物各自造。物各自造而无所待，此天地之正也。"(《齐物论注》)；"人之所因者天也，天之所生者独化也。人皆以天为父，故昼夜之变、寒暑之节犹不敢恶，随天安之，况乎卓尔独化，至于玄冥之境，又安得而不任之哉？既任之，则死生变化，唯命之从也。"(《大宗师注》)在此，"玄冥之境"的提出是为了说明事物变化的终极原因是不可认识和不可了解的。前一段说明"造物者无主而物各自造"，所以"玄冥"是"名天"；后一段说明"死生变化，唯命之从"，"随天安之"，所以玄冥又是"非无"。"玄冥者，所以名无而非无也。"即玄冥是一种不可认识的状态。

（二）"道不逃物"与"道莫过自得"

郭象对"道"的理解有两方面的含义。其一，从宇宙生成论和本体论的角度看，认为道就是无，也就是零。因此，它既不是宇宙本体，也不是产生万物的本原。道是真正的无，这表明了郭象之道与老子之道的不同。老庄言道是无，但他们说无是无名，因为道不是一物，所以不可名。而郭象则认为："言道之无所不在也，故在高为无高，在深为无深，在久为无久，在老为无老，无所不在，而所在皆无也。"又说，"道无能也。此言得之于道，乃所以明其自得耳。自得耳，道不能使之得也，我之未得，又不能为得也。然则，凡得之者，外不资于道，内不由于己，掘然自得而独化也"(《大宗师注》)；"言此皆不得不然而自然耳，非道能使然也"(《知北游注》)；"知道者，知其无能也；无能也，则何能生我？我自然而生耳，而四肢百体，五脏精神，已不为而自成矣，又何有意乎生成之后哉"

(《秋水注》);"运用万物,故我不匮。此明道之赡物,在于不赡,不赡而物自得,故曰此其道与"(《知北游注》)。

其二,"道"既不是万物的本体又不是本原,那么道是什么呢?在郭象看来,道还具有另一种含义,即规则、规律之意。因此,道就是"物之自得"。

郭象说:"万物莫不皆得,则天地通,道不塞其所由,则万物自得其行矣。"(《天地注》)"道之所容者虽无方,然总其大归,莫过于自得,故一也。"(《徐无鬼注》)这即是说,郭象以万物自生自化这一原则为道。正因如此,道才不具有"使物之功"。因为,道乃物之自然,所以道自身不是一个实体,而是物的一种属性或法则。

基于此理解,郭象明确提出"道不逃物"。"今问道之所在,而每况之于下贱,则明道之不逃物也必矣。"(《知此游注》)"若必谓无(道)之逃物,则道不周矣。道而不周,则未足以为道。"(同上)道是某一物的道,没有离开具体的事物而独立存在的道。如果一定要说道能离开物而存在,那就等于把道从一物中分割出来,那么道也就不周了,而道不普遍也就无所谓道了。郭象的这一看法后来深深地影响了王夫之的思想。

(三)"性各有分,理之必然"

郭象从崇有论出发,认为万有各有自己的规定性。此规定性,他称为"性"或"理"。他说:"性分各自为者,皆从至理中来,故不可免也,是以善养生者,从而任之。"(《达生注》)"自为",即自己而为或自然而为。他认为一个事物的"性"为这个事物自身所有,并非是由外力强加的,"天性所受,各有本分,不可逃,亦不可加。"(《养生主注》)所谓"天性",即自然之性,它是自然而然、天生如此。是对于任何事物来说,它之所以成为这一事物或那一事物,都是必然如此,不可增减,不可避免,不可选择的。郭象因此说:"凡所谓天,皆明不为而自然。言自然则自然矣,人安能故有此自然哉?自然耳,故曰性。"(《山木注》)"性各有分,故知者守知以待终,而愚者抱愚而至死,岂有能中易其性者也。"(《齐物论注》)"性之所能,不得不为也;性所不能,不得强为,故圣人唯莫之制则同焉皆得,而不知所以得也。"(《外物注》)

郭象谈"性"时,往往又和"理"联系起来。他说:"理有至分,物有定极,各足称事,其济一也。"(《逍遥游注》)郭象十分强调理的必然性,"不得已者,

理之必然者也，体至一之宅，而会乎必然之符者也"（《人间世注》）。此种"理"是无法理解，无法抗拒的，郭象又把它叫作"命"。他说："不知其所以然而然，谓之命。似若有意也，故又遣命之名，以明其自尔，而后命理全也。"（《寓言注》）

（四）"殊气常有"与"生死气化"

郭象从"造物者无主"的思想出发，对生死问题也同样做了崇有论的解释。他说："殊气（指四时之气）自有，故能常有，若本无之而由天赐，则有时而废。"（《则阳注》）郭象抛弃了"虚生气"之说，并用气来解释人的生死。他认为形体的产生、死亡都是一气之化。同时，依据"独化"说，他把生和死看作"各自成体"的两件事。"夫死者独化而死耳，非夫生者生此死也。生者亦独化而生耳。独化而足，死与生各自成体。"（《知北游注》）

（五）天地万物"变化日新"

郭象认为，宇宙处于不断的变化之中，"天地无心而自动"。他说："夫无力之力，莫大于变化者也。故乃揭天地以趋新，负山岳以舍故，故不暂停，忽已涉新，则天地万物无时而不移也……今交一臂而失之，皆在冥中去矣。故向者之我，非复今我也。我与今俱往，岂常守故哉！"（《大宗师注》）又说，"言天下未有不变化"（《知北游注》）。郭象又认为，天地万物变化日新。也就是说，事物的变化、运动是以"新"代"故"的"日新"过程，而且这种"日新"过程是没有主使者的。他说："日夜相代，代故以新也。夫天地万物，变化日新，与时俱往，何物萌之哉？"（《齐物论注》）

据此，郭象指出：时移世异，礼亦宜变。社会也是处于不断变化发展之中的，"夫先王典礼，所以适时用也，时过而不弃，即为民妖，所以兴矫效之端也。"（《天运注》）某时代好的制度和道德，在另一时代可能不好。他又说："法圣人者，法其迹耳。夫迹者，已去之物，非应变之具也，奚足尚而执之哉！执成迹以御乎无方，无方至而迹滞矣。"（《胠箧注》）

郭象在变化观上也主张"彼我相因""无待而独化"的思想。他首先承认各个相反的事物之间，在客观上是相互依存的。"天下莫不相与为彼我，而彼我皆欲自为，斯东西之相反也。然彼我相与为唇齿，唇齿者未尝相为，而唇亡则齿

寒。故彼之自为，济我之功宏矣，斯相反而不可以相无者也。"（《秋水注》）又讲，"天地阴阳，对生也；是非治乱，互有也"（《秋水注》）；"故虽区区之身，乃举天地以奉之。故天地万物，凡所有者，不可一日而相无也"（《大宗师注》）。尽管事物之间都在为了自己，像东西方那样互相对立，但各个相反的事物之间在客观上却是互相支持着的。

不过，虽有对立事物之间的联系，但各个事物却是自存的。彼此相因是互相为"缘"，而非所待之"故"。郭象说："彼我相因，形景俱生，虽复玄合，而非待也……故罔而非景之所制，而景非形之所使，形非无之所化也。"（《齐物论注》）事实上，正因为万物各自独化而无所待，才彼此相因。因此，"夫相因之功，莫若独化之至也。"（《大宗师注》）

（六）"无心顺有"与"以不知为宗"

根据"独化"说，天地万物的发生和变化"皆不知其所以然而然，故曰芒也"（《齐物论注》）。因此，郭象认为："夫物事之近，或知其故。然寻其原以至乎极，则无故而自尔也。自尔，则无所稍问其故也，但当顺之。"（《天运注》）这也就是说，客观事物既然没有任何原因，因此也就无须去认识它，而且也是无法认识的，"夫死者已自死，生者已自生，圆者已自圆，方者已自方，未有其根者，故莫知。"（《知北游注》）

据此，在言意之辩问题上，郭象提出了"因物立言""寄言出意"的主张。他认为，"一"或"冥极"即一种混沌的境界，是不可言说的，也是不可思议的。"夫言意者，有也。而所言所意者，无也。故求之于言意之表，而入乎无言无意之域，而后至焉。"（《秋水注》）因此，"故一之者与彼未殊，而忘一者无言而自一。"《齐物论注》讲一的人和不明白一的人就没有分别，只有忘一的人，不用说话，而自然得到一。《大宗师注》同样讲道："夫阶名以至无者，必得无于言表。"不过，虽然得到冥极境界需要超出言、意之域，但并不是什么都不说。"付之与物，而用其言，则彼此是非，居然自齐。若不能因彼而立言以齐之，则我与万物复不齐耳"（《寓言注》）。

在知与不知关系上，郭象则主张"知止于所知之内，知以不知为宗"。他说："知出于不知，故以不知为宗"（《大宗师注》）；"凡得之不由于知，乃冥也"（《知北游注》）；"是故真人遗知而知，不为而为，自然而生，坐忘而得，故知称绝而为名去也"(《知北游注》)。郭象认为，人的一切认识活动，乃至于一切言论、理论只能使人们越来越糊涂，即所谓"言之者孟浪，而闻之者听荧"(《齐物论注》)，因此，最好是"照之以天而不计，放之自尔而不推明也"(《齐物论注》)。

最后，郭象主张玄同彼我，冥于自然。他认为，对于事物及"理"，只要顺其自然，就可以"冥然自合"，"夫物有自然，理有至极，循而直往，则'冥然自合'"(《齐物论注》)；"至理之极，但当冥之，则得其枢要也"(《徐无鬼注》)。这种冥合是主客体一致的关键，"不冥矣，而能合乎人间之变，应乎世事之节者，未之有也。"(《人间世注》)这种冥合的关键又在于"忘己"，"人之所以不能忘者，己也。已犹忘之，又奚识哉斯乃不识不知而冥于自然。"(《天地注》)忘己的结果又是要达到物我俱忘，一切都忘，"夫坐忘者，奚所不忘哉！既忘其迹，又忘其所以迹者，内不觉其一身，外不识有天地。然后旷然与变化为体，而无不通也。"(《大宗师注》)这样，人就可以达到"弥贯万物而玄同彼我，泯然与天下为一"(《人间世注》)。

（七）"有待"和"无待"

郭象说："若责其所待，而寻其所由，则寻责无极，卒至于无待，而独化之理明矣。"(《齐物论注》)如果寻找事物产生的外在原因，即事物的所待者，那么此"所待"者也要寻找其"所待"者，原因之上还有原因，这就陷入了无穷境地，为此应承认有是无待，不依他物而自生。

（八）"以不为为主"

郭象所说的"无为"与老庄道家的"无为而治"不同，"夫善御者，将以尽其能也。尽其能在于自任……惑者闻任马之性，乃谓放而不乘；闻无为之风，遂云行不如卧，何其往而不返哉！斯失乎庄生之旨远矣。"(《马蹄注》)

郭象认为，"所谓无为之业，非拱默而已；所谓尘垢之外，非伏于山林也。"(《大宗师注》)"无为"并不是拱手默言，什么也不去作为；超脱尘世也不是隐居山林。那么，他所讲的无为是什么呢？"率性而动，故谓之无为"，或者说"各用其性，而天机玄发，则古今上下无为，谁有为也"(《天道注》)。这就是说只要在本性范围内活动，也就是"无为"。"夫工人无为于刻木，而有为于用斧；主上

无为于亲事，而有为于用臣。臣能亲事，主能用臣；斧能刻木，而工能用斧。各当其能，则天理自然，非有为也"（同上）。

总之，郭象认为："为出于不为，故以不为为主。"（《大宗师注》）

（九）"游外冥内"

郭象说："天理有至极，外内相冥。未有极游外之致，而不冥于内者也。未有能冥于内，而不游于外者也。故圣人常游外以宏内，无心以顺有。故虽终日见形，而神气无变；俯仰万机，而淡然自若。"（《大宗师注》）又说，"若直就称仲尼之如此，或者将据所见以排之，故超圣人之内迹，而寄方外于数子。宜忘其所寄，以寻述作之大意，则游外冥内之道坦然自明，而庄子之书故是涉俗盖世之谈矣。"（同上）实际上，郭象力图达到的是外内相冥，即世俗之内和世俗之外的生活合而为一，互不脱离。

（十）名教和自然之辩

在郭象所处的时代，一般的见解是认为名教与自然矛盾。注重名教必然会对人性的自由生活有些限制；完全放任而不受名教限制，又违反了名教。为调和名教与自然之争，郭象提出了所谓达到最高境界的人，即圣人，他是集名教与自然于一身的。进而，他提出名教即自然的思想。

他说："夫圣人虽在庙堂之上，然其心无异于山林之中，世岂识之哉？徒见其戴黄屋，佩玉玺，便谓足以缨绂其心矣；见其历山川，同民事，便谓足以憔悴其神矣。岂知至圣者之不亏哉？"（《逍遥游注》）又说，"天下虽宗尧，而尧未尝有天下也，故育丧之，而尝游心于绝冥之境，虽寄坐万物之上，而未始不逍遥也。"（同上）可见，圣人虽过着政治生活，显得异常忙碌，但是他的心是超脱世俗的，精神是十分清高的。"故圣人常游外以冥内，无心以顺有。故虽终日见形而神气无变；俯仰万机而淡然自若。"（《大宗师注》）因此，应把名教和自然统一起来。圣人不需要脱离名教来谈自然，相反只有按照名教去做才最符合自然。

五、无神论思想家范缜

范缜（450—515），南北朝时期无神论者和唯物主义思想家。字子真，南阳舞阴（今河南泌阳）人。出身寒微，少年时离家远游，曾就读于名家并深得赏识。历任军长史、宜都太守、晋安太守、尚书左丞等官职。他为人朴实，刚直不阿，敢反对横征暴敛，主张发展生产，国富民强，统一全国；反对鬼神迷信，主张禁止祀神庙，表现出勇于战斗的精神。梁武帝天监三年（504）下令舍弃道教，大兴佛教，并定佛教为国教。他极力反对，论著《神灭论》指斥佛教的危害。有个佛教徒叫王琰的骂他说，范先生啊！你竟连你祖先的神灵在哪里都不知道，多不孝！他针锋相对地反驳说，可怜的王先生啊！你既然知道你的祖先神灵在哪里，为什么不自杀后去找他们呢？令王琰无言以对。统治者派人用高官利诱他放弃真理，他一口拒绝，大胆声明：我范缜不能"卖论取官"！表现了大无畏的战斗精神，以致后来被流放到广东。他是中国哲学史上很有影响的战斗唯物主义的无神论者，现存的《神灭论》和《答曹思文＜难神灭论＞》（载《弘明集》卷九），是研究其思想的主要材料。

（一）范缜与佛教唯心论斗争的哲理

作为世界上主要宗教之一的佛教，是东汉初年传入中国的。佛教是公元前6世纪，迦毗罗卫国（今尼泊尔境内）王子乔达摩·悉达多（释迦牟尼）创立的。佛教思想复杂，派系较多，说法不一。中国的佛教，在汉代讲究学道求仙；在魏晋讲究玄学和佛教哲学；在南北朝时"舍道事佛"，定佛教为国教。它的基本说教是：宣扬"灵魂不灭""三世（指前世、今世、来世）轮回"、"因果报应"和"天堂""地狱"等。其核心是神不灭论，认为灵魂是永恒的独立实体，它可以附于人体之内，也可以单独活动，或转移到其他生物体内。这就是"灵魂不灭"论。所谓"三世轮回"、"因果报应"和"天堂"、"地狱"，是说：前世作恶，今世受苦，死后要关进地狱，乃至上刀山、下火海，到受苦刑期满，来世轮回转生时，还要变牛马，当苦役等。反之，前世行善，今世享福，死后还可投生到富贵人家，或进入天堂，永远快乐。作为国教的这些欺世妄说，是用来麻痹人民忍受苦难，寄希望于来世，不敢起来反抗，并为统治者的罪恶辩护的。所以梁武帝时"都下佛寺五百余所，穷极宏丽；僧尼十余万，资产丰沃"（《南史·郭祖

梁传》），佛教盛行，民负加重，"天下户口，几亡其半"（同上）。对此，范缜挺身而出，反佛灭神，为人民所传颂。

范缜当面呵斥装神弄鬼的神汉

范缜与佛教唯心论斗争的哲理，主要表现在《神灭论》中。所谓"形神相即"，就是针对佛教的"形佛相异"而论的，这里的"形"指人的形体，"神"指人的精神（宗教指灵魂），"即"指不可分离。范缜认为"神即形"，"形即神"，"形神相即"，也就是"形神不二"，"不得相离"。"名殊而体一"的形神一元论，就是讲形神是既有区别又有联系的不可分离的统一体。

然而，形神一元论并非都是唯物论，如果以神为形的基础，就是唯心论的一元论。范缜是以形为神的基础，他说："神即形也，形即神也。是以形存则神存，形谢则神灭。"这就是说，在形神不可分离的统一体中，形体是精神赖以存在的物质基础，是第一性的，天地间根本没有离开形体而独立不灭的精神。精神是形体派生的，第二性的。这就坚持了唯物主义的一元论，反对了"形神相离"的二元论。

佛教唯心论者曹思文、萧琛等人在《难神灭论》中讲，"据梦以验形神"。他们认为做梦时，神离开形体独立飘游，即"形静神驰"（神游），以此说明形神分离，神可独立活动。又说"神游于蝴蝶，即形与神分也"，因此，"然昏之与形，有分有合；合则共为一体，分则形亡而神逝"，他们宣扬：人生，形神相合，人死，形神分离，形体消灭，精神仍在其他地方。这种用梦幻论证神形分离的二元论，也被范缜驳得哑口无言。范缜指出：梦中景物，乃"神错于内，妄见异物"，并非精神离开形体。至于神游蝴蝶，并非真正飞虫，难道庄周梦见蝴蝶，他真变成蝴蝶了吗？

所谓"形质神用"，即"形者神之质，神者形之用"。他以刀刃为比喻，"神

范缜向人阐述他的哲学观点

之于质，犹利之于刃；形之于用，犹刃之于利。利之名非刃也，刃之名非利也；然而舍利无刃，舍刃无利，未闻刃没而利在，岂容形亡而神在？"就是说，形体是精神的质体，精神是形体的作用。好比刀刃是刀的锋利的质体，而锋利是刀刃的作用一样，离开了刀刃就无所谓锋利了。范缜的这种比喻，从理论上杜绝了灵魂不灭论的后路，明确指出精神（灵魂）对形体的依赖关系，这是十分可取的。而且他还提出了"质"和"用"这对哲学范畴，指出"形称其质神言其用。形之与神，不得相异也"。他认为形是"质"，即主体或实体；神是"用"，即主体产生的属性。二者"名殊而体一"，好比刀刃和锋利一样，不可分离，而且是以刀刃（形体）为锋利的物质基础。

这种"形质神用"，并非各种物质都有精神作用。范缜认为，精神是人之质的特有的作用。"人质"和其他物质不同，而且只有活人的形体才有精神的作用。他说："今人之质，质有知也；木之质，质无知也。"这就是说，人与木基质不同，人有知，木无知，是自然的事情，毫不足怪。而且活人与死人的质也自然是不同的，就像草木与枯木是不同的一样。这就驳斥了人死后还有灵魂留存的谎言。

为了彻底驳斥佛教唯心论所谓的"神有二"，思维可以离开物质形体而独立活动的谬论，范缜把精神活动分为"知"与"虑"两个阶段。"知"就是"知觉"，即"痛痒之知"；"虑"就是思维，即"是非之虑"。他说："浅则为知，深则为虑。"它们同是以生理器官为物质基础的不同的精神阶段。他指出，"是非痛痒，虽复有异，亦总为一神"，强调他们同属于一个人的精神整体。而即使是活人的质，人体内不同的器官也有不同的作用。他说，痛痒的感觉以手脚为基础，听的感觉以耳为基础。这就是说，人的"神"是以一定的生理器官为基础的。思虑活动，也要受形体的制约，一旦心器官有了毛病，则思虑也就失常。因而，体神不可分离。

而且范缜还认为，万物的生成是由于它自己的原因，和因果报应无关。复杂的现象完全是它自己的变化，忽然自己发生了，忽然自己消灭了。对它的发展既不能防止，对它的消失也无须留恋。顺从自然的法则，各自满足于自己的本性就可以了。那么世界上为什么有人富贵，有人贫贱，有人享福，有人受苦呢？范缜认为，"树花同发，人生好像树上的花朵，有些花瓣被风吹落到厅堂里，飘落在席上、随风而堕，"坐垫上，也有些花瓣被吹落在茅坑里、粪堆上，这完全是种自然的现象，偶然的遭遇，绝不是什么因果报应。当然，范缜这里虽然反对了宗教的唯心论，但用偶然论解释社会现象，也是唯心史观的表现。

范缜和众僧侣辩论

（二）《神灭论》的历史地位

形神关系问题，是中国哲学史上两军对垒中长期争论不休的问题之一。唯心主义认为精神是一个独立的实体，可以离开形体而独立存在，这是导致"灵魂不灭"的宗教迷信的原因之一。唯物主义认为，神要依形而存在，物质是世界的本原，精神依赖于物质形体。在战国时把精神看作物质性的精气，荀子已认识到"形具而神生"。汉代的王充把精神看成"五脏"之内的"五常之气"（也就是精气），认为形在精神在，形毁精神死，"无无体独知之精"。但他没有把精气看作人体的属性和作用，这容易导致二元论。而南北朝范缜的《神灭论》则进而提出"形神相即"和"形质神用"的观点，既坚持了形神关系的唯物主义一元论，又反映出了不同的质具有不同的作用。只有活人之质，才具有精神的属性和作用，而且必须以生理器官为思维的物质基础。这就避免了导致二元论的倾向，批判了

范缜著《神灭论》

灵魂不灭或思维不依赖于形体的宗教迷信。他的历史功绩就在于综合和发展了先秦、两汉、魏晋以来神灭论观点，而且克服了二元论的倾向，对形神的关系有了比较深刻、全面的论证。这在唯物主义无神论史上闪烁着不可磨灭的光辉。而且在人类认识史上也是第一次提出了"形质神用"的光辉命题。

但是，作为无神论者的范缜，其政治立场还是不可能超出封建地主阶级的界限，也不可能摆脱封建伦理观念的束缚。在论及社会观和历史观时表现出其阶级、历史的局限性。

其一，他反对佛教唯心论，但不敢公开彻底反对儒家经典中关于鬼神的论述。例如，当他反对人死变鬼的同时，又承认有一种与人不同的生物叫鬼。他说，有的叫人，有的叫鬼，它们的区别是人明鬼幽。他虽反对人死变鬼，但又承认儒家的"神道设教"。

其二，他在形质神用的基础上，用生理现象论证社会历史现象，陷入了唯心史观。他认为"圣人"与"凡人"的差别，决定于生理器官的不同。他道，"凡圣人之殊"在于"形器不一"。"凡人之器"产生"凡人之神"；"圣人之器"产生"圣人之神"。他说尧有八彩的眉毛，舜有双瞳孔的眼睛，黄帝有龙的前额，皋陶有马的口形。由于形体出众，所以道德、才能非凡。他没有也不可能了解意识一开始就是社会的产物这一社会存在决定社会意识的唯物史观。

（三）魏晋南北朝道教的传播与演变

魏晋时期是道教继汉末发展高潮之后的低潮期，这一时期的道教是汉末早期道教向南北朝成熟的教会式宫观道教的过渡性道教。

魏时，太平道随黄巾起义之被镇压而衰微，五斗米教随张鲁之归顺曹操与移民北迁，造成组织分散，其势大减。也正因如此，五斗米教在北方民间传播开来。魏晋时期，江南地区的道教活动也日渐活跃。比较著名的教派有从北方流入江南的帛家道，有从蜀中传到江南并传播开来的李家道，还有杜子恭一派的天师道等。帛家道大约属于太平道，是太平道被镇压后，少数信徒在河北、洛阳一带活动而形成的。东晋时，流传到江浙一带，并向上层发展，后与天师道和上清派等逐渐合流，李家道是在吴孙权大帝年间（222—252）传入江南的，为首者是三国时蜀人李阿、李宽，以崇奉神仙"李八百"而得名。该道派与天师道颇相类似，在民间影响相当大。至东晋时，其"弟子转相教授，布满江表，动有千许"（葛洪撰《抱朴子内篇·道意》）。杜子恭的天师道在江南最有影响。到杜子恭弟子孙泰掌教时，该派不仅在上层士族中流传，也在下层群众中广收徒众，并发动了反对晋王朝的起义，受到严酷镇压。

晋代道教的一个显著特点就是道教向社会上层发展。这具体表现在两个方面：一是部分道教徒接受统治者的利用和扶植，直接参与统治阶级的政治活动；二是道教传播于世胄高门，大批高级士族加入道教，成为它的信徒，出现了所谓的天师世家。此外，在西晋时还有一些"不事王侯、高尚其事"的"隐居修道者"。

南北朝时，道教最显著的发展是北魏寇谦之领导的"清整道教"运动。寇

由寇谦之撰写、北魏时期刻立的中岳嵩高灵庙之碑

谦之（365—448），上谷昌平（今属北京市）人。他利用北魏太武帝及重臣崔浩的支持，除去"三张伪法"，瓦解了原五斗米道的靖治组织形式；革除租米钱税，断绝了教会在这方面的经济来源；教义上吸取儒释思想，提倡礼度及规诫，以约制信徒身心，使炼形诸术居于辅助地位。寇谦之的改革使五斗米道与皇权结合，并一度成为国教。整顿后的五斗米道被称为"新天师道"，六朝刘宋陆修静开创南天师道后，北朝的"新天师道"便称为"北天师道"。陆修静（406—447）吴兴东迁（今浙江吴县）人。他对道教的贡献，主要表现在三方面：整顿改革道教组织，健全"三会日""宅录"和"缴纳命信"制度；收集整理道教经典，总括三洞，并编制了道教史上第一部道经目录《三洞经书目录》；建立完善道教斋醮仪范，使种种修真、祭祀之道得以规制化。这次改革，提高了道教的影响力，使其在宋、齐间有了较大发展。

在天师道改革的同时，南方出现了上清、灵宝两大教派。上清派创始人是杨羲、许谧、许翙等人。东晋兴宁二年（364），道士杨羲（330—368）声言南岳魏夫人及众仙真下降，授其上清众经三十一卷以及诸真传记、修行杂事等，传与句容许谧（305—376）、许翙（341—370）父子。东晋末，由道士王灵期加以增饰，遂广泛流传，信奉者日多，上清派由此逐渐形成。该派以《大洞真经》《黄庭经》为主要经典，以魏夫人华存为开派祖师。南朝的陶弘景（456—536）是该派的主要代表，其编撰的《真诰》一书，对上清经的源流和传授历史作了较为系统的叙述。上清派经籍与天师道不同，不以太上老君为最高神，而是以元始天王为最高神。在修行方法上讲究个人修炼，特重存神服气，辅以诵经修德，贬斥房中术，对天师道特重的符箓斋醮也不太重视，受早期神仙家影响较大。灵宝派创始人是葛洪的玄孙葛巢甫。该派是以传授洞玄灵宝部经而得名，以《五篇真文》《元始无量度人上品妙经》为主要经典。到刘宋初年，灵宝经书已达五十五卷。当时道士陆修静（406—477）对灵宝经进行整改编定，编入《三洞经书目录》。他还制定斋醮科仪一百卷，成为灵宝派道士主要修习的仪轨，故后世亦将陆修静视为灵宝派重要代表人物。灵宝派强调"普度一切人"，其修炼方法主要是符箓科教，但又受到上清派的影响，因而也讲思神、诵经，对金丹和房中术也很轻视。宋元时期，阁皂山灵宝派与茅山上清派、龙虎山天师道并称江南"三山符箓"。

受佛教经籍翻译、传播的影响，东晋至南北朝，道书在短时期内大量涌现。刘宋陆修静订《三洞经书目录》时，共著录道教经书及药方、符图一千二百二十八卷，其中一千零九十卷已行于世。三洞经书除前述的洞真部《上清经》、洞玄部《灵宝经》外，还有洞神部《三皇经》，构成当时道书三大体系。道教理论的完善和道书的大量涌现，是南北朝道教大发展的一个重要标志。

（四）葛洪与陶弘景的道教哲学思想

魏晋以来，道教逐步走向成熟。同时道教的理论学说也开始系统化，以此道教的哲学思想也得到发展。这一时期的道教理论家，首推葛洪，他建立了一个比较系统的道教哲学思想体系。之后，南朝梁代的陶弘景又发挥了道教的哲学思想，在道教史上也有较大影响。

葛洪（284—364 或公元283—343）自号抱朴子，丹阳句容（今属江苏）人。葛洪是上层士族道教理论的奠基人，其主要著作有《抱朴子》内外篇。内篇二十卷，论神仙、方药、鬼怪、变化、禳邪、却祸等道教理论和道术；外第五十卷，论述人间得失，世事臧否，阐明他的社会政治观点，是政论性的著作。葛洪对道教理论学说多有发挥。在宗教信仰方面，他虚构出一个先天地万物而存在的至上神"元始天真"，并论证了神仙的存在。在道教哲学方面，则主要发挥了《老子》中的宇宙本原思想，以论证得道成仙的学说。

葛洪

葛洪在《抱朴子·内篇》中，发挥了老子关于"玄"的思想。他认为："玄"是万物的根源，即所谓"玄者，自然之始祖，而万殊之大宗也"（《抱朴子·畅玄篇》）。而且"玄"是无所不在的，"其高则冠盖乎九霄，其旷则笼罩乎八隅"（《抱朴子·畅玄篇》）。不仅如此，"玄"的作用也是神通广大的，"乾以之高，坤以之卑，云以之行，雨以之施"都是"玄"的作用。在葛洪看来，"玄"是超出并主宰一切具体的"器""神"的神秘绝对物。因而，他对"玄"的所有描述只能是"玄之又玄"了。"玄"是无形无象，不可名状的，即所谓"其本无名"，或就是"无""道"。"玄"虽生出万物，但其本身却是不可分割的一个整体，即所谓"一"。葛洪认为："道起于一，其贵无隅。"（《地真篇》）所以，要守住"玄""道"，也就是要守住"一"，而"守一存真"就是求仙通神的根本功夫。"守一"的修养方法有多种，比如行气、房中、涤除嗜欲等，葛洪最重视的是服食丹药。由于他积极投身于炼丹和各种方药的研究活动，因而对我国古代医药和化学的发展还是有一定贡献的。葛洪的道教思想也称葛氏道或金丹派，对后来道教的继续发展有重要影响。

面对儒家思想在传统文化中的正统地位和巨大优势，面对来自儒家对道教的种种责难，葛洪为了使道教立足于社会，不能不回答儒道关系的一系列问题。他主张儒道兼容，引儒证道，反映了两晋时期儒道合流的总趋势。他的《抱朴子》外篇属儒家，内篇属道家，合而成一书，就是在实践融合儒道的主张。

陶弘景（456—536），茅山宗的开创者，主要著作有《真诰》《登真隐诀》《养性延命录》《真灵位业图》等。他在道教内部融合外丹内丹，广集诸说，予以整理提炼；在道教外部主张道、儒、释三教贯通，在茅山道观中，建有佛、道二堂，提倡佛道双修，推动了道教的发展。他在《真灵位业图》中，按儒家所倡的世俗社会的等级秩序，建构了一套等级森严的神仙世界。在此书中他把所能搜罗到的道教传说中的诸神灵及地上的圣王、道士、帝君统编成七个等级，每级有一主仙，再设有左右两仙相配。整个图系，共有五百余位神仙。这是道教史上的一个创举，对促进道教理论的进一步成熟有积极作用。同时，他又反过来论证了世俗社会分别高低贵贱的合理性。

此外，陶弘景还在《真诰》一书中，构建了一套道生元气生天地

陶弘景

万物的宇宙生成论思想。在道教修炼理论上，陶弘景继承了道教各派养生说，强调形神双修。陶弘景也是一位著名的医学家和炼丹家，在我国古代化学和医药学上有一定的贡献。

六、魏晋南北朝时期的佛教与哲学

魏晋时期动荡的社会形势、玄学的兴盛、佛教经典的大规模移译等，促成了佛教在中国的第一个高峰。由于鸠摩罗什和僧肇等对般若经典的翻译与阐释，佛教般若学成为本时期的主流。因为最初中土人士对于般若经典的含义较难理解，有的僧人就用老庄思想比附般若义理，这就是中山竺法雅所倡的"格义"的方法。基于当时佛教学者对般若学所谓"空"的概念的不同理解，形成了所谓的"六家七宗"。各家对"空"的理解并不完全符合印度佛教般若学空宗的本意，它们的出现反映了中国佛学独立发展的过程。

所谓"六家七宗"，一般认为是指以慧远、道安为代表的"本无宗"，以支遁为代表的"即色宗"，以于法开为代表的"识含宗"，以道壹为代表的"幻化宗"，以支愍度为代表的"心无宗"，以于道邃为代表的"缘会宗"；"本无宗"中又有以竺法深（竺道潜）为代表的"本无异宗"，连同前面的"六家"，共为"七宗"。就其基本观点来看，以"本无"、"心无"、"即色"三家最具代表性，"缘会"可归于"即色"，"识含"和"幻化"可归入"心无"。

慧远（334—416），本姓贾，雁门楼烦（今山西代县）人，13岁游学于中原许昌、洛阳，学习六经及老庄，这对他以后调和儒、道、佛思想的形成具有极其重要的作用。21岁在太行恒山拜当时佛教领袖道安为师，跟随道安约二十五年，是道安佛教活动的得力助手。他后来居住庐山约三十多年，聚徒讲学和翻译佛经，成为南

慧远

方佛教领袖,这是慧远活动历程中最为重要的阶段。他的主要著作有《明报应论》、《沙门不敬王者论》、《三报论》等,后来收集在僧佑编辑的《弘明集》中。

慧远是东晋时继道安后的佛教领袖,他的佛教活动和哲学思想,在中国佛教史和中国哲学史上占有重要地位。他的佛教活动主要表现在以下几个方面:

第一,组织译经和对佛教经典的研究与弘扬。道安本已十分注重小乘毗昙经典的传译,慧远则继承师业,请罽宾毗昙学大师僧伽提婆译出《阿毗昙心论》和《三法度论》,并亲自为译文作序,促进了当时毗昙学的兴盛。他还请精通小乘说一切有部禅学的印度僧人佛驮跋陀罗(觉贤)译出《达摩多罗禅经》,并亲自为之作《庐山出修行方便禅统经序》,推动了小乘禅法在江南的传播。佛驮跋陀罗还译出对中国佛教产生极大影响的六十卷《华严经》。此外,慧远还延请昙摩流支译完《十诵律》,使之得以流行江南。东晋安帝元兴元年(402),慧远及弟子刘遗民等一百二十三人,发愿往生西方净土,奉行念佛三昧,对"净土"法门在南方的流行产生了重大影响。以后净土宗推慧远为初祖。慧远不仅积极参与般若理论辩论,还研究了新译的《大智度论》,写成《大智度论抄》,对新传来的大乘经典提出疑问,鸠摩罗什作了解答,后来集为《大乘大义章》。其中所表现出来的慧远与鸠摩罗什对大乘空宗教义理解上的分歧,不仅反映了中印两种文化的差异,也表明慧远作为一代佛教大师对建立中国化佛教所作的思考,成为中国佛学由般若空宗向涅槃有宗转变的重要环节。

第二,化兼道俗、广传佛教。慧远学兼内外,交接广泛。名士殷浩、刘遗民、雷次宗、周续之、宗炳等服膺慧远的学问,执弟子礼,这对扩大佛教的影响具有极大的作用。慧远与上层统治者如东晋安帝、后秦主姚兴以及权臣桓玄乃至农民起义军首领卢循等都有密切的关系,其崇高的声望和超脱的态度,博得了统治者的尊重,达到了维护佛教相对独立性的目的,为佛教的发展赢得了广阔的空间。庐山僧团徒众甚多,最著名的有道生、僧叡(慧叡)、慧严、慧观等人,他们又受教于鸠摩罗什门下,与僧肇等同被称为"关内四圣""八宿",其中叡僧颙精于般若学研究,道生是涅槃学的大家,慧观提出"五时教判"成为南方教判的基础,他们对中国佛教的形成、发展都作出了重大的贡献。

第三,阐发佛教哲学理论。慧远的佛教哲学理论主要有三方面的内容:一是"法性"本体论。慧远集中论证了佛教最高精神实体"法性"和最高境界"涅槃"的关系问题，提出"至极以不变为性，得性以体极为宗"的思想，认为只有超绝世俗。体悟终极，才能达到解脱。二是因果报应论与神不灭论。慧远将中国原有的善恶报应思想与印度佛教的轮回说相结合，提出三世报应说并成为中国佛教最具影响力的学说。他还巧妙地利用中国古代关于形神关系的"薪火之喻"，宣扬"形尽神不灭"的学说。三是"佛儒合明论"。这是对当时"沙门拜俗之争"的响应。慧远指出，佛、儒在出发点和作用范围上有所不同，但相互影响，最后的目的与归宿是一致的，"内外之道可合而明"（《沙门不敬王者论》）。他极力维护了佛教的相对独立性。

慧远的佛学思想以般若学为宗旨。他从本无说出发，在哲学上着重宣扬"法性"本体论，为佛教的出世宗教理论提供根据。

佛教传入中国之后，由于受到中国传统宗教思想的影响，僧侣们往往把佛教说成和"长生"说相类似的宗教，并通过比附道家"长生久视"之说，来宣传佛教思想。慧远认为这种把佛教的最高理想境界说成"长远"、"长久"，而不明"常住"、"无变"，是不符合佛经的意旨和涅槃的性状的。因此，他特别强调"不变"，提出了比"长生"说更为精巧的"法性"说。

慧远"至极以不变为性，得性以体极为宗"（《高僧传·慧远传》）的话，非常重要。"至极"和"极"，是指涅槃。慧远曾说："泥洹不变，以化尽为宅。"又说："以化尽为至极。"（《沙门不敬王者论》）可见"泥洹""化尽""至极"的含义相同。"不变"，即泯齐生灭、永恒常驻的意思。"性"，即"法性"，就是宇宙万物绝对真实的本性、体性，也就是宇宙万物的本体、实体。"体极"的"体"是证悟体会的意思，"体极"就是体证至极（涅槃）。"宗"是究极本原的意思。慧远认为：涅槃以永恒不变为法性，要得到这种不变的法性，应以体证涅槃为究极、为根本。这里，慧远是强调得到、把握了不变的"法性"本体，也就达到了佛教的最高境界。就宇宙来说，以法性为根本，就众生来说以涅槃为终极目标。涅槃是永恒常驻的，而不是什么寿命长远，因而"长生"说是不正确的，不足取的。这个"法性"说正是慧远出世思想的基点，是他的佛教哲学的核心，也是其全部思想的一个总纲。慧远的"法性"，从本质上看，就是超出有无的、派生万物的、独立存在的精神实体。慧远一是强调法性是"法真性"，二是肯定法性是"无性"。这表明他的思想常出入于空有之间。他认为"法性"无论是作为"自性",还是作为"无性",都是实在的,都是事物的本质、本原,也都是众生修行成道后的涅槃境界。这表明,慧远是吸取魏晋玄学的本体论,从佛教般若学的本无说推演出法性论的,反映了东晋佛教调和相关学说的特点。

慧远的"法性"本体论哲学是为其佛教目的服务的,他讲"法性"本体是为了论证佛教的出家出世的教义。慧远认为:佛教所谓的最高实体和最高精神修养境界,实际上是二而一的东西。"法性"就是佛教所谓的最高境界和最终归宿——"涅槃"。体认"法性",进入"涅槃"境界,也就成为佛。"法性""涅槃"和"佛"三者是同一的东西。是从不同的角度和意义说明佛教所谓的本体的。

王弼以反本,即回到本体,从而体现天地之心,作为生活的最高原则。道安也主张崇本息末,执寄御有,宅心"本无",使人心契合本体。慧远正是继承了王弼、道安的反本思想,并作出了进一步的论证和发挥。慧远认为:众生不断变化流转的形体是由于情欲引起的,情欲是这种变化的主宰,而精神又是情欲的根源,也借这种变化流转不断地传递延续。迷惑的人追逐外物,贪爱执着,永远超脱不出生死轮回;觉悟者反归本体,则可超出轮回,达到涅槃常住的境界。迷误、凡圣的不同,在于觉悟能返归本体,不为外物所化,且能化物;迷惑的人,追逐外物,为外物所化,以致沉沦于生死轮回的无边苦海之中。慧远认为人们必须"以化尽为宅""以化尽为至极",也就是应当以变化的终止作为最后的宗极。这就是慧远宣传人们必须出世的理由。

慧远还虚构了怎样体认、返归本体,求得解脱,达到涅槃境界的问题。他认为成就佛道,要点有三:一是通过阐明一切事务的相状即概念以明晓事物的根本;二是一切事物的自性分别决定于事物的类别;三是精神现象的产生必然是一起活动和同时感应的,精神活动必同于感应,这样就能观照众生定数时运的相因相依关系。明白一切事物的自性都决定于自身同类的"不变之性",然后就能通达涅槃境界。从真实境界来看一切事物的相状,就会知道从迷惘之情返回正道。众生明白这三种观法,就可以学习佛道。然后勤于修持,洞观六道轮回之苦,洗刷染污心境,增进佛教智慧,从而进入涅槃。

佛教传入中国后,一般人根据其三世轮回、因果报应的理论,认为精神不死不灭似乎是佛教理论的当然前提。慧远正是适应了中国一般人对佛教理论的认识,结合我国古代灵魂不灭的迷信思想,以"法性"不变说来发挥神不灭

论，奠定了佛教三世轮回、因果报应的理论基石。慧远对于神不灭的论证主要有以下几点：

一是阐明"神"的法性和含义。慧远认为："神也者，圆应无生，妙尽无名……感物而非物，故物化而不灭。"这是反对中国古代一些思想家把精神也看作一种物质性的"精气"，从而认为"精粗一气""形神俱化"的理论的。他认为神不是物质性的东西，"夫神者何邪？精极而为灵者也。精极则非卦象之所图，故圣人以妙物而为言"（《沙门不敬王者论》）。神是一种非常精灵的东西，即精神。它是没有任何具体形象的，不可能像具体事物那样以形象来表示。即使是圣人也不能确定它的体状，穷尽它的深微，而一般人以普通常识来看神，则只能产生许多疑问和自我混乱，陷入深重的错误。他认为神的作用是无所不在、无所不有的。神与万物相感应，变化无穷，而自身则是"无生""无名"的。为了增添论据力量，他还引用了中国古代道家的一些论据，如《老子》、《庄子》中的相关内容来加以论证。

二是引用薪火之喻来论证神不灭论。慧远说："请为论者验之以实：火之传于薪，犹神之传于形。火之传异薪，犹神之传异形。"（《沙门不敬王者论》）以薪火喻形神，由桓谭最早提出，原用于说明"烛无，火亦不能独行于空虚"的"形亡神灭"的原则的。但比喻不够确切，有把形神二元化的缺点。但慧远由此得出的火可以从此薪传到彼薪而永不熄灭，所以神也可以从此形传到彼形而永远不灭的结论，却是偷换概念的逻辑谬误。慧远所讲的木柴或形体都是指某一具体的木柴或具体的形体，而他所讲的火或神则是一般的火或神，就某一具体薪的火来说，总是要熄灭的。因此这样的比喻在逻辑上是根本错误的，是违反逻辑的诡辩。

慧远关于神不灭的论证在当时有很大影响。当时的神灭论者，由于受思维水平的限制，皆未能从理论上驳倒他。慧远神不灭的宗教理论直到南北朝，才被梁代的范缜在《神灭论》中以"刃利之喻"提出著名的"形质神用"的命题从理论上彻底地驳倒了。

建立在神不灭论基础上的因果报应论，是慧远佛教思想的重心，也是慧远佛教思想中最为典型、最富有特色和最有影响的思想。

慧远是在我国第一个把印度佛教思想和中国有关迷信观念结合起来阐发因果

报应说的佛教哲学家。佛教认为：众生在未达到"神界"之前总是循着"十二缘起"说所指的因果链条处在生死流转、累劫轮回的痛苦中。生死福祸、富贵贫贱都是报应，因为人们的思想行为作"业"不一样，报应也就有不同。在中国传统观念中也有类似的善恶报应思想。如"福善祸淫"的提法很早就有了，"积善之家，必有余庆；积不善之家，必有余殃"（《周易·坤·文言》）。东汉时，佛教主要是结合我国固有的祭祀形式，来宣扬因果报应等宗教迷信，也主要以学佛得善报、不学佛得恶报的因果报应说作为引导人们信佛的思想工具。

慧远依据佛经阐发了人有三业、业有三报和生有三世说。根据佛典所说，众生造作的"业"由于呈现的形式和程度有区别而有身、口、意"三业"，"三业"性质不同，各有定报。报应有三种，现报是现身作业，现身受报。生报是下世受报。后报是经过二生乃至千生即长远的转世中受报。由于有三报，人的生命也不只限于今生，还有前生和后生，即有"三世"。

慧远还求助于心的感应来说明为什么有三报不同的问题，他说："受之无主，必由于心。心无定司，感事而应。应有迟速，故报有先后。"（《三报论》）意思是说，人是通过心来受报应的，而心要对事物有所感受，才有反应活动，感应有快慢，报应也就有先后。慧远对于报应为什么有轻重，也作了说明，他说："咸随所遇而为对，对有强弱，故轻重不同。"（《三报论》）这就是说，人所说，人所受的报应，都是随人的际遇而产生的一种报应，对应有强弱，所得报应的轻重就有不同。慧远笑话对因果报应有怀疑的人的认识仅以耳目所及为界限，仅知依傍佛典，所以只能顾及今生；因此，要使佛、俗经典结合起来通观、思考人生，才不会出现迷惘，明白因果报应。

把主宰因果报应的力量归于个人行为的善恶，把造成人生苦难的社会原因归之主观自身，是慧远因果报应说的特点。慧远的佛教因果报应说，就是教人们不要去观察和认识现实，不要有任何物质欲望和改善生活的要求，为贫贱富贵的阶级区别和对立的合理性提供了神学论据，起了粉饰和掩盖门阀士族地主阶级压迫的作用，从思想上清除劳动人民对封建社会的不满和反抗。慧远报应说的另一特点是将报应推及未来，不仅使报应说更具威慑力，而且最重要的是避免了事实检验。因果报应说成为中国思想史上影响最大的佛教学说。

自佛教传入中国之后，儒、释、道之间在制度层面和思想层面上的争辩和融

218

会就不曾中断过。西晋道士王浮层编造《老子化胡经》以贬损佛教。它称佛教是老子西行为教化凶顽的胡人而设,这就是著名的"老子化胡"说。东晋时佛教方面则出现了《清净法行经》予以回应,它提出"三圣东行"说,即老子、孔子、颜回分别是佛的三个弟子摩诃伽叶、儒童菩萨、光净菩萨所化现,以证明佛教高于道教。至南北朝时期佛道之争更趋于激烈。

儒家思想家反对佛教理论,大多是从佛教是外来宗教,与中国传统思想、道德观念不合这点着眼的。而且,根据佛教教义,僧侣是出家修道之人,超脱世俗礼仪,对皇帝也不行跪拜礼,这也触及了世俗最高统治者的绝对权威。因此在东晋时展开了一场关于沙门应不应该敬王者的争论,这反映了佛教作为外来宗教文化与本土世俗文化之间的冲突。慧远在《沙门不敬王者论》中提出了三点理由,阐明佛教仪礼的合理性,进而达到既使佛教适应本土需要,又能维护佛教相对独立性的目的:第一,他区别了"在家""出家"修行所应遵循的不同规范。佛经所说的信佛有两种情况,一是在家信奉,二是出家修道。慧远将在家弘教所应遵守的规范定为"奉上之礼、尊亲之敬、忠孝之义"(《答桓太尉书》),并且明确说明这是佛经所明文表示的,与儒家所提倡的君、亲、师三伦相契合。第二,他指出,佛教的特点在于"不存身以息患,不顺化以求宗"。佛教认为"身"为

东林寺慧远大师塔院"佛手樟"乃慧远大师亲手所植,历1600余年,今可遮天蔽日

道安禅师

"苦"之本，所以僧侣不把"存身"当作"息患"的条件。人之有"身"，在于有"生"，有"生"是由于禀受阴阳二气的变化，所以僧侣不以重生顺化为贵。当然也就无须对王者的资生以运通感恩戴德，以礼敬作为报答。这阐明了佛教与儒家信奉、遵守的礼制的根本依据是不同的，二者只能在功用上相互补充。第三，他认为佛儒相互融会、互为补充的根据在于"内外之道可合而明"。佛教与名教、如来佛与儒家圣人的出发点虽然不同，但是最后的目的和归宿是一致的。尤其在针对反佛论者对于僧侣出家不孝的指责时，慧远首先指出佛教经典中也包含有忠、孝的内容，同时他认为个人出家修行有利君亲，积德扬名，是最高的忠孝之道。他直接将儒家"忠""孝"引为佛教信徒必须遵守的道德规范。因此，"内乖天属之重，而不违其孝；外阙奉主之恭，而不失其敬"(《沙门不敬王者论》)，出家与礼制王化不相违背。慧远在沙门拜俗之争中所取得的理论成果，促使佛教既认同于中国传统文化、主动向传统文化靠拢，又不完全被传统文化所同化，从而为中国化佛教争取了生存空间。慧远在论争中提出的佛儒合明的思想是这场争论的理论成果，它对佛教在中国社会中的定位具有极其重大的影响。

慧远的佛学成就标志着中国化佛教的初步建立。他推动了佛法在江南的流行，并对东晋以来我国佛教的发展起了重要的作用。

华严宗因以《华严经》为基本典据而得名，又因其实际创始者法藏世称"贤首大师"而名贤首宗，还因该宗阐述"法界缘起"论而名"法界宗"。

道安（312或314—385），俗姓卫，常山扶柳（今河北冀县）人，曾师事后赵名僧佛图澄。佛图澄死后，道安成为北方佛教领袖。"本无宗"的基本观点是："无在万化之前，空为众形之始。"（《名僧传抄》）该观点包括两个方面的内容：第一，世界的本体是"无"，即"本无"；第二，人们必须认识到"无"这个

本体，才能达到佛教所言的解脱的境界。"本无宗"的这种思想与魏晋时期何晏、王弼玄学的"贵无论"相似。道安和慧远等的佛学活动，标志着中国化佛教的初步建立。

"心无宗"对"空"的理解是："但内止其心，不空外色。但内停其心，令不想外色，即色想废矣。"（慧达撰《肇论疏》）该宗认为：般若学所谓"空"，并不是说所有外界的万物和内在的心一切都空，只要内心不系念外物，就不会对外物产生观想。"心无宗"的要点是空心不空色。

"即色宗"的基本观点是："色即为空，色复异空。"（余嘉锡撰《世说新语笺疏》）所谓"即色"就是在色（存在）本身之中去体认空；而空也就是色自身所具有的性质。这已经很接近般若学正宗对空的理解了。但是，支遁在提出"色即为空"的同时，又强调"色复异空"。也就是说，在其"即色"思想中仍具有区别表面的色与根本的色的含义，尚未完全达到般若学中观学派"色即是空，空即是色"的理解。

僧肇（384—414），鸠摩罗什的弟子，号称"解空第一"。主要著作有《不真空论》、《物不迁论》、《般若无知论》等，后人集为《肇论》。僧肇认为：由于万物因缘和合而成，其最根本的性质就是"自虚"，因而是不真实的；但不真实不等于不存在，不真实的存在也是一种存在，"譬如幻化人，非无幻化人，幻化人非真人也。"（《不真空论》）僧肇从缘起、名实、不执着等几个方面论证了万物之"不真"，尤其强调"空"与"不真"的统一。僧肇还从般若观照的角度去体认"不真空"，他认为般若智慧同时既能观照空，又

僧肇禅师

道生禅师

能观照不真，因为本来空与不真就是统一的。僧肇纠正了魏晋以来中土佛教在对空的理解上分离色心、割裂主客观的偏颇，建立起"即体即用，体用一如"的本体论，完成了佛教般若学由对玄学的依附到融会般若学与玄学的转变，在抽象思维水平上达到了相当的高度。

道生（355—434），也称竺道生，倡导"一阐提人皆得成佛"、"顿悟成佛说"和"善不受报说"。所谓"一阐提人皆得成佛"，即认为断了善根的人也能成佛。当时被佛教界斥为异端邪说。不久昙无谶所译《大般涅槃经》传至京师，经中果然称一阐提人也有佛性，也能成佛。道生顿时成为佛俗两界的崇拜对象。道生的"顿悟成佛说"认为：对佛所说义理的觉悟乃至成佛解脱均在于一悟一切悟，而无阶级次第之分。这一思想影响了后来的禅宗和华严宗。"善不受报"的意思是只有远离望报之心才有善，也是其独创性的思想。道生学兼毗昙、三论、涅槃三家之大成，对涅槃学更是独有所悟，被后世誉为"涅槃圣"，成为中国佛教史中上承般若、下启涅槃的高僧。

南北朝时期佛教在中国得到进一步的发展。随着佛教经籍翻译的增多，出现了专研某一经典的佛教学派，这是中国佛教宗派的雏形。各家师说蜂起，成为南北朝佛教的一大特点。主要学派有：研习和弘传《摄大乘论》的摄论师；研习和弘传《十地经论》的地论师；研习和弘传《成实论》的成实师。在成实师中，分为以刘宋僧导为首的寿春系和以北魏僧嵩为首的彭城系南北两大系统；研习和弘传《涅槃经》的涅槃师。对"涅槃佛性"的解释，是南北朝时中国佛教义学的中心问题，由此形成了十二家异说；研究和弘传"三论"的三论师。"三论"指《中论》、《百论》、《十二门论》，是大乘中观派的重要论著。三论师是南北朝时南方特有的学派；以《楞伽经》为印证的楞伽师。该师说的出现促进了北方禅法的流行，并成为后来禅宗北宗的渊源。此外，还有弘扬戒律经典的四分律师等。由于南北长期分裂，自然、人文环境以及各种社会条件的差异，使南北两地佛教风格各具特色：南方偏重理论，以玄思拔俗为高；北方崇尚实修，禅风特盛。

南北朝时期由于佛教的进一步发展，导致儒、释、道之争趋于激烈，但南北两地三教关系的表现却有些不同。在南朝，佛教与儒、道之间发生了激烈的争论，其中心是神灭神不灭和夷夏关系问题。其中，范缜和梁武帝等人之间的争论在中国思想史上具有十分重要的意义。在激烈的争论中，南方佛教一方多持三教一致的观点，尤其主张佛儒一致，为隋唐以后逐步发展的三教同源、三教合流说创造了理论条件。在北朝，反佛思想最突出地表现为北魏太武帝和北周武帝的灭佛事件。从表面上看，每一次灭佛均对佛教的发展造成了负面影响，但灭佛之后佛教却以更大的规模得以发展，这也说明了当时社会需要佛教的客观必然要求。

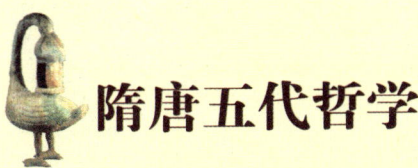隋唐五代哲学

　　隋唐五代哲学是中国儒、道、佛三家并行发展，佛教宗派哲学空前发达时代的哲学。隋代的王通首先提出儒、释、道三教归一的理论，以儒学为主，调和释、道二教。唐初的唯物主义者傅奕、吕才反对佛教，批判卜日、卜宅、风水说等迷信，但势孤力单。这时佛教宗派哲学在雄厚的寺院经济的物质基础上和封建统治阶级的大力支持下迅速发展起来。隋唐五代哲学在中国古代哲学发展史中，是上承魏晋玄学，下开宋明理学的重要环节。

　　在意识形态领域里，宗教的流行使哲学唯心主义居于上风。同时，隋唐时期由于国家统一，经济繁荣，中外交通发达，为科学文化的发展提供了有利条件。地理学、天文学、数学、医学等方面都有许多新的成就，推动了唯物主义哲学的发展。基于此，唯物主义和无神论思想对神学迷信的反对，成为隋唐五代时期相沿已久的主题。

一、吕才、李华的反世俗迷信思想

初唐的吕才和盛唐的李华是隋唐五代时期反神学迷信的代表人物。

吕才（600—665），博州清平（今山东聊城）人，仕唐，历任太常博士、太常丞、太子司更大夫等职，以博学多识闻名于世，通晓阴阳、方伎、舆地、历史、乐律等方面的知识。他著作甚丰，但多已散佚，现存《旧唐书》本传中的引文和《全唐文》中的《叙宅经》、《叙禄命》、《叙葬书》等遗文，都是反神学迷信的。

《叙宅经》是批判建筑住宅选择方位的。按照迷信的说法，住宅建筑方位的不同，会给人带来不同的吉凶祸福。我国在商周之际已有卜宅之文，到唐代更发展到五姓之说，即把人的姓氏按发声分为宫、商、角、徵、羽五类，并分别与木、火、土、金、水五行相配，以决定住宅及门户的方位。吕才在《叙宅经》中首先指出这种说法的自身矛盾，他说："言五姓者，谓宫、商、角、徵、羽等，天下万物，悉配属之，行事吉凶，依此为法。"按照这个说法，姓张与姓王的属商，姓武和姓庾的属羽，尚可以说是按声韵划类的，但如果姓柳的属宫，姓赵的属角，这就与音韵无关了。而且遇到复姓，就更不容易区分类别了。其次，又指出三点：其一，五姓之说不见于经典记载，过去阴阳诸书也没有这种说法，只是"野俗口传"而已。其二，中国远古"黄帝之时，不过姬、姜数姓"，后来，因赐姓，及"因邑因官，分枝布叶"，衍变出很多，这些是五姓之说所不能包容的。其三，按《春秋》记载，陈、卫、秦为水姓；齐、郑、宋为火姓，但这些姓"或承所出之祖，或系所属之星，或取所居之地，亦非宫、商、角、徵、羽，共相管摄"。全文简短，分析周密，批驳有力。

《叙禄命》是驳斥算命可以推算和预言人生贵贱寿夭之说的。吕才先引前人之语称：算命者是"高人禄命以悦人心，矫言祸福以尽人财"。但因"多言或中，人乃信之"。对此，他依据史实驳斥说，"长平坑卒，未闻共犯三刑；南阳贵士，何必俱当六合。"又进一步说，"今时亦有同年同禄，而贵贱悬殊；共命共胎，而夭寿更异。"之后，他又列举了鲁庄公、秦始皇、汉武帝、孝文帝、宋高祖五个国君帝王的年月生辰为例，核以史实，以证其不验。如秦始皇的生辰是"岁在壬寅，此年正月生者，命当背禄，法无官爵"，"为人无始有终，老而弥吉"。但史实却与这种说法正好相反，秦始皇身为皇帝，"有始无终，老更弥凶。唯建命生，法合长寿，计其崩时，不过五十"。又如汉武帝，"乙酉之岁

吕才

七月七日平旦时生。亦当禄空亡下，法无官爵"，"老而方盛"。但汉武帝即位时，"年始十六，末年已后，户口减半"。此外，鲁庄公、孝文帝、宋高祖按生辰推算的禄命也与史书记载的实际禄命不符。吕才的驳斥论证非常充实。

《叙葬书》是驳斥丧葬主人富贵吉凶的。吕才引证经典认为：古代本"无吉凶之义"，而近代才有阴阳葬法，"或选年月便利，或量墓田远近，一事所失，祸及死生，巫者利其货贿，莫不擅加妨害"。但天地之间自有常理，"丧葬之吉凶"不过是妖妄之说。之后又进一步论述说：古代王、诸侯、大夫、士及庶人死后，"葬有定期，不择年月"。据葬书"己亥之日用葬最凶"，但《春秋》记载"此日葬者凡有二十余件"。夏、商、周丧葬"直取当代所尚，不择时之早晚"，春秋以后也"葬不择时"。"葬书云：富贵官品，皆由安葬所致；年命延促，亦曰坟垅所招"，而"《孝经》云：'立身行道，则扬名于后世，以显父母。'《易》曰：'圣人之大宝曰位，何以守位曰仁'"，葬书与这些儒家经典是不相合的。"古之葬者，并在国都之北，域兆既有常所，何取姓墓之义？"而"今之丧葬吉凶，皆依五姓便利"。这也是不合古葬之义的。依据葬书，"卜葬一定，更不回改，冢墓

既成，曾不革易"。而"人臣名位，进退何常，亦有初贱而后贵，亦有始泰而终否"，"无时暂安"。"皆信葬书"也有悖人之常情，如"擗踊之际，择葬地而希官品；荼毒之秋，选葬时以规财禄。或云辰日不宜哭泣，遂莞尔而对宾客受书；或云同属忌于临圹，乃吉服不送其亲"。

上述观点是唐太宗命吕才等人刊正《阴阳书》的一部分，而这部分所讲的住宅方位、人生禄命、葬地风水，可以说是我国古代迷信的最主要部分。吕才本着"救俗失，切时事"的宗旨，并引证儒家经典一一进行了批判，虽然吕才所刊正的《阴阳书》"为术者所短"，但因为"诏颁行之"，应该说是对当时社会产生了一些影响的。

李华，生卒年不详，开元二十二年中进士，天宝年间任监察御史、侍御史及礼部、吏部员外郎等职，"善属文"，著作颇多，是古文运动的先驱者之一。他反对神学迷信的思想主要表现在《卜论》一文中。

《卜论》是批判龟卜迷信的，龟卜是我国古老而重要的迷信活动之一。龟与凤、龙、麟合称四灵，也是四灵中唯一实有的动物，并以长寿而著称。"古之圣者，刳而煐之，观其裂画，以定吉凶"。李华认为：龟既是人们崇拜的灵物，"而殀戮之，脱其肉，钻其骸，精气复于无物，而贞悔发乎焦朽，不其反耶？"也就是说，将灵物杀死，使其精气消失，然后企望从其焦朽的余骸中求得神明启示，这怎么可能呢？灵龟自身难保，又怎么会以神意去启示人呢？再说"人与天地合其德，与日月合其明，与四时合其序，与鬼神合其吉凶"。而将灵龟杀死也是不合于德、明、序及吉凶的，如果这样，用死龟壳是得不到什么的。

李华又讲述了历史上迷信的发生发展过程，如远古祭祀用尸，"自虞夏商周不变"，这种做法到战国就废除了。又如古代新制的钟鼓器械，要涂上牲畜的血以避鬼，现在也不这样做了。但也"未闻屋室不安身，而器物不利用"。因此，"卜筮阴阳之流，皆妄作也"。这种"妄作"不是从来就有的，也不是不会消亡的，龟卜只是迷信形式的一种，是可以废除的。

李华对龟卜的批驳是从儒家不语怪力乱神的观点出发的。他不可能用现在的科学常识去解释龟卜迷信，更没有辩证唯物主义的理论可以利用，所以在对占卜的批驳中并没有否定鬼神的存在。

二、卢藏用、李筌的"天人观"

入唐以后,佛道二教兴盛,尤其是佛教思想给思想界注入了新的活力,在天人关系上出现了一些新观点。卢藏用和李筌继承了唯物主义传统,吸收了佛教等思想,对"天人观"作了具有一定进步意义的阐述。

卢藏用(约656—713),字子潜。幽州范阳(今北京西南)人。以辞学、篆隶、琴棋著称于世,曾任魏州司马、中书舍人、吏部侍郎、尚书右丞等职,先天年间,因附太平公主罪,配流岭表,开元初去世。他在中宗神龙年间,有感于"俗多拘忌,有乖至理",著《析滞论》对之论述。

《析滞论》采用答客问的论证方式。主要阐述天与人事的关系,并对卜筮和祷词等迷信做了一定的揭露和批驳。

文章以客人首先发问引出论题曰:"天道玄微,神理幽化,圣人所以法象,众庶由其运行。""从之者则兵强国富,违之者则将弱朝危。""先生亦尝闻之乎?"卢藏用以主人回答的表达方式,引前人经典中"国之将兴,听于人;将亡,听于神"、"祸福无门,唯人所召,人无衅焉,妖不自作"之语,明确表示"得丧兴亡,并关人事;吉凶悔吝,无涉天时"。然后强调了人事的作用:"古之为政者,刑狱不滥则人寿,赋敛蠲省则人富,法令有常则国静,赏罚得中则兵强。所以礼者士之所归,赏者士之所死,礼赏不倦,则士争先。苟违此途,虽卜时行刑,择日出令,必无成功矣。"又证以史实说,"太公犯雨,逆天时也,韩信背水,乖地利也,并存人事,俱成大业。"又说,"金鸡玉鹤,方为楚国之殃;《万毕》、《枕中》,适构淮南之祸。"在天人关系上,卢藏用鲜明地坚持了重人事的观点,但他并没有完全否定天道的作用,有着"天道所以从人"的观点,认为天也有意志,辅助有德的人,灾降不善的人。而当"客"听了"主人"的宏论要"焚蓍龟,毁律历,废六合,斥五行,浩然清虑"时,卢藏用又以"主人"的身份阐述自己的观点说:"此所谓过犹不及也。夫甲子所以配日月,律历所以通岁时,金木所以备法象,蓍龟所以筮吉凶。圣人以此神明德行,辅助谋猷,存之则协赞成功,执之则凝滞于物。"

卢藏用还不能以科学知识,解释"天"等自然现象,完全否定龟卜的作用,所以也不能彻底地坚持唯物主义观点。

李筌,生卒年代不详,仕于开元、天宝时期,曾任左羽林兵曹参军、翰林学士等职，现存文仅《大唐博陵郡北岳恒山封安天王铭并序》一篇，反映了他的天人观思想。

五岳，历来被统治阶级所尊崇，李筌在文中对五岳之一的恒山威灵作了描述"恒之灵，藏往知来，威远惧近"，并肯定了神的存在和作用："阴阳不测之谓神，神聪明正直，害盈福谦，裨我淳黎。荒扎不勃，拯膏雨，佐秋成。"但历代统治者因敬畏于五岳的神圣而未敢加封，然玄宗却"王五岳而公四渎"，把五岳四渎置于自己的封赏之列。对此，李筌极力进行了赞誉："昔省方展礼于虞帝，敬鬼尚祀于殷人，未有加望秩之荣，锡封崇之号，斯盖我皇之能事也。"李筌虽然没有触动天，否定天命，也没有否定神和神的作用，但与前代统治阶级比较起来，已经突出了人的作用。

卢藏用和李筌的观点都触犯了儒家视为神圣的"天"，这与当时佛教藐视"天"的说教有一定的关系，对此，后于他们的柳宗元和刘禹锡表现得更为明显一些。

三、韩愈的哲学思想

韩愈（768—824），儒家"道统"先驱者，唐代著名文学家、哲学家，古文运动领导人。字退之，孟州河阳（今河南省孟县）人。庶族地主家庭出身，其父韩仲卿，作过武昌县令，秘书郎。韩愈3岁死了父母，由哥嫂拉扯成人。生活清苦，发愤读书，19岁进长安考进士，连考4次，25岁才中进士，31岁开始作官，当过刑部侍郎、兵部侍郎、吏部侍郎等职。他为官清廉，反对地方军阀拥兵割据和佛教迷信，编造儒家"道统"，发起散文改革的"古文运动"，是唐宋八大散文名家的第一家，在文学上贡献卓著，与柳宗元齐名。现存《韩昌黎集》，是研究其哲学思想的主要材料。

（一）"性三品"说

唐代的佛教、道教十分盛行。唐宪宗李纯也很迷信。819年，陕西凤翔法门寺有一块"佛骨"，据说是佛教祖师释迦牟尼的遗骨。唐宪宗就兴师动众，毕恭毕敬地要把它迎入宫中供奉。韩愈一生极力排斥佛、道之教，对此事十分反感，上表劝阻。并说，中国自古未有佛教，它是外国传来的。可是从东汉明帝时期普

信佛教以来，皇帝寿命反而不长。明帝只18年，南北朝也很短。当时梁武帝祭祀不用牲畜，自己不动荤食，还3次出家当和尚，结果被叛军围困，活活饿死。所以韩愈认为，这些人都是虔诚地拜佛求福的，却反而结局悲惨，难道佛教可信？他主张将"佛骨"扔进河里或烧掉，以免蛊惑人心。他写了《谏迎佛骨表》，结果气得唐宪宗暴跳如雷，差点儿处韩愈死刑。

韩愈素不喜佛，认为佛不足信，主张取缔佛教，并且恢复儒家的传统。在他看来，儒宗的《诗》、《书》、《易》、《春秋》应该是体现儒学思想的主要著作；礼乐刑政应该是主要的统治方法和手段；士农工商应该是民众的主要成分；君臣、父子、师友、宾主、兄弟、夫妇应该是主要的社会等级（参看《原道》），从而排除了佛、道两教的地位。他在"道统"说中反对"老、佛之道"的同时，主张以"先王之道""圣人之教"（孔孟所讲的仁义道德）来教化百姓，这就涉及人的品性和修养的问题。

韩愈在人性问题上，既不赞成孟子的性善说和荀子的性恶说，也不赞成扬雄等人的善恶二元说，他认为这"三子之言性也，举其中而遗其上下者也，得其一而失其二者也"（《原性》）。他继承董仲舒的性三品说，认为人性"与生俱生"，表现为仁、义、礼、智、信五德；情"接于物而生"，表现为喜、怒、哀、惧、爱、恶、欲七情。

紧接着，他又以"性三品"说来对抗"佛性"说。佛教的"佛性"说就是佛教的人性论。佛教只讲个人修养，不讲治国平天下。佛性只讲出家成佛，反对为情所累，主张灭情成性。它教人逃避君臣、父子、夫妇的世俗之情，要人灭情见性成佛，做到"清静寂灭""无思无欲"，这与封建伦理道德是矛盾的。

韩愈的"性三品"说，把人性分为上、中、下三等，认为上等的人性是善的，合乎道德的，中等的

韩愈

人性是可善可恶的，道德不完全；下等的人性则是恶的，毫无道德可言。他认为人皆有性有情。性有三品：上品之性是由于生来就仁义礼智信五种道德俱全，所以为善；中品之性是由于五德偏差不齐，所以可善可恶；下品之性是由于五德不具备，所以恶。而情与性不同，它是接触外物后而产生的。情也有上、中、下三品：上品之情，是指表现非常适当，没有过分与不及；中品之情，是指表现不够适度，有过分的，也有不足的，但可努力做到适度；下品之情，是指表现纵情而动，要么都过分，要么都不及，完全不符合封建道德规范。这里的上品是"圣人"，中品是"众人"，下品是"小人"，圣人可发扬光大，"学而愈明"，众人可教化，小人不堪教化，只能以刑罚治之，"畏威而寡罪"。可见，这"性三品"说，是封建等级制度在人性论上的反映，是对董仲舒的"性三品"论的继承。不过，韩愈并不主张消灭一切情欲，而是主张因情见性，把人的情欲调节到合乎封建道德的需要上，这是对佛教灭情见性观点的批判。这种先天之性与后天之情既相联系又相矛盾的理论，为宋明理学的"存天理、灭人欲"奠定了基础。

（二）"师道"、"思行"说

韩愈在哲学上反对佛道的迷信观念，是为继承儒家正统地位服务的，可以说没有什么新的贡献，然而他的知行论颇有些合理的见识。

首先，他在《师说》中提出了难能可贵的"师道"之见。师道，就是学习圣人之道。他说："人非生而知者，孰能无惑？惑而不从师，其惑也，终不解矣。"这里既批判了先验论，又提出了"师道"说。在韩愈看来，老师的任务是"传道、授业、解惑"。传道，就是传授儒家圣贤之道。授业，就是讲授儒家经典。解惑，就是解答疑难问题。凡能做到这三条，就可为师。而且，他不以年龄、贵贱和地位为标准，而以"道之所存，师之所存也"为准。他甚至说："弟子不必不如师，师不必贤于弟子。闻道有先后，术业有专攻，如是而已！"这种不以贵贱、长少、师徒、先后而"师道"的辩证思想，是十分可取的。因此，他反对"以众人侍其身，以圣人望于人"的怠惰和忌妒的学习态度。他认为以众人侍候自己的怠惰态度和自以为圣人而忌妒别人的思想都是学习的敌人。他说"怠者不能修，而忌者畏人修"（《原毁》），是缺乏真正的自尊心。

其次，他还提出"思行"之见。在《进学解》中，他说"行成于思"，教人要三思而行，不可轻率从事。但"思"从何来？又如何"思"法？这就要靠

"行"作为"思"的基础了。他指出"凡适于用之谓才，堪其事之谓力"(《释言》)，这就是说，学习不能空对空，要学有实用。要教人能有办事的才力，而不是"白首穷经"的清谈空论，这是难能可贵的见解。

四、柳宗元和刘禹锡的哲学思想

柳宗元和刘禹锡都是唐代著名的文学家和唯物论哲学家，都对中唐以前的天命神学观作了批判，对先秦以来天人关系的论争作了总结，为我国的无神论和唯物论的发展作出了重要的贡献。

（一）柳宗元的元气说和"重势""重民"的历史观

柳宗元（773—819），字子厚，河东解县（今山西运城解州镇）人。出身于普通官僚家庭，从小聪明，"精敏绝伦，为文章卓伟精致，一时辈行推仰"，声望很高。21岁考中进士后，开始为官生活，当过礼部外郎。他和王安石一起主张政治改革，取缔"宫市"；禁止"五坊小儿"为非作歹；任命老将军统率军队，夺回被宦官掌握的军权；取消名目繁多的苛捐杂税；放出一批宫女回家团聚，节省宫廷开支等。这些改革对宦官、世族官僚和军阀是个有力的打击，对国家和人民则很有好处。但是他们的改革是依靠顺宗皇帝的，而顺宗当太子时就半身不遂，只即位半年多就传位给宪宗了。宪宗专听宦官的话，贬斥了王安石和柳宗元等人。柳宗元从33岁起就被贬到永州（今湖南南部边区）当司马，后又贬到柳州（今广西边区）当刺史。前后14年遭到迫害，于47岁死在柳州。被贬期间，他并未屈节低头，反而广读经史诸子。生前著有抨击天命论神学历史观的《时令论》、《断刑论》，以及哲理散文《非国语》、《天说》、《天对》、《答刘禹锡天论书》等，阐述了唯物主义无神论的观点，他的哲学论著可谓唐代第一人。他的作品均收集在《柳宗元集》内。

柳宗元继承了王充的元气自然论，认为世界万物是由元气构成的，万物变化的唯一根据是元气。他说："庞昧革化，唯元气存"(《天对》)，"夫雷霆雪霜者，特一气耳"(《断刑论》)。

战国时期楚国大诗人屈原作一首长诗《天问》，对宇宙、自然、历史传说以及神话方面的问题，提出120多个疑问。如"邃古之初，谁传道之？上下未形，

柳宗元

何由考之？""圆则九重，孰营度之？"其意是问：关于远古开始有传说，是谁传下来的？天地尚未分开，如何加以论说？九重天又是谁营造的？柳宗元针对屈原的疑问，作了《天对》，认为远古关于神灵开天辟地的传说不可信。至于白天黑夜的循环，天地间的变化，如寒暑、风雨、雷霆、霜雪等，都是元气运转的结果，并非外在的、超自然的神灵所主宰。他说："山川者，特天地之物也；阴与阳者，气而游乎其间者也，自动自休，自峙自流，是恶乎与我谋？自斗自竭，自崩自缺，是恶乎为我设？"（《非国语·三川震》）其意是说，山川只是天地间的自然物，阴阳是游动在天地间的元气，它们自己运动，自己停止，自己耸立（高耸入云），自己流动，这怎么能与人商量呢？它们自己泛滥，自己枯竭，自己崩塌，自己缺损，这怎么是有意人为安排的呢？这就肯定了宇宙在自发运动，而不以人的意志为转移。

柳宗元还否定了"天"的神秘性质，明确指出天的物质性。他认为天虽然广大，但它的根本属性在于它的物质性。它像一个"果蓏"，属于有形的、具有可感性的物质实体。而且，他还肯定了宇宙无限的观点，认为天没有尽头，广大无边，指出"天地南北，其极无方"（《天对》），也就是说，天地南北四方，无边无际。这是朴素的辩证观。

既然天地是自己在运动变化，那么古人为什么相信神灵呢？他说："力足者取乎人，力不足者取乎神。"（《非国语·神降于莘》）意思是说，当人的力量强大时就信人；当人的力量弱小时就信神。这就揭露了宗教迷信的认识论根源，颇有道理。

柳宗元认为，宇宙的不断运动变化的源泉，就在于元气内部的阴阳作用。他说："合焉者三，一以统同，吁炎吹冷，交错而动。"（《天对》）这就是说，阴阳二气相合产生万物，而统一于元气，阴阳二气的吸（炎）或吹（冷）交互作用才形成天地万物的运动变化，这是自然因自身内部矛盾作用而引起运动的唯物论观点。而且他又认为，阴阳二气的流动和变化像纺织机和车轮一样，呈现出自然运动形态的复杂性和多样性。他认为阴阳二气是"无穷"的，天地是"无倪"的，无边无际的。

柳宗元对先秦、两汉以来的天人感应论，也作了深刻的批判。指出：务言天而不言人，是不明道理；施政行刑，不应曲应天时，而应谋诸人心。当然，按时令进行农业生产是对的，但按时令施行刑政则是错的。他主张做事应讲顺人顺道，不应讲顺天。而顺人顺道，还要讲经常和权宜。他说："经非权则泥（行不通），权非经则悖。"这就是说，顺人顺道也不是一成不变的，必须将原则性与灵活性相结合。这些见解都含有朴素的辩证法因素。

柳宗元不仅在自然观上反对神学天命论，而且在社会历史观上也猛烈抨击"推天引神"之说。他认为社会历史的变迁是社会内部的固有矛盾斗争和"生人之意"所引起的。

首先，他认为人类社会是一个自然发展的过程，这过程存在着不以人的主观意志为转移的客观必然的趋势。这种"重势"的历史观，主要表现在他的《封建论》中。他说：在人类最初阶段，荆棘遍地丛生，野兽成群奔走。人类同禽兽在一起，"总总而生，林林而群"，过着原始的杂居和群居生活。人类要想生存，就

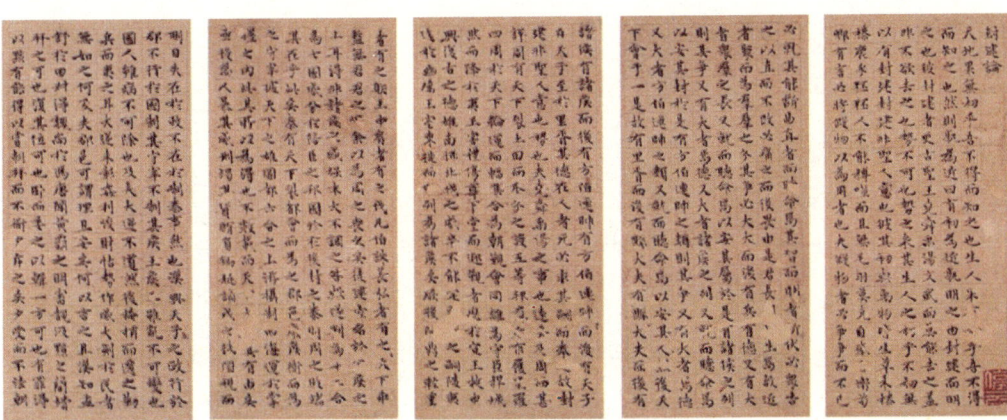

文徵明书法作品——柳宗元《封建论》

要进行物质生产，有了财物，人们就免不了争夺相斗，斗争的结果就是分成许多大的群体，并产生能判断是非的人，结果君长、刑法、政令就随之产生了。而"群之分，其争必大"，在越来越大的争夺中，又产生诸侯、方伯、连帅（一方霸主），最后终于出现统治天下的"天子"。从天子到乡里小官，只要有恩德于民的，即便死了，人们还继续推举其子孙当首领，久而久之，便形成了世袭的分封制。这是势所必然，所以说："封建非圣人意也，势也。"

柳宗元还用历史因"势"而进化的观点，解释了商汤依靠三千诸侯推翻夏朝；周武王依靠八百诸侯战胜商朝；春秋并为十二诸侯；战国又并为七国；最后秦吞并六国。"此其所以为得也"，是秦有天下，废封建，立郡县的客观趋势。因为封建制是一种"私"制，而郡县制则是"公之大者也"。它能"使贤者居上，不肖者居下"，打破贵族的世袭特权，可以做到"有罪得以黜，有能得以赏"（《封建论》），既不易割据，又有利于集中统一。

其次，他几乎处处以人的观念去排斥"神"，指出"天"是一种"物"，人类的历史不是"天命""神灵"决定的，而是"生人之意"决定的。这就是他的"道"，即以"生人"为对象的"济世之道"，"生人"即"生民"。所以，柳宗元的"道"是"重民"之道。他的理想是不忘"生民"之患难，要做益民之事。他说："圣人之道，不穷异以为神，不引天以为高，利于人，备于事，如斯而已矣。"（《时令论上》）他还提出，官吏本当是"民"的"佣"，但当朝的官吏多是掠夺人民的败类，"贿赂行而征赋乱"，富者担负的赋税愈少，转加于贫者的赋税愈重。因此，他以"无忘生人之患"，"以生人为己任"，这无疑是进步的历史观。他认为"唐家正德，受命于生人之意"。李渊、李世民之所以能取代隋朝而得天下，并创建盛唐，正是由于得民心，由其"仁德"而使人心归附。故"受命不于天，于其人"（《贞符》）。这是对社会历史领域中宗教迷信的深刻批判，具有唯物论的因素，说明了历史进化的动力是人而不是"神"。

同时，柳宗元比以往哲学家更有独到之处，那就是开始觉察到历史发展的客观趋势与个别人物在历史活动中的主观动机的矛盾。比如，他指出："秦之所以革者，其为制，公之大者也，其情私也。"意思是说，秦始皇的郡县制虽然是统一中国、为大家所公用的，但却是为其一家一姓的私利，是怀着私天下之心，又符合历史发展的必然趋势。这些已经涉及历史发展原因中的趋势和人为的矛盾。他看到个人动机的作用，又否认了个人意愿创造历史的观点，既重势又重民，这

236

些观点对后来的思想家也有一定的影响。

当然，他的唯物论的历史观的因素也只是朴素的。他的"生人之意"仅指"圣君贤相"所实施的"德政"，没有触及历史进程的本质，从根本上说还不可能摆脱唯心史观。而且他对佛教某些思想深表赞同，如他忧郁悲愤时，找不到政治上的出路，就想在佛教的彼岸世界寻找精神寄托。这些都是他的历史的阶级的局限。在古代无神论者中，像柳宗元这种不彻底的无神论者是不足为怪的。因为由于政治、经济和文化的限制，真正彻底的无神论者是罕见的。先秦时期的无神论者荀子，也保留了天有意志等旧思想的残余。东汉的无神论杰出代表王充，在社会观上也提出了命定论；南北朝的范缜，虽然批判了灵魂不死论，但又承认人鬼"幽明之别也"（《神灭论》）。对此，我们要采取历史的分析态度，不可过高苛求古人。而且，柳宗元的"圣君贤相"复活了先秦儒家的"成人"学说。他以"师友以成"和"文以明道"继承、发挥了如何"成人"的见解。他认为"成人""增善"要依赖师友之教。在他看来，"道"之所在，就是师友的所在，只要利于"道"的实现，即使对方是"佣丐"也应该与之在一起。而做文章的目的就是"明道"。他一生努力，就为"延孔子之光烛于后来"。这对当时不愿从师、以利交友的鄙陋习气是积极的批判。

（二）刘禹锡肯定世界的物质性、多样性和"天人交相胜"论

刘禹锡（772—842），字梦得，因官居太子宾客，世称刘宾客，洛阳（今属河南省）人。其诗歌创作成就颇高，被白居易誉为"诗豪"。他在哲学上肯定了世界的物质性和物质形式的多样性，并在"天人相分"的基础上，提出了"天人交相胜"论。《旧唐书》卷一六〇，《新唐书》卷一六八有其传。著作有《刘禹锡集》，其中的《天论》三篇为其主要哲学著作。

刘禹锡继承荀子、柳宗元的唯物论，系统地阐述了气为万物本原的思想。他认为不论天或人都是物。他说："天，有形之大者也；人，动物之尤者也。"（《天论·上》）天是清而轻的气形成的，地是浊而重的气形成的。由气形成的万物群分类聚，有植物，有动物，人是动物中最有智慧的。并且断言，天地万物都是物质的，即便"空""无"也是物质存在的一种形式。物质有"形之粗者"和"形之微者"两种形式。他说："若所谓无形者，非空乎？空者，形之希微者也。"

刘禹锡

（《天论·中》）也就是说，肉眼看不见的细小物质不等于不存在，只是人感觉不到，所谓无形只是无常形。

他的"天人交相胜"论，是说天能生万物，故天胜人；而人又能利用和改造万物，故人胜天。他说："大凡入形器者，皆有能有不能。""天之能，人固不能也；人之能，天亦有所不能也。故余曰：天与人交相胜尔。"（《天论·上》）这里区分了天（自然界）的功能与人类的功能，两者交相胜，不可替代。"天之所能者，生万物也；人之所能者，治万物也。"（同上）他发展了柳宗元"二之而已"的天人关系说，提出了"人之能胜天"（同上）的思想，这在哲学史上是一大贡献，是对传统天命论的有力批判。

五、皮日休的无神论与《无能子》的自然观

晚唐时期，官吏腐败，强藩横行，战争频仍，人民大众困苦不堪，这时，产生了关心时局、同情人民的唯物主义思想家皮日休和反映现实的唯物主义著作《无能子》。

（一）皮日休及其哲学思想

皮日休（834或839—902），字袭美，又字逸少，自号鹿门子、间气布衣、醉吟先生、醉士等，襄阳（今湖北襄樊市）人，咸通八年中进士，曾任著作佐郎、太常博士、毗陵副使等职。后又参加黄巢起义军，任大齐政权翰林学士，黄巢兵败，下落不明。工诗，多为揭发统治阶级的腐朽和反映人民疾苦之作，又擅长小品文，借古讽今，简短犀利。中进士前自编诗文集《皮子文薮》十卷，这也是他遗留于世的重要著述。

皮日休在《皮子文薮》序文中讲到他的为文宗旨是："上剥远非，下补近失，非空言也。"在《正乐府》诗序中又强调乐府诗的功用在于反映"国之利病，民

之休戚"。"诗之美也,闻者足以观乎功;诗之刺也,闻之足以戒乎政。"这些都是说,他的诗文是指陈时弊、反映现实的。他的《三羞诗》、《贪官怨》、《橡媪叹》、《哀陇民》等,都反映了当时官贪民怨,战乱、灾害不休的情景。如在《贪官怨》中写到官吏的腐败情景曰:"素来不知书,岂能精吏理。大者或宰邑,小者皆尉史。愚者若混沌,毒者如雄虺。伤哉尧舜民,肉袒受鞭笞。"他在《三羞诗》之三写到当时饥民逃荒的悲惨场景曰:"天子丙戌岁,淮右民多饥。就中颍之汭,转徙何累累。夫妇相顾亡,弃却抱中儿。兄弟各自散,出门如大痴……荒村墓鸟树,空屋野花篱。儿童啮草根,倚桑空羸羸。斑白死路旁,枕土皆离离。"血淋淋的现实,使他看透了当时社会的黑暗。他在《鹿门隐书》中,用精粹的短句,通过古今对比,尖锐地指出了当时社会的黑白颠倒现象:

古之隐也志在其中,今之隐也爵在其中。

吏不与奸罔期,而奸罔自至。

古之杀人也,怒;今之杀人也,笑。

古之置吏也,将以逐盗;今之置吏也,将以为盗。

古之官人也,以天下为己累,故己忧之;今之官人也,以己为天下累,故人忧之。

这些见解反映了他对当时社会黑暗的深刻认识,基于这种认识,他产生了民本思想和反暴君思想。他在《读司马法》中指出:"古之取天下也以民心,……唐虞尚仁,天下之民从而帝之,不曰取天下以民心者乎?"而后世则"取天下以民命",如"汉魏尚权,驱赤子于利刃之下,争寸土于百战之内,由士为诸侯,由诸侯为天子,非兵不能威,非战不能服"。也就是说,后世的君王取得天下,不是靠赢得民心,而是靠残害民众得来的。因此,他在《原谤》中进一步指出:"后之王天下者,有不为尧舜之行者,则民扼其吭,捽其首,辱而逐之,折而族之,不为甚矣。"这句话的意思是说,后世的君主,既然不是靠行

皮日休

仁义得来的，又不行仁义之事，民众把他赶下台，也是理所当然的。皮日休在《心箴》一文中还认为，"君为秽壤，臣为贼尘"，也就是暴君是天下一切坏事的总根子。这些认识，正是他能以朝廷命官身份加入黄巢起义军的思想基础。

皮日休反对后世君主争天下的思想，是从儒家观点出发的，他在《读司马法》中还说："孟子曰：我善为阵，我善为战，大罪也。"但是，他并不彻底否定封建社会的制度，而是站在儒家的立场上提出了一系列的改革主张，首先他在思想领域呼吁重振儒家的道统权威，推崇韩愈和韩愈的道统说。他在《请文公配飨太学书》中称韩愈"身行圣人之道，口吐圣人之言。行如颜、闵，文若游、夏"。尤其是韩愈的文章，裨造化，补时政，"蹴杨、墨于不毛之地，蹂释、老于无人之境，故得孔道巍然而自正"。皮日休建议将韩愈列入太学供奉的圣贤之列，说："夫孟子、荀卿，翼传孔道，以至于文中子。""文中之道，旷百祀而得室授者，惟昌黎文公。"因此，"请命有司定其配享之位"。此外，皮日休还推崇王通，在所作《文中子碑》中，将王通比于孔孟，自称为王通的学生，以道统传人自居。

皮日休在《请〈孟子〉为学科书》中，又称孟子之文"继乎六艺，光乎百氏"，"孟子之功利于人"，所以建议朝廷在科举考试中增加《孟子》科目，而"去庄、列之书，以孟子为主"。他推举孟子的原因也是从孟子"翼传孔道"出发的。

从皮日休的上述观点可以看出他在唐朝日益衰败的情况下，认识到强化思想统治的必要，他发扬了韩愈的道统说，受到宋儒及其以后儒家学者的赞同。宋代《孟子》被列入科举考试科目，说明皮日休的思想符合封建统治者强化思想统治的需要。

皮日休不仅强调思想统治的需要，而且还提出了一些解决当时危机的主张。他在《请行周典》中依据《周礼》说："宅不毛者有里布，田不耕者出屋粟，凡民无职事者出夫家之征。"如果现今"势家亦出里布，则途无裸丐之民矣"；"势家亦出屋粟，则途无馁毙之民矣"；"凡民无职事者，出夫家之征，则世无游惰之民矣！"他认为"此三者，民之最急者也。有国有家者，可不务乎？"

皮日休所注重的土地兼并、轻视农桑、赋税不合理、游民问题，是当时社会经济普遍而主要的问题。他提出的改革措施和把赋税作为调解经济的一种手段的认识是很有见地的。

关于把赋税作为调解经济手段的认识和做法古已有之，如商鞅在颁布垦荒田的命令时，提出了20种重农办法，其中之一是"禄厚而税多，食口众者，败农者也"，所以主张对"禄厚而税多"的官僚地主，征收其食客的人口税，并加重徭役。又《管子·国蓄》中说："夫以室庑籍，谓之毁成；以六畜籍，谓之止生；以田亩籍，谓之禁耕；以正（征）人籍，谓之离情；以正（征）户籍，谓之养赢，五者不可毕用，故王者偏行而不尽也。"也就是说，如果按房屋收税，就是毁坏建筑；如果按家畜收税，就是禁止牲畜的饲养繁殖；如果按田亩收税，就是禁止耕种田地；如果按人口收税，又不符合情理；如果按户籍征税，就是对富家大户有利。因此五种税不能同时征收，王者要有所选择而侧重。皮日休关于税收的理论是对这些理论和做法在新的历史条件下的一个继承和发展。

皮日休非常推崇孔子，他在《襄州孔子庙记》中称："尧之德，有时而息，禹之功，有时而穷，夫子之道，久而弥芳，远而弥光，用之则昌，舍之则亡。"但他在具体事情和观点上又有着自己的看法，如他在《陵母颂》中称："孔子称惟小人与女子为难养也。夫女子之忠贞义烈，或闻于一时，小人之奸诈暴乱不忘于一息，使千百女子如小人奸诈暴乱者，有矣；使千百小人如女子忠贞义烈者，未之有也。"此外，他的著述中还有很多无神论的思想观点，如他认为世上万物是由气自然形成的，其《霍山赋》称"太始之气，有清有浊。结浊为山，峻清为岳"。他还对世俗迷信观点作了一些批判，这主要表现在《相解》一文中。

皮日休的《相解》是专驳相面术的，所谓"相面"就是从观察人的容貌特征和气色判定人的吉凶祸福。

《相解》首先揭示了相面所谓的理论中存在的矛盾。文中说，现在给人看相者，称某人有龙相，某人有凤相，而其日后成为公侯或卿相，是因为"其相类禽兽，则富贵也"。这真是怪哉！天地之间，万物之中，人最尊贵，难道"人有真人形而贱贫，类禽兽而富贵哉"！

接着皮日休还以性三品的理论作了进一步阐述，即"上善出于性，大恶亦出于性，中庸之人，善恶在其化者也"。也就是说，上善和大恶之人都是出于本性，而中品之人，或善或恶取决于环境对他的影响和改造，面临着从善从恶方向的选择，命运根本不能预先安排好。皮日休还举以史实进行了论证。

接着文章又引申论述"相面"与"相见"的不同。所谓"相见"，皮日休认为是"见人知其贤愚，见国知其治乱"，也就是人们常说的有识人料事之见。皮

241

日休认为"相见"是有根据的,如尧看中舜而天下太平,舜看中禹而水灾消除。因为从人的常识体会,从某些人的外貌大约可以推知其善、恶、忠、奸,从一个人的以往行事也是可以推知其才干的,但这些不是靠运气、靠命运能够做到的。因此,"圣人之相人也,不差忽微,不失累黍,言其善必善,言其恶必恶,言其胜任必胜任"。靠的完全是非常准确的观察力。然而世人对圣人之相人的精神实质并没有领会,而孜孜以求于古代的相工之术,寄希望于相面,不在德行上增加修养。听到相面者的夸赞就自负,忘乎自己,有些穷困的读书人为了看相竟不惜钱财,这些都是"不能自相其心者"。皮日休还清楚地知道自己的观点得不到世人的理解,在文章最后他感叹地说:"呜呼!举世从之,吾独庚也,其不胜明矣!"这正是一个先行者的孤独感。

此外,皮日休在《祀疟疠文》中,还批判了鬼怪可以为灾祸之说,认为人之患病,是由于"饮食不节,哀乐失所",疟疠"病者,又非天也"。

当时有农民逢氏被雷击死,人们说是他不爱惜和虐待牛,而被上天处以"雷刑"。皮日休在《惑雷刑》中驳斥说:如果"今逢氏苦其力,天则震死,如燕赵无赖少年,椎之以私享,烹之以市货,法不可戢,刑不可威,则天之保牛,皆不降于雷刑哉"。

晚唐除皮日休外,唐末隐名哲学家著作《无能子》一书所反映的思想也颇引人注目。

(二)《无能子》的自然观

《无能子》,据该书序,作者为唐懿宗、僖宗时人,"博学寡欲"。唐末战乱时期,他避乱流寓,与百姓杂居,白天无事时躺在"民舍"床上沉思冥想,偶有所得就记录下来,在光启三年(887)春天,共记"数十纸",于是整理成篇。

《无能子》全书共42篇,现存34篇,分上、中、下三卷。《无能子》的哲学思想主要表现在该书的《圣过》篇中。其在自然观上继承了前代思想家关于"气"的一元论观点,并有所创新。关于天地与万物的形成,该书认为:"天地未分,混沌一炁。一炁充溢,分为二仪。有清浊焉,有轻重焉。轻清者上,为阳为天;重浊者下,为阴为地矣。天则刚健而动,地则柔顺而静,炁之自然也。"所谓"炁",同"气",也就是说宇宙初始是一个混沌一体的大气团,在自然的变化过程中演变为天地,这就排除了天有意志说和神秘的造物主说。

《圣过》谈到，动物和人都是天地间的生灵，认为"天地既位，阴阳氤交，于是裸虫、鳞虫、毛虫、羽虫、甲虫生焉。人者，裸虫也，与夫鳞、毛、羽、甲虫俱焉，同生天地，交氤而已，无所异也"。也就是说，人只是动物的一种，与其他动物是没有区别的。

在《圣过》中，作者还认为：人和动物都求生怕死，营造住处，养育后代，其"智虑、语言，人与虫一也，所以异者，形质尔"。又进一步讲道："太古时，裸虫与鳞、毛、羽、甲杂处，雌雄牝牡，自然相合，无男女夫妇之别、父子兄弟之序；夏巢冬穴，无宫室之制；茹毛饮血，无百谷之食；生自驰，死自仆，无夺害之心，无瘗藏之事。任其自然，遂其天真，无所司牧。濛濛淳淳，其理也，居且久矣。"也就是说，远古时期的人类是和动物没有区别的，凭着本能，顺乎自然地生活，经历了很长的时间。后来，人类向文明社会转变，"圣人""强立宫室饮食以诱其欲，强分贵贱尊卑以一其争，强为仁义礼乐以倾其真，强行刑法征伐以残其生，俾逐其末而忘其本，纷其情而伐其命，迷迷相死，古今不复，谓之圣人者之过也"。也就是说，人类向文明社会转变的过程，是给民众造成损害的过程。所谓等级制度、仁义礼乐、刑法征伐，都是在这个转变过程中强加给人的，并不是人类社会一开始就有的，也不是神圣不可侵犯的。文章的结论，也就是人类社会的争利、争贵、争强，社会所出现的"弓矢之伐"、"覆家亡国"、"生民困穷"等问题，追根溯源都是"圣人"的过错，文章篇名"圣过"，也即此意。

《无能子》中的《范蠡说》也指出过天地的自然性："夫天地无心，且不自宰，况宰物乎？"《严陵说》还借东汉隐士严陵之口，大胆地说："自古帝王与公侯卿大夫之号，皆圣人强名，以等差贵贱而诱愚人尔，且子今之帝王之身，昔之布衣之身也。""夫强名者，众人皆能为之。我苟悦此，当自强名曰公侯卿大夫可矣。"这即戳破了帝王将相神圣尊贵的外衣。

安史之乱以来，皇室衰微，强藩林立，及至唐末农民起义又风起云涌，帝王将相在人们的心目中，已失去了神圣和尊贵，《无能子》贬斥帝王将相的言论，也就是在这样的历史条件下产生的。

《无能子》一书还提出了"无欲而无私"的为人处世观，主要表现在《答华阳子问》一篇中。"华阳子"是"无能子"的好友，因不便于驳朋友的面子，勉强出来做官，但他学无心已经很长时间了，做官觉得违心，于是向无能子请教该如何是好呢？无能子答复说，"无心"不是可以学的，"无心"也不在于是否做官，心中越疑惑杂念越多，这就像是见到盲人已在陷阱边却仍让他向前走。接着无能子又阐明了自己的立身处世原则：

"夫无为者无所不为也，有为者有所不为也。故至实合乎知常，至公近乎无为，以其本无欲而无私也。欲于中，渔樵耕牧有心也；不欲于中，帝车侯服无心也。故圣人宜处则处，宜行则行。理安于独善，则许由、善卷不耻为匹夫；势便于兼济，则尧、舜不辞为天子。其为无心，一也。"

也就是"无为"的实质就是"无不为"，而"有为"则一定"有所不为"。因而最切实的行事是合乎常理，最大的公心是"近乎无为"，因为他本来"无欲"方能"无私"。自身藏有私欲，即使做渔民、樵夫、农夫、牧民也会有心理负担；自身不藏有私欲，即使当帝王公侯也没有心理负担，所以"圣人"能入世就入世，该归隐就归隐，客观条件宜于独善其身，就像上古高士许由、善卷那样"不耻为匹夫"；客观形势允许便兼济天下，就像尧、舜那样不辞天子之位。这样做，在"无心"这一点上是一致的。

唐末吏治腐败，藩镇割据，征战不休，人民困苦，无能子认为一切祸乱都是出自人们的私欲；认为无欲才能无私，无欲方能做到进退不争。早在先秦时期，老子、庄子已提出了"无为"观，但无能子的"无为"思想，已不同于老、庄，而是有着积极向上的意蕴，其目的在于"无不为"。也就是在当时的历史条件下，首先做到"无为"，即无欲、无私，然后再去有所作为，这是身处乱世、衰世，一种积极的入世思想。即是将"道家之'无为'观点与儒家之'入世'观点，以'不欲于中'为基础而有机地结合起来"。

六、罗隐的反君主专制思想

晚唐朝政腐败，这使一些有识之士对封建王朝的弊病有了较深刻的认识，从而对现实社会进行较深刻的剖析和批判，这其中的代表人物是罗隐。

罗隐（833－909），本名横，字昭谏，自号江东生，新城（今浙江富阳）人，《旧五代史》本传称其"诗名于天下，尤长于咏史，然多所讥讽，以故不中第"。遂改名隐，后因战乱返归乡里，在杭州镇海节度使钱镠属下为幕僚。钱镠为吴越王后，又任著作郎、转运使、给事中等职。著作甚丰，现存有《罗昭谏集》8卷，《甲乙集》10卷，《谗书》5卷。罗隐的反君主专制思想主要表现在《谗

书》中。

《谗书》之"谗",是坏话的意思,对此罗隐在《谗书》自序中说:"丁亥年(咸通八年,867 年),春正月,取其所为书贶之曰:他人用以为荣,而予用是以为辱;他人用是以富贵,而予用是以困穷。苟如是,予之书乃自谗耳,目为《谗书》。"

他在《谗书》重序中,还进一步阐明了编撰此书的目的:"盖君子有其位,则执大柄以定是非;无其位,则著私书而疏善恶,斯所以警当世而诫将来也,自扬、孟以下,何尝以名为?"

罗隐

罗隐这样一再毫无隐讳地抒写自己的观点,反映了他耿直不屈的性格,这种性格是他在《谗书》中反君主专制思想的基础。

据传统的说法,唐尧的儿子丹朱不肖(品行不好),故传位给虞舜,虞舜的儿子商均也不肖,故舜又传给禹。罗隐在《谗书·丹、商非不肖》篇中认为"陶虞之理,大无不周,幽无不照,远如不被,苟不能肖其子,而天下可以肖乎?自家而国者,又如是乎?盖陶虞欲推大器于公共,故先以不肖之名废之,然后俾家不自我而家,而子不自我而子,不在丹、商之肖与不肖矣"。罗隐的论证并不精密,他也不是在推考历史,更不是为丹朱、商均鸣冤,而是借以说明,天下是天下人之天下,而不是帝王一家之天下,君位的世袭也不是从来就有的,与古代圣君"推大器于公共"的做法是大相径庭的。

罗隐在《谗书·英雄之言》中认为:强盗"视玉帛而取者,则曰:'牵于寒饥'";英雄"视国家而取者,则曰:'救彼涂炭'"。强盗声称救饥寒,用不着评论,值得评论的倒是那些英雄之言。那些英雄既然说要救百姓于"涂炭",那么就"宜以百姓为心"。但实际上这些英雄所考虑的是一己之私利。刘邦见到秦始皇富丽壮观的宫殿说:"居且如是";项羽见到秦始皇出游的盛况则说"可取而代之"。这说明他们的救百姓于涂炭，不过是满足自己私利的幌子而已。君王夺取天下，与强盗劫掠财物的本质是一样的。

罗隐在《谗书·汉武山呼》中还认为"左右之谀佞者"、"穷游极观者"、"发于感悟者"，其"三者有一于是，则为国之大蠹"。他举例说：汉武帝继位时，国家富庶，他"听左右之说，穷游观之靡，乃东封焉"，目的是"祈其身"。上之所好，下必逢迎，"由是万岁之声发于感悟"（据说，汉武帝登中岳太室之山时，随从官员声言在山下听到山在呼喊"万岁"）。之后，汉武帝更加意满志得，好大喜功，"然后逾辽越海，劳师弊俗，以至于百姓困穷者，东山万岁之声也"。因此，罗隐指出："是以东封之呼不得以为祥，而为英主之不幸。"

晚唐时期君主专制的弊病日益显露，罗隐抨击专制弊病虽为正统的士大夫们所不满，但却很受下层人们的欢迎，以致"率成漫作，顷刻相传"、"齐东野人，猥巷小子，语及讥诮，必以隐为称首"，可见罗隐的思想是有一定社会基础的。

罗隐还著《两同书》10篇，分别论述 10 对矛盾范畴，即《贵贱》、《强弱》、

罗隐碑林全景

《损益》、《敬慢》、《厚薄》、《理乱》、《得失》、《真伪》、《同异》、《爱憎》。

在《贵贱》篇，罗隐认为，人与人之间的贵贱差别是自然的，但地位上的贵与贱，不等于人与人之间的贵与贱，比如"殷纣居九五之位，孔丘则鲁国之逐臣也；齐景有千驷之饶，伯夷则首阳之饿士也。此非不尊卑道阻，飞伏理殊。然而百代人君，竞慕丘、夷之义；三尺童子，羞闻纣、景之名"。罗隐还认为，真正评价贵与贱的标准，是视其修德与否，若修德，"不求其贵而贵自求之"；若不修德，"欲离贱而贱不离之"。贵与贱是可以转移的，其条件就是有德与无德，如舜"处于侧陋，非不微矣"，但由于有德，终于得到了尧的禅位，地位由贱而贵。相反，桀为君王，"亲御神器，非不盛矣"，但由于失德，终至放逐，地位由贵而贱。罗隐在这里形象地阐明了"贵者愈贱，贱者愈贵，求之者不得，得之者不求"的辩证关系。

《强弱》篇是讲强与弱的辩证关系的。罗隐认为，强弱是依据对方相比较而言的，强弱存在着"上下相制"的关系，是"自然之理也"。

罗隐认为强弱的根本关系不是力而是德，他说金属是物质中最刚的，但折断后就接不上；水是物质中最柔的，但却无法折断，"则水柔能成其刚，金刚不辍其弱也"。接着又以人为例，认为晏婴是侏儒，甘罗是童子，但智谋"可以制一国"；而狄人侨、南宫万勇壮，但却不足以全身，因此，君王应重德轻力，"唯慈、唯仁"，否则，不免"社稷为墟，宗庙无主，永为后代所笑"。

《损益》之"损"为减少蒙受害处之意，"益"为增加得到好处之意。

罗隐认为"损益"对君王尤为重要，"益，莫大于主俭；损，莫大于君奢"。圣君节俭，即"薄赋敛，省徭役"，那么就"天下欢娱，各悦其生矣"。而暴君"厚赋敛，烦徭役"，那就使"天下困穷，不畏其死矣"，这样百姓就会作乱，对此，君主是应慎重考虑的。此外，君主和百姓又是相互依存的，如果社会出现祸乱，百姓"不能免涂炭之祸"，而君主也"不能逃放戮之辱"。反之，百姓富庶安宁了，君主也会得到保全。

损与益还可以向对方转化，如尧、舜损己以益物，成为"上圣"，"克保期颐之寿也"；而桀、纣益己以损物，沦为"下愚"，"自取诛逐之败也"。总之，"彼之自损者，岂非自益之道欤！此之自益者，岂非自损之道欤！损益之道，固尔明矣。"

《同异》篇探讨一般与特殊、现象与本质等问题。

首先，罗隐认为同与异，不仅是"同声相应，同气相求"，而且还存在着同中之异和异中之同，如"父子兄弟，非不亲矣，其心未必同；君臣朋友，非不疏矣，其心未必异"。又如烟和灰同出而分途，这是同中有异；胶漆分别形成，放在一起则无法区分，这是异中有同。

其次，大千世界是丰富而复杂的，同异的表现也是多种多样的，所以对客观的同异现象，要"徐视而审听，高居而远望也"。并根据不同情势决定自己或同或异的对策。

最后，罗隐把自己的观点归结到治理国家上，主要表现在两点上：其一，"同而同之"，即变异为同，把不属于自己的人才引为己用；其二，"异而异之"，即能够认识到亲近人中有异心者，并能断然除掉。也就是要正确识别忠奸，不被假相所迷惑，对君王来说，"同异之际，不可失其微妙也"。

以上是罗隐《两同书》中一些主要的辩证观点。辩证的观点，早在先秦时期，老子已经作过阐述。唐代佛教发达，佛教中有着丰富的辩证法思想，对当时社会产生着较大的影响。罗隐的辩证法思想是对这些辩证法思想的继承和发展。唐末皇室衰微，政局动荡，罗隐用辩证的思想去解释社会问题，又多是针对君主讲的，这在当时有一定的进步意义。

七、隋唐时期的佛教与哲学

隋唐时期是中国佛教的鼎盛阶段。佛教自两汉之际传入后，经魏晋的交融和南北朝的发展，到隋唐时期融合佛教内部各派义学思想以及南北两地佛教各自的特点，并与中国传统文化的代表儒、道两家的综合融会，由三教论争到三教合流，导致中国佛教宗派的出现，形成隋唐中国佛教的繁盛局面。代表性的佛教宗派主要有天台宗、三论宗、华严宗、唯识宗、禅宗和净土宗等。

三论宗因主张"诸法性空"，又称法性宗、空宗。成于陈、隋之间，实际建宗者为吉藏，世称嘉祥大师，其代表作《三论玄义》为三论宗树立宗要。该宗以真俗二谛为纲，以"无得正观"为基本思想，认为一切万有都是因缘和合而成，是无自性的，也就是毕竟空无所得，但为引导众生而以假名说有，这就是"中道"。该宗通过重重否定的"四重二谛"，表明佛所说任何言教不过是权教，只有忘言绝虑才能真正体悟佛说的真理。高丽僧人慧灌、道登等将三论宗传向朝鲜、

日本。吉藏逝世后，三论宗迅即衰落。

天台宗是中国佛教史上最早建立的佛教宗派。因该宗教义以《法华经》为依据，又称法华宗。实际创宗者为智𫖮，人称"智者大师"。智𫖮的主要著作有天台三大部《法华玄义》、《法华文句》、《摩诃止观》等，他的佛学思想构成了天台宗的核心。天台宗的基本教义有"五时八教"的判教理论、"性具实相"说、"三谛圆融"说和止观双修的行持理论等。

判教指各学派根据对佛教经典的理解，剖析类别佛灭后所传佛教各家义理的浅深、说时的先后等内容，以宣扬自己的学派为佛教正宗。

"智者大师"智𫖮

隋唐时期，最具代表性的是智𫖮的"五时八教"说。智𫖮将佛一代说法分为华严时、鹿苑时、方等时、般若时、法华涅槃时五个阶段；又依说法的形式和内容各分为"化仪四教"（顿、渐、秘密、不定）和"化法四教"（藏、通、别、圆），合成八教。"五时八教"说综合了各家判教，也为当时和以后各宗所模仿。

"性具实相"说是智𫖮最具特色的佛学理论。"性具实相"意指一切事物及现象本来就具足真实本性，实相与体性是同一的，事物本身就是实相，"性具实相"也就是"性具诸法"。智𫖮将其引入佛性领域，创造性地提出了"性具善恶"说。"性具善恶"意即一切有情，从凡夫众生到诸佛菩萨，都同时具有"善"、"恶"两个方面的本性，区别在于修行的不同。智𫖮的"性具善恶"说，一改中国佛教"佛性至善"的传统观点，对佛性论和中国哲学心性论的发展产生了深远的影响。

"三谛圆融"则是在"一心三观"的基础上发展而成的。"三谛"即空谛、假谛、中谛。根据《中论》的"三是偈"，就诸法而言，空、假、中是对万物不同方面的描述，都表现了万物的存在状态，即空、假、中是相即不离、相互含摄的；就实相而言，三谛都是为教化众生所行之方便，实际上即空即假即中，无有次第、圆融无碍。在此基础上，智𫖮更进一步提出"一念三千"说，即认为在短暂的心念活动中就具有世间和出世间的一切现象。"三谛圆融"与"性具实相"互为依据，充分体现了智𫖮与天台宗圆融通摄的思想特征。

止观双修、定慧等持是智𫖮综合南北佛学风格而形成的行持学说，即行持与理论、禅定与般若犹如车之两轮，鸟之双翼，相辅相成。智𫖮佛学思想所具有的综合性和融会贯通，使天台宗成为最具中国化特点的佛教宗派之一。唐贞元二十一年（805），日本僧人最澄将天台教义带回国，建立日本天台宗。唐会昌法难后，天台宗逐渐势微。

玄奘（约600—664），俗姓陈，生于洛阳缑氏（今河南偃师县南），唐代著名僧人。始创唯识宗，并由其弟子窥基建立发展起来。他曾西行天竺求经问学，回国后致力于佛典翻译。所译《成唯识论》是唯识宗最重要的经典之一。窥基是玄奘高足，有"百部疏主"之称。所著《成唯识论述记》被唯识宗奉为圭臬，世称"慈恩大师"，因此唯识宗又称慈恩宗。

玄奘留学的动机，初亦在乎学习《瑜伽师地论》（法相唯识学总汇之籍），其归国后，关于法相唯识学的翻译与讲授也比较多。因此，中国哲学史上一向称他为法相宗的创始者也并非无故。玄奘的哲学思想是从法相唯识入手去探究佛学之堂奥的。

唯识宗集中阐扬法相、唯识的义理，又称法相宗。该宗认为：只有人的心识及其作用是唯一真实的，世间万物、现象都由心识变现出来，"境"不能离开"识"而独立存在，即"唯识无境"、"万法唯识"。唯识宗通过"八识"说来论证这一基本理论。"八识"即指眼识、耳识、鼻识、舌识、身识、意识、末那识和阿赖耶识。"八识"中，阿赖耶识最重要。它含藏一切事物、现象的种子，其性质有染有净，原因在于"熏习"；杂染种子为三界轮回的依据，无漏种子是出世解脱的依据；种子不会消失，能据所行善恶引出因果报应，并以不同形式存在于特定环境之中。阿赖耶识既是人和世界的本源，又是众生生死轮回的精神主体和解脱的依据。唯识宗并以此构造出"五位百法"的世界图式。

"三性三无性"是对识境互动过程的分析。"三性"又作"三自性"，即"遍计所执性"、"依他起

玄奘西行图

性"、"圆成实性";相对应的"三无性",即"相无性"、"生无性"、"胜义无性"。唯识宗通过繁复的名相辨析和逻辑方法来论证其佛学思想,是最多地保持印度佛学风格的中国佛教宗派,理论成果被其余各宗所吸收。由于理论和方法的烦琐晦涩,唯识宗很快由极盛转向衰微。

华严宗因以《华严经》为基本典据而得名,又称贤首宗、法界宗。该宗实际创始者为法藏,世称"贤首大师"。

华严宗的中心理论是"法界缘起论"。"法界",指现象和本质。所谓法界缘起,是说

玄奘灵骨塔

世界一切现象,都是互为依持,互为因果,相即相入,圆融无碍的。华严宗还用"四法界"说来阐明法界缘起的意义。"四法界"具体指:"事法界",即现象界。其特点是现象各自独立,相互区别。事法界是世俗对现象的错误认识。"理法界",即本体界。理存在于一切现象之中,就理而言,一切现象的体性同是真如之理。理法界是正确认识的开始。"理事无碍法界",即就理、事关系而言。千差万别的事象与平等一如的理体交融无碍,事不离理,理不离事。这是更高一级的认识。"事事无碍法界",即就事事关系而言。一切事物和现象虽表现为各有分歧,由于都为"一心"所起,在理体上是同一的,因而处于圆融无碍的状态。

华严宗自觉、广泛地运用理事、体用、总别、一多等范畴,对事物现象及其关系,尤其是对个别与一般的关系作了详细而深刻的思考,表现出极高的思辨水平,构成了华严宗的主要理论特色。华严宗的理论体系既是佛教与中国古代哲学结合的典型之一,同时其佛教哲学思想对中国哲学特别是程朱理学的影响也

很大。

法藏（643—712），原籍西域康居，生于长安。唐代僧人。17岁随智俨学《华严经》，前后共九年，深得真传。后来与实叉难陀共同翻译八十卷《华严经》（也称新译或唐译；东晋时佛陀跋多罗翻译的六十卷《华严经》称旧译或晋译），对经文的理解更为透彻。法藏与唐朝几代帝王均有密切关系。他多次给武则天讲经，受赐"贤首"称号。他还为睿宗授菩萨戒，成为皇帝的门师。中宗曾封他以三品官衔，为他造大华严寺。法藏一生创宗立说，不遗余力。有著作百余卷，其中有关《华严经》的就达三十五种之多，最重要的有《华严金狮子章》、《华严经探玄记》、《华严一乘教义分齐章》等。法藏以《华严经》为依据，又吸收了玄奘新译的一些理论，在教判、义理、观行等方面都作了独特的发挥和完善，使华严宗成为具有鲜明特色、盛极一时的中国佛教宗派。法藏在总结前人教判学说的基础上提出了新的教判学说，即"五教十宗"。该说通过整个佛教从内容到形式的评判，确立了《华严经》在全部佛教经典中的权威。法藏判华严宗为"圆教"或称"别乘一教"，这是华严宗得以成为独立宗派的重要标志。

华严宗的学说传承系统为：杜顺、智俨、法藏、澄观、宗密。杜顺（557—640），也名法顺，雍州万年（今陕西临潼西北）人。相传著有《华严五教止观》和《华严法界观门》各一卷，在教判说和法界观等方面开创了华严宗义理的端绪，被尊为华严宗的第一代祖师。智俨（602—668），俗姓赵，天水（今甘肃天水西南）人。12岁随杜顺在终南山至相寺出家。撰有《华严经搜玄记》、《华严一乘十玄门》、《华严孔目章》等，奠定了华严宗的主要理论基础，被尊为华严宗二祖。智俨弟子新罗僧人义湘后来在朝鲜大弘《华严经》，有"海东华严初祖"之称。真正建宗立派的是法藏。法藏弟子众多，其中上首弟子慧苑对师说有所修正，后被澄观斥为异端。澄观（738—839），俗姓夏侯，越州山阴（今浙江绍兴）人，是慧苑弟子法铣的高徒。传说德宗曾赐号"清凉"，又称"清凉国师"。澄观把禅宗、天台宗和《大乘起信论》的思想引入华严教法，提倡融会诸宗、

法藏

禅教一致，体现了中唐以后各宗相互渗透的总趋势，成为法藏之后振兴华严宗的重要人物，被尊为四祖。宗密（780—841），俗姓何，果州西充（今四川西充县）人。被称为澄观门下四哲之一。长居终南山草堂寺南圭峰兰若诵经修禅，世称"圭峰禅师"。宗密继承了法藏、澄观的法界缘起论，又融会了大量南禅宗的思想，使其佛教思想呈现禅教一致的特点，同时还倡导会通儒、道，使调和内外各家思想成为以后华严宗的宗风，代表了三教合流、三教融会的潮流。宗密逝世不久，会昌灭佛使华严宗受到沉重打击，至宋初才得以复兴。

  禅宗因主张以禅定概括佛教的全部修行而得名，又因其自称"传佛心印"，以觉悟众生心性的本原佛性而名佛心宗，是中国独有的佛教宗派，也是流传最广、影响最大的佛教宗派之一。

  禅宗建立起自己的传法系统经历了较长的时间。南朝梁代来华的南印度僧人菩提达摩后被尊为中土禅宗初祖，达摩传慧可，慧可传僧璨。初期禅宗以《楞伽经》为依据，被称为"楞伽师"。唐初道信在楞伽禅法之外又参用般若法门，在蕲州黄梅（今湖北黄梅县）双峰山聚徒弘法，经弘忍的发扬而大盛，被称为"东山法门"，禅宗粗具规模。道信门下又有法融在金陵（今南京）牛头山弘传"牛头禅"，自成一系，数代而终。五祖弘忍之后，禅宗的发展呈现出所谓"南能北秀"的局面。神秀46岁时投于弘忍门下，"东山法门，尽在秀矣"。高宗仪凤年间（677—680），神秀在江陵（今湖北荆州）当阳山玉泉寺大开禅法，从学如云，声誉日隆。武则天于久视元年（700）遣使迎请入京，被尊为"两京（长安、洛阳）法主，三帝（武后、中宗、睿宗）国师"，成为北方禅宗领袖。在朝廷的支持和神秀弟子普寂、义福等的大力弘扬下，北宗禅成为禅法正宗，盛极一时，"两京之间皆宗神秀"。与此同时，在岭南一带兴起南宗禅，其创始人即后来被尊为禅宗六祖的慧能。

  慧能（638—731），又称惠能，俗姓卢，唐代岭南新州（今广东新兴县）人，禅宗的实际创始者。24岁时听人诵《金刚经》，心有所悟，遂往黄梅参礼五祖，得弘忍赞赏，后以衣钵相传。约十六年后，在广州法性寺（今光孝寺）正式出家，大兴禅法。后居曹溪宝林寺聚徒传法三十余年，影响日增。慧能本人并无著作，弟子法海将其在大梵寺讲经的内容整理而成《坛经》，成为禅宗的主要典据。中国僧人说法而称经者仅慧能一人。

  慧能所创顿悟禅法经弟子菏泽神会的发扬，逐渐压倒北宗禅而盛行天下，南宗被奉为禅宗正宗,达摩—慧可—僧璨—道信—弘忍—慧能六祖相承的法统也得到普遍承认。慧能之后,禅宗发展出湖南南岳怀让和江西清原行思两大系统,后来南岳系分出沩仰、临济两派,清原系分出曹洞、云门、法眼三派;宋代临济再分出黄龙、杨歧两派,合称"五家七宗"。怀让弟子马祖道一开机锋棒喝的宗风。道一弟子百丈怀海制定"禅门规式",成为以后"丛林清规"的模式;道一的另一个弟子黄檗希运开创临济宗,将机锋棒喝推向极致,成为中唐以来最盛的宗派。怀海弟子灵佑及再传弟子慧寂开创沩仰宗。行思同门石头希迁与马祖道一同被称为并世二大士。希迁弟子洞山良价与再传弟子曹山本寂开创曹洞宗,吸收华严宗理事无碍说,宣扬理事不二、体用一如的思想,形成随机利物、就语接人的宗风。清原系的文偃和文益分别开创云门宗和法眼宗。

慧能禅学思想的主要内容是"识心见性"和"顿悟成佛"说。"识心见性"是对众生成佛的根据即佛性的认识。慧能认为"心""性"是成佛的根据,而"一切众生皆有佛性",人人都可成佛。心性本来清净即性空,同时自性清净心又本自具足、含藏万法,因此众生觉悟解脱的关键在于体悟本有的心性,依靠自己的主体功夫而不假求于外,"自性迷,佛即众生;自性觉,众生即佛。"(《坛经》)主张人人都有佛性,人人都能成佛,这不是慧能第一个提出来的。在他以

慧能大师

前的佛教中,也有这种说法,如南朝的竺道生就有"一阐提人(指无善根之人)皆得成佛","悉有佛性"的说法。

慧能的佛性说的特点,在于他把佛性看作人的唯一本性。他说:"本性是佛,离性无别佛。"(同上)这就为人人都能成佛提供了理论依据。"顿悟成佛"是对修行过程和原则的表述。顿悟还是渐悟是以慧能为代表的禅宗南宗与神秀为代表的禅宗北宗两派思想的根本分歧之点。顿悟说主张无须长期修习,只要一旦领悟即突然觉悟佛性便可成佛。渐悟说则认为必须通过长期修习才能逐步地把握佛理而成佛。这也是印度佛教的一种传统说法。神

秀法偈所说的"身是菩提树，心如明镜台，时时勤拂拭，莫使惹尘埃"，就是渐悟说。慧能不同意神秀的思想，认为他未能"见性"，不识本心。他针对神秀而说："菩提本无树，明镜亦非台，佛性常清净，何处有尘埃。"在慧能看来，菩提树、明镜台皆是"空"的，"凡所有相，皆是虚妄"，只有佛性才是真实的、永恒清净的。所谓佛在心中，不是说佛性作为一种实体住在心中，而是讲"自性真空"，"无有一法可得。"（同上）怎样才能达到这种"空心"的境界呢？他们认为：既不靠感性经验，也不靠理性思维，而是靠人生来就有的一种认识自己本性的良能，这种能力，又称为"灵知"，所谓"灵知不昧，即此空寂之知，是识真性"。由此，慧能得出结论说："一刹那间，妄念俱灭，若识自性，一悟即至佛地。"（同上）就是说，只要靠自己的"灵知"，一刹那间领悟到心本来就是空的，当下便达到"佛"的境地。这就叫做"顿悟成佛"。慧能还说："迷来经累劫，悟则刹那间。""前念迷即凡，后念悟即佛。""一念愚即般若绝，一念智即般若生。"（同上）即成佛在于一念领悟、刹那之间，而不在于长期修习。并且，他认为顿悟是成佛的唯一途径，"若悟无生顿法，且西方只在刹那，不悟顿教大乘，念佛往生路遥，如何得达。"（同上）领悟了顿法，西方世界刹那可得，不悟大乘顿教常年执着于念经、拜佛、坐禅也无用处。

传说马祖禅师，最初看重坐禅，每日打坐，谁都不理睬。有一次，他的老师在他面前磨砖好久。他问道：磨砖做什么？老师说：磨成镜子。马祖说，砖焉能磨成镜？老师说，坐禅焉能成佛？他们甚至把佛像劈了当柴烧，表示悟到"一切皆空"和"佛在心中"的道理。慧能是否要完全废掉渐修呢？也并不是这样。他认为佛法无顿渐之分，只有一条路才能成佛，但人有利钝、迷悟之分，"迷则渐劝，悟人顿修"，对于愚迷之人还是要先藉渐劝，才能最后达到顿悟的目的。慧能还提出了无念为宗、无相为体、无住为本、定慧等觉等一系列修行方法原则，建立起"不立文字，教外别传；直指人心，见性成佛"的独特风格，以后禅宗呵佛骂祖、棒喝脚踢的宗风就是这种风格的典型表现。

禅宗的思想是融合了印度佛教文化与中国固有文化的产物。它既汲取了印度大乘空宗（主张一切皆空）和大乘有宗（主张佛性为实有）的思想，又继承了我国儒家传统的人性论学说与道家的主静说思想，它是把两种文化加以融会贯通之后的产物。它使佛教进一步实现了国化。慧能禅学简便直接的思想内容和不拘经典的表现形式，是中国佛教史上一次革命性的转变。它彻底使佛教改变了烦琐的

经院哲学风格，使之在最广泛的受众中得以流传，因此禅宗成为传播最广、持续最久的宗派。

禅宗宣传的佛在自性中、顿悟便成佛的思想，从某种意义上说，摧毁了佛国的权威与佛的至上性，泯灭了佛国极乐世界与现实世界、出世间与世俗间的界限，带有了泛神论的倾向，也带有个性解放的意义。同时它所包含的重视主体能动性的因素对中唐以后的中国佛教和宋明理学尤其是陆王心学产生了巨大而深远的影响，心学家们的思想、语气文字、风度、观念无不带着浓厚的禅宗色彩。也正由于禅宗过分的简易化、世俗化而忽视了佛学义理独特性的发展，唐以后禅宗虽然仍在流传，但却逐渐走向衰微。

唐代流行的佛教还有律宗和密宗。律宗以研习修持戒律而得名，实际创始人是道宣。因其典据为《四分律》，也称四分律宗。密宗自称受法身佛大日如来密传教旨，以陀罗尼（咒语）作为修习特征而得名，由善无畏、金刚智和不空在玄宗开元年间所创。唐代佛教除向朝鲜、日本传播外，7世纪中叶开始传入西藏，以后逐步形成藏传佛教。

由于唐皇室的扶持，道教也在这一时期处于鼎盛阶段。这样，儒、释、道三足鼎立的传统文化格局开始形成。在思想上，儒、释、道三者也由于统治阶级的需要而融合。这种融合，早在司马承祯创立贵族道教时就已经开始，到韩愈、

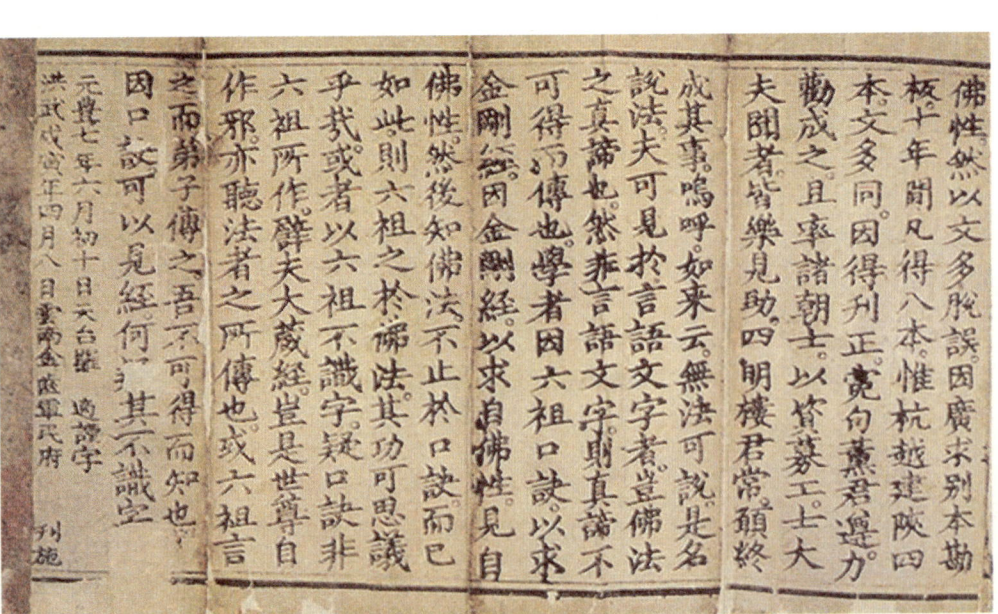

禅宗六祖慧能所注解的《金刚经》（局部）

李翱的时代,更进一步发展。名僧宗密曾明确地说:"然孔、老、释迦皆是至圣,随时应物,设教殊途,内外相资,共利群庶,策励万行……三教皆可遵行。"(《华严原人论》)在朝野称颂佛老的思潮中,韩愈高举反佛旗帜,痛斥佛老;并在《原道》中提出著名的儒家"道统"说,与佛教相抗衡,以恢复儒学的权威。韩愈的学生李翱在思想上袭用佛毫,在《复性书》中阐释了儒家的心性理论。师徒二人实开宋明理学的先河。

 宋代程朱理学与陆王学派

  中国北宋出现的以阐发儒家经典义理特征的哲学思潮，称为新儒学，又称理学或宋学。由北宋初期的范仲淹、欧阳修和胡瑗、孙复等人首倡，北宋中期周敦颐、邵雍、张载、程颢、程颐加以发展，朱熹集其大成。

  北宋的程颢、程颐兄弟一同受业于周敦颐，"二程"久居洛阳讲学，他们的学说被称为洛学。他们提出了"理"的哲学范畴，认为理存在于天地万物之中，"一草一木皆有理"。还认为理是"天理"，是人类社会永恒的最高准则，并以此阐释封建伦理道德，把三纲五常视为"天下之定理"。洛学以儒学为核心，并将佛、道渗透于其中，旨在从哲学上论证"天理"与"人欲"之间的关系，规范人的行为，维护封建秩序。二程洛学是保守的和唯心的，但也包含有辩证法因素。洛学奠定了宋明理学的基础，在中国哲学史上有重要地位。

  其后，"二程"洛学分成两个不同的学派。这实在是一种历史的可喜巧合：弟弟程颐创立了自己的学派，由朱熹集大成，史称"程朱学派"或"理学"；哥哥程颢创立了另一个学派，由陆象山和王守仁完成，史称"陆王学派"或"心学"。程颢、程颐兄弟并未意识到他们创立的两个不同学派具有何等重要的意义，但是由朱熹开始的学术争论，直到今天也仍然在进行着。

一、程颢对"仁"的认识

程颢（1032—1085），字伯淳，号明道，世称"明道先生"，他的弟弟程颐（1033—1108），字正叔，号伊川，世称"伊川先生"。他们的父亲和周敦颐是朋友，和张载是表兄弟。因此，程氏兄弟在年轻时曾受到周敦颐的教诲，后来又常和张载进行学术探讨。还有，他们和邵雍住处相隔不远，可以经常相聚。这五位哲学家之间的密切往还，成为中国哲学史上的一段美谈。

程颢十分称许张载的《西铭》，因为它所揭示的"万物一体"这个主题也是程颢哲学的中心。程颢认为，人达到视自己与万物一体正是"仁"的主要特征。他说："学者须先识仁。仁者，浑然与物同体。义、礼、知、信皆仁也。识得此理，以诚敬存之而已，不须防检，不须穷索……此道与物无对，大不足以名之，天地之用皆我之用。孟子言'万物皆备于我'，须反身而诚，乃为大乐。若反身未诚，则犹是二物有对，以己合彼，终未有之，又安得乐？意思乃备言此体。以此意存之，更有何事？'必有事焉而勿正，心勿忘，勿助长'，未尝致纤毫之力，此其存之之道。"

程颢曾引孟子说的一段话加以讨论：人应当有所为（"必有事焉"），但不要"揠苗助长"。这是孟子养其浩然之气的方法。宋代新儒学十分推崇这段话。程颢更认为，做人的第一要务就是要懂得

程颢

万物一体的道理；然后，牢记这一点，并且真诚用心去做，这就够了。人若日积月累地这样下工夫，就会真正感觉到自己和万物融为一体。程颢所讲的"真诚用心去做"，是提醒人要下工夫，但又不是矫揉造作。这便是程颢所说的"心勿忘，勿助长。未尝致纤毫之力，此其存之之道"。

程颢和孟子的区别在于：程颢对"仁"的诠释带有更多形而上学的意味。"易传"《系辞下》有这样一句话："天地之大德曰生。"这里的"生"字，可以理解为"产生"，也可以理解为"赋予生命"。但是在程颢和其他新的儒家的思想里，"生"的含义主要是"生命"或"赋予生命"。他们认为，万物本性天然是向着生命，这便是天地之仁。

在中国传统医学里，把人身体麻痹称为"不仁"。程颢说："医书言手足痿痹为不仁，此言最善名状。仁者，以天地万物为一体，莫非己也。认得为己，何所不至？若不有诸己，自不与己相干，如手足不仁，气已不贯，皆不属己。"

因此，在程颢看来，万物之间有一种形而上的内在联系。孟子所称的"恻隐之心""不忍、人之心"，正是表现出人和万物之间的这种内在联系。然而，人们的"不忍人之心"往往被私心或欲望（或称"私欲"）所蔽，使人丢失了原有的与万物一体的意识。人所需要的是记起自己与万物原是一体，真诚用心地照着去做，这将使人逐渐恢复与万物一体的意识。这便是程颢的哲学主张，后来陆象山和王守仁又把这思想更细致地予以发挥。

二、程朱的"理"的观念的来源

我们知道，早在先秦时，公孙龙已经明确区别共相和事物本身，指出它们不是一回事，即便世上没有任何白的东西，白的共相仍然存在着。公孙龙似乎看到了柏拉图所分辨的"两个世界"——永恒的世界和在时间流程中的世界、可认知的世界和可见的世界。但是，后来的中国哲学家没有对这个思想继续发挥，名家在中国哲学中也不占主要地位。结果是这种思想朝另一个方向发展。直到一千多年之后，中国哲学家才又再次注意到永恒观念这个问题，再次提出这个问题的两位哲学家便是程颐和朱熹。

程颐和朱熹的哲学并不是先秦名家的继续。他们对公孙龙和新道家所讨论的

"名理"并未在意，他们的"理"的观念直接来自"易传"。道家所讲的"道"和"易传"所讲的"道"有所不同。道家所讲的"道"是宇宙万物所生出的"太一"，"易传"所讲的"道"则是宇宙万物中每一类事物内含的原理。程颐和朱熹正是从"易传"所讲的"道"，发展出他们所讲的"理"。

程颐和朱熹所受的直接启发可能是来自张载和邵雍。张载用"气"的聚散来解释万物的生成和消灭。张载的这个理论有一个缺陷，那就是无法解释万物为什么分成不同的门类，即便我们接受花和叶都是由"气"聚而生，还是无法解释为什么有的成为花，而有的成为叶。程颐和朱熹的"理"的观念便是针对这一点而提出的。他们认为，我们所见的宇宙，不仅是"气"聚而生，还因为其中有它各自的"理"；万物各从其类，因为"气"的聚结各依不同的"理"。花之所以成为花，是因为它的"气"是按照花的"理"而聚结，于是便生成为花；叶之所以成为叶，是因为它的"气"是按照叶的"理"聚结，因此便生成为叶了。

邵雍的图解也推进了"理"的概念的形成。按照邵雍的说法，他的图解正是为了说明事物演化的规律。这个事物演化的规律不仅早在有图解之前便已存在，并且在各类事物出现之前，便已经存在了。邵雍认为，在六十四卦产生以前，《易经》的思想早已存在了。程氏兄弟中有一位引邵雍诗说："尧夫诗：'……须信画前原有易，自从删后更无诗。'……此意古原无人道来。"（《遗书》卷二上）这个理论和新实在论者的理论相同，后者认为，在数学诞生之前，已经有了数学的全部道理。

三、程颐的"理"的观念

如果把张载和邵雍的哲学结合起来，就相当于希腊哲学家们所讲的事物形式和质料的区别。程颐和朱熹对这个区别说得非常清楚。他们——也如同柏拉图和亚里士多德一样——认为世上的事物，其所以能存在，必须有一个"理"。如果有一物，就必有一理。"物物皆有理，如火之所以热，水之所以寒，至于君臣父子间皆是理。"（《二程遗书》卷十）但如有一理，可能有，也可能没有与它相应的物。这个道理，程朱称之为"理"；与"理"相应的"质料"，程朱称之为"气"。如果把朱熹的理论体系和张载的理论体系相较，则朱熹所讲的"气"，比

张载所讲的"气"要抽象得多。

程颐还区别"形而上"和"形而下"。在程朱的思想体系中，这个区别相当于西方哲学中的"抽象"与"具体"。"理"乃是"道"，是"形而上"，或如西方哲学所说的"抽象"。至于"器"，程颐和朱熹用以指个别事物，或如西方哲学所说，是"具体"的。

按程颐的说法，"理"是外在的，人对"理"，既不能增一分，也不能减一分。"百理俱在，平铺放着。几时道尧尽君道，添得些君道多；舜尽子道，添得些孝道

程颐

多？元来依旧。"（《二程遗书》卷二上）程颐还认为在形而上的世界里，虚无一物，却又万物具陈。虚无一物，因为其中没有具体事物；万物俱陈，因为万物的"理"都在其中。"理"是客观存在着的，无论现实世界中有没有它的具体实例，也不管人是否知道它们。

四、宋代新儒学的修养论

程颐的精神修养方法见于他所说的一段名言："涵养须用敬，进学则在致知。"（《遗书》卷十八）在中文里，"敬"的意思是严肃、真诚，心不分散。程颢也说，学者必须首先认识万物本是一体，"识得此理，以诚敬存之"。此后新的儒家都十分看重一个"敬"字，以此作为精神修养的关键。周敦颐强调的是"静"，程朱强调的是"敬"；以"敬"字取代"静"字，表明北宋新儒学在精神修养方法上和禅学的进一步分道扬镳。

新的儒家强调修养须下工夫，虽说人的最终目标是无所用心，但为达到无所用心，还是要用很大气力的。对这一点，禅师们不大提及，周敦颐主"静"，也不着重讲修养须用的工夫。程朱强调一个"敬"字，就把修养须用工夫这一点凸显出来了。

修养须要"敬",那么"敬"什么呢?这是更新的儒学两派之间争论的一个问题。王弼的理论,认为圣人"有情而无累"。《庄子·应帝王》中说:"至人之用心若镜,不将不迎,应而不藏,故能胜物而不伤。"这是说,一个接近于完美的人,心如明镜,不为物所移,对外物无求无待;物来而对应,但不存之于心。因此,接近完美的人能在对应中战胜外物,而不为外物所伤累。王弼的看法,似乎是从庄子的思想中引申出来的。

新的儒家所讲陶冶感情的方法和王弼的主张是一脉相承的。它的要旨是把感情和私己分开。程颢在《答横渠张子厚先生书》中说:"夫天地之常,以其心普万物而无心;圣人之常,以其情顺万物而无情。故君子之学,莫若廓然而大公,物来而顺应……人之情各有所蔽,故不能适道,大率患在于自私而用智。自私则不能以有为为应迹,用智则不能以明觉为自然……圣人之喜,以物之当喜;圣人之怒,以物之当怒。是圣人之喜怒,不系于心而系于物也。"(《明道文集》)

在答张载的这封信里,程颢讲,圣人有喜有怒,情顺万物;有情无私,廓然大公;对应自然,一无智巧。这和周敦颐所说的"静虚动直"是一个意思。

按照程颢的看法,圣人也有快乐,有愤怒。但由于圣人心怀天下、客观公正,因此圣人的各种感情乃是宇宙中客观的现象,并不特别与个人联结在一起。圣人的快乐和愤怒是因为外界的事物值得引起快乐或愤怒,于是在圣人心里引起相应的感情。又由于圣人的心如同明镜一样反照外界事物,当外物移去时,它引起的感情反应也就消逝。因此,圣人虽有感情,却不会陷入感情的网罗。

新的儒家常用的另一个例子是颜回的故事。《论语·雍也》章记载,孔子称许颜回"不迁怒"。通常人们在发怒的时候,往往会把怒气转移发泄在与他发怒这件事无关的人或物件上头,这便是"迁怒"。新的儒家对孔子的这句话十分重视,认为在颜回这个完美得仅次于孔子的人身上,"不迁怒"是他的一个极重要的品质。对此,程颐评论说:"须是理会得因何不迁怒……譬如明镜,好物来时,便见是好;恶物来时,便见是恶。镜何尝有好恶也?世之人固有怒于室而色于市……若圣人因物而未尝有怒……君子役物,小人役于物。"(《遗书》)

因此,在新的儒家看来,颜回不迁怒是因为他的感情并不和私己联结在一起。一事来临,可能在他心里引起某些感情,但这种感情都是由于外物与自我无关,因此,在转向其他的人或事物时,无怒可迁。人心里对外界的反应包括了感

情上的反应，但却不应让自己成为感情的掳物。颜回以"不改其乐"被孔子称许，新的儒家对这种"乐"也推崇备至。

五、朱熹对理学的贡献

朱熹（1130—1200），字元晦，晚年自称晦庵。他是孔孟之后，我国封建社会最博学的学者之一，也是继孔孟之后，我国封建时代影响最深远的唯心主义哲学家。

朱熹于南宋高宗建炎四年（1130）九月十五日降生在南剑州尤溪县城（今福建尤溪县）里一个普通外籍失职官僚寓居的郑氏馆舍里时，他所直接面对的是衰乱之世的彷徨流落和败落世家的穷困拮据。朱熹的父亲朱松本是徽州婺源（今属江西）人，字乔年，号韦斋，是两宋交替之际的一个知名官吏和诗人。

朱熹

据说朱熹生来颖悟过人，4岁刚能说话时，父亲指着天教他说"天也"，而他竟然发问道："天之上何物？"使得朱松吃惊不小。5岁时的朱熹常常出神地仰望天空，生出一种形上之思，后来他告诉弟子们他的所思是："烦恼这天地四边之外是什么物事。见人说四方无边，某思量也须有个尽处，如这壁相似，壁后也须有什么物事，其时思量得行几乎成病。"大概寓居生活和严格的家教使得朱熹性格内向，落落寡和。但深沉往往铸就灵慧，6岁时，有一次他同一群儿童在郑氏馆舍前的沙洲上做游戏。他忽而走远独自端坐，用手指在沙上写画，大家跑过去瞧，他写画的竟然都是八卦符号，人们都惊叹他是神童。这些故事或许掺入了些后人的夸饰。但不管怎样，朱松在儿子身上寄予了相当大的期望，他意味深长地督促朱熹说："骏马被勒住也不会跟犬一样，小鲤鱼也可以羽化成龙，我们家业的振兴就全靠你了，赶紧行动起来吧，可不要犹豫不前！"

绍兴七年（1137）夏天，朱松被召入朝做事，在去临安（今杭州）之前，他把妻子祝氏和朱熹送到建州浦城（今福建浦城）寓居，浦城地处闽北，毗邻武夷山，是一个人文荟萃的地方。朱熹在这里开始接受比较正规的儒学六经启蒙教育。老师讲到《孝经》时，8岁的朱熹便心领神会，并在课本上批下"不若是，非人也"的话，表明他自小即对儒家忠孝节义有着比较自然的认同。第二年，朱熹开始读《孟子》，他一下子就迷上了这本书。孟子的"性善"之说和"人皆可以为尧舜"的思想深深地感染着他，这个只有9岁的学童慨然而有做"圣人"的志向。朱熹少年时对孟子之书的感悟，并以传道为己任，是他能承继并发展"二程"以来北宋理学的内在动因。朱熹自小便沉迷在"圣贤之学"里，绍兴九年（1139）他才开始为踏入仕途做准备，温习举子业，研作干禄的程文。他读书十分刻苦勤奋，不知疲倦，朱松为了增长他的见识，还经常把他带到临安游学。这期间，朱熹得以耳濡目染朝廷上下的形势言论，还见到了一些当时著名的名儒文士，如尹焞、胡寅，他们的风采气度深深地感染了朱熹幼小的心灵。

朱松时时没有忘记告诫朱熹成为吏士对国家、民族所承载的使命和责任，所以，他教授儿子微言大义、一字褒贬的《春秋》，朱松特别喜好《左氏春秋》，因为其中包含了浓厚的"尊王攘夷"思想和"君臣父子大伦大法"的严肃纲纪。更何况朱熹有个族叔祖叫朱弁，积极主战，使金时被拘留，誓死不屈，羁于北国十七年始得归。家风如此，又增以所习，使得朱熹自小便培养起一种强烈的抗金情绪，在一生的仕途生涯中，如乃父一样，沉浮于和战斗争的险滩里。在建州，朱熹在接受三年多的经学和理学教育的同时，还得到了父亲在诗文方面的悉心传授，到绍兴十二年（1142）时，朱熹的诗文已经不同凡响，诗风深得陶渊明、韦应物和陈与义萧散简远之趣。朱松夸赞他说是"骎骎惊予笔生风"。不难看出，朱熹在后来解《诗经》时超越汉宋诸儒而自成一家，与他学养中所具有的诗人气质，或者说与他所受到重经学、理学而不废诗学的良好教育，是难以分开的。

在刘氏家塾中，朱熹受到了更为正规全面的儒学教育，从修辞小学到义理大学，从法帖临摹到苦读经书，一面为科举入仕攻习程文与辞章之学，一面为入"圣贤之域"而潜研二程洛学一脉的理学。朱熹值得庆幸的一件大事是，他得到了刘子翚、刘勉之和胡宪三位先生的悉心教诲。

刘子翚、刘勉之和胡宪三位先生学养深厚，都是名重一时的大学者，而且品行高洁。但因失望于朝廷的腐败，不屑与秦桧党羽同流合污，便退隐山林，在家乡五夫的高山流水之间渔樵躬耕、著述讲学。在三先生的指导下，朱熹刻苦攻

读,兼收并蓄,奠定了扎实的学问功底。

在三先生中,刘子翚是朱熹真正的启蒙精神导师。刘子翚自号"病翁",人称屏山先生,是一位专门研究道统传授的理学家,提出了一个尧、舜、汤、文王、周公、孔子、颜子、曾子、子思、孟子的道统。刘子翚把他的儒佛老三道同一的思想全部灌输给少年朱熹,为朱熹取字"元晦",希望朱熹成为一个外表不露、道德内著的人。刘子翚的诗充满禅气,朱熹早年好作禅诗,部分原因是受到刘子翚的影响。刘子翚于绍兴十七年十一月六日去世,临终前使出浑身解数向朱熹传授理学思想。然而,刘子翚没有想到的是,他的禅学思想在他死后却使朱熹走上出入佛老之路。

但从朱熹思想演变历程上看,刘勉之和胡宪对他的影响却要比刘子翚更深远。刘勉之因生于五夫里白水村,被学者尊称为白水先生。刘勉之最早向朱熹传授了张载的《西铭》,朱熹就是借《西铭》建立了"理一分殊"的思想。刘勉之的经学也在朱熹的四书学中留下了不可磨灭的印记。胡宪对朱熹思想发展的影响

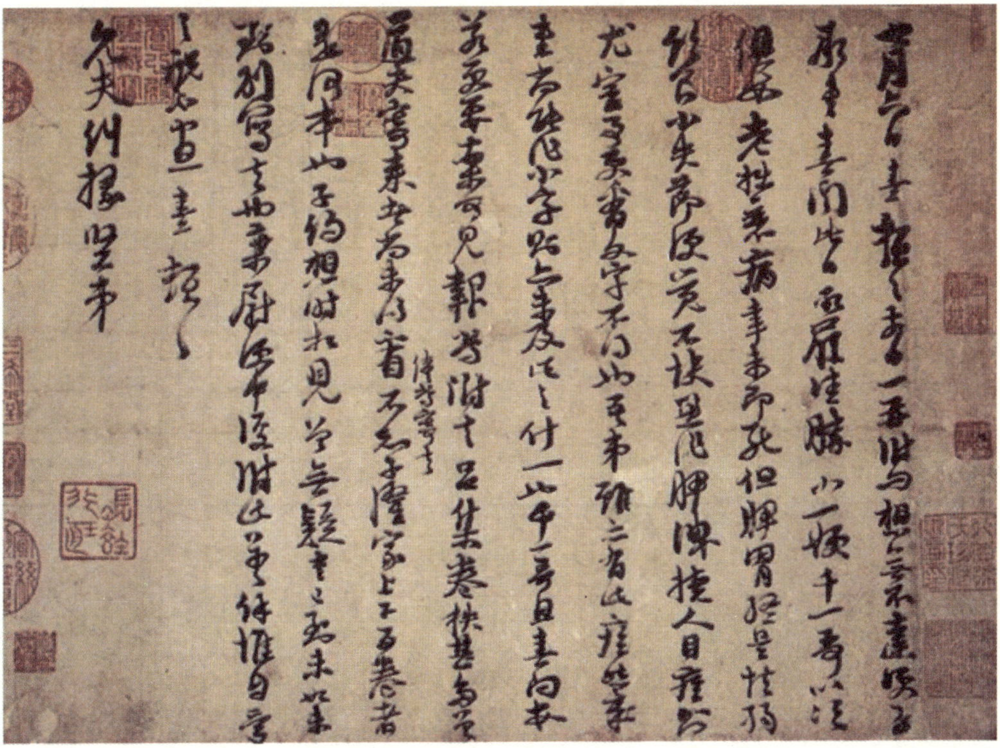

朱熹的书法艺术

更在刘勉之之上。胡宪字原仲,学者称他为籍溪先生。三先生中胡宪最精《礼》学,朱熹生平第一部礼学著作就是在胡宪的指导下完成的。胡宪向朱熹传授的《论语》学,对朱熹四书学思想的形成具有决定意义。二刘相继去世后,朱熹只得独事胡宪为师,期间同他师事李侗交叉重叠。胡宪对朱熹的影响还表现在,他把在逃禅归儒后困学彷徨的朱熹领到了湖湘派的大门口。三先生的教育很快把朱熹从一个老成持重的少年塑造成为出类拔萃的士子。

绍兴十七年(1147),朱熹参加了建州乡贡,在三篇策论里放言高论朝廷大事,得到考官蔡兹的赏识。蔡颇为得意地对人讲:"吾取中一后生,三篇策皆欲为朝廷措置大事,他日必非常人。"绍兴十八年(1148)礼部试,朱熹中第五甲第九十名,可谓鲤跃龙门,春风得意。他在临安时沐着绵绵春雨登览天竺山,泛舟西湖水,常常诗兴大发。

然而,朱熹抒发"睥睨即万里,超忽凌八荒"的豪情之时,隐隐地也生出了"世路百险艰,出门始忧伤"的慨叹。在他蹒跚走向成年的这十八个春秋里,南宋政权也正在走向风雨如晦、动荡飘摇的衰世。自绍兴八年(1138)宋金和议后,女真贵族依然时时睥睨宋土,宋金战事反而更加频仍,烽火已燃到南宋的眉毛之地——淮河流域了。但投降派一直以反对"浪战"的借口压制主战派。绍兴十一年(1141),因宗弼战事失利,高宗、秦桧决定放弃淮河以北土地,宋与金又订下了屈辱的"壬戌之盟",南宋政权积弱丧权之势更加恶化。衰世之中,理学在严厉禁绝的政策下已是脉息微弱。二程"洛学"从北宋崇宁以来屡遭禁绝。绍兴六年(1136)左司谏陈公辅复论"伊川之学惑乱天下",乞请"屏绝",直到绍兴十四年(1144)何若奏请"黜伊川之学"。学禁纷纷,天下士子噤若寒蝉,不少理学宿儒隐居山林,各以著述讲学为业。这使得在二程"洛学"之后,理学的发展显现出颓而不兴、学理凌乱的状况。因而,年轻的朱熹在蟾宫折桂之后,依然是豪情和忧患交织于心。对他而言,幼承父训,任吏践履、齐家治国乃是士子不可推卸的职责,他想在这衰世之中做出些革故鼎新的举动。但慨然"求道"的志向又注定他要在"格物致知""正心诚意"的理学之路上进行永不间断地追问和思索,博学笃志更是他的本色。

绍兴二十一年(1151)春天,朱熹赴临安参加吏部的考试,通过了经义、诗赋、时议、断案、律义的五场烦琐考核,被授官迪功郎、泉州同安县主簿。绍

兴二十三年（1153）赴同安上任，在此期间，他游学于道观佛寺之中，兴趣又集中在佛老之学上。宗杲、道谦的新派禅宗深深地吸引着这个青年士子的心。他开始尝试以佛教禅宗的奥理来充实自己初步学过的儒家心学，以求有所新创，即他在造访道场山寺所讲的要"观造化之理"。事实上，此时的朱熹不自觉地走进了宋儒惯于儒佛双修的老路子。他有一首诗《吴山高》写得跌宕有致，充满了佛老的缥缈之气；"行尽吴山过越山，白云犹是几重关。若寻汗漫相期处，更在孤鸿灭没间。"但一身禅气的朱熹在赴同安任的路途上依然求学问道，寻访闽中大儒。可以说，他几乎接触了所有的闽中名儒，如李樗、林之奇、刘藻、艾轩等人，这些人的思想里包含着不少疑古的新见，给了朱熹很大启发。

在同安，朱熹"左右朱墨，蒙犯棰楚，以主县簿于此"，所谓"莅职勤敏，纤悉必亲"，浮沉官场之初便显示出自己突出的才干和过人的胆识。朱熹比较关心民间疾苦，同安流传着一个他处理民田争讼的故事：有富人兼并别人的好地，朱熹知道后，提笔写下"此地不灵，是无地理；此地若灵，是无天理"的咒语，结果，那个富人家在得地之后便败落了。这种做法固然软弱可笑，但也显出破落孤寒出身的朱熹痛恨豪强兼并的一贯品格。此时，朱熹还以同安主簿兼主学事，整顿县学教育，复习儒学。他反对王安石的"荆公新学"，重提孔夫子"志道、据德、依仁、游艺"的教育方针，以《论语》和《礼记》来教授弟子，重建儒家"克己复礼"的仁学思路，以期拯救封建衰世的纷乱人心。这些吏事和学事促使着朱熹在现实中做出不断的思考，渐渐地冲淡了他闭门为学时向佛禅庄老的不自觉偏转，加固了他哲学思想的基础：弘扬儒家仁学里的实践理性精神，通过反复不断地学习和综合，辗转发展成为具有人学品格的宋代理学，也就是后来人们称引的新儒学。但朱熹在形成自己理学思想体系的路上却经历了漫长的学习和思索的过程。

繁冗的簿吏生活并没有使朱熹忘记读经反思，他此时尽管依旧访学问友，但主要是不自觉地在佛儒之间颠簸飘摇，这位二十多岁的年轻人暂时还不能找到自己学无定旨的原因是与二程理学的师承源流的中断。早在绍兴二十三年，朱熹曾访学于南宋的一名理学正宗李侗，从学李侗使得朱熹由一个普通的学者俗吏真正地走向成为理学大师的新路。二程学说通过李侗的传承，直接成为朱子理学体系发生的思想基础和学术渊源。

在李侗死后，朱熹的思想又经历了一个变化过程。在李侗的影响下，朱熹一方面，是与以佛说儒者论辩，自觉地以儒学来挞伐佛老之学；另一方面，他也逐渐感觉到李侗之学在本质上承继程颢较多，即仍然是以主静和"自家体贴"上着眼，缺乏一种磅礴宏阔的气象。这也就是朱熹所言："余早从延平李先生受《中庸》之书，求喜怒哀乐未发之旨未达，而先生没，余窃自悼其不敏，若穷人之无归。"为了解决这个困惑，朱熹一方面细读程氏之书，从原典直接汲取学理；另一方面他又访学湖湘派学者张栻，与之辩论，从乾道二年（1166）到乾道四年（1168），朱熹就是在这种既徜徉于二程原典，以求全盘把握其精神实质，又遍访湖湘学者，不断扬弃时说并进而综合的生活中迎来了自己理学之路上的一次重大飞跃。已入中年的朱熹终于认识到了在南宋儒释混同的学术氛围里，大多数学者和学派都极易走向偏重察识本心而忽于外物、易于致知而空于格物的泥淖。在对二程理学的认识和发展上，南宋之时的大半学者均会心于程颢的"静察"，而忽于程颐的所谓"天理"应从外界"格物"以达于"致知"的思路。朱熹重新认识到了后者，因而他更加注重"已发"能够体现于"太极之蕴"，即主体在洒扫应对日用之间通过本心之"已发"来体悟实存的"天理"，这即是他酬和张栻之

福建尤溪县朱熹故里

时所说的:"惟应酬酢处,特达见本根。万化自此流,千圣同兹源。"所以,在这段时间的思索中,朱熹逐渐地融合了闽学和湖湘之学、程颢主静和程颐主敬的思想,是对自己生平所学进行的第一次综合,或说是由博返约。这就是《宋史》本传所说的"熹之学既博求之经传,复遍交当世有识之士",这话精到地指出了朱子文学集大成的特点。

乾道五年（1169）九月,朱熹70岁的老母亡故,他返回建阳守丧,并在建阳西北芦山峰巅的云谷建了三间草堂,匾名之曰"晦庵",以著述授徒讲学。从此,朱熹便以"晦庵"自号,表明自己隐晦终老的决心,并准备过一种"静有山水乐,而无身世忧。着书俟来哲,补过希前修"的生活。此后,他的理学体系、经学思想和史学观念便开始确立了。乾道六年（1170）,朱熹完成了生平第一部著作《太极图说解》的初稿,以程颐《易传序》里"体用一源,显微无间"的思想来解释周敦颐的太极理本论,初步形成自己理学思想的核心命题:"太极"指宇宙本体之理,它既是一种客观实在,同时又是一种精神性的存在。太极之理生万物,又在万物之中,理、气和道、器各自是一种体用关系。由此出发,他建立了理、气、物的宇宙生成论和格物穷理的认识论。朱熹还重新树立了理学中"理一分殊"的原则,即所谓"合而言之,万物统体一太极也;分而言之,一物各具一太极也",从一般与特殊的关系上彻底阐明了"理一分殊"这种哲学原则的精神实质。也就在这一年,朱熹还完成了另一部著作《西铭解》,把太极理本论和理一分殊的哲学原则推广到性论、道德论、认识论乃至社会政治观上面。比如,他从道德伦理的角度阐发自己"理一分殊"的本体论,将理学发展中关于政教人伦的内容也给哲学化、思辨化了。

在此之后,朱熹以《太极图说解》和《西铭解》为基础,逐渐充实"理一分殊"的思想,使其成为朱子客观唯心主义理学体系的总体性原则。

从乾道六年（1170）到淳熙元年（1174）的四年间,朱熹在完善其自然哲学中的本体论（理、太极）和现象论（气、物）的同时,还在其哲学园地里的另一块土地上进行着辛勤的耕耘,这块土地就是朱子的人生哲学。它与自然哲学密不可分,却又有着自身独特的范畴:"心"和"性。"在这个时期,朱熹在完成对于周张二程人生哲学思想的全面理解的同时,又在性论、心论和仁学上与湖湘派学者展开一场论战,并由此逐渐离析出自己理学体系的人生哲学思想。乾道八年（1172）编成《论性答稿》，重提张载、二程"天命之性"和"气质之性"的命题，以"理、气"论思辨地解决了历来性论的争执，当然，朱子的性论在后来《四书章句集注》里《中庸集注》和《孟子集注》上得到了进一步完善。同年朱熹编成《仁说》，这标志着朱子仁学体系的建立。淳熙元年，朱熹写成《观心说》，筑起了自己理学人生哲学大厦的另一极。他说："大抵圣人之学，本心以穷理，而顺理以应物，""释氏之学，以心求心，以心使心"，与当时流行的心学划清了界限，而贯穿在其关于"道心"和"人心"分别内的依然是"理一分殊"的哲学原则。在形成理学体系的同时，朱熹也开始建立自己的经学体系。乾道七年（1171），他编著《论孟精义》，并在建阳正式刻板行世。在此书序里，朱熹表明自己的经学思想是上承二程，但对汉魏诸儒之说又不偏废，他认为"汉魏诸儒正音读，通训诂，考制度，辨名物，其功博矣"，只不过是"得其言而不得其意"。这种解释原典的态度因兼取汉学与宋学之长，而高出了时儒的见解，在一定程度上避免了义理之学的空洞。同时，朱熹在《易》、《诗》、《礼》等经上也做出一些初步的解释，成为他庞大的《五经》学体系的小小铺垫。

在这个时期，最值得提到的著作要算是《伊洛渊源录》和《近思录》的完成了。在《伊洛渊源录》里，朱熹揭示了自己的道统观念，他以周敦颐为道学开山，以为程颢是"孟子之后，传圣人之道，一人而已"，严格地以二程学说来分辨宋代的五学、蜀学等其他儒学宗派，突出了理学在宋学里的核心地位。《伊洛渊源录》是一部简明的前期理学学案。两年后的淳熙二年（1175）吕祖谦从浙江来到福建拜访朱熹，二人共同研读了周敦颐、二程和张载的著作，选取各家语录六百二十二条，编成《近思录》。全书共十四卷，囊括了程朱理学所涉及的所有思想主题：一道体，二为学大要，三格物穷理，四存养，五改过迁善克己复礼，六齐家之道，七出处进退辞受之义，八治国平天下之道，九制度，十君子处事之方，十一教学之道，十二改过及人心疵病，十三异端之学，十四圣贤气象。后来，朱熹告诉门人说："《四子》，《六经》之阶梯；《近思录》，《四子》之阶梯。"而事实上，《近思录》更是程朱理学思想的入门阶梯，它与《伊洛渊源录》一横一纵，界定了朱子之学的思想轮廓，在儒学史上自觉地标明了程朱学派的完全确立。

已人不惑之年的朱熹在当时还是一个著名的诗人，并因此而受到推荐。但一

生以道学为己任的品格使他从乾道六年到淳熙元年先后八次辞违朝命，潜心于理学与经学，终于成为一个气象宏阔、著述累累的大儒而名闻天下。南宋名臣虞允文曾在宋孝宗面前赞叹"熹不牲程颐下"。不难看出，在当时人们的眼里，朱熹也被认为是北宋二程以来最大的一个儒者。

朱熹一生总是为官一任，兴学一方，以此来渐进地改造士风。淳熙十年（1183），朱熹回到福建，主管台州崇道观，仍然没有忘记兴学办校。他在武夷山修建了武夷精舍，广收门徒，传播理学。11年后，朱熹知湖南漳州时，修复了岳麓书院。

朱熹是一个大学者，他在中国文化史上的贡献不仅因为他是封建社会中后期最大的哲学家，建立了一整套"太极"本体论的客观唯心主义理学体系，还在于他能够兼收并蓄，承前启后，以大量重要的著述完成宋代的学术范型，他的《四书》、《五经》思想体系是汉代以后儒家经典解释学的又一个高峰。淳熙十六年（1189），朱熹主管西太一宫，兼崇政殿说书，负责向皇帝进读书史，讲释经义。这一年，他序定《大学章句》和《中庸章句》，标志着他《四书章句集注》理学体系的完全成熟。《四书章句集注》是他毕生的呕心沥血之作，用力前后凡四十余年，他说"某释经，每下一字，直是称等轻重，方敢写出"。他辑合《四书》的次序是《大学》、《论语》、《孟子》、《中庸》，其论《大学》为发"大学教

朱熹墓

人之法，圣经圣传之指"，论《中庸》是儒家"传心之要"，论《论语》、《孟子》为"操存涵养之要"和"体验扩充之端"。不难看出，朱子《四书章句集注》代表了一种儒家经典解释的新精神，同时他又试图重建儒家的"道统"，因而朱子的儒学，被后人称为"新儒学"。朱熹的《五经》体系也独具特色，比如，他确认"《易》是卜筮之书"而以《周易本义》来阐发其象数；在《诗经》解释上，他反对《毛诗序》的传统旧说，在《诗集传》中建立起了黜《毛诗序》的新《诗经》学体系；朱熹在礼学方面，批判崇《周礼》贬《仪礼》的王学而以《仪礼》为经，以《礼记》为传。朱熹还怀疑《古文尚书》并以为所谓孔安国《书传》为伪托之书。朱熹对《春秋》的看法就更有意思了，他说"春秋本是严的文字"，但孔子只是据事直书，善恶自彰，并没有教人去如何褒贬。可以说，朱子的《五经》学思想充满了强烈的离经叛道的色彩。绍熙元年（1190）朱熹六十一岁的时候，知福建漳州。这一年，他首次刊刻除《礼》以外的《四书》、《五经》，这是中国文化史上的大事件。

绍熙四年（1194）八月，朱熹经宰相赵汝愚推荐，为焕章阁侍制兼侍讲。初见宋宁宗赵惇，便上《行宫便殿奏札》大讲"君臣父子，定位不易，事之常也；君令臣行，父传子继，道之经也"，又开始梦想将自己的理学功夫实践在帝王的政教法令中。但赵惇即位后的南宋朝廷却发生了一场自隆兴和议苟安乱世以来的最严峻的政治危机，朱熹也终于被卷入凶险的道学党争的漩涡之中了。庆元元年（1195）宋宁宗赵扩正式即位后，朱熹对赵扩又增加了一重幻想，他早晚侍讲，十分勤恳，皇帝却是阳奉阴违，假惺惺地夸奖他是"讲明大学之道，庶几于治"。但自朱熹入都以来，朝中政局便围绕赵扩、赵汝愚、韩侂胄、朱熹展开了微妙的争夺，这种道学之党和反道学之党的斗争终于酿成一场党禁之祸。

朱熹在朝中立身所凭借的只是他大儒的名分，朝廷以此来诏示天下士子"野无遗贤"。但朱熹却远非弄权的官吏，他只是不间断地批评皇帝的昏聩独断，大臣的专任己私，近习的干预朝政，越来越引起众人的反感，难怪他只做了四十多天的侍讲便被逐出朝廷。朱熹被逐，引起了天下之人的不解，而一大批道学先生也强烈地抨击皇帝和宰相的轻率。于是，士林里纷纷响起了道学请议的喧声，有一个叫游仲鸿的小官上书赵扩抨击韩侂胄说："朱熹是海内名儒，被您召用，天下传诵，都以为天下大儒找到了自己的归宿。不想才四十多天，又被您逐

出朝廷。天下之人都以为大儒尚且不能容身于朝廷，其他的人就更不可以了，但愿皇上赶快召回朱熹，不要使小人得志，乱了朝纲。"朝命一出，朱熹彻底失望了，这位白发老臣重新拾起了道学家超然远游的态度，对各种改除的朝命一概辞免。他一面吟咏着感伤的调子："不见严夫子，寂寞富春山。"一面平静地用理学晓谕弟子学人说，"要穷理，就要在事物上做，今天穷完这个理，明天又穷那个理，这样积累多了，心里自然就融会贯通了。"又说，"古之学者为己，今之学者为人，须是格物、致知、诚意、正心、修身，而推之以至于齐家、治国可以平治天下，方是正当学问。"这些也是朱熹一生为学的自述，《宋史》本传里讲他为学"大抵穷理以致其知，反躬以践其实，而以居敬为主"，这一把握是准确的。朱熹离开朝廷以后，韩侂胄的势力便更加嚣张了。文化专制之下的反道学暗流汹涌而至，中司何澹上书论及程朱"专门之学"，讥刺理学之徒沽名钓誉，请求皇帝辨别学术的真伪。另一位叫刘德秀的在长沙做官时，张栻等人都不理睬他，他便怀恨在心。当了谏官以后，便迫不及待地要求追究引荐"伪学"入朝庭的"罪魁"，从此，程朱之学被诋毁为"伪学"。太常少卿胡纮绒叫嚷着："这些年伪学活动猖獗，图谋不轨。乞请告诉大臣们，不要再推荐入朝。"更有一班人把朱熹

建阳麻阳溪畔的考亭书院，其所在地的考亭村民崇学尚文，书院里一直是书声朗朗

与赵汝愚归为"伪党"一类，并进而说成是"逆党"，要窥伺大宋江山。所以，有个叫余嘉的上书乞斩朱熹。庆元元年（1195），朱熹因论韩侂胄弹劾赵汝愚事，被称为"逆党"，名列"伪学逆党"党籍的黑名单上。理学在庆元党禁的打击下又一次落入了低潮。《宋史》上记载了当时儒士噤若寒蝉、万马齐喑的局面："在那时，士人稍微有些儒士名气的，无不感到无处容身。朱熹的弟子中间，能够特立不顾的，都悄然隐退；阿谀懦弱的，都改换门庭，路过朱熹的门都不进去。更有甚者，把严整的衣冠都变换了，在闹市中轻慢地冶游，以表白自己不是道学先生。"但是即使如此，朱熹依然与自己的弟子学生讲学不停。有人劝他赶快遣退生徒，朱熹却笑而不答。庆元四年（1198），朱熹在身体和精神上都已经很衰弱了，但他仍撑着病躯，念念不忘地编写《礼书》，表示必须把《礼书》编好之后才能瞑目。庆元六年（1200），朱熹病得更厉害了，他托付学生黄干、范念德收集《礼书》底稿，补辑抄写完成。同年三月初九，这位大儒瞌然长逝。

朱熹是理学的集大成者，他极力宣扬他的"太极"即"天理"和"存天理，灭人欲"的理学思想体系，成为程朱理学的创始人。朱熹的理学体系中包含了朱熹的理气论、动静观、格物致知论、心性理欲论和美学思想。

1. 理气论

朱熹继承周敦颐、二程，兼采释、道各家思想，形成了一个庞大的哲学体系。这一体系的核心范畴是"理"，或称"道"、"太极"。朱熹所谓的理，有几方面互相联系的含义：理是先于自然现象和社会现象的形而上者；理是事物的规律；理是伦理道德的基本准则。朱熹又称理为太极，是天地万物之理的总体，即总万理的那个理一。"太极只是一个理字"。太极既包括万物之理，万物便可分别体现整个太极。这便是人人有一太极，物物有一太极。每一个人和物都以抽象的理作为它存在的根据，每一个人和物都具有完整的理，即理一分殊。气是朱熹哲学体系中仅次于理的第二位的范畴。它是形而下者，是有情、有状、有迹的；它具有凝聚、造作等特性；它是铸成万物的质料；天下万物都是理和质料相统一的产物。朱熹认为理和气的关系有主有次。理生气并寓于气中，理为主，为先，是第一性的，气为客，为后，是第二性。

2. 动静观

朱熹主张理依气而生物，并从气展开了一分为二、动静不息的生物运动，这

便是一气分作二气，动的是阳，静的是阴，又分作五气（金、木、水、火、土），散为万物。一分为二是从气分化为物过程中的重要运动形态。朱熹认为由对立统一，而使事物变化无穷。他探讨了事物的成因，把运动和静止看作一个无限连续的过程。时空的无限性又说明了动静的无限性，动静又是不可分的。这表现了朱熹思想的辩证法观点。朱熹还认为动静不但相对待、相排斥，并且相互统一。朱熹还论述了运动的相对稳定和显著变动这两种形态，他称为"变"与"化"。他认为渐化中渗透着顿变，顿变中渗透着渐化。渐化积累，达到顿变。

3. 格物致知论

朱熹用《大学》"致知在格物"的命题，探讨认识领域中的理论问题。在认识来源问题上，朱熹既讲人生而有知的先验论，也不否认见闻之知。他强调穷理离不得格物，即物才能穷其理。朱熹探讨了知行关系。他认为知先行后，行重知轻。从知识来源上说，知在先；从社会效果上看，知轻行重。而且知行互发，"知之愈明，则行之愈笃；则知之益明"。

4. 心性理欲论

在人性论上，朱熹发挥了张载和程颐的天地之性与气质之性的观点，认为"天地之性"或"天命之性"是专指理言，有至善的、完美无缺的；"气质之性"则以理与气杂而言，有善有不善，两者统一在人身上，缺一则"做人不得"。与"天命之性"和"气质之性"有联系的，还有"道心、人心"的理论。朱熹认为，"道心"出于天理或性命之正，本来便禀受得仁义礼智之心，发而为恻隐、羞恶、是非、辞让，则为善。"人心"出于形气之私，是指饥食渴饮之类。如是，虽圣人亦不能无人心。不过圣人不以人心为主，而以道心为主。他认为"道心"与"人心"的关系既矛盾又联结，"道心"需要通过"人心"来安顿，"道心"与"人心"还有主从关系，"人心"须听命于"道心"。朱熹从心性说出发，探讨了天理人欲问题。他以为人心有私欲，所以危殆；道心是天理，所以精微，因此朱熹提出了"遏人欲而存天理"的主张。朱熹承认人们正当的物质生活的欲望，反对佛教笼统地倡导无欲，他反对超过延续生存条件的物质欲望。

5. 美学思想

在朱熹的哲学体系中包含有对美与艺术的理论。他认为美是给人以美感的形式和道德的善的统一。基于美是外在形式的美和内在道德的善相统一的观点，

陆九渊

朱熹探讨了文与质、文与道的问题。认为文与质、文与道和谐统一才是完美的。朱熹还多次谈到乐的问题。他把乐与礼联系起来，贯穿了他把乐纳入礼以维护统治秩序的理学根本精神。朱熹对"文"、"道"关系的解决，在哲学思辨的深度上超过了前人。他对《诗经》与《楚辞》的研究，也经常表现出敏锐的审美洞察力。

朱熹是中国封建时代儒家的主要代表人物之一。他的"理学"其实质就是强化了"三纲五常"，驯化百姓顺从封建的统治。这一体系一经构成，便对中国文化产生了极为深刻的影响，"理学"所展示的伦理学主体性的本体论，将中国文化重伦理、重道德的传统精神推到极致，从而引出极为复杂的文化效应。他的学术思想，在中国元明清三代，一直是封建统治阶级的官方哲学，标志着封建社会意识形态的更趋完备。

六、陆九渊论心

陆九渊（1139—1193），字子静，人称象山先生，今江西人。他和朱熹是朋友，而在哲学见解

江西省金溪陆九渊故里

上则有巨大的分歧，为此两人在重大的哲学问题上经常以口头和文字的形式进行辩论，在当时已经引起人们的很大兴趣。

据说陆九渊和王守仁都经历了"顿悟"而确信他们的思想乃是真理。陆九渊有一天"读古书至'宇宙'两字，解者曰：'四方上下曰宇，往古来今曰宙'。忽大省曰：'宇宙内事，乃己分内事，己分内事，乃宇宙内事。'"（《象山全集》）另外，他还说："宇宙便是吾心，吾心便是宇宙。"（同上）

朱熹支持程颐的说法，认为"性即是理"，而陆九渊却说"心即是理"。这两句话相差只一个字，却是两个学派基本分歧之所在。在朱熹的思想体系中，心被理解为"理在气中"的具体表现，据此，心与抽象的理不能等同。因此，朱熹只能说：性即是理，而不能说心即是理。但是陆九渊的思想体系却正相反，他认为心即是性。这两者只是文字上的不同。关于这种文字上的不同，陆九渊说："今之学者读书，只是解字，更不求血脉。且如情、性、心、才，都是一般物事，言偶不同耳。"（同上）

朱熹所说"心"和"性"的区别，远不止于文字上的不同，在他来看，心和性在实际里是不同的。朱熹所见的实际和陆象山所见的实际不同：朱熹认为现实包含有两个世界，一个是抽象的，另一个是具体的，而在陆九渊看来，现实只包含心的世界。

陆九渊关于心学的言论著作只是勾勒了一个轮廓，为全面了解心学，我们还须读王守仁的言论和著作。

七、宋代士大夫与禅学

印度佛教的中国化，始终与贵族、文人士大夫的参与密切相关。当两汉之际佛教传入内地时，上层贵族地主就首先接纳了它，把它与中国黄老之术同等看待。两宋时期，由于中央集权专制统治的加强以及理学思想的出现，禅宗转而热衷于儒、释、道"三教"的融合调和，禅宗仍然具有较强的生命力，并为众多官僚士大夫所向往。

富弼

宋代是官僚士大夫参禅活动全面展开的时期，它在当时造成一种经久不衰的社会风气。宋僧归云如本在其所著《丛林辨佞篇》中有如下记载："本朝富郑公弼，问道于投子颙禅师，书尺偈颂凡一十四纸……杨大年侍郎，李和文都尉见广慧琏、石门聪并慈明诸大老，激扬酬唱，班班见诸禅书。杨无为之于白云端，张无尽之于兜率悦，皆扣关击节，彻证源底，非苟然也。近世张无垢侍郎、李汉老参政、吕居仁学士，皆见妙喜老人，登堂入室，谓之方外道友。"

这里虽仅略举了数名官僚士大夫的参禅学佛活动，但业已相当可观，具有较强的代表性。他们的共同点，是在"脱略世俗"中"栖心禅寂"。其中，富弼于仁宗朝官拜枢密副使，后与文彦博并相；英宗朝拜枢密使，封郑国公。杨大年即杨亿，真宗时入翰林为学士，兼史馆修撰，天禧二年拜工部侍郎。杨亿"留心释典、禅观之学"，与李维等受诏裁定《景德传灯录》，润色其文，使盛行于世。李和文即李遵勖，真宗大中祥符年间为驸马都尉，他曾撰《天圣广灯录》。杨无为即杨杰,官至礼部员外郎。张无尽即张商英,哲宗时为工部侍郎,迁中书舍人,徽宗初为吏部、刑部侍郎,翰林学士,后拜尚书右仆射,曾著《护法论》,专为佛教辩护。张无垢即张九成,41岁中进士第一名,入仕为金判、著作郎、礼部侍郎兼侍讲,因詹大方秉秦桧之意,中伤其与禅师大慧宗杲的交游,以"讪谤朝政"的罪名遭到放逐,谪居南安。李汉老即李邴,徽宗时除给事中、同修国史兼直学士院,迁翰林学士;高宗绍兴初拜尚书右丞、参知政事。吕居仁即吕本中,官至直学士。

东坡居士（苏轼）

除上述所举数人外,又如著名文人黄庭坚,"治平中登进士第,故好作艳辞。法秀禅师呵之曰：汝以绮语动天下人淫心,不惧入泥犁耶？鲁直悚然悔谢,遂锐志学佛法"(《居士传》)。"元祐间,家丁艰,馆黄龙山,从晦堂和尚游,而与死心新老、灵源清老尤笃方外契"(《罗湖野录》)。

欧阳修曾积极排佛,但在见到明教契嵩所著《辅教编》后改变态度,"与语终日,遂大喜"(《人天宝鉴》)。据《释氏稽古略》卷四载："欧阳公修自谏院除河北都转运使,左迁滁州。游庐山东林、圆通寺,遇祖印禅师居讷,谈论大教,折中儒佛,与韩文公见大颠相类。"

苏轼曾得法于东林常总,又与佛印了元为方外道友,热衷于参禅生活,晚年转向净土信仰。其他,如王古的净土归向,文彦博集净土法会,王随参谒小寿禅师,以及王安石晚年学佛喜舍,都是显著的历史事实。

在《居士传》中被列为"居士"的宋代著名官僚士大夫,还有潘兴嗣、晁补之、陈瓘、李纲、张浚等多人。潘兴嗣自号"清逸居士",曾问道于黄龙慧南。晁补之年二十余即归向佛法,深信因果。

在士大夫禅学这一历史潮流的推动下,甚至连那些以反佛排佛标榜的理学家们,也几乎普遍受到佛教思想的影响。据载,理学奠基人周敦颐曾从学于润州鹤林寺的寿涯禅师，参禅于黄龙慧南，问道于晦堂祖心，谒庐山归宗寺佛印。

张载曾受范仲淹指点，悉心研习《中庸》，但"载读其书，犹以为未足，义访诸释、老，累年究极其说"。(《宋史》)

程颢声称他"自十五六时，闻汝南周茂叔论道，遂厌科举之业，慨然有求道之志—未知其要，泛滥于诸家，出入于老、释者几十年。"(《二程文集》)程颐与禅僧灵源惟清保持密切关系，现尚有两人来往书状五通，保存于《灵源笔语》和《禅林宝训》中；而他的坐禅工夫则为世人所共知，朱熹自述其年十五六时，"亦尝留心于此（禅）"，且"理会得个昭昭灵灵底禅"(《朱子语类》)。18岁应举考试前，箧中唯有一帙《大慧语录》。当然，这类人物在本质上不能列入"居士"行列，但是他们的参禅经历有案可查。

总之，大量历史事实表明，两宋时期官僚士大夫与佛教禅宗具有某种不解之缘，他们的参禅活动构成了该时期居士佛教的主流：从佛教思想史角度看，这无疑是一个值得注意的现象。

两宋时期，禅学之所以在士大夫中繁荣发达，有其深刻的原因。

一是所谓"儒门淡薄，收拾不住"。儒学在汉武帝时曾受"独尊"待遇，以传授、整理和注释儒家经籍为重要任务，开始了"经学"的历史。由于经学所享有的特殊地位，使它逐渐成为封建文人追逐利禄的重要工具，并不可避免地走上神学迷信和烦琐主义的穷途。东汉时，经学内部已出现"通人恶烦，羞学章句"(《文心雕龙·论说》)的趋势；东汉灭亡，它终于为魏晋玄学所取代，此后，由于玄学盛行，儒学在很长一段时期内显得软弱无力。同时，儒学墨守汉儒注疏的旧俗，不图发展，乃至连孔安国、郑康成等经学家都不敢非议。这种局面给部分士人带来精神上的压抑，造成心理上的苦闷，正是在这种环境下，佛教这一外来文化以自己独特的哲学思辨、心性学说、止观修行，成功地吸引了大批封建官僚和普通文人。在官僚士大夫看来，传统儒学以人本为主，以治国为目的，所以颇多伦理说教而缺乏治心手段。

二是士大夫因官场受挫而遁入空门。官场之争贯穿于每一王朝的始终，斗争的形式虽有异，但残酷的结局大致相同。而在中国古代知识阶层中，历来有以隐遁方式表达清高脱俗、与世无争的思想；尤其在他们官场受挫或与当政者意见不合时，浪迹山水、故作姿态便成为通常的对抗手段。宋代士大夫禅者也不例外。

苏轼、欧阳修、王安石、黄庭坚等大都具有这种官场受挫、党争失败的经历，因而也就不难理解他们热心参禅问道、与佛教过从甚密的理由了。"一生做官今日被谪，觉见从前但一梦耳"（《丛林盛事》卷上），这种人生如梦、朝夕异世之感，是当时许多失意士子精神状态的真实反映。

官僚士大夫参禅学佛，既可医治精神创伤，又可借机邀誉。王安石变法失败后，于退居金陵期间，由以往对佛教的批判而转向认同。他的《楞严经疏解》、《维摩诘经注》大约都是这一时期的作品。他在《读维摩经有感》一诗中写道："身如泡沫亦如风，刀割香涂共一空；宴坐世间观此理，维摩虽病有神通。"不仅大有看破红尘之意，而且视维摩诘为理想的人格。据《宗门武库》载，王安石受蒋山元禅师指点，学习坐禅。苏轼虽在政治上属保守派，与王安石新党对立，但也常在沉浮之中。他因"为小人挤排，不得安于朝廷"，乃于"郁徙无聊之甚，转而逃入于禅"（《宋元学案·苏氏蜀学案》）。黄庭坚谪居黔南时，"制酒绝欲，读《大藏经》凡三年，利衰毁誉，称讥苦乐"（《佛祖统纪》），一说他即在此时得悟。

三是与禅僧诗文相酬。禅与诗在唐以后过从甚密，互相影响，互为补充。因为两者都需要内在的感受和体验，都注重启示和象喻，追求言外之意，强调一种幽远境界。后期禅宗追求的理想境界，与文人士大夫向往的精神生活十分合拍。

宋代士大夫既不愿放弃世俗的物质享受，又要追求高雅空灵的精神乐趣。他们通过参禅生活，丰富诗画艺术的题材和意境，寄托对世事变幻、人生苦痛的感受。苏轼曰："暂借好诗消永夜，每逢佳处辄参禅。"（《书李端叔诗后》）在他看来，好诗应与禅联系在一起。他的《赤壁赋》由于引入禅的意境，显得自然、朴实、幽远。《题西林壁》一诗则把宇宙人生融为一体，充分体现作者对禅的深刻感受。黄庭坚为首的江西诗派不用陈词滥调，却喜欢从佛经和禅僧语录中寻找典故，则别具一格。

与此同时，禅僧也乐意以诗文相酬。宋代文林中，既通禅理又具文采的禅僧为数不少，如明教契嵩、佛印了元、金山昙颖、圆通居讷、觉范慧洪等都在文人士大夫中享有盛誉。了元"凡四十年间，德印缁白，名闻幼稚；缙绅之贤者，多与之游。苏东坡谪黄州庐山对岸，元居归宗，酬酢妙句，与烟云争丽"（《禅林僧宝传》）。慧洪才气横溢，"落笔万言，了无停思。其造端用意，大抵规模东坡，而借润山谷"(《僧宝正续传》)。契嵩则以文学而轰动当时文坛,令欧阳修、韩琦等刮目相看,"由是名振海内"(《人天宝鉴》)。苏轼曰:"独念吴越多名僧,与予善者常十九。"他举例说,苏州仲殊师利和尚,"能文、善诗及歌词,皆操笔立成,不点窜一字"(《东坡志林》)。又如,"投子聪禅师与海会演和尚;元祐间道望尽著淮上,贤士大夫多从之游"。黄庭坚作书说,此二老"皆可亲近,殊胜从文章之士学妄言绮语,增长无明种子也。聪老尤喜接高明士大夫,渠开怀论说,便穿诸儒鼻孔(《罗湖野录》卷中)。

通过诗文唱和,士大夫和禅僧在生活作风、思想意识方面更趋接近,在个人感情方面则显得十分融洽。这种僧俗关系的发展,不但对禅味诗的流行,而且对文字禅的展开都具有重要意义。其末流乃至出现诗人与禅僧共作无聊的文字游戏。他们借禅悦之名,行放浪形骸、玩世不恭之实,成为清新文字的讽刺,走向深远意境的反面。

宋代士大夫文人与禅僧的密切关系,以及对参禅生活的浓厚兴趣,是整个时代的风尚。但是,这并不意味着他们对佛教的真诚信仰。在宋代,出入寺院而彻底皈依佛教的官僚士大夫终究是少数。长期的世俗优裕生活和儒家思想熏陶,使他们在本质上难以成为虔诚的佛教徒。富弼以切身感受承认:"吾辈俗士,自幼小为俗事浸渍,及长大又娶妻养子,经营衣食,奔走士宦。黄卷赤轴,未尝入手,虽乘闲玩阅,只是资谈柄而已,何尝彻究其理!"(《丛林盛事》卷上)冯楫曾有"公事之余喜坐禅,少曾将胁到床眠"(《人天宗鉴》)的诗句,表明他要以坐禅来抵消世事的纷乱繁杂,恢复内心生活的平静。这种思想落实到具体行动,便是"逃禅"。欧阳修《六一居士传》自述道:"常患不得极吾乐于其间者,世事之为吾累者众也。其大者有二焉:轩裳珪组劳吾心于外,忧患思虑劳吾心于内,使吾形不病而已瘵,心未老而先衰。"

总体而言,两宋是隋唐以后佛教发展的较好时期。佛教各宗以禅宗发展最盛,天台、华严等宗也有所复兴。北宋时临济宗楚圆门下慧南和方会分别开创了黄龙、杨歧两派,至此,禅宗"五家七宗"全部创立。云门宗雪窦重显提倡文字禅,大振宗风。杨歧派大慧宗杲进一步提倡看话禅,与曹洞宗正觉静坐看心的默照禅相对立。云门宗契嵩一反禅教一致的常见,重新强调禅宗为教外别传,并厘定了禅宗二十八祖世系说;他还针对当时的反佛言论,阐释佛儒一致的观点,成

为宋代主张三教合流的代表人物。赞宁的《宋高僧传》和道原的《景德传灯录》在中国佛教史上也有重要影响。

八、道教的隆盛与大发展

经过南北朝时期的整顿与改革，道教逐渐由分散的原始状态进入相对统一和成熟的阶段。隋唐至宋元，是道教的隆盛与发展时期。这一时期，道教社会地位明显提高，道士人数大增，道教组织强大，宫观遍布全国，道教经典日益增多，并刊行于世，修持方法与理论亦有重大发展。在繁荣的道教理论中，茅山宗始终居于主流地位。宋元时期，由于民族矛盾的尖锐，造成道教宗派纷起。元统一以后，道教逐步融合为全真与正一两大派。明清两代道教日渐衰微。

1. 隋唐道教的兴盛与教理大发展

隋统一南北以后，曾大力提倡佛教，同时对道教也不排斥。隋文帝杨坚曾利用道教编造"受命之符"，为他篡夺北周政权制造舆论。他即位后，尊道士焦子顺为天师，并多次共议军国大事。唐朝是道教的鼎盛时期，之所以能这样高涨，其原因主要有三：一是唐帝室曾攀太上老君李耳为始祖，提高道教的地位；二是统治者适应统一形势的需要，基本上是采取调和儒、释、道三教的政策，同时用来加强思想统治；三是道教擅长炼金丹、制长生之药，这正投合了贪生的皇帝、显宦和贵族的需要，为道教的迅速发展提供了条件。隋唐道教不同于南北朝的道教，它着眼于研究道教的理论，确切地说，是着眼于编造自己的"道书"。当时，有许多著名的道教学者，成玄英、王玄览、司马承祯就是其中的代表。

成玄英，字子实，陕州（今河南陕县）人，生卒年不详。他的著作很多，据《新唐书·艺文志》载，传世的著作有《老子注》、《庄子疏》。其

成玄英

中,《庄子疏》论述了他成熟的重玄思想,对后世影响最大。所谓"重玄"本于《老子》所说的"玄之又玄"一语。在一部分道教徒看来,《老子》所说的"玄之又玄",即"重玄之道",是求道成仙的要诀,是《老子》论"道"的精义所在。成玄英在《庄子》"无物"、"忘心"说的基础上,吸收佛教双谴两非的中道观,释"玄"为谴除滞着义。他说:"玄者,深远之义,亦是不滞之名……既不滞有,亦不滞无,二俱不滞,故谓之玄。"又说,"有欲之人,唯滞于有,无欲之

司马承祯

王玄览

士,亦滞于无,故说一玄,以谴双执。又恐行者滞于此玄,今说又玄,更祛后病。既而非但不滞于滞,亦乃不滞于不滞,此则谴之又谴,故谓玄之又玄。"(《老子注》)这就是说,前"玄"谴有无之滞,后"玄"又进而谴"不滞之滞",两重谴滞,故谓"重玄"。他的中心是在证明,至虚至上、永存的"道"与幻有实无的天地万物体用一如的关系。既然大道深微,那么,在修习上用求学方法是无法得道的,必须用老子"为道日损"的方法才能得道。盛行于隋唐的"重玄"哲学,是这一阶段道教哲学中最为重要的内容。

司马承祯(647—735),法号道隐,自号白云子。河内温(今湖南温县)人,茅山宗第十二代宗师,其主要著述有《坐忘论》等。他不注重炼丹、服食、变化等道术,而提倡静修正心。他大量吸收佛教宗教理论和传统儒家关于正心诚意的修养方法,把它们同道教的宗教思想结合起来。其物我双谴的"主静"理论,已开宋代理学的先河。

王玄览(626—697)也是以佛教思想

充实道教理论的一个代表人物。他思想的要点是对道体的求证,对修道的强调。道教传统的神仙长生思想在他那里也发生了变化,不再注重炼形,而是强调炼神;不再执着于肉体的永恒,而是趋近于佛教的"无生",从六道轮回中解脱。这一点完全与重玄家们一致,甚至在思维方式和论证方法上也和他们十分相似。从这些方面来看,可将他看作继成玄英之后进一步发展"重玄"思想的道教学者。

隋唐重玄学是融合佛道思想,兼具道体论、心性论和修心悟道方法的宗教哲学体系。这一学说的出现,不仅使道家老庄哲学的内容更加丰富,为后来道教内丹心性修炼提供了理论依据,而且也对佛教思想的中国化产生了深刻的影响。

2. 唐宋道教的"外丹学"与"内丹学"

唐代是道教外丹术最盛行的历史时期,被学界称为道教外丹学的"黄金时代"。炼丹术早在东汉道教产生以前就已经存在了,主要由方士所掌握。道教产生以后,炼丹术就成为道士们制取"灵丹""仙药",以实现长生不死的重要手段。唐代著名的炼丹家有孙思邈、陈少微、金陵子、楚泽和沈知言等人。著名的著作有《黄帝九鼎神丹经诀》二十卷、《金石簿五九数诀》、《龙虎还丹诀》、《大洞炼真宝经九还金丹妙诀》和《白云仙人灵草歌》等。唐代道教在理论建构、炼丹火候掌握及药物配制等方面都取得了很大成就。这些炼丹家和著作所积累的古代化

真人孙思邈

学知识极为丰富,有不少成就居于当时世界领先水平。此外,外丹术士们因为在某些重大问题上的分歧,形成了众多的丹道流派,如最重视炼制和服饵黄金、丹砂的金砂派;主张以铅汞为至宝大药的铅汞派;宣扬硫汞转炼合成的硫汞派;等等。至宋代,外丹术已开始衰微,炼丹理论停滞在唐代的基础上,皇帝、大臣热衷于此道者不多。但炼丹术仍有一定影响,其中黄白术的发展尤为突出,为元、明道教黄白术的发展奠定了基础。

内丹术的发展，应当溯源于先秦时的行气、导引及守一诸体内炼养术。唐代道士叶法善、施肩吾主内丹。唐代还出现一批内丹著作，如张元德的《丹论诀旨心鉴》，张果的《太上九要心印妙经》、《大还丹契秘图》等。道士彭晓站在内丹立场上，把金丹解释成体内炼养的内丹。他的内丹思想强调修身养性对延年益寿的重要性，对后世内丹学有重大影响。到两宋，内丹炼养潮流愈演愈烈，内丹术的盛行和内丹学的成熟成为宋代乃至元代道教发展的一大特点。两宋修内丹者众多，大都溯源于钟离权、吕洞宾。其传承弟子达数十人，其中以陈抟、张伯端最为著名。陈抟（？—989），自号扶摇子，亳州真源人。其讲解内丹修炼的著作是《阳真君还丹歌注》。在修丹实践上，陈氏以睡功闻名于世。其思想对北宋涌现出的一大批道学大师和道教理论家均有间接或直接的影响。张伯端（987—1082），号紫阳，金丹派南宗之祖。他的《悟真篇》以诗词形式总结了北宋以前内丹方术，并对陈抟思想作了进一步发挥，在道门中影响深远，被推为内丹术之正宗。两宋内丹的盛行，使传统的丹鼎道教改变了其贵族专利品的性质，成为可以普遍接受和传授的养生方法，这是丹鼎道派的一大改革。

3. 茅山宗道教派别

茅山宗是以茅山为祖庭而形成的道教派别。它宗承上清派，是上清派以茅山为中心发展的别称。茅山宗的实际开创者是陶弘景。南齐永明十年（492），陶弘景归隐茅山，自号"华阳隐居"。他继承杨羲、许谧所传上清经，悉心搜求散失的杨、许手书上清经诀真迹，编纂了专门记述上清派早期教义、方术及历史的《真诰》以及《登真隐诀》、《真灵位业图》等二百余卷道经，弘扬上清经法。经他及众弟子数十年的苦心经营，上清派的教理和组织逐渐完备。实际上，当时茅山已成为道教上清派的中心，后来上清派即被称为"茅山宗"。

茅山位于江苏省的西南部，常州的西部，距常州大约60千米，南北约长10千米，东西约宽5千米，面积50多平方千米。宛如一条绿色苍龙横卧于江苏省句容、金坛、溧水、丹徒、丹阳五大县（市）之间。主峰大茅峰，似绿色苍龙之首，也是茅山的最高峰，海拔372.5米，虽不算高，但常言道：山不在高，有仙则灵。茅山有四大特点：一、风景秀丽，景色宜人，素有九峰、十八泉、二十六洞、二十八池之胜景，还有众多星罗棋布的厅岩怪石，使茅山形成了一种奇特而又美妙的大自然风格。二、茅山以"道教圣地"之名而著称。茅山成为道教上

清派的发祥地，被后人称为："第一福地，第八洞天"，享有"秦汉神仙府，梁唐宰相家"之美誉。 三、茅山还是新四军苏南抗日根据地的中心。茅山被毛主席列为全国六大抗日根据地之一。 四、茅山是20世纪六七十年代，知识青年上山下乡接受革命传统教育的地点，六七千名常州知青这里留下了一代青年的青春和热诚，为茅山的开发留下了不可磨灭的功绩。

自陶弘景以后，茅山宗人才辈出，其影响日渐扩大，唐宋时期益盛。唐代茅山道士王远知、潘师正、司马承祯、李含光等，极得唐宗室的尊崇。他们时被礼请入京，或问道，或建醮，出入禁中，备受礼遇。朝廷又常为茅山宗建观、赐田产，敕封茅山长生之林，禁止樵采、田猎。唐代社会上最显要的道士多来自茅山，当时有"茅山为天下道学所宗"之誉。

到了后来的宋代，茅山宗宗师多得宋室所赐"先生"称号，至刘混康任嗣法宗师时臻于极盛。哲宗曾召他为皇后孟氏治病。绍圣四年（1097），敕命江宁府将其所居茅山潜神庵扩建为元符观。徽宗即位后，敕令扩建元符观为"元符万宁宫"，并赐刘混康九老仙都君玉印、玉剑，又亲书《度人经》、《清净经》、《六甲神符》赐之。刘混康死后，徽宗追赠为"葆真观妙冲和先生、太中大夫"。"三茅崇奉之严，未有盛于斯时也"。茅山宗从南朝梁至北宋，鼎盛数百年，一直为道教主流。南宋以后，逐渐衰微，但仍传承不绝，且时有高道名于世。

至元代，名道士杜道坚入觐元世祖，奉玺书提点道教，住持杭州宗阳宫，皇庆元年（1312），仁宗授号"隆道冲真崇正真人"。其后，又有茅山道士张雨，以能诗善画享誉于元后期。元成宗大德八年（1304），元室封三十八代天师张与材为正一教主，总领三山符箓，茅山宗上清宗坛归并入正一道。它作为道教的一宗，虽仍有传承，但已是强弩之末了。

据《茅山志》载，茅山宗共有嗣法宗师四十五代。第一代称太师，第二代称玄师，第三代称真师，其后各代皆称宗师。嗣法宗师的绝大多数皆出身茅山附近的句容、丹阳、溧水、金坛等县世代崇道的隐逸之家，自幼受道教的熏陶。嗣法宗师的传授，宋徽宗以前，一般以杨羲、许穆、许翙所传上清经箓为凭。自刘混康获得朝廷赏赐的九老仙都君玉印和玉剑后，嗣法宗师的传法信物增添了印剑。现九老仙都君玉印、玉圭、呵砚、玉符四宝仍藏茅山道院，为"镇山四宝"。

茅山宗崇奉元始天尊为最高神。主要传承、修习杨羲、许谧、许翙所造的

《上清大洞真经》，同时也兼习《灵宝经》、《三皇经》及《天师道经戒法箓》。修持方法以思神，诵经为主，修炼理论在陶弘景时已基本形成，后经王远知、潘师正、司马承祯、李含光等人的弘扬而渐定型。茅山宗也提倡炼丹，该宗历代修习的《真诰》载有不少炼丹服食成仙的故事。茅山华阳宫附近有陶弘景炼丹遗址，梁武帝曾服食陶弘景所炼丹药，唐玄宗、宋徽宗亦对茅山道士炼丹极感兴趣。历代达官贵人、文人学士有吟咏茅山炼丹遗址的诗篇近二百首。

茅山道士在道内称上清弟子或三洞弟子，以出家居道观修炼为主，并注重文化和宗教道德修养。钻研道经，遵守法戒，施行斋醮多依古法。茅山宗有比较系统的教理和规范化的宗教仪轨，不少道士长于撰述。直到宋元时期，还有杜道坚、张雨以玄理诗文名世。笪蟾光《茅山志·真人著述经忏道书》收有《上清大洞宝经篇目》百部，《上清二十四高真玉箓》一部，《上清大洞宝箓篇目》三十五部，《众真所著经论篇目》六十二部；郑樵《通志·艺文略》著录茅山道书目四十部。该宗著述宏富，为前期诸道派之冠。

在中国道教史上，茅山宗有着重要地位，它不仅在隋唐时期成为道教的主流，而且对道教理论和修炼方术也有较大贡献，组织制度也较健全。因而它在诸符箓派合并为正一道之前，能与龙虎宗、阁皂宗鼎立为符箓三宗之一，合并以后，又能以小宗单独承传直至近代。

九、佛教的兴起与初传中国

在公元前6世纪到公元前5世纪，古印度迦毗罗卫国净饭王的儿子悉达多·乔达摩，在印度恒河中游流域宣扬缘起、无常、无我、空、苦、解脱等理念，引导人们转述开悟，以实现净化人心、完善社会理想的目的。同时还吸收门徒，制定制度，建立寺院，创立了佛教。创教后，他被尊称为"释迦牟尼"，意为释迦族的"圣者"；又被尊称为"佛"，意为觉悟了真理的"智者"。

释迦牟尼在位时的印度佛教被称为原始佛教。在他去世百年后，佛教传持者之间逐渐出现不同意见和争论，形成部派佛教。公元1世纪前后，又有大乘佛教获得急剧发展，为了争夺佛教正统地位，它把原始佛教和部派佛教贬称为小乘。大乘佛教后来又分为两大派，即中观学派（也称空宗）和瑜伽学派（也称有宗）。

约在公元 7 世纪，密教出现，并在印度佛教中取得了主导地位。约在 13 世纪，伊斯兰教势力焚毁了印度仅存的佛教著名圣地超行寺，宣告了佛教在印度本土的绝迹。

公元前 3 世纪前后，即印度孔雀王朝的阿育王在位时，佛教开始向印度以外的国家和地区传播。佛教的传播大致有南传和北传两条路线，南传是向南传入斯里兰卡，再由斯里兰卡传入缅甸、泰国、柬埔寨、老挝、印度尼西亚、马来西亚等国以及我国云南傣族、崩龙族等少数民族地区。南传佛教主要是小乘上座部佛教，其经典大多是用巴利文编纂的。北传又分为两条支线：一条经中亚传入中国内地，再经中国传入朝鲜、日本、越南等地；另一条经南亚次大陆北部高原传入我国西藏地区，形成藏传佛教，再北传蒙古、西伯利亚等地。北传佛教以大乘为主，其经典大多是从印度的梵文陆续翻译为汉文和藏文的。19 世纪末，佛教开始传入欧洲、美洲、非洲和大洋洲。

佛祖释迦牟尼塑像

佛教大约在两汉之际（公元前后）传入中国内地，它在中国的传播和发展始终受到本土传统文化的影响。魏晋时期是佛教在中国发展的第一个高峰，道安和慧远等僧人的佛学活动，标志着中国化佛教的初步建立。南北朝时期佛教在中国得到进一步发展。隋唐时期是中国佛教的鼎盛阶段，形成了中国佛教的宗派。五代两宋之后，佛教逐步走向衰微，而佛教在民间的影响则进一步扩大。清末民初兴起的"佛教复兴"运动是佛教步入近代以后对面临的巨大变化所做出的反应。因此，佛教在中国的流传过程，也就是佛教中国化的过程。所谓佛教中国化，是指佛教日益与中国社会的政治、经济、文化相适应、结合，形成本地区独具特色的宗教，表现出有别于印度佛教的特殊精神面貌和中华民族传统思想的特征。因此，有学者认为中国佛教的根在中国。

1. 佛教的基本教义

佛教是为追求人生解脱而创立的宗教。佛教哲学是为追求人生解脱所作的论证，是出世的、超越的哲学，它着重论述人生的痛苦、现实的矛盾、世间的污秽，探讨摆脱烦恼、排除苦难的途径和方法，否定现实的人生和世界，追求永恒的、幸福的彼岸世界。总的来看，佛教的基本教义有"四谛""缘起论""三法印"等理论。

"四谛"也作"四圣谛"，是指佛教中四个最基本的真理。一是苦谛，指现实存在的种种痛苦现象。苦的种类很多，有二苦、三苦、四苦、五苦、八苦乃至一百一十种苦。在佛教典籍中最常见的是八苦，即生苦、老苦、病苦、死苦、爱别离苦、怨憎会苦、求不得苦、五取蕴苦。佛教认为这些苦是与生俱来的。人生皆苦的命题奠定佛教超脱世俗的基本立场。二是集谛，主要探讨苦的原因。佛教认为苦的根源在于人有种种烦恼，尤其是有"贪""嗔""痴"这三种最根本的烦恼。烦恼使人迷于事理，害得人不断造业，故有三界轮回之苦。三是灭谛，指在明白集谛道理的基础上，灭绝痛苦的根源——业和烦恼。灭烦恼得解脱，是佛教的最高境界。四是道谛，指灭苦的道路和达到涅槃境界的方法。释迦牟尼把解脱的方法归结为八种，是为"八正道"。后来随着佛教的发展，又增加了四念处、四正断、四神足、五根、五力、七觉支，合称为"七科三十七道品"。也就是说，证得涅槃的途径，共为七类三十七项。在七科中，最重要的是八正道。八正道又可归为戒、定、慧三学。三学通常被认为是学佛者修持的全部内容，戒是纯洁行为，庄严操守，为定、慧打下基础，再通过定即调练心意的工夫，而生起智慧。这也就是所谓依止于戒，心乃得定；依止于定，智慧才生。三学中，慧是根本，以慧为主体，戒、定为方便。后来大乘佛教又将以个人修习为中心的三学扩充为具有广泛社会内容的"菩萨行"——"四摄""六度"。四谛有两重因果，苦为果，集是因，由苦集二谛成为世间生死因果；灭是果，道是因，灭、道二谛为出世因果。即由造集有漏业因而感有漏苦果，由修有漏道因而证灭谛涅槃。如《涅槃经》卷十二："有漏果者则名苦，有漏因者则名为集，无漏果者名为灭，无漏因者则名为道。"此即知苦断集，证灭修道之义。

缘起论是全部佛学的理论基石。佛教的缘起论主要是以人生问题为中心来谈的。对人生问题一般说十二缘起。"十二缘起"亦称"十二因缘""十二有支"。

此说实为四圣谛中苦谛与集谛的发展,目的在于说明众生之所以为众生,是由无明、行、识、名色、六处、触、受、爱、取、有、生、老死十二种因缘会合而成。它们的相互关系是,无明(对佛教真理不能自觉)为缘引起行,行缘引识(识别作用),识缘引名色(身心),名色缘引六处(眼、耳、鼻、舌、身、意六根),六处缘引触(反应),触缘引受(感觉),受缘引爱(妄执),爱缘引取(追求执著),取缘引有(存在),有缘引生,生缘引老死。上述十二个环节,辗转感果,所以称为因;互为条件,所以称为缘。合称十二因缘。十二因缘是说明众生生死流转的因果联系的,因而又和轮回说及神灭神不灭说相联系。当然,由于立论的侧重点不同,还有其他的缘起论思想,在此不再一一阐述。从缘起理论加以推延,就有"无常""无我"的学说。为了论证人生的无常、无我,佛教还提出了三法印说。

所谓"三法印",是指佛教用以判断是否为佛法的三个标准,是佛法教义之"正"的标记。这三个标准的具体内容是:诸行无常,诸法无我,涅槃寂静。所谓"诸行无常",是指按照佛教的缘起说,世界上一切事物均由各种因素和条件因缘会合而生,处于一定的关系之中,既因一定关系的会合而产生,也会因此种关系的分解而消失。也就是说,世间一切事物和现象无一不是迁流转变、没有常性的。这些没有常性的东西又称"有为法",和非因缘所生的、无造作的"无为法"相对应。所谓"诸法无我",是说世间一切事物和现象,既是因缘和合而成,因而就没有一个独立、永恒的自性或实体。"我"是自性和实体之意。佛教反对印度传统宗教中每每以为人生乃至世间万物都有一个"真我"体现的观点,主张"人无我""法无我"。"人无我"是说人与万物一样,也是由五蕴(色、受、想、行、识)和合而生的,会随五蕴的离散而消失,不能自己主宰自己。对事物来说,时刻在变,也就没有一定的自性、自体,这就是"法无我",也就是人空,法空,一切皆空。总之,建立在缘起论基础上的人无我和法无我是佛教区别于其他宗教派别和哲学流派的根本之点。所谓"涅槃寂静",是指从性空方面说,诸法既因因缘而起,则不生不灭,本性空寂,无累自在。涅槃寂静属"无为法",它作为佛教的最终理想,是大小乘佛教和各种佛典所着重论述的问题。要达到这一境界,一般的智慧是不行的,只有佛教的般若智慧才能证悟此境界。"三法印"一直被认为是大小乘佛教的三大纲领,整个佛学的理论枢纽,佛法中不可动摇的根本原则。

2. 佛教初传中国

佛教何时传入中国，众说纷纭。撇开那些无稽之谈以及某些无足征信的附会传说，一般认为佛教传入始于两汉之际。《三国志》裴注引前人鱼豢《魏略·西戎传》载，西汉哀帝元寿元年（前2年），"博士弟子景卢受大月氏王使伊存口授《浮屠经》"。据《后汉书·西域传》等多种典籍记载，汉明帝永平年间（58—75），明帝夜梦金人，翌晨问于群臣，傅毅答称西方有佛，陛下梦见的一定是佛。明帝于是派蔡愔等十八人赴西域，遇迦叶摩腾和竺法兰两位僧人，以白马驮着佛像经卷返回洛阳，明帝为之建立内地最早的佛寺——白马寺，迦叶摩腾在此译出中国最早的佛经《四十二章经》。这是流传最广的佛教传入说。根据对当时社会形势和东西交通状况的分析，伊存授经和明帝感梦求法的记载是比较可信的，因此，佛教传入中国的时段大致在两汉之际。

佛教传入中国的路线分海路和陆路。海路经斯里兰卡、爪哇、马来半岛、越南而至广州，再进一步传至内地。陆路即由印度西北部越葱岭（帕米尔高原）而至西域各国，再经丝绸之路传入内地。海路的开辟晚于陆

汉哀帝

汉明帝

路，至南北朝时才有译经僧经海路来到中国的记载。因此初期中国佛教受西域各国影响很大，流行地域主要在以长安（西安）、洛阳为中心的北方地区。魏晋以后北方战乱频仍，逐步扩散到以建康（南京）为中心的江南地区。

后汉桓帝、灵帝时期（147—189），西域僧人安世高和支娄迦谶分别将佛教小乘禅学和大乘般若学经典译介到内地，这是汉地佛经翻译事业的肇始。安世高精通小乘阿毗昙及禅学，所译经典也以这两方面为主，最有影响的译经有《安般守意经》、《阴持入经》和《道地经》等。支娄迦谶简称支谶，所译佛经主要有《道行般若经》、《般舟三昧经》和《首楞严三昧经》等，全属大乘系统，包括大乘般若学和禅学，是大乘经典在中土翻译的肇始。三国时期，支谶的再传弟子支谦为所译《了本生死经》作注，成为中土最早的经注。曹魏嘉平二年（250），中印度沙门昙柯迦罗来到洛阳，译出律藏《僧祇戒心》并举行授戒，这是中国有戒律授戒的开始，昙柯迦罗被奉为律宗初祖。时人朱士行是汉地正式出家的第一人，他还远赴于田（今新疆南部）求经问道，是汉地僧人西行求法的先导。相传中国佛教梵呗也由曹植首创。至此，佛教经、律、论三藏都已全面传入中国。

汉桓帝

汉灵帝

 元代理学的传播

  宋金对峙期间,理学在南方继续发展,而北方因"南北道绝,载籍不相通",很少见到南宋理学家朱熹、陆九渊等人的著述。金末的儒学,只是传承经学章句,支离烦琐。元代首传理学于北方者,是湖北德安(今湖北安陆)人赵复(字仁甫,学者称江汉先生)。元太宗七年(宋理宗端平二年,1235年),元兵陷德安,赵复被俘,被送往燕京。忽必烈在"潜邸"召见赵复,后又建太极书院,请他讲学其中。理学在北方由此而得到传播。

一、元代理学的大力弘扬

元的南方理学家都是朱熹、陆九渊的嫡传。当时朱学的代表人物有许谦、吴澄、张栻等,而陆学的代表人物则有陈苑、赵偕、郑玉等。在元代理学家中,最著名的是三大家——许衡、刘因、吴澄。

许衡(1209—1281),字仲平,学者称鲁斋先生,河内(今河南焦作)人,官至左丞、国子祭酒。他热心事功,曾与刘秉忠、张文谦在元朝开国之际立朝仪、定官制。在兼管太学期间,许衡著《中庸直解》、《大学直解》等书,并以此为课本,选其主要弟子12人分赴各书院任山长,传播朱熹哲学,"使天下人皆诵习程朱之书"。在确立朱熹学说正统地位和传播朱子学说方面,其功甚伟。

许衡

在哲学思想上,许衡一生"以朱子之言为师"。他继承了朱熹"天即理也"的思想,以理为最高本体。认为事物的变化是由阴阳、刚柔之间"相感应"、"相胜负",即既统一又斗争的关系推动的。他用自然现象推论社会现象,强调"自古到今,天下国家惟有个三纲五常是治乱之本",还认为社会的治乱和历史的进退,都由"命"支配的"时"、"势"决定。他在政治上主张"王道"、"仁政",认为"衣食以厚民生,礼义以养其心"。因许衡在理学方面的重大成就,卒后赠光禄大夫、司徒,谥文正,从祀孔庙。有《鲁斋遗书》传世。

刘因（1249—1293），一名骃，字梦吉，号静修。雄州容城（今河北保定徐水）人。自幼从国子司业砚弥坚学训诂疏释之说，后从赵复学，始研习程朱义理之学。曾在乡邦授徒讲学，从者日众，被视为元初北方大儒。因祖父本金朝人，刘因遂以亡金遗民自视，不肯仕元，谓"不如此，则道不尊"（《辍耕录·片聘》）。刘因认为遵道未必用世，达道不在治功，而在于自身德性修养。既主张读六经圣贤之书，以复全材善性；又强调视物若无，专务其静，反求本心。著有《四书精要》、《丁亥集》、《易系辞说》等，均已失传。今存《静修文集》。

刘因

吴澄（1249—1333），字幼清，抚州崇仁（今属江西）人，学者称草庐先生。15岁始读朱熹《大学章句》，16岁拜新安理学家程若庸（徽庵）为师，系朱子四传。吴澄后又师从晦静学派程绍开，为象山私淑。在元代，吴澄是名重一时的南方大儒，与许衡并称为"南吴北许"。他曾四入京师，历官至翰林学

吴澄

士。为学折中朱（熹）陆（九渊）而倾向于朱，认为"理在气中，原不相离"，而"理"是"气"的主宰。主张为学至要在于"心"，"学必以德性为本"，推崇朱熹的"格物"、"诚意"之说。吴澄对《礼经》研究颇深，在经学史上有突出的贡献。吴澄卒后，被追封为临川郡公，谥文正。主要著作有《五经纂言》、《老子注》、《答人问性理书》等，后人辑有《草庐吴文正公全集》。

在以许衡、刘因、吴澄三大家为代表的元代理学家的大力弘扬下，理学由南而北，遍及全国。元朝宣布朱熹的《四书章句集注》定为科场程序，称"圣经章句"。元武宗给孔子加上了"大成至圣文宣王"的尊号。自元代开始，理学真正确立了"显学"的地位。

二、"异端"思想家邓牧

尽管元朝统治者大力提倡理学，为其他宗教思想也提供了宽松的传播环境，但在元代思想界中仍然出现了一些反对理学、不信佛道的"异端"思想家。邓牧就是其中突出的一个。

邓牧（1247—1306），字牧心，钱塘（今浙江杭州）人。南宋亡后，游历四方，誓不仕元，晚年隐居在余杭大涤山中的洞霄宫。大德九年（1305）元廷曾派玄教大宗师吴全节专程到余杭，请邓牧出山做官，邓牧坚拒不行。他自称"三教（儒、佛、道）外人"，以示不入任何"正宗"行列。又曾号九鉴山人，世称"文行先生"。著有《洞霄图志》、《伯牙琴》等书。其中《伯牙琴》是其哲学思想的代表作。

邓牧的宇宙观基本上来源于道家的学说。在《伯牙琴·吴天阁记》中，邓牧说："太极之动生阳，而静生阴。阳轻清，上为天，日月星辰、雷电风雨丽焉；阴重浊，下为地，丘陵山岳、川泽江海丽焉。阳变阴化，其气冲和则为人。其两问莫不有主宰者焉。"这里邓牧将宇宙万物的生成，看作"太极"之动静生阳阴而成，与道家的观点基本一致。他还把自然界的运动、人类的生养，完全归功于"玉皇上帝"之力。邓牧说"慕惟昊天玉皇上帝陛下，位三极之尊，御万有之众，凡天地所以覆载，日月所以照临，星辰所以运行，雷电风雨所以薄激荡沃，丘陵山岳之所以郁盘，川泽江海之所以流浸，生人之类所以相生相养，万古而不息，熟知乎帝力哉！"此中也可见道家思想对邓牧的影响。

在亡国的悲痛中，邓牧对现实社会有十分强烈的对抗情绪，并进而大胆揭露封建君主"以四海之广，足一夫之用"，"奇人之所好，取人之所争"，"竭天下之财以自奉"（《伯牙琴·君道》）。他还痛斥贪官污吏"与虎豹蛇虺均为民害"（《伯牙琴·吏道》），对人民群众的反抗斗争寄予了深切的同情，邓牧说："夫

邓牧

夺其食，不得不怒；竭其力，不得不怨。人之乱也，由夺其食；人之危也，由竭其力。而号为理民者，竭之而使危，夺之而使乱！"这种"官逼民反"的见解具有进步意义。

邓牧不满现实的社会制度，受道家"小国寡民"思想的影响，幻想重新出现一个"天下无乐乎为君"的尧舜时代那样的社会。在这个社会里，"君子道高而愈谦，德尊而愈慕。其于人也，遏恶而扬善：人之有善，若己有之，惟恐其不得闻，而以为己所不逮；不幸闻人之过，则亦含容覆护，不忍其不得为君

子"。人们都有很高的精神境界。至于社会管理，则是"君民间相安无事，固不得无吏，而为员不多"；其吏"得才且贤者用之，若犹未也。废有司，去县令，听天下自为治乱安危，不犹愈乎！"邓牧这种乌托邦式的思想，自然只能是一种幻想，但他有关社会政治的进步理想，对后人影响颇大。明清之际著名思想家黄宗羲的《明夷待访录》就深受邓牧思想的启迪。

三、宋元时期的道教教派

宋元时期，由于民族矛盾的尖锐，造成道教宗派纷起。元统一以后，道教逐步融合为全真与正一两大派。

弘传上清经法的茅山宗是初唐和盛唐时期的道派主流，其知名的宗师有王远知、司马承祯等。在唐代上清品位最高，灵宝为次，正一、三皇最低。茅山宗善于融摄道教各派思想，其教理教义和科仪均得到发展、完善，对道教的思想理论建设作出了很大贡献。同时，由于贵族的扶持，该宗在宋代仍然有很大势力。

太一教亦称"太一道"，由萧抱珍创于金初。萧抱珍（？—1166），卫州（今河南汲县）人。该教获金廷承认和支持，其教团发展顺利。太一教既以符水

陕西道川元代道教浮雕造像

祈禳为主，但也看重内炼，守柔弱亦是太一道修身之法。乐善好施，"度群生出苦厄"是其立教宗旨；注重封建伦理关系、笃于人伦是太一教义最突出的特点。

大道教的创始人是刘德仁（1122—1180），号无忧子，沧州乐陵（今山东乐陵）人。大道教教义可以分为内修和外用两个方面：既守神寡欲见素抱朴，又济生度死、驱役鬼神。从总体上说，大道教提倡自食其力，主张少思寡欲，不谈飞升化炼、长生久视，融会儒释道三教，特别是援儒入道。在传教活动中，该教也善于召劾之术，祈祷为人疗病。另外，该宗也有出家制度。大道教的教旨相当特殊，与北宋旧道派似无直接传承关系，是道教史上一家独具特色的教派。

在金初兴起的三大宗派中，全真道力量最强，留下史料最全。全真道的创立者是王重阳。王重阳（1112—1170），号重阳子，京兆（今陕西）咸阳人。全真道教义，从整体上看是继承钟离权、吕洞宾的内丹思想，又有其鲜明的时代特点：一是主张儒道释三教合一、三教平等；二是以"全精、全气、全神"为成仙证真的最高境界，走修心见性到见性成真的修炼路线；三是"苦己利人"的宗教实践原则，利人不仅是宗教道德的要求，更是成仙得道的一个必要条件。王重阳之后，其七大弟子继承发展了他的事业。

净明道系从灵宝派分化而来，是南宋新出现的一个重要的符箓道派。它以许逊为教主，以南昌西山为活动中心。与同时期其他道派相比较而言，该派尤以融会儒学、强调忠孝道德实践、积极进行伦理教化为显著特点。其修炼的内丹说首重"调心性"与北方全真道先性后命的路线颇相一致，表现出其受禅宗影响甚深。

内丹派南宗承张伯端的内丹学说，而又兼行雷法，提倡儒、释、道三教归一。因其以张伯端为祖师，又被称为紫阳派。后人将其与北方的全真道相比，称王重阳一派为北宗，称紫阳派为南宗。南宗的实际创始人是白玉蟾（1194—1229），海南琼州人。该宗主张性命双修，先命后性，并纳入理学的正心诚意和佛教禅宗的明心见性说，还把神霄雷法与内丹理论结合，形成了一种独特的内丹理论，对张伯端思想作了发展。

道教在金元时期分衍宗派、各立教团、发展教义教规、扩充斋醮科仪，确曾一度十分活跃。但自明朝始，道教逐渐走向衰微。

明朝的开国皇帝朱元璋在夺取了政权之后，立即制定了儒、释、道三教并用的宗教政策。由于明太祖朱元璋要正礼仪，以完成其君主独尊的政治体制，因此必须对儒教首加尊崇。早年曾做过和尚的他也深知宗教及其

全真教祖师王重阳

制定儒、释、道三教并用宗教政策的明朝开国皇帝朱元璋

教团的两面作用，所以对宗教采取了利用与检束相并用的政策，即一方面要笼络宗教头面人物为其服务，一方面又严格限制宗教活动以控制其势力。朱元璋之后的统治者大都采用了三教并用的宗教政策。但也有越轨者，那就是明世宗对道教的崇拜，不过也只是短暂的喧嚣。清代皇室因尊奉藏传佛教，对道教采取了更加严厉限制的政策，道教则进一步衰落。

明清时期，道教虽在丹道方面有东派、西派之出现，南方有武当道的兴起，著述方面有不少对过去道书的诠释注疏之作，但均无多新义，其势亦如强弩之末。清以后则更是江河日下，显然衰微。

综合看来，明清道教衰微的原因主要有四点：一是明清统治者对道教实行的是利用和严加控制的政策，道教失去过去统治者的宠信和大力扶持；二是道教教义和科仪的过分世俗化，使其失去道教的自身特征；三是由于资本主义因素的逐渐活跃，反封建的新文化、新思想逐渐兴起，自然冲击了道教的神仙理论体系；四是西方科技与基督教的传入，也影响了我国固有宗教的生存和发展。总之，封建制度的没落、社会的发展、科技的进步，使带有浓厚封建色彩的道教日渐衰微，这乃是社会发展的必然趋势。

道教是中国的本土宗教，是中国传统思想文化的三大支柱之一。儒、释、道三教鼎立，是唐朝以来中国文化的基本格局。儒家是指以孔孟为旗帜的一种社会政治和人生哲学的思潮，自汉代独尊儒术以来，它在中国封建社会一直占据主导地位。相对儒家来说，佛、道二教一般处于辅助地位。与佛教相比，道教的影响更稍逊一筹。因此，道教在三教中总的来说是屈从于儒、释的。然而，在统治者调停三教和社会上三教合一思潮的影响下，佛、道思想不断地渗透到儒学中去，被浸润得最厉害的，恰是高举反佛、道旗帜的理学。无论是从理学的哲学范畴、哲学命题抑或是人性论、修养论等方面，都可以看到道教的影响。如陈抟的《河图》《洛书》对张载、陆九渊等人的宇宙生成论以及他们的《先天图》和《伏羲六十四卦次序图》，对邵雍、二程、朱熹等人的宇宙生成论思想的奠定，都有相当大的影响。心学的道教、佛教色彩之浓，又是远非宋儒所可比拟的。儒家对道教的影响主要表现在它的纲常名理被纳入道教教理之中，并被神秘化。佛教始入中国时，尚依附于道教，称佛道。南北朝时，佛道常起争端，甚至相互毁伤。但二教在斗争之外，又相互吸取。此时的道教主要是简单地模仿佛教完备的宗教理论、仪规、戒律等内容。如五斗米道亦有"劫数"的理论，即是明显的例证。从道教的科仪戒律上看，南北天师道都受到佛教的影响。唐代是三教鼎盛的黄金时期，三教合一的思潮兴起、三教鼎立的传统文化大格局最终形成都在这一时期。至宋代，这一思潮得到了普遍响应。正是这种状况，使道教呈现出新气象。这时的道教，不再简单地模仿佛教，而是侧重于理论上的融合，表现出精微的学术特点。宋以后，三教均趋于衰微，思想理论上没有更大的创新。

总而言之，道教作为三教之一，自有其独特的价值。在三教的斗争与融会中，道教逐步演变，到后来与儒、释已是你中有我，我中有你，难解难分了。道教对于中国封建时代的政治、经济、哲学、文学、艺术、医学、药物学、养生学、气功学、化学、天文、地理以及思维方式、伦理道德、民俗、民族关系、民族心理、民族性格与民族凝聚力等各个方面，都有过不同程度的影响。其某些影响至今仍在国人的生活方式和文化构成中得到保留，并发挥作用。鲁迅先生说："中国根柢全在道教……以此读史，有多种问题可迎刃而解。"（《鲁迅全集》）一语道出了道教的特点和重要性。

四、元代禅学思想

从成吉思汗时起，蒙古统治者就试图把喇嘛教作为联系西藏上层的重要纽带。西藏归顺蒙古后，忽必烈特别支持萨迦派的发展。建都燕京后，以八思巴为国师、帝师，统领天下释教，推动了喇嘛教在藏、蒙和北方部分汉民地区的传

八思巴画像

播。在大一统的国家内，空前密切了藏蒙、藏汉等各族之间的思想文化交流，加强了西藏和中央政权的联系。

从八思巴开端，终元之世，历朝都以喇嘛为帝师。新帝在即位之前，必先就帝师受戒。帝师也是元中央的重要官员，领中央机构总制院事。总制院后改称宣政院，是中央管辖全国佛教和西藏地方行政事务的机构。因此，帝师不只是喇嘛教和西藏地方的领袖，而且也是全国佛教的首脑。此外，中央又在南宋旧都杭州设置江南释教总统所，任命喇嘛僧统理，直接管辖江南佛教，后并入宣政院。

喇嘛教统治着全国佛教，这对于作为佛教主体的禅宗的演变，有着重要影响。对禅宗产生直接影响的社会因素，主要有两个方面。

一是不平等的民族政策。元王朝按照族别的不同和地区被征服的先后，把全国人民划分为蒙古、色目、汉人和南人四个等级，在任用官吏、法律地位以及其他权利和义务等方面，作出种种不平等的规定。这种民族制度，为各族人民之间的往来和文化融合制造了障碍，直接波及了民族心理和文化的分布。流行于不同地区的宗教首次被官方放置在有民族等级优劣划分的前提下来考察，民族因素空前突出地成为制约佛教发展的一个重要因素。由于信奉佛教的汉族等级低下，相应的，汉地佛教在元代整个佛教体系中的地位受到前所未有的冲击。特别是由于南人处于最低等级，主要在南方流传的禅宗则更要受到影响。

二是不平等的宗教政策。从元太祖成吉思汗到定宗贵由，蒙古统治者允许各民族的宗教并存。到宪宗蒙哥（1251—1259）时期，在保护各种宗教的基础上，开始侧重扶植佛教。他说："今先生言道门最高，秀才人言儒门第一，迭屑人奉弥失诃言得升天，达失蛮叫空谢天赐与，细思根本，皆难与佛齐。"并且明确指示，"譬如五指皆从掌出，佛门如掌，余皆如指。"至此，原则上确定佛教的地位高于道教和其他宗教。至元世祖忽必烈时期（1260—1294），元朝逐步推出了不平等的宗教政策，比如确立藏传佛教（喇嘛教）的独尊地位。

另外，元王朝初期，统治者出于入主汉地的政治需要，重视利用禅宗僧人。临济宗的海云印简、曹洞宗的万松行秀、林泉从伦和华严至温等，在管理佛教事务，沟通蒙汉民族关系，把禅宗纳入为元王朝服务的轨道方面用力甚多，而且颇具影响。到忽必烈时，元王朝扶植的重点从禅宗转向教门。至元二十五年（1288）召开教禅廷辩，其结果使"教冠于禅之上"。尊教抑禅在政治上反映了蒙古统治者对南人的歧视，在经济上反映了他们尚不了解自然经济条件下的农业特征，在思想上反映了他们不能容忍禅僧的任性放狂。

如果单纯从宗教信仰方面考察，尊教抑禅与崇奉藏传佛教是相互联系的。这与蒙元贵族所要利用佛教的具体内容有关。凭借武力征服汉地的蒙古贵族虽然"崇尚释氏"，所关注的不过是布钱施物、建寺造塔、写经斋僧、礼佛拜忏之类的功德善事，对于义理研究之类则并无兴趣。禅宗不重经典、不拜偶像，倡导自主独立、自我解脱的修行理论和实践，自然与蒙元贵族可接受的佛教信仰格格不入。特别是从宋代兴起和发展的禅宗"公案"之学，像作为文字禅主体的颂古、评唱，与参究公案相联系的看话禅等，都是蒙元贵族所不能理解和接受的。同时，蒙元统治者对禅学也存在着许多误解。元代初年，忽必烈召集禅僧与教门僧人辩论，曾对禅宗僧人提出一个问题："俺也知尔是上乘法，但得法底人，入水不溺，入火不烧，于热油锅中教坐，汝还敢吗？"禅师回答："不敢。"他又问："为甚不敢？"禅师回答："此是神通三昧，我此法中无如是事。"由此可见，蒙元统治者依然是用传统佛教的眼光看待禅宗，对禅宗不重视神通，甚至否定神通在明心见性的解脱过程中的作用难以理解。在他们看来，既然是"上乘法"，自然意味着修行者神通更大，特异功能更强。相对来说，汉地教门诸派所重经典和所倡教义与藏传佛教有更多相通处，更容易为蒙元贵族接受。

在元王朝崇奉藏传佛教和尊教抑禅的历史背景下，北方禅宗中，无论是临济宗的印简系还是曹洞宗的行秀系，都没有保持长时间的兴盛，在他们的门徒之后，逐渐衰落下去。与此同时，最受压抑的南方禅宗则恢复了它的活力。"丛林以五山称雄"的格局虽无变化，但思想上的分化比较显著。

南方禅宗均属临济宗，分别出自宗杲和绍隆两系。宗杲弟子育王德光之后，出现了灵隐之善和北磵居简两支；绍隆的再传弟子密庵咸杰之后，出现了松源崇岳和破庵祖先两支。这四支构成了南方临济宗的主流，总体可归为功利禅和山林禅两种类型。

功利禅型，指以功利为目的，积极靠拢朝廷，凭借政治权势，带动禅宗发展的派别，其代表主要有之善系和居简系，以及崇岳系的清茂、守忠等人。五山十刹，主要由这类禅师住持。山林禅型则与此相反，大多数人山居隐修，不为世人所知；部分人活动于民间，影响很大，但拒绝应征，与朝廷官府的关系疏远，最重要的代表是祖先系统。

祖先系是对元代以后禅宗影响最大的一个支派，著名禅师很多，在政治态度方面，这些禅师与元王朝保持距离，关系疏远。他们或山居不出达数十年，或草栖浪宿、结庵而居，同功利禅型的禅师结交权贵、住持大寺以至参与官场，形成鲜明的对照。这是此系的骄傲，世称"庵居知识"。值得注意的是，祖先系禅师虽山居但并不闭塞，他们与北方禅师没有断绝往来。在推动禅宗东渡方面，作用尤为彰著。

当然，这些禅师也没有过激的言论和行动，与坚决抗元的禅师也有区别，例如，元代著名诗僧善住的政治态度就比祖先派的禅师们更激烈。他的《赠隐者》诗名义上是叹别人，实际上是个人抒怀："……对食惭周粟，纫衣尚楚兰。……穷达皆有命，初非行路难。"他在《悼隐者》诗中说"安知新宇宙，犹有故衣冠"。他的离世隐修，是他的宋遗民情结所驱使。他有着刻骨铭心的亡国之恨，采取隐修的方式，就是与蒙古统治者不合作的政治行为，也是一种反抗民族压迫

的斗争方式。这种激烈的政治态度在祖先系的代表人物那里并没有明显表现。

在生活方式和修行方式方面，这些禅师也有共同点。他们一般通过接受下层民众的布施或自耕自食来维持生计，不依赖朝廷的赏赐。他们反对北方曹洞宗僧人继承克勤的传统，反对致力于诠释公案和颂古的评唱。他们与南方其他禅师一样，大多长于诗文，有不少诗作流传，所以并不反对诠释公案的拈古与颂古，且有颂古之作。但他们偏重和强调的乃是宗杲的看话禅。在祖先系的推动下，看话禅拥有广大的禅众，成为元代南方禅学的主流。祖先系给看话禅以新的内容，有强烈的时代气息和浓重的地方色彩，通过各种渠道，影响着整个元代禅宗的基调。

在元代初中期，突出代表这个支派政治态度、修行方式、生活方式以及禅学思想和实践的，是高峰元妙。

元妙（1238—1295），号高峰，吴江（江苏苏州）人，俗姓徐，15岁拜嘉禾密印寺法住为师，17岁受具足戒。曾习天台教义两年，20岁弃教入禅，至杭州净慈寺，就学于断桥妙伦，妙伦让他看"生从何来，死从何去"的话头。元妙勤奋参究，竟然"胁不至席，口体俱忘，或如厕惟中单而出，或发函忘肩镴而去"。但时近一年，仍然"只如个迷路人相似"，乃转而求教于雪岩祖钦。祖钦让他参究看话禅中的经典话头"赵州狗子"中的"无"字，依然无收获。又到径山参禅，经半月，忽于梦中想到妙伦说法时曾提到的"万法归一，一归何处"的话头，"自此疑情顿发，打成一片，直得东西不辨，寝食俱忘"。发"疑情"是看话禅证悟的前提，"打成一片"，是指达到主客泯灭，物我双亡时的心理感受，是彻悟的体验。从元妙早年的求学经历来看，他是继承宋代宗杲以来的看话禅，这是南宋以后禅林

高峰元妙

修学的主流。元妙的禅学思想，正是在这种禅学基础上发展起来的。

元妙生平事迹中的一个重要现象，就是特别重视戒律，反对放浪不羁的作派。他不仅自己身体力行，而且还以此来要求自己的弟子们。他对持戒的重视，表现在三个方面。

其一，在三关语中强调遵守戒律。元妙以话头禅授徒，也设"三关语"启悟学者。据《高峰元妙禅师行状》记载，他的"三关语"是："大彻底人，本脱生死，因甚命根不断？佛祖公案，只是一个道理，因甚有明与不明？大修行人，当遵佛行，因甚不守毗尼？"另据《高峰元妙禅师禅要》记载，其"室中三关"是："杲日当空，无所不照，因甚被片云遮却？人人有个影子，寸步不离，因甚踏不着？尽大地是个火坑，得何三昧，不被烧却？"这两种"三关语"大约并行于世，中心是引导人们参透生死和解脱生死。其中"大修行人，当遵佛行，因甚不守毗尼"，不同于宋元时期的诸多"三转语"，突出强调学僧信守戒律的重要性，这是非常重要的。所谓"三关语"并不是一定要禅僧马上要回答的问题，而是要求学僧长期思考的问题。这些问题不仅包括对教义的认识，而且也包括了对信守戒律的强调。

其二，通过解释公案表达自己重视戒律的见解。"丹霞烧木佛"是一个流传较广的公案。一些禅师认为这也是启悟的方式，元妙则反对，他说："丹霞烧木佛，为寒所逼，岂有他哉！若作佛法商量，管取地狱如箭。"因为寒冷烧木佛取暖，可以理解；若"作佛法商量"，那就是罪过。元妙通过对这则公案的解释，否认烧佛像是启悟的方式，表现了他对戒律的重视，对严谨持戒的强调。

其三，在对学僧的讲说中强调钻研公案并不能代替戒律。他指出："往往学道之士，忘却出家本志，一向随邪逐恶，不求正误，妄将佛祖机缘、古人公案从头穿凿，递相传授，密密珍藏，以为极则，便乃不守毗尼，拨无因果。人我愈见峥嵘，三毒倍加炽盛。如斯之辈，不免堕于魔外，永作他家眷属。"元妙在这里指出了一个从北宋开始就普遍存在于丛林中的现象。许多禅僧把学习、研究和理解机缘公案当作修行的要务甚至目的，轻视戒律，把戒律当成可有可无的事情，其结果，使禅宗僧人的个人修养滑坡。这不仅无助于解脱，反而有害于修行。钻研公案，并不能代替持戒。另外，元代上层藏僧为害于朝野，引起社会各界层的普遍不满，有损于僧人的形象。元妙在这种社会风气下强调戒律，是有特殊意义的。

元妙禅思想的核心内容，可以概括为三句话，也可以作为修习的三个阶段，那就是从看话头"万法归一，一归何处"出发，运用"疑以信为体。悟以疑为用"的观念和方法，实现"无心三昧"的精神境界。

总之，在元代初中期的特殊社会环境下，元妙注重个人隐修，有针对性地强调戒律，倡导从参究"万法归一，一归何处"话头出发，运用"疑以信为体。悟以疑为用"的观念和方法，实现"无心三昧"的精神境界。他的禅思想在一定程度上反映了南宋亡国的世纪末情绪，在南宋遗民中会引起反响。但是，到了元妙弟子明本及其后继者，新朝已经稳定，南人也开始习惯，禅学中的这种悲观情调也逐步淡化。

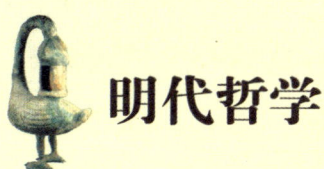 # 明代哲学

　　明代哲学是中国传统思想文化的重要组成部分,是宋元哲学的继承和发展,标志着中华民族理论思维发展的新阶段,在人类认识史上占有光辉的一页。在当时政治体制转换的同时,明代士人思潮及士风,也在复杂而动荡不安的政治大背景下,开始了自己的转变之旅。

　　明代哲学的转变之旅,起始秉承的是程朱理学。由于宋明理学都片面强调所谓的"去人欲,存天理"之纯粹的伦理道德,虽然有其积极的一面,但也使得一些士大夫们对节操和伦理道德方面的追求几近于偏执,这种极端思潮对整个社会亦产生了相当的负面影响,即对伦理道德的越来越重的绝对化和权威化,导致对人性和思想的桎梏。

一、明代哲学概述

程朱理学早在元代就被定为正宗之学,而明代统治者对程朱理学更是推崇备至。明朝成立后,明太祖朱元璋大力推行旨在灭除异端的僵化的文化统一政策,朱元璋以程朱理学作为正宗学说。明代统治者曾多次下令,命令学子非朱子之书、五经孔孟之书不读。明成帝朱棣还命令胡广等编纂《四书大全》、《性理大全》、《五经大全》,颁行天下,以此作为学子习业的经典著作。明代统治者又规定科举考试一律以朱熹作注的经学著作为准,程朱理学被推到了至尊的地位。

在确立正宗统治学说的同时,明代统治者还制定并颁行了一系列防范思想自由发展的文教制度和政策,限制文人对现实政治发表见解和议论,绝对禁止学生评论政治和批评教学和师长,违者斩首示众。据载,宋讷主持国子监时,一名叫赵麟的监生揭帖子抗议宋讷对学生的欺凌。依国子监监规,毁辱师长者杖责一百并发配到云南充军,但朱元璋竟下令将赵麟杀掉,并在国子监门前竖一标杆,悬首示众,此竿在以后的一百六十余年间一直竖立不倒。

古代科举放榜情景图

在科举考试中,明统治者不仅规定以朱熹作注的经书为准,而且指令"但许言前代,不及本朝"(顾炎武《日知录》卷十六,《试文格式》),绝对禁止任何对当代问题的思考。

朱元璋还对前代经典进行删削,将不符合其统治思

想的言论都进行删节。《孟子》中的民本思想、仁政思想等精华都被强令删除。至于勇于冲破僵化思想程式的异端邪说，明统治者更毫不手软。晚明思想家李贽"排击孔子，别立褒贬"（《四库全书总目提要》卷五十，"藏书"条），"掊击道学，抉摘情伪"（钱谦益《列朝诗集》闰集，卷三），统治者视他"为妖为幻，噪而逐之"，最后终于以"敢倡乱道，惑世诬民"八字罪名将他逮捕下狱，迫害至死。李贽自刎与布鲁诺被焚前后只相差两年，显示了东西方中世纪意识形态领域中共有的专制统治的黑暗。

明代中后期，借封建政治统治松弛之机勃兴的书院讲学，也遭到统治者的再三镇压。书院多次被禁毁。到万历年间张居正执政时期，为了扼制思想的自由发展，张居正禁止讲学，并上奏皇帝，要求禁毁天下书院。其规模之大、措施之严厉，远远超过嘉靖年间对书院的禁毁。天启年间，顾宪成、高攀龙等人重修东林书院，讲学之余往往"讽议朝政，裁量人物"，宦官魏忠贤为镇压东林党人，屡兴大狱，杀戮东林党人，东林书院也被禁毁。为消解可能再出现反对朝廷的人物及言论，魏忠贤进而禁毁天下一切书院，书院讲学遭禁至此时达到极致。

为了钳制人们的思想，制造刻板、冷峻的思想统治秩序，明统治者还在科举考试中发明了"八股"之法。所谓"八股"，即答卷作文的格式由破题、承题、起讲、入手、起股、中股、后股、束股八部分组成，其格式十分刻板。

八股文的题目全出自《四书》、《五经》，文字要模拟圣贤口吻，叫作"代圣贤立言"，而且必须以朱熹注疏为准，因而严重地控制了士子文人的思想，使人们思想程式化、刻板化。明末清初思想家顾炎武就十分清醒地指出八股取士对民族智力与人才的戕害："愚以为八股之害等于焚书，而败坏人才有甚于咸阳之郊（坑儒）。"（《日知录》卷十六《拟题》）明朝末年，有人尖锐地指出八股文会断送朝廷，居然大胆地在朝堂上贴了一张"大字报"，上写："谨具大明江山一座，崇祯夫妻两口，奉申赘敬。晚生文八股顿首。"

正由于明代严酷的文化专制政策，使得明代文坛只在元末明初出现了《三国演义》、《水浒传》这样的佳作，而在明初的文坛上，却只有歌功颂德、点缀升平的台阁体诗文出现。诗文在明初的政治高压下受到猛烈的重创，文人们在血的事实面前，不得不再次承担起个人对封建政权的服从义务。在思想方面，由于统治者官方的提倡，理学思想继续成为社会统治思想。理学对文学最大的影响是"文道合一"的观念，使表现封建纲常思想、宣扬复古思想成为明代前期文学的主流。正统文人的才能只能局限在八股取士的樊笼里，而八股的体制显然不利于文人思想和情感的自由抒发，由此造成诗文等传统文学样式的萎缩。

戏剧到了嘉靖和隆庆两朝时才开始复苏，经万历至崇祯朝才进入繁荣时期。明中后期出现了与李贽等人的进步思潮相呼应的具有人文主义精神的戏剧作品，如汤显祖的《牡丹亭》等。

二、王守仁的宇宙观

王守仁（1472—1529），生于明代，浙江人，人称"阳明先生"。他不仅是一位杰出的哲学家，还是一位有能力、有道德操守的政治家。他早年曾追随程朱理学，并决心依照朱熹的思想，从"格竹子之理"开始。为此，他七天七夜专心致志地求竹子之理，结果并无所悟。他被迫放弃"格物"这条路。后来，由于朝廷政争，被贬贵州，在山区落后原始的生活环境里，有一晚他得到顿悟，对《大学》的主旨有了新的认识。由此而对《大学》有了全新的诠释，完成了心学的思想体系。

王守仁的思想言论由门人辑录为《传习录》，其中有一段说："先生游南镇，一友指岩中花树问曰：'天下无心外之物，如此花树，在深山中自开自落，于我心亦何相干？'先生云：'尔未看此花时，此花与尔心同归于寂，尔来看此花时，则此花颜色一时明白起来。便知此花，不在尔的心外。'"（《传习录》下，《王文成公全书》卷三，以下简称《全书》）另一段说，"先生云：'尔看这个天地中间，什么是天地的心？'对曰：'尝闻人是天地的心。'曰：'人又什么

王守仁

叫作心？'对曰：'只是一个灵明。''可知充塞天地中间只有这个灵明。人只为形体自间隔了。我的灵明，便是天地鬼神的主宰……天地鬼神万物，离却我的灵明，便没有天地鬼神万物了。我的灵明，离却天地鬼神万物，亦没有我的灵明。如此便是一气流通的，如何与它间隔得？"（《全书》卷三）从这些段落中，我们可以知道王守仁对宇宙的概念，认为宇宙是一个自身完整的精神实体，这个精神实体便构成了我们经验中的世界；此外，并没有朱熹所强调的另一个抽象的"理的世界"。

王守仁还主张心即是理。在《传习录》（《全书》卷一）有一段说："心即理也。天下又有心外之事、心外之理乎？"在《全书》卷二《答顾东桥书》中又说："心之体，性也。性即理也。故有孝亲之心，即有孝之理；无孝亲之心，即无孝之理矣。有忠君之心，即有忠之理；无忠君之心，即无忠之理矣。理岂外于吾心耶？"由这些话里，我们可以更清楚地看到朱熹和王守仁以及理学、心学两派思想的分歧。照朱熹的说法，我们先懂得孝之理，然后有孝亲之心；先有忠之理，而后有忠君之心。我们不能把这话倒过来说，而王守仁恰恰是把这话颠倒过来。按照朱熹的思想，理是客观外在的实在，无论心存在与否。而按照王守仁的思想，若没有心，便没有理。心为宇宙立法，理是由心立的。

在这样的宇宙概念之上，王守仁对《大学》赋予一种形而上学的意义。《大学》有所谓"三纲领"："大学之道，在明明德，在亲民，在止于至善。"王守仁解释《大学》就是学作大人之学。关于"在明明德"，他写道："大人者，以天地万物为一体者也。其视天下犹一家，中国犹一人焉。若夫间形骸而分尔我者，小人矣。大人之能以天地万物为一体也，非意之也，其心之仁，本若是其与天地万物而为一也。岂惟大人，虽小人之心，亦莫不然。彼顾自小之耳。是故见孺子之入井，而必有怵惕恻隐之心焉，是其仁与孺子而为一体也。孺子犹同类者也，见鸟兽之哀鸣觳觫而必有不忍之心焉，是其仁之与鸟兽而为一体也……是其一体之仁也，虽小人之心，亦必有之。是乃根于天命之性，而自然灵昭不昧者也。是故谓之明德……是故苟无私欲之蔽，则虽小人之心，而其一体之仁，犹大人也。一有私欲之蔽，则虽大人之心，而其分隔隘陋，犹小人矣。故夫为大人之学者，亦惟去其私欲之蔽，以自明其明德，复其天地万物一体之本然而已耳；非能于本体之外，而有所增益之也。"（《大学问》，《全书》卷二十六）

关于"三纲领"中的第二条"在亲民",王守仁说:"明明德者,立其天地万物一体之体也;亲民者,达其天地万物一体之用也。故明明德必在于亲民,而亲民乃所以明其明德也。亲吾之父以及人之父,以及天下人之父,而后吾之仁实与吾之父、人之父、与天下人之父而为一体矣,实与之为一体而后孝之明德始明矣……君臣也,夫妇也,朋友也,以至于山川神鬼鸟兽草木也,莫不实有以亲之,以达吾一体之仁。然后吾之明德始无不明,而真能以天地万物为一体矣。"(同上)

关于"止于至善",王守仁写道:"至善者,明德、亲民之极则也。天命之性,粹然至善,其灵昭不昧者,此其至善之发见,是乃明德之本体,而即所谓良知者也。至善之发见,是而是焉,非而非焉,轻重厚薄,随感随应,变动不居,而亦莫不有天然之中。是乃民彝物则之极,而不容少有拟议增损于其间也。少有拟议增损于其间,则是私意小智,而非至善之谓矣。"(同上)

这样,"三纲领"实际上被归结为一条,即:在明明德,这就是心的本性。一切人,无论善恶,从基本上都同有此心。人的自私也不能把本性完全泯灭,往往在人对外界事物的本能反应中表现出来。人突然发现一个幼儿即将落入井中的本能反应便足以说明这一点。人对事物的第一个反应表明,人内心里,知道什么是对的,什么是错的。这种非意识是人的本性的表现,王阳明称为"良知"(按字面的意思就是"对良善的知识")。人所当做的便是服从良知的命令,毫不迟疑地去做。如果人不立即遵照良知的命令去做,而寻找不做的理由,便是在良知上加以增益或减损,这便失去了至善。其实人寻找借口不去遵行良知的命令,乃是出于私欲。我们看到周敦颐和程颢也持同样的主张,王守仁则对这个理论赋予了一个形而上学的基础。

据说,杨简(南宋哲学家,陆九渊弟子)初见陆九渊时问,人的本心如何?在这里值得提一下,"本心"原是禅学的用语,但陆王学派也沿用了这个词语。陆九渊在回答杨简的问题时,援引了《孟子》中论到善之四端的一段。杨简说,他从孩提时代便学过这一段,却始终不明白人的本心何所指。杨简时任富阳主簿,在谈话中间出去处理了一桩诉讼案,然后回来与陆九渊继续谈话。陆九渊说:刚才你断案,知道怎样判断是非,这便是你的本心。杨简问:仅止于此吗?陆九渊大声回答说:"你还要什么?"杨简就此顿悟,由此成为陆九渊的弟子。(《慈湖遗书》卷十八)

还有另一个关于王守仁弟子的故事。有一次这位弟子半夜里捉到一个小偷，便对小偷讲说"良知"的道理。那小偷笑着问道："请问，我的良知在哪里？"当时天气很热，王守仁的这个弟子请小偷脱掉外衣，随后又请他脱掉内衣，小偷都照办了。接下去请小偷脱掉裤子时，小偷犹豫说，这恐怕不妥吧。王守仁的弟子便对小偷说："这便是你的良知！"

富于传奇色彩的王阳明

这个故事没有说，小偷是否在这次谈话里得到顿悟。但是这个故事和前一个故事都使用了禅师启发禅僧顿悟的方法。它们的用意都在于表明，每个人都有良知，这良知便是人的本心。人凭着良知，懂得什么是对的，什么是错的。人人按本性说，都是圣人。这便是何以王守仁的学生惯于说"满街都是圣人"。

他们这样说的意思是：人人都可以成圣。人只要秉着良知去分辨是非，遵行良知的命令，就真的成为圣人了。换句话说，人所当做的是遵行良知的命令，用王守仁的话来说，就是"致良知"：这是王守仁哲学的中心思想，他在晚年时反复讲的就是这三个字。

《大学》里还讲"八条目"，它的内容是个人精神修养的八个步骤，第一、二步便讲"致知"与"格物"。按照王守仁的思想，"致知"便是"致良知"。个人精神修养无他，就是顺着自己的良知去生活，把来自直觉的知识付诸实行。

在中文里，"格物"按程颐和朱熹的解释就是剖析事物，王守仁的解释不同，他认为"格者，正也"，"物者，事也"。（《大学问》，《全书》卷二十六）这样，"格物"便不再是"剖析事物"，而成为"匡正事物"了。他认为，人的直觉知识不可能按佛家教导的冥思默想方法得到延展，它只有通过人们处理日常事务的经验而得到延展。王守仁说："心之所发便是意（意志、思想）……意之所在便是物。如意在于事亲，即事亲便是一物，意在于事君，即事君便是一物。"（《传习录》上，《全书》卷一）物有是非之别，人可以本着良知（直觉知识）来作出判断。当人从良知认识到一件事是对的，就应当真诚去做，当人的良知告诉自己某件事是错的，他就应当真诚地不去做。这样，便匡正了他的事务，同时延展了良知（致良知）。人的良知只有通过匡正自己事务的行动实践而得到延展，除此之外，没有别的办法。《大学》说"致知在格物"，含义就在此。

八条目的下两步是"诚意"和"正心"。王守仁认为，诚意无非是"正事"和"致知"，因为实践这两点都需要真诚。人对自己良知的命令寻找借口不去执行时，便是没有诚意，这个不真诚和程颢所说的自私和自我辩解并没有区别。人在意诚时，他的心是正的。正心就要诚意。

八条目的后四步是修身、齐家、治国、平天下。王守仁认为，修身就是致良知。若不在"致良知"上用功夫，怎能修身呢？修身的含义，除去"致良知"外，还能有什么呢？人努力"致良知"时，自然爱大众；人在爱大众时，自然努力治家，尽力谋求国家井然有序和天下太平。因此，八条目可归结到一条，就是"致良知"。

什么是"良知"？它就是人内心的亮光，或如《大学》称为"明德"。因此，"致良知"也就是"明明德"。这样，《大学》的全部思想也就归结为"致良知"了。

再次用王守仁的话来说："人心是天渊，无所不赅。原是一个天，只为私欲障碍，则天之本体失了……如今念念致良知，将此障碍窒塞，一齐去尽，则本体已复，便是天渊了……一节之知，即全体之知；全体之知，即一节之知。总是一个本体。"（《传习录》下，《全书》卷三）

由此可见，王守仁的思想体系和宋代周敦颐、程颢、陆九渊是一脉相承的，只是王守仁用词更明确、表达更为系统。《大学》的三纲领、八条目如此恰当地被纳入他的体系，使他的话更有自信，也更足以服人。王守仁的思想体系和他的精神修养方法如此简单明了，这个特点使他的主张具有极大的吸引力。人只需要首先懂得，人人都有本来的一颗心，这颗心与天地是一体的。这就是陆九渊所说的"先立乎其大者"，这句话原是来自《孟子》。陆九渊曾说："近有议吾者云：除了'先立乎其大者'一句，全无伎俩。吾闻之曰：'诚然。'"（《象山全集》）

新的儒家认为，精神修养的关键在于一个"敬"字。但是，"敬"什么呢？按照陆王心学的看法，人应当"先立乎其大者"，然后"用敬"存之。陆王学派批评程朱学派，还未"先立乎其大者"，便迫不及待地去"格物"。这样，即便"用敬"，也全无功效。陆王学派把程朱的做法比作烧火做饭，但锅内却无米。

程朱学派对此的回答是：若不从"格物"做起，怎能知道要"立"的是什么呢？如果排除了"格物"，就讲"先立乎其大者"，那就只能靠"顿悟"。按程朱学派的意见，这种主张的禅学成分多于儒学成分。

程颢说过，"学者须先识仁"，与万物同为一体，然后以诚敬存之。除此以外，不须再做他事。人所需要的是确信自己、勇往直前。陆象山的主张也很相近，他说："激励奋迅，决破罗网，焚烧荆棘，荡夷污泽。"（同上）照这个做法，连孔子的权威也可以不需要了。如陆象山所说："学苟知本，六经皆我注脚。"（同上）在这方面，我们可以清楚地看出，陆王心学乃是禅学思想的继续。

但是，陆王心学和程朱理学对佛学都持尖锐批评的态度，而在对佛学的思想批判中，程朱理学和陆王心学的分歧又再次显现出来。朱熹曾说："释氏说空，不是便不是，但空里面须有道理始得。若只说道我是个空，而不知有个实的道理，却做甚用。譬如一渊清水，清凌彻底，看来一如无水相似，他便道此渊只是空的。不曾将手去探是冷温，不知道有水在里面，释氏之见正如此。"（《朱子语类》）在这里，朱熹指出，在佛家所见的"空"之中，其实有个"理"在。他又说："儒者以理为不生不灭，释氏以神、识为不生不灭。"（同上）按朱熹的意见，佛家以具体的世界为空，并不无道理，因为具体世界的一切都流动不居，因此都只是暂时的。但世界还有理，它是永恒不变的。就这一点看，世界不是空。佛家不识得理的真实性，只因理是抽象的；犹如有些人看不见池中的水，只因为水没有颜色。

王守仁也批评佛教，但批评的出发点不同。在《传习录》下卷里，王守仁说："仙家（指道士——译注）说到'虚'，圣人岂能（"岂能"意为"是否可以"——译注）'虚'上加得一毫'实'？佛家说到'无'，圣人岂能'无'上加得一毫'有'？但仙家说虚，从养生上来；佛家说无，从出离生死苦海上来。却于本体上加却这些子意思在，便不是它虚无的本色了，便于本体有障碍。圣人只是还它良知的本色，更不着些子意思在……天地万物，俱在我良知的发用流行

中，何尝又有一物超于良知之外，能作得障碍？"(《全书》)

他又说："佛氏不着相，其实着了相（着相，意为"执着"）；吾儒着相，其实不着相……（佛）都是为了君臣父子夫妇着了相，便须逃避。如吾儒，有个父子，还它以仁；有个君臣，还它以义；有个夫妇，还它以别。何尝着父子君臣夫妇的相？"（同上）

如果依循这种辩论的思路，可以认为，新的儒家在坚持道家和佛家的基本思想上，比道家和佛家自己更加一贯和彻底，他们是比道家更地道的道家，也是比佛家更地道的佛家。

三、李贽的哲学思想

李贽（1527—1602），明代思想家、文学家。初姓林，名载贽，后改姓李，名贽，字宏甫，号卓吾，别号温陵居士、百泉居士等。

李贽著作很多，重要的有《焚书》、《藏书》、《续焚书》、《续藏书》等。

李贽

李贽公开反对以孔孟的是非为是非，敢于打破千百年来对孔子的迷信。他说："夫天生一人，自有一人之用，不待取给于孔子而后足也，若必待取足于孔子，则千古以前无孔子，终不得为人乎？"（《焚书·答耿中丞》）李贽认为儒家经典并不是"万世之至论"，指出《六经》、《论语》、《孟子》等书，只不过是史官过分的赞美之语、孔子之徒"记忆师说"的残缺笔记，是道学家用来欺骗别人和掩盖自身丑恶的"口实"。李贽对孔孟经书敢于这样大胆地抨击，在以孔孟之道为正宗的程朱理学占统治地位的明代社会是难能可贵的。

李贽对孔孟之道的封建纲常名教也进行了揭露和批判，他反对宋明理学家提出的"去人欲，存天理"的说教，强调物质生活的重要性，认为人要吃饭穿衣，是不能无欲的，并进一步提出"人必有私"，"虽圣人不能无势力之心"的命题。揭穿了从孔孟以来到宋明理学家只讲义理不谈功利的虚伪说教。他认为物质欲望人人都有，在一定程度上反映了广大人民对物质生活的要求，在当时有进步意义。

李贽还抨击重男轻女的封建传统思想，对于只准男子再娶而不许寡妇再嫁表示了抗议。他反对把人划分为"高下贵贱"，反对用"德礼"、"政刑"来禁锢人们的思想，束缚人们的行动。主张充分发挥各人的才能，"各从所好，各骋所长"。

李贽十分憎恶那些官高位显的道学家们，他谴责这些人虽衣着文雅，道貌岸然，而行为的卑污却如同猪狗。正是由于这般人把持朝政，许多"有才有识有胆"的人受排斥，"大贤处下，不肖处上"，"举世颠倒"，造成吏治腐败，国势衰弱。这种"剥肤见骨"的揭露，反映出他对大地主大官僚反动统治的不满。

李贽所处的时代，是资本主义在中国封建社会开始萌芽的时代，他那种反对封建束缚、朦胧地要求平等和发展个性的思想，反映了与这一新的生产关系有一定联系的工商业者和市民阶层的利益和愿望，也反映出正在成长中的市民意识，有其历史进步性。李贽看到了封建制度的弊病，却找不到出路，因而时常流露出失望和哀怨的情绪。他有不少著作是谈论鬼神迷信和佛性修养的，他也维护封建道德的"忠义"观点，指责农民起义是"强盗"，应该"去邪归正"。在哲学观点上仍未摆脱王守仁主观唯心主义的影响。

由于李贽敢于否定孔子的思想权威，抨击了大官僚地主和道学家们的虚伪，揭露了封建社会的黑暗，因此屡遭迫害。明政府以"敢倡乱道，惑世诬民"的罪名，将他逮捕入狱，逼他割喉自尽。他的著作也被列为禁书，不许刊行问世。但是"卓吾死而书愈重"，"焚者自焚，刻者自刻"，他的著作仍在民间广泛流传，其进步思想为后人所继承，成为明清之际反封建启蒙思想的先驱。

四、黄宗羲、顾炎武和王夫之的哲学思想

明清之际是我国历史上一个剧烈动荡的时期，阶级矛盾和民族矛盾尖锐复杂，封建社会的危机日益加深，资本主义萌芽在缓慢发展，自然科学也有了一定的成就。在这种历史条件下，学术思想界出现了许多具有唯物主义和民主色彩的先进人物，黄宗羲、顾炎武和王夫之就是其中最杰出的代表。

黄宗羲（1610—1695），字太冲，号南雷，别号梨洲，浙江余姚人。年轻时期曾参加过抗清斗争。失败后，长期隐居不仕，致力于著述和讲学。他的主要著作有《明夷待访录》、《宋元学案》、《明儒学案》、《南雷文定》等。

黄宗羲的哲学思想体系是很不完整的，在自然观方面，他认为天地之间只有一气，人和万物都是由气产生的，这是朴素的唯物主义观点。但由于他受王阳明"心学"的影响较深，在认识论方面却完全是主观唯心主义的。黄宗羲在思想史上的杰出贡献，是他对封建专制主义制度的揭露和批判。他认为君主专制统治，是"天下之大害"，在君主未取得统治权时，"荼毒天下之肝脑，离散天下之子女，以博我一人之产业"；做了皇帝以后，又"敲剥天下之骨髓，离散天下之子

黄宗羲

女，以奉我一人之淫乐，视为当然"。因此，他反对无条件的忠君思想。主张做官的应该是"为天下，非为君也；为万民，非为一姓也"。又说，"盖天下之治乱，不在一姓之兴亡，而在万民之忧乐。"

黄宗羲还批判了封建专制主义的法制，他指出专制帝王所定的法，是"一家之法而非天下之法"，是为了保护自己的统治而制定的，因而是非法的。他强调应建立"天下之法"的法，只有法制完善了，才能够治平天下。他还认为"天子之所是未必是，天子之所非未必非"，企图通过法治，加强

学校舆论和恢复丞相制等办法,来限制君权。

黄宗羲还驳斥了轻视工商业的传统思想,认为农业与工商业"盖皆本也"。有关国计民生的工商业应受到保护,而"世儒不察,以工商为末,妄议抑之"是错误的。

黄宗羲对封建专制制度的批判和他所提出的工商皆本的思想,带有初步的民主思想色彩,对后来的资产阶级民主革命产生过一定的影响。

顾炎武(1613—1682),字宁人,号亭林,江苏昆山人。清军入关后,他曾在江南举兵抗清,失败后,终身拒绝清廷的招聘,游历大江南北和长城内外,著书立说。他的主要著作有《日知录》、《天下郡国利病书》、《亭林诗文集》等。

顾炎武的哲学思想有唯物主义成分,他提出"盈天地之间者气也"的命题,承认宇宙是由物质构成的。他还认为"道"是有规律性的,存在于一切具体事物之中。可惜这些唯物主义观点没有进一步加以发挥论证。

在政治方面,顾炎武反对君主专制,主张以"众治"代替"独治",认为只有采取"众治"才能达到"天下治矣"的目的。

顾炎武

在治学方面,顾炎武反对理学那种脱离实际,空发议论;强调"经世致用",治学要做到"引古以筹今","因事以制宜"。他认为士大夫不仅要"博学于文",更要"行己有耻",坚持立身之大节,要言行一致。他这种踏踏实实的治学态度和思想作风,对清代学者影响很大。

王夫之(1619—1692),字而农,号姜斋,湖南衡阳人。清军入关后,王夫之曾在衡山起兵抗清,后来在艰难困苦中度过几十年的流亡生活,晚年住在家乡衡阳附近的石船山下,从事学术研究,故后人称他为船山先生。王夫之著作共有100余种,主要有《张子正蒙注》、《周易外传》、《尚书引义》、《读通鉴论》等。

《读通鉴论》是一部阅读司马光巨著《资治通鉴》的笔记。全书共三十卷，64万字，依据《资治通鉴》记叙的史实，评论自秦始皇至五代周世宗的历史人物与事件。除三国、西晋、五代等几卷外，其他诸卷皆不署朝代名称而以历代帝王为号依次排列，只有王莽直署其名是个特例。对各个朝代的人物和事件的评论，条数有多有少，篇幅有长有短，皆不拘定数，意尽而止。书末附有"叙论"四篇，叙述撰写此书的旨意。

在那个"天崩地坼"的时代，王夫之撰述此书，并不是为了发思古之幽情，而是怀着故国覆亡之悲愤，借历史以言现实。针对清朝统治者入关后的残酷屠戮和民族高压政策，他在书中力倡民族大义，无情谴责屈膝投降的民族败类，热情讴歌保卫本民族利益的英雄人物。同时，还对明朝灭亡的历史进行深刻的反思，冀以"推本得失之原"（《读通鉴论》叙论四），"矫其所自失"（《黄书》后序）。

王夫之是明清之际最重要的唯物主义思想家。他继承和发展了中国古代唯物主义的哲学思想，批判了程、朱、陆、王学派唯心主义体系，建立了他的唯物主义认识论。他认为世界是由物质构成的，是不依赖主观意识而独立存在的。物质性的"气"是宇宙万物的本体，"气"有"聚散变化，而其本体不为之损益"，论述了物质不灭的思想。

王夫之从唯物主义思想出发，批判了宋明理学宣扬的"理在气先"、"道在器先"的谬论。他认为"理"不能脱离物质的"气"，"理即气之理"，理和气不能分离。而"道"（精神）是由"器"（物质）产生的，离开了物质，精神就不能存在。王夫之的道器论和理气论，肯定了物质第一性精神第二性，奠定了他的唯物主义思想体系和基础。

王夫之的哲学思想中，还包含着辩证法因素。他根据"道日新"的观点，认为物质世界永远

王夫之

处于运动变化的过程中，提出"新故相资，而新其故"的进化论思想，揭示了事物的本质是在变化的、更新的。事物变化发展的根源，在于事物内部存在着"必相反而相为仇"的矛盾斗争。但他却错误地陷入矛盾调和论，把矛盾斗争的结局看成是"仇必和而解"，反映了他的唯物主义是不彻底的，仍处于朴素的阶段。

在知行关系上，他重视实践，认为"行也兼知，知不可兼行"。他认为要学会下棋，单靠看棋谱不行，还要亲自和人对弈，才能逐步精通它。

在政治思想方面，王夫之认为人类历史是不断发展变化的，主张"事随势迁，而法必变"，反对复古倒退。王夫之还反对封建君主把天下视作自己的私产，主张"不以天下私一人"，甚至提出土地是自然之物，不是帝王私有的。这些思想都具有进步意义。

五、明代心学与禅学思想

明代心学学者对佛学的认识和阐释，是佛教思想的一种新发展、新成就。自从心学成熟之后，心学就一直对禅学有着巨大的影响。明代佛教凋敝，禅门僧徒的教育水平、佛学水平不仅普遍较唐宋为低，只知道沿袭唐宋公案故事，缺少对佛学深入的认识和体悟，"如今有等人，只弄虚头，向古人公案上穿凿，学颂，学拈，学答话；向人前，或喝，或棒，擎举，竖指。从东过西，从西过东，拂袖便行，推倒禅床，转身作女人拜，打个筋斗出门去。此等虽是古人已用三昧，今日种种相袭，便成恶套了。"而且贪名逐利，"参学之士，以参禅为贵。参禅之功，必以识病为先。不识病则禅为伪禅，禅既伪则道为外道。所以争人竞我，贪名逐利，为今日之禅也。"明末陈懿典亦说："圣朝尊尚佛法至矣，而禅学之弊，今且以合头棒喝为佛事，而视三藏大典为粗浅言句，以杜撰无理语录为向上真诠。而视天下古今为可欺诳，以私通贿赂为师资道合，而等授受于贩渔，以夤缘达官为门庭，而列宝座于权位。"相比较而言，心学学者的佛学水平反而要更高一些，莲池大师曾推许王龙溪说："居士禹门早跃，破桃浪之千层，海藏今开，护竺坟之万轴，说法则口施甘雨，咀玄则颔孕灵珠，盖现头角于吾宗久矣。"

佛学的发展，往往要靠心学学者来加以推动，明末高僧憨山德清曾给焦竑写信说："念此末法寥寥，龙天推公，现宰官身，建大法幢，以作当代人天眼目，非小缘也。"又说周汝登海门，"岭南法道久湮，幸得大悲手眼，一发扬之，使阐提之辈，顿发无上善根，比虽入室者希，而知有者众。皈依者日益渐佳，如菩提树下，与曹溪诸僧，最难调伏，近来回心信向者，盖已十之二三矣。"作为心学学者，竟然能调伏高僧都不能调伏的僧徒。又说杨起元复所对佛教的推动："读《曹溪通志序》，言言皆从大慈真心流出，比见闻者，莫不大生欢喜，况千载之下，不知唤醒多少梦中人。"

憨山德清（1546—1623），明代四大高僧之一，俗姓蔡，字澄印，号憨山，全椒（今属安徽省）人。宣讲三教一理，主张禅净双修。其佛学思想受莲池袾宏的影响颇深，与紫柏真可堪称至交，突出功业是中兴曹溪。他的学问，幼师孔子，少时师老庄，最后皈于佛。

关于德清的佛学思想，吴应宾在其《憨山大师塔铭》中曾说，德清有与圭峰宗密、觉范和延寿诸家相似之处，在法界观上似宗密，在文字禅方面似觉范，在以心为宗方面似延寿，可见其思想，并不拘于一家。

德清是临济系统内的禅僧，在禅学观上，德清坚持原禅的一些基本观点，他认为人人自心光明圆满，各各现成，不欠毫发，众生因为无始劫来的爱根种子造成的深厚妄想，障蔽了这个妙明之心，得不到真实受用，一心只在妄想世界里做活计，流浪生死。只要一念顿歇妄念，就能彻见自心，清净本然了无一物，这就叫悟。他强调，所谓修，所谓悟，都是修此心，悟此心，不是离开自心而别有可修可悟者。

德清进一步证明为什么只需修此心，悟此心，他认为，三界唯心，万法唯识，佛法只是解说这八个字。心外无法，心外无事，所以，"除此一心，无片事可得"（《示蕲阳宗远庵归宗常公》，《憨山老人梦游集》卷七）。

憨山德清禅师

所谓事法，只是识所变现，识只是心迷而有，已经失去真如之名，推究自心，则了无可得之处。

从本质上讲，禅宗向上一路，直指自心，明心见性，顿悟成佛，无须修行，而处处都真，平常生活，都见法身，"江光水色，鸟语潮音，皆演般若实相；晨钟暮鼓，送往迎来，皆空生晏坐石室见法身时也。"（《示灵州镜上人》，同上卷三）不但无修，也无知解，无文字般若，要将从前知解，尽情脱去，一点知见都用不着，要将文言字句，全都去除。"所读之般若，又岂有文言字句，寄于齿颊之端耶？"（同上）这却是与真可有些差异的。但是，末法时代，"吾人积劫习染坚固，我爱根深难拔。"（《答郑琨岩中丞》，同上卷一）所以不可能像祖师那样的直指，学人不能顿悟，而有参禅提话头之说，但祖师们并未有公案话头之类。德清并不反对参话头，他只是指出，参话头不是在公案话头、文字语句上下功夫，要的是参究自己，而禅界学人，却"不知向根底究，只管在话头上求，求来求去，忽然想出一段光景，就说悟了……如此参禅，岂不瞎却天下后世人眼睛？"（《示参禅切要》，同上卷六）德清强调参禅要下疑情，有怀疑精神，他非常推崇"小疑小悟，大疑大悟，不疑不悟"这一原则，疑情破处便是悟。参禅又要有大勇猛力，大精进力，大忍辱力，绝不能思前算后，绝不能怯弱。

其实这种参禅也非人人都能参得，参禅也须是中上根器的人才行，钝根众生不能下苦心参究，即使参，也得不到善知识指教，恐怕错用了心，而落下邪道，这样岂不虚过一生，对于这些人，可以修念佛求生净土这一直截方便的方法。

德清的净土思想，是自心净土，他说："今所念之佛，即自性弥陀，所求净土，即唯心极乐。诸人苟能念念不忘，心心弥陀出现，步步极乐家邦，又何以远企于十万亿国之外，别有净土可归耶？"（《示优婆塞结念佛社》，同上卷二）这就是与净土宗所讲的西方净土有所区别，实际上以禅的思想加入并改造净土宗，如果从禅净合一的角度分析，是以禅为主而融入净土，这与袾宏所讲的西方净土有些区别，但在实际操作上，则又是讲他力的。

净土法门的具体修行方法，德清弘传的是念佛，他在雷州时，就向不能进修自度的人传授念佛三昧，专念阿弥陀佛名号，或念三五千声，或念一万声，早晚如此。德清从话头禅的角度，把参禅和念佛结合起来，参话头只要参这个念佛，"只是心心不忘佛号，即此便是话头。"（《答德王问》，同上卷十）就是单提一声

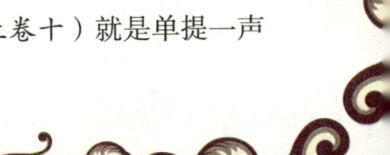

阿弥陀佛作为话头，下个疑情，审问这念佛的是谁，再提再审，审之又审，看看这念佛的究竟是谁，这样一切杂念当下顿断，不容再起。

德清不只主张禅净融合，也讲禅教融合，三教融合。关于禅教，德清认为达摩虽讲禅是教外别传的，其实他也是以教来印证禅的，可见教禅本无二致。禅宗中虽然也有超佛越祖之谈，但实际上也是要人成佛作祖去的，而要成佛作祖，必须要遵照佛祖的言教而行。舍教而习禅，"是舍规矩而求方圆也"（《示六如坤公》，同上卷八）。

心学学者李贽

像憨山德清这样的高僧大德，不仅用心学唤醒的不仅是众多的梦中人，也从心学学者那里获益良多。在唐宋，我们看到的多是儒学之士和文人士大夫向佛教高僧问学，吸纳佛教中的积极内容；而在明代，看到的更多的是佛僧从心学学者得到启悟的记载！

憨山自言曾借助焦竑之力："别时承教一语，感荷无涯，归来兀兀虚岩，心中独照，敢负知己。时复海湛空澄，法身顿现。"以上这些只是众多此类言论中的冰山一角，可以想见，心学学者对僧徒和高僧大德们宣讲的佛理，必定是被心学化了的佛理，甚至有可能就是宣讲心学而使佛众开悟。

明末禅师永觉元贤说："我在廪山时，先师绝口不提宗门事。一日因与兄弟论《金刚经》义甚快，先师笑曰，宗眼不明，非为究竟。我闻著茫然自失。乃请问如何是宗眼，先师拂衣而起。后因到郡城，访罗近溪先生于从姑山，始见《五灯会元》。"

心学学者有很多的佛学著作，如李贽有《华严经合论简要》、《般若心经提纲》、《净土决》，焦竑有《楞严经精解评林》、《楞伽阿跋多罗宝法经精解评林》、《圆觉经精解评林》、《法华经精解评林》，杨起元有《维摩经评注》，袁宏道有

《西方合论即净土十要》，瞿汝稷集有《指月录》，钟惺有《楞严经如说》，等等。除了这些专门的佛学著作之外，那些散见于各人文集中的单篇的作品，数不胜数。在这些佛学著作、作品中，心学家们在阐发佛学、禅学义理的时候，不可避免地会打上心学观念的烙印。

由上可见，在一定程度上说，心学的发展，也可以看成是佛教尤其是禅学思想的发展和延伸。

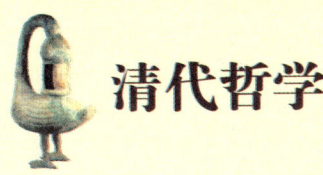 # 清代哲学

　　中国传统思想由古代向近代的转变是在清代完成的。有清一代，儒林兴旺，学术繁富，大家继起，新说迭出，其哲学思想集中体现在龚自珍、魏源、严复、康有为、谭嗣同、梁启超、孙中山等人身上，这些人的观点大体反映了清代思想的主流。本章通过对这些人哲学思想各个方面的阐述，勾勒出了清代哲学的特色、辙迹及贡献。

一、龚自珍的哲学思想

龚自珍

龚自珍（1792—1841），字璱人，号定庵，又名巩祚，浙江仁和（今杭州）人。他思想洒脱，好放言高论针砭时弊，是晚清思想界开风气的人物。他的思想来源很复杂。一方面是经学传统，以钻研《公羊春秋》之微言大义，以考史论经的形式，批判专制统治，阐发变法思想；另一方面，他少年时期便开始对佛教思想感兴趣，曾经博览佛教典籍，晚年尤喜天台宗。这种思想背景使得龚自珍的思想既有提倡变法的锐意进取，又有悲观厌世的孤寂无奈。然而佛教给予他的影响并不是悲观厌世，恰恰相反，他主张心力，提倡"我造世界"的命题，他的一些开启中国近代哲学革命先河的思想，大多源自佛教，可以说，龚自珍的世界观的内核是佛教的，他的信仰与心力资源主要来自佛教。

（一）推崇心力的主体意识

信仰对于个人思想的影响是至关重要的，它构成其整个思想的基石。龚自珍的思想核心是对心力的强调，这与他的佛教背景是分不开的。对佛教的研究和信仰几乎伴随他的一生，对他思想的影响极为重要。佛教将世界看作心的产物，否认世界的同时却赋予人的精神世界以本体地位。龚自珍说："有境相应行心，有非境不相应行心；若广分别言，则有八万四千尘劳，皆起一心。"（《龚自珍全集》）可见他深谙佛旨，由此引出"发心为先"的佛教主张："欲修檀者，发心为先；欲修羼提，发心为先；欲修尸罗，发心为先；欲修昆黎耶，发心为先；欲修禅那，发心为先；欲修般若，发心为先。"（同上）就是说，进行布施、安忍、止得、精进、静虑、智慧等佛教修行都必须"发心为先"。那么，如何"发心"呢？他说："我今誓发大心，凡生人伦，受种种恼，大心菩萨深知因果，各各有故，略可设说……如遇它横逆，应正思维、生安受心；遇他机械，应正思维，生怜他心；遇他作恶，应正思维，生度他心；遇他冥顽，不忠不孝，不存血性，于家于国，漠然无情，应正思维，生感动他心；遇他遏抑我，噬负我，皆正思维，而生怜他心；遇他顽痴，应正思维，生敬他心；遇他妒忌，生让他心；遇他丑恶，应正思维，生爱他心；乃至见他十恶五逆，亦将我心置他胸臆而替他想，生种种怜他心，宥他心，度他心，乃至一切施不如愿于我，我皆如是思维，此我夙业，今生幸已受报，已偿已讫，生自庆幸心。"这是用佛教发愿的方式，表达一种心愿，面对丑恶的现实和罪恶人生，应当如何发挥主观的努力对之加以改变。

虽然他讲究用佛教慈悲感化力量，并无创见，但佛教对心愿力量的强调，无疑对他"心力"说的提出有重大的影响。正是由于这种源自佛教的"发心为先"的观点，当他面对残破的社会现实时，才会提出"心力"的主张："心无力者，谓之庸人。报大仇，医大病，解大难，谋大事，学大道，皆以心之力。司命之鬼，或哲或昏，人鬼之所不平，平平于哲人之心。哲人之心，孤而足恃，故取物之不平者恃之。"

心力就是人的精神世界和信仰，没有信仰和精神追求的人当然是庸人。无论信仰什么，无论人生目的为何，人必须有追求。所谓"大"，是不同凡响，是非同寻常，完成此等事，无论善恶好坏，都必赖行为者具有强大的精神承受能力，这种能力自然源自于内心的信仰。

推崇心力，也就是推崇人的主体力量，表达了人本主义最早的呼声，也是中国近代自我觉醒的鲜明表现："众人之宰，非道非极，自名曰我。我光造日月，我力造山川，我变造毛羽肖翘，我理造文字言语，我气造天地，我天地又造人，我分别造伦纪。"

主宰众人的不再是道和极，而是"我"，这个"我"就是属于众人的主体性，是人类自身的"我"。"我光"是指人类的意识,"我力"是人类的实践,"我理"是人类的思维和理性,"我气"是生命。这些属于人类的种种主体性,创造了世界。也就是说,世界是人类创造的。

当然,这里的"造"并非全是实践意义的创造,不是物质性的产出,而更多的是思维与语言的意义赋予,是中国哲学史中所谓的"以名指实"的意思。他说:"日月旦昼,人所造,众人自造,非圣人所造。乃造名字,名字之始,各以其人之声。声为天而天名立,声为地而地名立,声为人而人名立。"

对"日月旦昼"的创造,实际上是概念的创造,所谓"造名字",是人的意识的指向,与语言的结合而形成对对象的描摹,而世界正是以这种方式进入人的精神世界,世界也正是以这种方式而变得清晰。这是龚自珍对佛教思想的改造和发挥。

正是由于这种对主体性的认识,使龚自珍得出与康德类似的为自然立法的哲学结论:"算之大者,曰测日月星;曰测地。日月星地既可测,则立之分限,以纪人之居世者,名之曰岁。曰春夏秋冬,是历之始。民我性能分辨,立分辨之法有四:名之曰东西南北。以高为北,庳为南,南方日所出,北方日所入,以为东;北方日所出,南方日所入,以为西,是方位之始。"

人们用数学方法对天体进行量化的把握,而一些诸如年、月、日,春夏秋冬等时间单位,均是人类思维成果——"算之大者"确立的。由于"我"具有分辨能力,"立分辨之法"从而确定东西南北等方位。

这种对主体性的强调,还表现在龚自珍认识到人对物的支配和改造能力,人的目的的达到必须借助物质的力量:"蠢也者,灵所借力者也;暂也者,常所借力者也;逆旅也者,主人所借力者也。生亦多矣,大人恃者此生;身亦多矣,大人恃者此身。恃焉尔,欲其留也;留焉尔,欲其有为也;有为焉尔,不欲以更多也。是之谓大人之志。"

所谓"蠢"者,就是没有生命的物质,它是有意识的人类所借助的力量。就像偶然和暂时的现象是永恒规律借以表现的力量一样。人的生命和人的身体,它是人的意志与愿望所要凭借的物质力量。这就说明,龚自珍在强调人的精神对物质与肉体的支配力量的同时,并没有否认物质力量的作用。这里的"大人"就是那些有心力做大事的志士。

（二）探索历史规律的努力

龚自珍并没有因为强调"心力"而否认对社会与历史规律的遵从，虽然他对历史规律的揭示与历史唯物主义的结论谬之千里，但他的历史观确实为他的政治变革主张提供着理论依据。他认为，历史是有规律的，历史是"道"的体现，所以通过对历史的考察，可以达到对"道"的认识："一出乎史，入乎道，欲知大道，必先为史。"

就是说，从历史事实出发，通过思考而探求历史的规律，便可能得到真理性的认识，即所谓"入乎道"，所以要想认识真理必须从研究和总结历史入手。然而面对历史，并不是任何人都能够得到真理性认识的，这需要人的精神和理性的力量，所谓"尊心"。他说："史之尊，非其职语言、司谤誉之谓，尊其心也。"

记录和研究历史是神圣的事业，不是单纯操作语言和仅仅对历史人物进行褒贬，其之所以神圣就在于，研究历史的人能够"尊其心"，什么是"尊其心"呢？他说："心何如而尊？善入。何者善入？天下山川形势，人心风气，土所宜，姓所贵，皆知之；国之祖宗之令，下逮吏胥之所守，皆知之。其于言礼、言兵、言政、言狱、言掌故、言文体、言人贤否，如其言家事，可谓入矣。又如何而尊？善出。何者善出？天下山川形势，人心风气，土所宜，姓所贵，国之祖宗之令，下逮吏胥之所守，皆有联事焉，皆非所专官。其于言礼、言兵、言政、言狱、言掌故、言文体、言人贤否，如优人在堂下，号咷舞歌，哀乐万千，堂上观者，肃然踞坐，眄睐而指点焉，可谓出矣。"

"善入"是指首先要掌握充分的历史材料，历史研究必须以历史事实为基础。"善出"是指在历史的材料之间以及材料内部，有各种内在与外在的联系和规律，要善于通过材料的表象去发现这些联系，就像观众看戏，无论演员如何表演，都能够冷静地评价和观赏。只有这样的历史研究才能认识历史规律，才能得到承认，受到尊重，所以，"自尊其心，心尊则其官尊矣，心尊则其言尊矣。官尊言尊，则其人亦尊矣"。

那么，龚自珍心目中的"道"或理想是什么呢？他没有说，他只说："民相与以有成者，谓之治，谓之道。"又说，"道无畛者，事有阃也。"也就是说，他心中的理想是模糊的，即使有一些表述，也没有超出传统儒家对古代理想社会的描绘。所谓"有天下者,莫高于平之之尚也,其邃初乎!"无非是平均主义的大同世界的理想。

追求社会理想,必然会引起对社会历史发展规律的探索,而龚自珍所谓的"道"就不仅具有理想的意义,也包含了规律的意义。当然,这是儒家传统的一致性之所在。然而,理想原则是包含人的意志和愿望的,而历史规律则具有不依人的意志为转移的特点。对此,龚自珍是有所认识的:"汉既用秦之郡县,又兼慕周之封建,侯王之国,与守令之郡县,相错处乎禹之九州,是以大乱繁兴。封建似文家法,郡县似质家法,天不两立。天不两立,何废何立?天必有所趋,天之废封建而趋一统也昭昭矣。"

照此,则郡县制取代封建制是历史的必然,是符合规律的发展,但是汉朝在秦立郡县之后又恢复封建制,同时又使两者并存,这是汉朝天下大乱的根本原因。二者在龚自珍看来是势不两立的,哪一种制度能够发展,这不是统治者个人的主观愿望能够决定的,所以"天必有所趋",就是历史发展的客观规律使然。正所谓"观古今之变,亦天地自然所开,非人力也"。但是,一心信仰佛教的龚自珍是不具备发展观的,所以历史过程在他心目中便呈现出一种循环:"万物之数括于三:初异中,中异终,终不异初……万物一而立,再则反,三而如初。"

这也是一种"三段论",但与黑格尔相比,区别是相当明显的。辩证法的"三段论"中的正、反、合的结局是仿佛向原点的回归,不是圆周的首尾相衔,而是螺旋上升。当然,循环论观点是中国古代哲学的传统,在没有接受西方进化论思想之前,中国人是很少有发展和进步观念的,龚自珍自然没有超越历史对他的局限。

虽然没有发展观,但他毕竟是崇尚变化的,认为历史就是处在不断的变化之中的。他说:"古人之世,倏而为今之世;今人之世,倏而为后之世;旋转簸荡而不已。万状而无状,万形而无形,风之本义也有然。"

就是说,过去转眼就变成今天,当下稍纵就会成为过去,这种没有止息的绝对运动,就是世界的本来面目。这种变化观明显表现出佛教的影响,使他对变化极为推崇:"大哉变乎!父子不变,无以究慈孝之隐;君臣不变,无以穷忠孝之类;夫妇不变,无以发闺门之德。"

变是至上的,一切伦理价值只有在变化之中才能够显现出来。只有在父子、

君臣、夫妇的关系出现变化和受到考验之时,才能够看出其中真正的慈孝、忠孝和贞操来,在平静的时代一切都被日常的平庸所掩盖。这种对变的推崇,使他对当时积弊甚深的晚清社会发出了变法的呼唤:"自珍少读历代史书及国朝掌故,自古及今,法无不改,势无不积,事例无不变迁,风气无不移易,所恃者,人才必不绝于世而已。"

历代之法无不在改变,风气也总在移易,之所以如此,在于人才的不断涌现,这种观点隐含了青年胜过老年的进化观念的萌芽,因为在龚自珍心中,一直充满着对各类有创造性的人才的呼唤与憧憬。当然,他更希望自己能够参与这种改革,所以他说:"与其赠来者以劲改革,孰若自改革?"这就使他对改革的渴望包含着个人价值的创造与实现,这种渴望在对心灵的自由和人性的解放的追求方面表现得更加鲜明。

(三)呼唤人才,渴望自由

如前所述,变法有赖人才的不断涌现,但是衰亡的社会现实又会阻碍人才的成长,所以龚自珍在主张变法的同时,极力呼唤着各类人才的产生,抨击着阻碍人才产生的腐败的社会制度。

"书契以降,世有三等。三等之世,皆观其才;才之差,治世为一等,乱世为一等,衰世别为一等。"

在龚自珍看来,世道的"治"、"乱"与"衰"决定了人才的三种不同等级,而通过一定时期人才的层次,可以看出这个时代处在什么样的世道。正是从这个意义上,他认为他所处的时代是衰世。他说:"衰世者,文类治世,名类治世,声音笑貌类治世。"就是说,处在衰世之时,其文章和仪式,其各类外表现象似乎是治世,但放眼观去:"左无才相,右无才史,阃无才将,庠序无才士,陇无才民,廛无才工,衢无才商,抑巷无才偷,市无才驵,薮泽无才盗,则非但鲜君子也,抑小人甚鲜。"

用今天的话来说就是,君主身旁没有有才能的文武官员,学校没有有才能的知识分子,乡间没有有才能的农民,工场没有有才能的工匠,市场没有有才能的商人,就连犯法乱禁者都是低水平的,真是一个毫无希望的社会。这种社会成员没有任何才能的状况是如何造成的呢?对这一问题的深入思考,便构成了龚自珍对现实社会的激烈抨击:"当彼其世也,而才士与才民出,则百不才督之缚之,以至于戮之。"

就是说,这个社会原来并非没有有才能的人,只是当这些有才能的人一出现,便被当权者束缚甚至于扼杀了。而且方法并不一定是肉体上的消灭,还有其更有力的手段。他说:"戮之非刀、非锯、非水火;文亦戮之,名亦戮之,声音笑貌亦戮之。戮之权不告于君,不告于大夫,不宣于司市,君大夫亦不任受。其法亦不及要领,徒戮其心,戮其能忧心、能愤心、能思虑心、能作为心、能有廉耻心、能无渣滓心。又非一日而戮之,乃以渐,或三岁而戮之,十年而戮之,百年而戮之。"

龚自珍画像

扼杀人才的方法的确很多,道德文章、功名利禄等表面的赞誉都会对真正的人才起到一种扼杀的作用。这种对人才的扼杀是无形的,是很难被人觉察的,所以人们几乎无法体会到它的存在。恰恰是这种无形的作用,才对人心,亦即人的精神世界的扼杀作用极大。推崇心力的龚自珍,对于这种扼杀作用有着深切的感受。

正是有感于这种没有人才的世道是无可争议的衰世,为了改变这种状况,他主张变法,为了能够使变法得以推行,他呼唤人才,他激情满怀地吟道:"九州生气恃风雷,万马齐喑究可哀!我劝天公重抖擞,不拘一格降人才。"那么究竟需要什么样的人才呢?他用诗一样的语言写道:"天胎地息,以深以安,于是各因其性情之近而人才成。高者成峰陵,砠者成川流,娴者成阡陌,幽者成蹊径,驶者成泷湍,险者成峒谷,平者成原陆,纯者成人民,驳者成鳞介,怪者成精魅,和者成参苓,华者成梅芝,戾者成棘刺,朴者成稻桑,毒者成砒附,重者成钟彝，英者成珠玉，润者成云霞，闲者成丘垤，拙者成巉嵒，皆天地国家之所养也，日月之所煦也，山川之所咻也。"

天地以顺人情性，人情顺应各自的天赋和条件，成就着各色人才，没有统一的标准，都充分地展示着自己的才华，无论什么样的人才都有自己发挥才干的机会，这是何等美好的世界啊！

这种对人才成长的呼唤和对美好世界的渴望，也表达了龚自珍对人性自由发展的要求，这种要求在他的《病梅馆记》中得到了充分的表达。文中写道，以文人画士的审美标准，对梅花进行种种培植与加工，使得江浙的梅都是病梅。从中反映出龚自珍对当时社会规范的反抗，意识到当时的社会对人性的制约和摧残，是时代个性觉醒与传统规范的冲撞。文中还说，他要将买到的三百盆病梅全部放归自然，任其自由生长，恢复其原貌。能够将天下之病梅统统解放的希望，暗寓着他对个性解放的追求。这种要求在当时的确具有开时代新风气作用，是中国近代哲学革命的发端，其历史意义和价值是极其重要的。

二、魏源的哲学思想

魏源（1794—1857），湖南邵阳人。原名远达，字默深（一字墨生），晚年因为皈依佛教，改名为承贯。少年时爱好研读史书，15岁开始研究王守仁的学说。清朝政治黑暗、民不聊生的状况刺激他转向研究今文经学，跟龚自珍一起向刘逢禄学习《公羊春秋》，提倡经世致用的"实学"，主张兴利除弊。他坚决支持林则徐严禁鸦片和抵抗英国武装侵略的主张，并曾亲身参加过抗击侵略军的战斗。著有《海国图志》、《默觚》等书。

魏源在《海国图志·原叙》中，明确揭示编写该书的目的是"为师夷长技以制夷而作"。他指出，外国侵略者就是凭着"一战舰，二火器，三养兵练兵之法"等"长技"来欺负中国的。他批评清朝当权者闭塞无知和拒绝吸收敌人长处的顽固态度，主张"尽得西洋之长技为中国之长技"，开创性地提出了向西方资本主义强国学习以使中国富强的重大课题。魏源提出的"师夷长技"的具体办法有四：一是在广东建造船厂和火器局，聘请外国技师传授技术，选送中国工匠学习制造；二是造船厂与火器局除修造军用船炮外，也要制造民用轮船、望远镜、

魏源

火车、火轮机、起重机等新式机械和器具,"凡有益民用者,皆可于此造之";三是听任沿海商民集资开设厂局,制造轮船、机械等自用或在市场上自由出售;四是鼓励商民从外国购买船炮卖给政府等。

魏源不仅相信中国人完全有智慧、有能力把祖国建设成为一个富强兴盛的国家,而且还看到了广大人民群众反侵略的巨大力量。他从三元里及沿海各地人民的抗英斗争中得到启发,增强了战胜外国强敌的信心,并提出了一套对付敌人从海上入侵的防守策略,主张不与船坚炮利的侵略者在外洋交锋,而在内地严密布防,诱敌深入,然后把敌人彻底歼灭。

魏源和龚自珍一样,主张变法革新,认为"小变则小治,大变则大治","变古愈尽,便民愈甚"。他主张变法革新的理论根据是历史进化的观点。他指出:"天下无数百年不敝之法,亦无穷极不变之法。"对那种泥古守旧而不知与时俱进的顽固思想,进行了尖锐的批判。他说:"执古以绳今,是为诬今;执今以律古,是为诬古。诬今不可以为治,诬古不可以语学。"他还反对"知先行后"的唯心主义认识论,认为"知"是由"行"而来的,以直接经验为取得知识的来源,而否认有先天的、超经验的认识。

鸦片战争前后,龚自珍、魏源继承并发展了明清之际讲求"经世致用"的传统,反对脱离实际和崇尚空疏的"汉学"和"宋学",提倡研究现实问题及关系国计民生的实际学问。特别是他们从统治阶级内部,勇敢地站起来抨击和揭露封建专制制度的黑暗和罪恶,大胆要求改革现状,呼吁强国御侮,这对当时和以后的思想界有很大的影响,不仅打破了思想界一片死气沉沉的局面,而且开创了一代新风气,促使社会新思潮迅速兴起。然而,他们都是地主阶级知识分子,他们的思想有着深刻的阶级和时代的烙印，没有也不可能冲破封建主义的藩篱。他们企图在不触动封建制度的基础上进行某些改革，这不可能使中国真正强盛起来。尽管他们提出了学习西方、反抗外敌的爱国进步主张，却始终提不出从根本上拯救社会危机和民族危机的有效方案。

《默觚》分上、下两篇，其中包括他所认为是一些基本的哲学原则的内容。上篇《论学》共14篇，下篇《论治》共16篇。《默觚》篇章短小精悍，思想容量丰富。魏源的唯物主义思想以及进步的历史观点，基本都概括地容纳在《默觚》之中。

三、严复的哲学思想

严复（1854—1921），原名宗光，字又陵，后改名复，字几道，福建侯官（今福州闽侯）人。他14岁考入福州船政学堂，1877年被清政府派往英国留学，回国后任北洋水师学堂总教习。1897年于天津创办《国闻报》。1898年向清朝皇帝上《万言书》，力陈变法维新的具体纲领。同时，他也是清代著名的翻译家，从1896年至1908年间，他先后翻译了赫胥黎的《天演论》，亚当·斯密的《原富》，约翰·穆勒的《群己权界论》和《名学》，斯宾塞的《群学肄言》，甄克斯的《社会通诠》，孟德斯鸠的《法意》，耶芳斯的《名学浅说》等。此些译著均收入商务印书馆的《严复译名著丛刊》。1912年，他任京师大学堂监督，1913年任袁世凯总统府外交法律顾问。1914年成为约法会议议员，同年又做了参政院的参政。1915年成为筹安会的发起人。1917年至1921年养病闲居，走上恢复中国固有东方文明的道路。他曾哀叹："不妄垂老亲见支那七年之民

严复

国，与欧罗巴四年未有之血战，觉彼族于三百年来之进化只做到'利己杀人，寡廉鲜耻'八个字。回观孔孟之道，真量同天地，泽被寰区"；"中国目前危难，全由人心之非，而异一线命根，仍是数千年来先王教化之泽"；"窃尝客观哲理，以为时久无弊，尚是孔子之书。"（1918年8月22日《与熊纯如书札》，《学衡》第十三期）

严复的著作有《侯官严氏丛刊》4册、《严几道诗文钞》6册，其论著主要收入中华书局1986年出版的《严复集》，共5册，为目前最为详备的版本。

（一）"通中外之故"

可以说，中国近代哲学与汉以后以儒、释、道为主流不同，它是以中西合流为大背景的。"中体西用"显然不合潮流，如张之洞曾说："不可讲泰西哲学，……中国圣经贤传无理不包，学堂之中岂可舍四千年之实理，而骛数万里外之空谈哉？"（《筹定学堂规模次第兴办折》）严复对此反对道："体用者，即一物而言之也"，"中学有中学之体用，西学有西学之体用，分之则并立，合之则两亡"（《与外交报主人论教育书》）。将两种截然不同的文化以体用相连，既不能真正改造传统文化，也不能真正学到西学。

严复十分重视学习西方高度发达的文化，他说："求才、为学二者，皆必以有用为宗。而有用之效，征之富强。富强之基，本诸格致。不本格致，则无往而不荒虚，所谓蒸砂千载，成饭无期者也"（《救亡决论》）。而要中国富强，则需工农业生产和国防军事的发达，而这些"则又非西学格致皆不可"。他认为，西方国家具有高度文化的原因是"苟扼要而谈，不外于学术则黜伪而崇真，于刑政则屈私以为公而已"（《论世变之亟》）。同时，他也看到西方国家常常能做到此点，而中国未能如此，是人民自由与不自由造成的。他大倡自由，"彼西人之言曰：唯天生民，各具赋畀，得自由者乃为全受，故人人各得自由，国国各得自由……而其刑禁章条，要皆为此设耳。"又说，"民之自由，天之所畀"（同上）。但此种自由却难以在中国传统中寻觅到，"夫自由一言，真中国历古圣贤之所深畏，而从未尝立以为教者也"（同上）。严复看到了西方人强调自由和民主所给予他们的好处，西方国家"以自由为体，以民主为用"（《原强》），打破了等级制度，扫除了思想隔阂，人人可以有言论自由，"君不甚尊，民不甚贱"（同上）。

上下地位相差不过于悬殊，上下利害易于相通，重视言行信用，因而较容易同心协力，使国家各项事业蒸蒸日上。而中国以纲常为主，上下地位极为悬殊，只重亲属关系而不重言行信用，结果上下隐瞒、怀诈相欺。同时，西方实行民主，人人相互竞争、比赛，各发挥其特长，"此既日异，彼亦日新"，遂不断发展而取得了显著进步。因此，针对反对自由和民主的人，严复慨叹道："吾不知以无权而不自由之民，何以能孤行其道以变夫有所受之法也"（《原富·戊篇二》，按语），认为"毁民权者，天下之至愚也。"（同上）

依据自由与民主思想，严复批判了君权论，他认为各朝代的政治"虽有宽苛之异"，但均以"奴虏待吾民"（《原强》）。君主是窃国的大盗，"坏民之才，散民之力，漓民之德"。严复进而批驳了为君主窃取政权辩护的天生圣人的"圣人说"。韩愈曾说，"古之时，人之害多矣。有圣人者立，然后教之以相生相养之道，为之君，为之师"，"如古无圣人，人之类灭久矣"（《原道》）。对此，严复则反问道："君民相资之事，固如是焉已哉？"（《辟韩》）他认为，人生而自由，各人从事生产和交换等相生相养之事，但有些矛盾需加以解决，有些欺夺侵害的事有待防卫，"于是通功易事，择其公且贤者立而为之君"（同上）。所以"君不能为民锄其强梗、防其患害则废，臣不能行其锄强梗、防患害之令则诛"（同上）。严复以天赋人权和社会契约说反驳了韩愈的"圣人说"。他又以天道自然的观点对此作了进一步的批判。他说，"道之大原出于天"，天道自然而然，对所有人一视同仁，无好恶存于其间，不区别上下贵贱。其三，韩愈圣人说不符合历史实情。圣人不具有特殊才能，他们均是"生于帷幕，长于阿保，其教育之法至不善。故尊为圣明，而其实则天下之最不更事人也"（《法意》卷二十，按语）。总之，"此专制之制，所以百无一可者也"（《法意》卷五，按语）。

严复除了重视西学之外，还对中西哲学作了较为清晰和有见地的比较。

其一，中西最大的不同在于：中国"好古以忽今"，西方"力今以胜古"，"尝谓中西事理，其最不同而断乎不可合者，莫大于中之人好古而忽今，西之人力今以胜古；中之人以一治一乱、一盛一衰为天行人事之自然，西之人以日进无疆，既盛不可复衰，既治不可复乱，为学术政化之极则"（《论世变之亟》）。

其二，"西洋之学，自明以前与中土相埒也"（《原强》）。而近"二百年学运昌明，则又不得不以培根氏摧陷廓清之功为称首"（同上）。而中国于"宋代以后，陆王二氏心成之说尤多"(《穆勒名学》部乙按语)。

其三，西学勃然兴起，是由于"洎有明中叶，培根起英，笛卡尔起法"(《天演论·导言》按语)，产生了归纳法和演绎法。而如果"取西学之规矩法戒，以绳吾学，凡中国之所有，举不得以学名；吾所有者，以彼法观之，特阅历知解积而存焉，如散钱，如委积"(《救亡决论》)。又说，"尝谓西人之于学，贵独获创知，而述古循辙者不甚重"(《天演论·导言》按语)；"中国由来论辩常法，每欲求申一说，必先引用古书诗云子曰，而后以当前之事体语言，与之校勘离合，而此事体语言之是非遂定。此术西名 deductive，吾译作外籀。所以，吾国向来之学偏于外籀，而内籀能事极微"(同上)。

其四，中国以三纲五常为伦理道德的核心，西方则以自由、平等为伦理道德之原则。他说："夫自由一言，真中国历古圣贤之所深畏，而从未尝立以为教者也。""中国最重三纲，而西人首明平等；中国亲亲，而西人尚贤；中国以孝治天下，而西人以公治天下；中国尊主，而西人隆民；中国贵一道而同风，而西人喜党居而州处；中国多忌讳，而西人众讥评"(《论世变之亟》)。而西学"其命脉云何？苟扼要而谈，不外于学术则黜伪而崇真，于刑政则屈私以为公而已。斯二者与中国理道初无异也。顾彼行之而常通，吾行之而常病者，则自由不自由异耳"(同上)。儒家的絜矩之道虽与西学自由有相似之处，但绝不相同，"中国道理与西法自由最相似者，曰恕，曰絜矩。然谓之相似则可，谓之其同，则大不可也"(同上)。"中国恕与絜矩，专以待人及物而言；而西人自由，则于及物之中而实寓所以存我者也。自由既异，于是群异丛然以生"(同上)。

其五，"其于财用也，中国重节流，而西人重开源；中国追淳朴，而西人求欢虞"(同上)。

其六，"其接物也，中国美谦屈，而西人务发舒；中国尚节文，而西人乐简易"(同上)。

其七，"其于为学也，中国夸多识，而西人尊新知"(同上)。

其八，"其于祸灾也，中国委天数，而西人恃人力"(同上)。

基于中西之学的上述比较，严复主张应将中西哲学结合起来，不可"尽去吾之旧以谋西人之新"，而应当"去其旧染，而能别择其故，所善者葆而存之"(《与外交报主人论教育书》)。但"别择之功，非暖姝囿习者之所能任耳。必将

阔视远想，统新故而视其通，苞中外而计其全，而后得之"（同上）。

（二）"物竞天择"

严复对中西之学之间异同的关注，使他翻译了大量西学名著，而这其中尤以他所译的赫胥黎的《进化论与伦理学》的前半部分为代表。他也因此深受进化论的影响，并自称为"天演哲学家"，人称"严天演"。他对进化论的思想的翻译和介绍也极大地影响了后来的中国学者。鲁迅就曾"一有闲空，就照例地吃侉饼、花生米、辣椒，看《天演论》"（《朝花夕拾·琐记》）。

他曾具体地概括进化论发展的历史进程，"西人有言：十八期民智大进步，以知地为行星，而非居中恒静、与天地配之大物，如古所云云者。十九期民智的进步，以知人道为生类中天演之一境，而非笃生特造，中天地为三才，如古所云云者。二说初立，皆为世人所大骇，竺旧者至不惜杀人以杜其说。卒之证据厘然，弥攻弥固，乃知如如之说，其不可撼如此也"（《天演论·导言》十二按语）。又说，"故赫胥黎谓，古者以大地为静居天中，而日月星辰，拱绕周流，以地为主。自哥白尼出，乃知地本行星，系日而运。古者以人类为首出庶物，肖天而生，与万物绝异。自达尔文出，知人为天演中一境，生演且进，来者方将，而

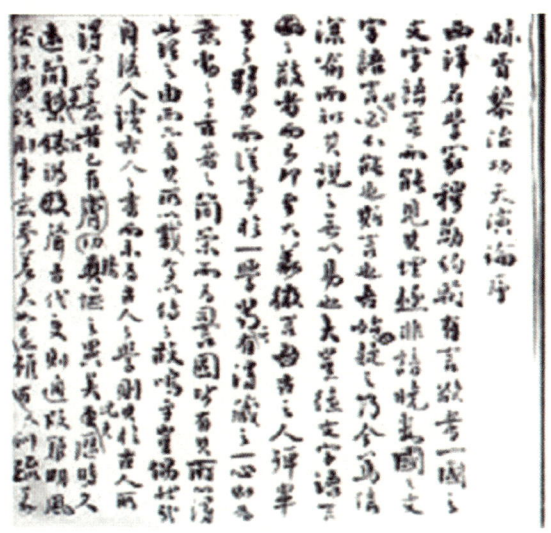 

严复手迹，赫胥黎《天演论》序

教宗抟土之说，必不可信。盖自有哥白尼而后天学明，亦自有达尔文而后生理确也"（《天演论·导言》一按语）。

进化存在于宇宙界、生物界及人类社会中，而生物界的进化规则是生存竞争，优胜劣败。严复说："在生物界，这种宇宙过程的最大特点之一就是生存斗争，每一物种和其他所有物种的相互竞争，其结果就是选择"（同上）。他以"物竞天择""适者生存"概述了生物进化论的核心内容，"物竞、天择二义，发于英人达尔文。达尔文著《物种由来》一书，以考论世间动植物类所以繁殖之故"（同上）。而"物竞者，物争自存也；天择者，存其宜种也"（《原强》）。竞争的结果是"弱者常为强肉，愚者常为智役"（同上）。又说"适应者，进化之秘机也"（《天演论》按语）。

可以说，物竞天择才是生物发展的根源，"万类之所以底于如是者，咸其自己而已，无所谓创造者也"（《天演论·导言》一按语）。严复反对生物界所主张的"异物分造之说"，而认为"有生之物，始于同，终于异，造物立其一本，以大力运之"（同上）。他在介绍达尔文的《物种起源》一书时也曾说道："其书谓：物类繁殊，始唯一本。其降而日异者，大抵以牵天系地之不同，与夫生理之常趋于微异。洎原远流分，遂阔绝相悬，不可复一。然而此皆后天之事，因夫自然，驯致如是，而非太始生理之本然也"（《原强》）。生物机体对自然环境的适应性差异以及它们原初的生理性能发生了变化，造成了物种的分化悬殊。他又说，斯宾塞的《第一原理》也是"通天地人禽兽昆虫草木以为言，以求其会通之理，始于一气，演成万物"（《原强》）。

与赫胥黎坚持"伦理过程"与"宇宙过程"之间的对抗不同，严复肯定斯宾塞"用生学之理以谈群学"（《天演论·导言》十五按语）及"宗天演之术，以大阐人伦治化之事"（《原强》）。他认为赫胥黎"谓群道由人心善相感而立，则有倒果为因之病"（《天演论·导言》十三按语）。他认为，同情心或良心也是物竞天择的结果，"（人类）其始正与禽兽下生等耳，初非由感痛而立也。夫既以群为安利，则天演之事，将使能群者存，不群者灭；善群者存，不善群者灭。善群者何？善相感通者是也。然则善相感通之德，乃天择以后之事，非其始即如是也"（同上）。

可见，严复认为生物界中的物竞天择也适用于人类社会，正如其所说："物

348

植如是，政教亦如是也"（同上）。于是，严复提出"世道必进，后胜于今"的观点，"吾党生于今日，所可知者，世道必进，后胜于今而已。至极盛之秋，当见何象，千世之后有能言者，犹旦暮遇之也"（《天演论·导言》十八按语）。世道的变易进化，突出地表现在人类社会生活是由苦趋乐的，"耶稣降生二千年时，世界如何，虽至武断人不敢率道也。顾其事有可逆知者，世变无论如何终为背苦而向乐"（《天演论·导言》十六按语）。又说，"夫背苦而向乐者，人情之大常也，好善而恶恶者，人性所同具也"（《政治讲义》自序）；"有叩于复者曰：人道以苦乐为究竟乎？以善恶为究竟乎？应之曰：以苦乐为究竟，而善恶则以苦乐之广狭为分，乐者为善，苦者为恶，苦乐者所视以定善恶者也"（《天演论·导言》十八按语）。

据此世道变易的观点，严复反对"天不变，道亦不变"论，他说："若夫君臣之相治，刑礼之为防，政俗之所成，文字之所教，吾儒所号为治道人道，尊天柱而立地维者，皆譬诸夏葛冬裘，因时为制，因为不变，去道远矣！"（《救亡决论》）他也反对社会历史的演变为"圣人"所左右，从而提出"运会"说，"夫世之变也，莫知其所由然，强而名之曰运会。运会既成，虽圣人无所为力。盖圣人亦运会中之一物。既为其中之一物，谓能取运会而转移之，无是理也。彼圣人者，特知运会之所由趋，而逆睹其流极。唯知所由趋，故后天而奉天时；唯逆睹其流极，故先天而天不违。于是裁成辅相而置天下于至安。后之人从而观其成功，遂若圣人真能转移运会也者，而不知圣人之初无有事也"（《论世变之亟》）。

严复认为，社会进化中，能否善于合群是决定生存竞争孰胜孰败的根本条件，"能群者存，不群者灭；善群者存，不善群者灭"（《天演论·导言》十三按语）；"班孟坚曰：'不能爱则不能群，不能群则不能胜物，不胜物则养不足，争心将作'。吾窃谓此语，必古先哲人所已发，孟坚之识，尚未足以与此也"（同上）。因为，"荀卿言人之贵于禽兽者，以其能群也，故曰'群学'。夫民相生相养，易事通功，推以至于刑政礼乐之大，皆自能群之性以生"（《原强》）。英国的独霸地位的获得"此不仅习海擅商，狡黠坚毅为之也，亦其民能自制治，知合群之道胜耳"（《天演论·导言》七按语）。中国屡败其重要原因即在于"其群将涣"。从而，人类的进化是"合群进化"，欲使社会群体结聚，合群进化，应实现自由、平等，实行西方式的法制。对于西方国家，他说："自其自由平等以观之，则其捐忌讳，去烦苛，决壅散，人人得其意，申其言，上下之势不相悬隔，君不甚尊，民不甚贱，而联若一体者，是无法胜也。自其官工兵商法制之明备而观之，则人知其职，不督而办，事至纤悉，莫不备举，进退作息，皆有常节，无间远迩，朝令夕改，而人不以为烦，则是以有法胜也"(《原强》)。又说西方国家"以自由为体，以民主为用。一洲之民，散为七八，争弛并进，以相磨砻，始于相忌，终于相成，各殚智虑，此即日异，彼亦日新，故能用法而不全受法之弊"（同上）。不过，"群者，人之积"，个体成员素质的提高，决定群体的结聚力。他说："盖生民之大要三，而强弱存亡莫不视此。一曰血气体力之强，二曰聪明智虑之强，三曰德行仁义之强。是以西洋观化言治之家，莫不以民力、民智、民德三者断民种之高下。未有三者备而民生不优，亦未有三者备而国威不奋者也……至于发政施令之间，要其所归，皆以其民之力智德三者为准的。"（同上）只有鼓民力、开民智、新民德，才可富强国家。"是故国之强弱贫富治乱者，其民力、民智、民德三者征验也，必三者既立，而后其政法从之。于是一政之举，一令之施，合于其智、德、力者存，违于其德、智、力者废。是以今日要政，统于三端：一曰鼓民力，二曰开民智，三曰新民德。夫为一弱于群强之间，政之所施，故常有标本缓急之可论。唯是使三者诚进，则其治标而标立；三者不可进，则其标虽治，终亦无功。此舍本言标者之所以为无当也"（同上）。一个国家"苟民力已荼茶，民智已卑，民德已薄，虽有富强之政，莫之能行"（同上）。

严复虽然看到自然、生物、社会界中的进化，但他也肯定人为的作用，强调"与天争胜"。他说："彼《周易》否泰之数，老氏雄雌之言，固圣智之妙用微权，而非不事事，听其自至之谓也"（同上）。据此，他反对斯宾塞"任天为治"的思想，斯宾塞主张："诚本生理以为群学，则无为之说，有时而贵……因任自然，依乎天理，而无或间以其私，斯天演常进于最宜，而无为之义贵矣"（《群学肄言·宪生》）。因此，严复说："斯宾塞之言治也，大旨存于任天"（《天演论·导言》五案语）。赫胥黎因强调"任人为治"而受到严复的称赞："赫胥黎氏此书之旨，本以救斯宾塞任天为治之末流，其中所论，与吾古人有甚合者，且于自强保种之事，反复三致意焉"（译《天演论》自序）。

（三）"翕以聚质，辟以散力"

严复赞同存于宇宙、生物、人类社会中的普遍进化是源于质点的集合和力的消散这一观点。他说："斯宾塞尔之天演界说曰：'天演者，翕以聚质，辟以散力'"（《天演论·导言》二按语）。

何谓"翕以聚质，辟以散力"？严复说，"其所谓翕以聚质者，即如日局太始，乃为星气，名涅菩拉斯，布護六合，其质点本热至大，其抵力亦多，过于吸力，继乃由通吸力收摄成殊，太阳居中，八纬外绕，各各聚质，如今是也。所谓群以散力者，质聚而为热、为觉、为声、为动，未有不耗本力者。此所以今日不如古日之热，地球则日缩，彗星则渐迟，八纬之周天皆日缓，久将进入而与太阳合体。又地入流星轨中，则见陨石。然则居今之时，日局不徒散力，即合质之事，亦方未艾也"（同上）。

"力"有两种，即物质起初处于同质状态时相互作用而产生的质点之力及质点凝聚为物体后相互作用而产生的物体之力。"故物之少也，多质点之力。何谓质点之力？如化学所谓爱力是已。及其壮也，则多物体之力，凡可见之动，皆此力为之也"（同上）。此两种力互为依存，为万物变化的根本力量，"点、体两力，互为其根，而有隐见之异，此所谓相剂为变也"（同上）。严复认为，力与质缺一不可，"大宇之内，质、力相推，非质无以见力，非力无以呈质"（译《天演论》自序）。这种质、力相互作用构成了进化论的核心，"所谓质力杂糅，相剂为变者，亦天演最要之义，不可忽而漏之也"（《天演论·导言》二按语）。

（四）"元知"与"推知"

严复认为获取知识有两个途径，即"元知"和"推知"。何谓"元知"、"推知"？根据穆勒的学说，他总结出："人之得是知也，有两道焉：有径而知者，有纡而知者。径而知者谓之元知，谓之觉性；纡而知者谓之推知，谓之证悟。故元知为智慧之本始，一切知识，皆由此推。闻一言而断其为诚妄，考一事而分其为虚实，能此者正赖有元知为之首基，有觉性为之根据。设其无此，则事理无从以推，而吾人智识之事废矣"（《穆勒名学》部首引论）。在此段话后面的断语中，严复说："穆勒氏此举，其旨在诫人勿以推知为元知。此事最关诚妄。"因此他赞同，穆勒对呼威理（惠威尔）的批评，"盖呼威理所主，谓理如形学公论之所标者，根于人心所同然，而无待于官骸之阅历察验者，此无异中土良知之义矣"（《穆勒名学》部乙第五按语）。抽象的几何公理也导源于元知。他有时也把"元知"叫做"接知"，"推知"为"谟知"，"接知者直接知，谟知者间接之知"（《群学肄言》"物蔽第五"译者注）。

由于着重元知，严复认为"其为学术也，一一皆本于即物实测"。（《原强》）又说："吾人为学穷理，志求登峰造极，第一要知读无字之书"（《西学通门径公用说》）。"故赫胥黎曰，读书得智是第二首事，唯能以宇宙为我简编，民物为我文字者，斯其学耳"（《原强》）。他强调以事实印证论争，"夫理之诚妄，不可以口舌争也，其证存乎事实"（《原富》译事例言）。同时，他也主张"恶阅历"也可作为知识的来源，"譬如空气为生物所不可少，然不觉眼前食气自由之为幸福也，使其知之，则必有失气之恶阅历而后能耳"（《老子评点》）。

由于知识来源于元知，因此严复认为"无所谓良知者"（《穆勒名学》部乙第六案语）。他曾说："旧学之所以多无补者，其外籀（演绎）非不为也，为之又未尝不如法也，第其所本者大抵心成之说"（《穆勒名学》部乙篇四按语）。以"私心自用"的良知来作为知识的来源，正是"此学术之所以多诬，而国计民生之所以病也"的原因（同上）。又说："而语阿菩黎诃黎（apriori），凡不察事实执因言果，先为一说以概余论者，皆名此种。若以中学言之，则古书成训十九皆然；而宋代以后，陆王二氏心成之说尤多"（《穆勒名学》部乙篇四夹注）；"陆王之学，质而言之，则直师心自用而已"（《救亡决论》）。于是，严复极力将"元知"与"良知"分开，"良知与元知绝异，穆勒之论乃辟良知，非辟元知。元知与推知对，良知与阅历之知对"（《穆勒名学》部乙第五夹）。

关于"元知"与"推知"的关系，严复说"观物之顷，所谓元知止于形色，至于远近虚实，则皆待推而知"。又说："名学所讲，在于推知，谓其学为求诚之学，因也；顾其所重，尤专在求。据已知以推未知，征既然以睹未然"（《穆勒名学》部首引论）。他举例说："如朝日初出，晚日将入，其实真日皆在地平之下。人眼所见，特蒙气所映发之光景耳。人为谓见日，此无以镜花水月为真花真月也。又眼为脑气所统，而眼帘受病者，往往著影不磨，遇感辄现；而人以眼帘所呈，拓之于外，遂谓当境实见种种异物，不知所见者乃眼帘中影，仿佛外物，非若平时外物形色收之眼帘也。自不知此理，而世人目能见物者遂以日多，而一切天妄之说兴矣"(《穆勒名学》部首引论按语)。由"推知"可知"远近虚实",校正元知之误。推知的存在根据是源于人们常常"观物之粗,常得其表而失其所为表"(《群学肄言》,"物蔽第五"译者注)。

(五)"实测内籀之学"

"元知"和以元知为基础而由已知推未知的"推知"的获取,均需要一定的科学方法。严复将培根的科学方法论列为西洋学问之首,"而学之所以称逻辑者,以如是根言,是学为一切法之法,一切学之学。"(《穆勒名学》部首引论案语)作为"一切法之法""一切学之学"的逻辑有个重要内容,即内籀(内导、归纳)与外籀(外导、演绎)。他说:"乃若问西人后出新理何以如此之多,亦即此而具也,向于格物穷理之用,其途不过两端:一曰,内导;二曰,外导"(《西学通门径功用说》)。又说,"观西人名学,则见其于格物致知之事有内籀之术焉,有外籀之术焉。内籀云者,察其屈而知其全者也,执其微以会其通者也;外籀云者,据公理以断众事者也,设定数以逆未然者也"(译《天演论》自序)。

严复以具体例子对上述两种方法做了进一步的说明:"今有一小儿,不知火之烫人也。今日见烛,手触之而烂,明日又见炉,足踏之而烂。至于第三次,无论何地,见此炎炎而光、烘烘而热者,即知其能伤人而不敢触,且苟欲伤人,且举火触之。此用内导之最浅者。其所得公例,便是火能烫人一语。其所以举火

歧阳严氏宗祠匾额

严复墓

伤物者，即是外导术。盖外导术，于意中皆有一例，次一案，二一断。火能烫人是例，吾所持者是火是案，故必烫人是断。合例、案、断三者，于名学中成一连珠。及以伤人而人果伤，则实验印证之事矣。故曰印证愈多，理愈见坚确也"（《西学通门径功用说》）。"能即异见同，抽出公例"是内导术，由一例、一案而推出一断成一连珠是外导术。

严复虽然认为内导与外导二术互为表里，"二者即物穷理之最要途术也"（译《天演论》自序），又说，"内外籀之相互表里，绝非两途"（《穆勒名学》部乙篇六按语）。但是他更为重视内籀之术，"一理之明，一法之立，必验之物物事事而皆然，而后定之为不易"（《救亡决论》）；"公例无往不由内籀，不必形数公例而独不然也"（《穆勒名学》部乙篇六按语）。因此，"一切征诸事实，不同后世空谈"（《政治讲义》第二会）；"盖天生人，与以灵性，本无与生俱来预具之知能。欲有所知，其最初必由内籀"（《政治讲义》第一会）。总之，"外籀术重矣，而内籀之术乃更重……唯能此术，而后新理日出，而人伦乃有进步之期……故曰：生今为学，内籀之术，乃更重也"（《名学浅说》第一百零八节）。

四、康有为的哲学思想

康有为（1858—1927），原名祖诒，字广厦，号长素，又号更生，广东南海人。早年对陆王之学、佛学、西学均有汲取和训练。1888 年至 1899 年，曾七次上书光绪帝要求变法，是改良派的首要人物。戊戌变法失败后，侨居海外。辛亥革命后主张尊孔读经，是近代今文学派的主要代表人。1917 年参与张勋复辟。

康有为的著作主要有《新学伪经考》、《孔子改制考》、《戊戌奏稿》、《春秋董氏学》、《礼运注》、《中庸注》、《论语注》、《孟子微》、《大同书》、《诸天讲》等。他的大部分著作收编为《万木草堂丛书》。中华书局自 1987 年陆续出版了其著作的单行本，总题为《康有为学术著作选》。上海古籍出版社于同年出版了《康有为全集》。

康有为

（一）"以元为体"

康有为认为，"元"是最为原始的东西。他在《自编年谱》中说："其道以元为本，以阴阳为用。"又说，"元为万物之本，人与天同本于元，犹波涛与沤同起于海，人与天实同起也"（《春秋董氏学》）；"天地万物同资始于乾元，本为一气"（《论语注》）。他还讲道："孔子之道，运本于元，以统天地，故谓为万物本，终始天地"（《春秋董氏学·卷六》）；"天地之始，易所谓乾元统天者也。天地阴阳四时鬼神，皆元之分转变化，万物资始也"（《礼运注》）。此种说法是受到了董仲舒"元犹原也，其义以随天地始终也……故元者，为万物之本"（《春秋繁露·重政》）的影响。

那么，何谓康有为所讲的"元"呢？他说："凡物皆始于气。既有气，然后有理。生人生物者，气也"（《万木草堂口说》）；"朱子以理在气之前，其说非"（同上）；"元者，气也。无形以起，有形以分，起造天地，天地之始也"（《春秋董氏学》）；"易称大哉乾元乃统天，天地之本，皆运于气。列子谓天地空中之细物。素问谓天为大气举之。何休谓元者气也。易纬谓太初为气之始……"（同上）；"元者气之始"（《康有为口说·孔子改制》）。可见，在康有为这里，"元"是经"合诸始而源其大"找出的"属万物而贯于一"的最为原始的东西。"元"的特征是"无臭、无声、至大、至奥。孔子发此大理，托之《春秋》第一字，故改'一'为'元'验，此第一义也。老子所谓'道'，婆罗门所谓'大梵天王'，耶教所谓'耶和华'"（《春秋笔削大义微言考》卷一）。这样的"元"可通过"气"来"正天之端"，"以天之气正天之端"，然后"以天端正王之政"。这样的"元"与"仁"也是相通的，在天为元，在人为'仁'。

康有为认为，作为气之始的元即元气造起天地，"夫浩浩元气，造起天地。天者，一物之魂质也。人者，亦一物之魂质也。虽形有大小，而其分浩气于太元，挹涓滴于大海，无以异也。孔子曰：'地载神气，神气风霆，风霆流形，庶物露生。'神者，有知之电也，光电能无所不传，神气能无所不感。神鬼神地，生天生地，全神分神，惟元惟人。微乎妙哉！其神之有触哉？无物无电，无物无神"（《大同书》）。

（二）"变者，天道也"

康有为认为，"变"是一个最普遍的法则，"盖变者，天道也。天不能有昼而无夜，有寒而无暑，天以善变而能久。火山流金，沧海成田，历阳成湖，地以善变而能久。人自童幼而壮老，形体颜色气貌，无一不变，无刻不变"（《进呈俄罗斯大彼得变政记序》）。自然如此，社会也如此，"圣人之为治法也，随时而立义，时移而法亦移矣"（《日本书目志序》）。又说，"法既积久，弊必丛生，故无百年不变之法"（《上清帝第六书》）。而变则是以新代旧，"夫物，新则壮，旧则老；新则鲜，旧则腐；新则活，旧则板；新则通，旧则滞，物之理也"（同上）。又说，"中国今日不变曰新不可，稍变而不尽变不可，尽变而不兴农工商矿之学不可"（《日本书目志序》）。以新代旧并不是取消旧有的一切东西，"圣人之道为千万世，不以期月"（《春秋董氏学》），因此应"戒守旧之愚害，而亦不可为灭古

之鲁莽"(《中庸注》)。于是康有为说:"故孔子系《易》,以变易为义。"(《进呈俄罗斯大彼得变政记序》)

(三)"公羊三世"

以变易思想为前提,康有为提出了社会"三世"进化说。梁启超曾说其师康有为的哲学是"进化派之哲学也",并说"中国数千年学术之大体,大抵皆取保守主义,以为文明世界在古时,日趋而日下",因而主张复古;或者以为"天下之生久矣,一治一乱,其说主于循环"。而康有为"独发明《春秋》三世主义,以为文明世界在于他日,日进而日盛。盖中国自创意言进化学者,以此为嚆矢焉"(《南海康先生传》)。

康有为受时代的影响而自觉地感到了世界"进化"的存在。他曾讲:"于无极、无无极之始,有湿热之气生,郁蒸而为天,诸天皆此湿热之气展转而相生焉。近天得湿热之气,蒸郁而草木生焉,而禽兽生焉,已而人类生焉。人得湿热之气,上养其脑,下养其心,湿则仁爱生,热则智勇出。积仁爱智勇而有宫室饮食衣服以养其身;积仁爱智勇而有礼乐政教伦理以成其治"(《内外篇·湿热篇》)。又说,"无极之始,积气生热,积热生金,金生土石,积土石生草木,积草木生虫,积虫生禽兽,积禽兽生人,积人生圣哲……人类稍积,羲圣首出,创作八卦,包象蕴教,开物成务,民物之理备矣,而所作不过作甲历,制嫁娶,造琴瑟,教佃渔而已,余事尚有待。风气既开,人智不能自已。百年至黄帝,而民治大齐……";"人为万物之灵,其生也必迟,俟百物俱繁,然后毓焉苔生百草、百草生百木,百木生百虫,百虫生百害……人独云清阳之质,既出生矣,聪明即耸于万物,……夫人之聪明,不能禁塞,既生百兽之间,即有以制百兽,制器利用,自繁其类,以为人之天下"(《万木草堂遗稿外编》上·民功篇)。康有为认为,社会历史进化的因素是"人道求美,人道求乐"。他说:"古圣所以竭其心思耳目,繁为宫室衣服乐器礼乐法制之美,美益求美者,诚爱民之至,不敢自息也"(同上)。又说,"其乐之益进无量,其苦之益觉亦无量,二者交觉而日益思为求乐免苦之计,是为进化"(《大同书·癸(癸)部第一章》);"尽诸圣之千方万术,皆以为人谋免苦求乐之具而已矣,无他道矣。能令生人乐益加乐,苦益少苦者,是进化者也,其道善;其于生人乐无所加而苦尤甚者,是退化者也,其道不善"（同上）。

受进化论的影响，当康有为在广州会见了今文经学家廖平之后，开始将《公羊》三世、《礼让·礼运篇》中的"大同""小康"思想与进化思想结合起来。他说："三世为孔子非常大义，托之《春秋》以明之。所传闻世为据乱，所闻世托升平，所见世托太平"（《春秋董氏学·卷二》）。又说，"《春秋》发三世之义，有据乱之世，有升平之世，有太平之世，道各不同"（《日本书目志序》）；"据乱进为升平，升平进为太平，进化有渐，因革有由，验之方国，莫不同风"（《论语注》）。并说，"大道者何？人理至公，太平世大同之道也。三代之英，升平世小康之道也。孔子生据乱世，而志则常在太平世，必进化至大同，乃孚素志。至不得已为小康，而皆不逮。此所由顾生民而兴衰也"（《礼运注》）。

康有为曾对"三世"进化作了多方面的阐释。他说："据乱者，文教未明也；升平者，渐有文教，小康也；太平者，大同之世，远近大小若一，文教全备也。此为春秋第一要义"（《春秋董氏学·卷二》）；"乱世之法，人主总揽事权；升平之世，人主垂拱无为；太平之世，一切平等，贬及天子，无主可言"（《春秋笔削大义微言考》卷一）；"据乱为大农之世……升平为大公之世，太平为大商之世"（《同上书·卷二》）；"据乱世尚君主，升平世尚君民共主，太平世尚民主矣"（《孟子微·同民篇第十》）；"当中古乱世，女弱，当有男子为依……此为据

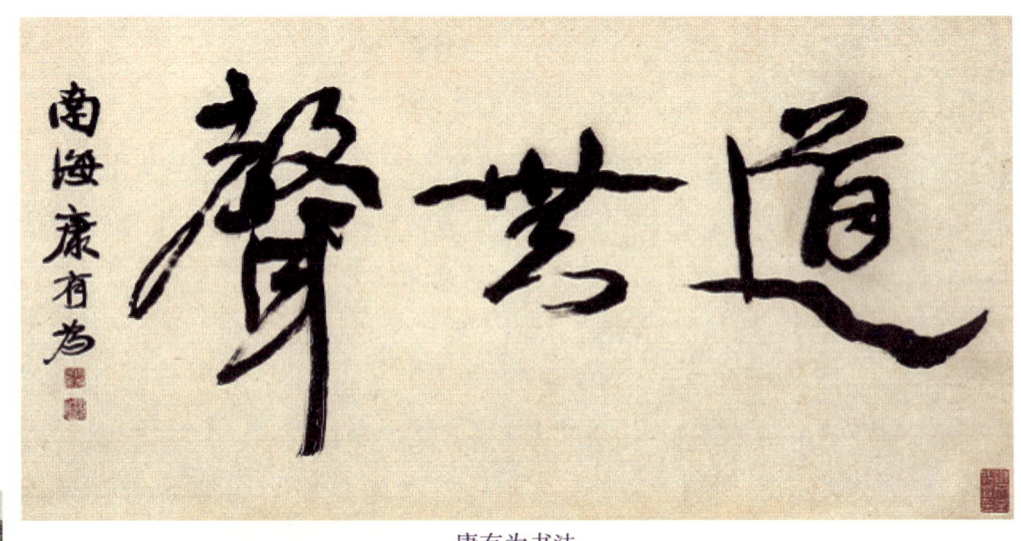

康有为书法

乱之法，若太平世则人自立，两两相交，如国际然。春秋始于文王，终于尧舜，盖据乱之治为文王，太平之治为尧舜，孔子之圣意改制之大义此《公羊》所传，微言之第一义也"(《孔子改制考》)；"升平太平世，女学渐昌，女权渐出，人人自立，不复待人，则各自亲定姻好"(《春秋笔削大义微言考》)。康有为同时认为，三世进化日益实现着"仁"的目标。他说："每变一世，则愈进于仁。仁必去其抑压之力，令人人自立而平等，故曰升平。至太平则人人平等，从自立，远近大小若一，仁之至也"(同上)。

(四)"大同"学说

"三世"进化所力图实现的是一个"大同"世界，康有为的大同思想主要见于其《大同书》。而实际上，他的大同思想是源于《礼记·礼运篇》的如下思想："大道之行也，天下为公，选贤与能，讲信修睦。故人不独亲其亲，不独子其子。使老有所终，壮有所用，幼有所长，矜(鳏)寡孤独废疾者皆有所养，男有分，女有归。货五恶其弃于地也，不必藏于己；力恶其不出于身也，不必为己。是故谋闭而不兴，盗窃乱贼而不作，故外户而不闭。是谓大同"；"今大道既隐，天下为家。各亲其亲，各子其子，货力为己。大人世及以为礼，城郭沟池以为固。礼义以为纪：以正君臣，以笃父子，以睦兄弟，以和夫妇，以设制度，以立田里，以贤勇知，以功为己。故谋用是作，而兵由此起。禹、汤、文、武、成王、周公，由此其选也。此六君子者，未有不谨于礼者也。以著其义，以考其信，著有过，刑仁，讲让，示民有常。如有不由此者，在势者去，众以为殃，是谓'小康'"。

康有为之所以沿袭和发挥了(《礼记·礼运篇》)中的"大同"思想，是因为他自己生存于乱世之中，目击了苦道而想予以救之。他大致列举了六种苦：一是人生之苦凡七：投胎、夭折、废疾、野蛮、边地、奴婢、妇女；二是天灾之苦凡八：水旱饥荒、蝗虫、火焚、水灾、火山、屋坏、船沈(沉)、疫疠；三是人道之苦凡五：鳏寡、孤独、疾病无医、贫穷、卑贱；四是人治之苦凡五：刑狱、苛税、兵役、有国、有家；五是人情之苦凡八：愚蠢、仇怨、爱恋、牵累、劳苦、愿欲、压制、阶级；六是人所尊尚之苦凡五：富人、贵者、老寿、帝王、神圣仙佛(《大同书》甲部入世界观众苦)。康有为认为欲免却人们的种种痛苦，必先找

出其根源，而"总诸苦之根源，皆因九界而已"（《大同书》甲部第六章）。"九界"即一曰国界，分疆土、部落也；二曰级界，分贵、贱、清、浊也；三曰种界，分黄、白、棕、黑也；四曰形界，分男、女也；五曰家界，私父子夫妇兄弟之亲也；六曰业界，私农工商之产也；七曰乱界，有不平不通不同不公之法也；八曰类界，有人与鸟兽虫鱼之别也；九曰苦界，以苦生苦，传种无穷无尽，不可思议。以此，"吾救苦之道，即在破除九界"（同上）。即第一，去国界，合大地；第二，去级界，平民族；第三，去种界，同人类；第四，去形界，保独立；第五，去家界，为天民；第六，去产界，公生业；第七，去乱界，治太平；第八，去类界，爱众生；第九，去苦界，至极乐。

去掉"九界"之后所实现的是一个大同世界。康有为说："大同之道，至平也，至公也，至仁也，治之至也"（《大同书》甲部绪言）。对于这样的大同社会，他曾给予了具体的描绘。在此社会中，居室"珠玑金碧，光采陆离"，行路"飞屋飞船""舟皆电运"，饮食则"以备养生""而人则益寿"。同时，"太平之生人不知抽剥追敲之苦，只有领得工金，为歌舞游玩之乐"；在此社会中，财产为公有，"无有夫妇父子之私矣，其有遗产无人可传，其金银什器，皆听赠人。若其农田、工厂、商货皆归之公，即可至大同之世矣"（《大同书》甲部第十章）。又说，"凡农工商之业，必归之公。举天下之田地皆为公有，人无得私有而私买卖之"（《大同书》庚部第七章）。而且，"大同世之工业，使天下之工必尽归于公，凡百工大小之制造厂、铁道、轮船皆归焉，必须不许有独人之私业矣……大同世之商业，不得有私产之商，举全地之商业者归公政府商部统之"（《大同书》庚部）；在此社会中，人人均得劳动，"禁懒惰"是首要的公共法规，"民生有勤，勤则不匮，此大同之公理"，否则"百事隳败，机器生锈，文明尽失，将至退化"，"故不作业不出力之人，公众所恶"（《礼运注》）；在此社会中，"吾采得大同太平、极乐长生、不生不灭、行游诸天、无量无极之术，欲以度我全世界之同胞而救其疾苦焉，其唯天予人权、平等独立哉！其惟天予人权、平等独立哉！"（《大同书》庚部第十章）也就是说，"人人平等，无有臣妾奴隶，无有君主统领，无有教主教皇"，且"公政府只有议员，无行政官，无议长，无统领，更无帝王，大事从多数决之。没有刑罚，军队，甚至国家"，"议员皆由人民公举"（《大同书》乙部第四章）。同时，"个人自由"，男女平等，"全世界人类尽为

平等"(《大同书》丙部);在此社会中,没有家庭。若去民私业,去国界,应自去人之家始。而去家即是男女"皆平等独立,婚姻之事,不复名为夫妇,只许定岁月交好之和约而已"(《大同书》庚部第十章)。如果"太平世人无私家、无私室、无私产、无私店",则"无家而禄厚,性美而教深,必无侵盗之心,自无侵盗之事"(《大同书》庚部)。总之,"全世界之人皆无家,则去国而至大同世易矣"(同上);另外,在此社会中,儿童由社会抚养教育,科技文化高度发达,农工商和交通运输业都实现了机械化、电气化、自动化,人们每日劳动"仅三四时或二时而已足,自此外皆游乐读书之时矣"(《大同书》庚部第八章)。同时,以"荣名巨金"奖励创造发明等。

可见,康有为所设想的这种理想的大同社会,是他针对现世的一切不如意而想象或设想出来的含有全部如意、理想的真正"天下为公"的社会,是一种"去乎人境而入乎仙佛之境"的社会。因此,理想的成分多了一些,现实的成分少了一点。

(五)"仁爱"

康有为认为,"仁爱"即"不忍之心",它是实现大同世界的根本途径。人人将其"仁爱"之心发扬光大,大同世界就会到来。

康有为曾说:"孔子之仁专以爱人类为主。"(《春秋董氏学》)"仁"就是"博爱之德"(《中庸注》)。如果"人绝其不忍之爱质",则"人道将灭绝矣"(《大同书》)。具体讲来,他主张:"孔子本天,以天为仁,人受命于天,取仁于天。凡天施、天时、天数、天道、天志,皆归之于天,故尸子谓孔子贵仁"(《春秋董氏学》)。又说:"仁者,在天为生生之理,在人为博爱之德"(《中庸注》);"盖仁与知皆吾性之德,……物我一体无彼此之界……,物即己而己即物,天即人而人即天,凡我知之所及即我仁之所及……"(同上)。

"仁",也就是"不忍人之心",它是"人人皆有之"的"爱质",是"万化之海",为一切根,一切源,正如康有为所说:"一切仁政,皆从不忍之心生……人道之仁爱,人道之文明,人道之进化,至于太平大同,皆从此出"(《孟子微·总论》);"不忍人之心,仁也,电也,以太也,人人皆有之,故谓人性皆善"(《孟子微》);"以其本有受质而扩充之,因以裁成天道,辅相天宜,而止于至善,极于大同"(《大同书》)。

事实上,康有为的"以仁为本"的"仁爱"是其思想的核心,正如梁启超所说:"先生之哲学,博爱派哲学也。先生之论理,以'仁'字为唯一之宗旨,以世界之所以立,众生之所以生,家国之所以存,礼义之所以起,无一不本于仁,苟无爱力,则乾坤应时而灭矣……故先生之论政论学,皆发于不忍人之心。人人皆有不忍人之心,则其救国救天下也,故已而不能自己……,其哲学之本,盖在于是"(《康南海传》)。

(六)尊孔

除上述思想外,对于孔子的重视,也是康有为思想的一大特色。他本人继承了龚自珍和魏源今文经学派的经世致用传统,并通过考证,而于《新学伪经考》中把古文经学派所尊奉的儒家经典都宣布为"伪经",认为这些经典是汉朝刘歆伪造的,并不代表孔子的学说,只是新莽一朝之学,即"新学"。因此,在他看来,后汉以来的训诂考据之学即"汉学",无非是刘歆学说余毒的产物,而宋明道学即"宋学"所尊奉的典籍"多半都是"伪经,因此,汉学和宋学都不是孔子之道。

在《孔子改制考》中,他认为孔子的一个主要贡献即在于托古改制说,也就是说孔子作六经是假托古代的事迹来宣扬自己的改制思想。康有为主张孔子提倡民主政治,如《书经·尧典》中的"咨四岳"(访问四方诸侯),在他看来,是孔子主张民主共和,"宾四门"(诸侯人贡天子),则是孔子主张辟四门开议院的见证。又如,孔子作《春秋》"始于文王,经于尧舜",是孔子主张从君主时代走向民主时代。康有为认为民主主义才是《春秋》中的"微言大义",是孔子学说的精华。

于是,康有为高度评价了孔子,将孔子本人看作是"黑帝"的儿子,是受上帝的意旨为后世创建了民主制度,是"神明""圣王";不仅是"万事师表",而且是"大地教主"(《孔子改制考序》)。他认为,宗教必不可少,"凡国必有所谓国教也。国教者,久于其习,宜于其俗,行于其地,深入于其人心者,是也"(《以孔教为国教配天义》)。又说:"本国数千年奉为国教者,孔子也。大哉孔子之道!配天地,本神明,育万物,四通六辟,其道无乎不在。故在中古改制立

法，成为教主！"（《教会序》一）

实际上，康有为之所以重又搬出孔子而予以高度的评价，其目的是为了借所谓提倡"托古改制"的"孔圣人"，而使自己成为其所处时代进行变法维新的"康圣人"。然而，在此方面，其思想中以现代民主来解说孔子思想的牵强附会、生搬硬套之处，不能不说是康有为理论中的一大逊色之处。

五、谭嗣同的哲学思想

谭嗣同（1865—1898），字复生，号壮飞，湖南浏阳人。早年曾"六赴南北省试"，均落第。1894年中日甲午战争后，反考据、辞章之旧学，主张新学。1896年，师从吴雁舟、杨文会等人学佛，深受唯识宗、华严宗与禅宗的影响。1897年与梁启超、汪康年等发起不缠足会，并开始参与创办《湘学报》、《湘报》，建立时务学堂，组织南学会，兴办近代工、矿、运输业等。从此，他开始积极投入维新变法运动。1898年"参预新政"，新政失败后被捕入狱并被杀害，年仅34岁。

谭嗣同

谭嗣同的主要著作有《仁学》、《报贝元征》、《仁学》、《以太说》、《报唐佛尘书》、《石菊隐庐笔识》、《壮飞楼治事十篇》、《论全体学》等，均已收入1954年三联书店的《谭嗣同全集》。

（一）"以太说"

谭嗣同在早期著作中继承了王充、张载、王夫之的思想，将"元气"看作是天地万物的根本。"元气纲组，以运为化生者也"，又说，"天以其浑沌磅礴之气，充塞固结而成质，质立而人物生焉"。（《石菊影庐笔识·思篇》）但是后来，他将"气"归结为"以太","原质犹有七十三之异。至于原质之原,则一以太而已矣"(《仁学·十一》);"任剖其质点一小分,以至于无,察其为何物所凝结,曰惟以太"(《仁学·一》);"遍法界、虚空界、众生界,有至大至精微,无所不胶粘、不贯洽、不筦络而充满之一物焉,目不得而色,耳不得而声,口鼻不得而臭味,无以名之,名之曰'以太'"(《仁学·一》)。

何谓"以太"?"以太"为英文ether的音译,近代西方自然科学家称其为光的媒介物。谭嗣同曾以《以太说》一文对"以太"作了解释。他认为,声、光、电等都是"浪",即波动,而波动的实体是"以太"。宇宙中因星球之间有离心力与向心力而造成牵引之势,此牵引之势之造成的终极原因是"以太"。同时,他也主张宇宙万物由"微质点"粘砌而成,人之言行思念是基于脑气筋之发动,而这些均根源于"以太"。总之,"以太"是"目不得而色,耳不得而声"的体,"其显于用也,为浪、为力、为质点、为脑气"。在《论电灯之益》一文中,他在讲到光的传播时也曾说过:"原夫光之为光,何哉?一热之进流而散布者也。热在空气之以太中,恒欲涨而四出,以渐减其本热,而热诸无热,与之相剂于平。以太为其所涨,依次而传之,合无量数之微质点、微气缕,互相焚烁,递相承达,条流激射,一秒时可行六十余万里,而所至豁然朗然,是即所谓光也。"

据此"以太"说,对于佛教,他指出:"释氏之末流,灭裂天地,等诸声光之幻,以求所谓空寂。此不惟自绝于天地,乃并不知有声光"(《石菊影庐笔识·思篇》)。又说:"天地非幻,即声光亦至实,声光虽无体,而以所凭之气为体"(同上)。因此,"古圣人正五色以养明,定六律以养聪,岂能凭虚无而创造哉?亦实有是物而不容废也"(同上)。他进而提出"毁天下寺观庙宇"的主张,要求把寺庙变为"议院学堂诸公所之用",把寺庙的财产作为筹备变法的费用(《报贝元征》)。对于程朱理学,他指出:"岂有理之所元,而气之所不至乎?"(《石菊影庐笔识·思篇》)又说:"故道,用也;器,体也。体立而用行,器存而道不亡。"(《报贝元征》)。

以上即是谭嗣同的"以太说",显然他利用西方"以太"这一自然科学范畴改造了中国传统的气一元思想,但他对于以太的探讨依然有其中国情结,这表现在他本人将西方本体论上的"以太"与中国道德上的"仁"相结合起来,这一思

想集中地体现在其仁学理论中。

（二）"仁学"

在谭嗣同看来，"以太"具有"仁"的作用和功能。以太"其显于用也，孔谓之仁，谓之元，谓之性；墨谓之兼爱；佛谓之性海，谓之慈悲；耶谓之灵魂，谓之爱人如己、视敌如友；格致家谓之爱力、吸力；咸是物也。法界由是生，虚空由是立，众生由是出。"（《仁学·一》）又说，"学者第一当认明以太之体与用，始可与言仁。"（同上）；"夫仁，以太之用，而天地万物由之以生，由之以通。"（《仁学·四》）

作为"以太"之用的"仁"为"天地万物之源"（《仁学·界说》），它体现了平等、博爱。之所以如此是因为谭嗣同对于"通"的重视，"循环无端，道通为一，凡诵吾书，皆可于斯二语领之矣。"（《仁学·自序》）也就是说，"仁以通为第一义。以太也，电也，心力也，皆指出所以通之具……通之义，以'道通为一'为最浑括……通之象为平等"（《仁学·界说》）；"莫仁于通，莫不仁于不通"，"是故仁不仁之辩，于其通与塞。"（《仁学》）"通"，即没有阻塞和隔阂，它包括"上下通"，指打破在上的和在下的界限，如君民的界限、贵贱的差别；"中外通"，指打破中国和外国的界限，同西方国家通教、通学、通政、通商；"男女内外通"，指打破男女的界限、宗族的界限；"人我通"，指打破别人和自己的界限，人与人之间"相亲相爱"。只有打破了这些界限，才可以实现自由和平等。"通之象为平等"；"平等者，致一之谓也，一则通矣，通则仁矣。"（《仁学·界说》）；"有等级者通之而无等级。"而"以太"是"所以通之具"，"以太"和"仁"是体用一源、显微无间、合二为一的。谭嗣同说：以太"精而言之，夫亦曰'仁'而已矣"。（《以太说》）"以太"显为用即是通，通则仁矣。

基于"仁以通为第一义"，谭嗣同批驳了纲常名教，欲别开一种"冲决网罗之学"（《报唐才常书》）。他以"塞"来概括名教的实质，如"二千年来君臣一伦，尤为黑暗否塞，无复人理"（《仁学》）；"狠日闭之绝之禁之，不通矣，夫惟不仁故。"（同上）具有"通"之性质的仁，可以说是谭嗣同所向往的人类最高的理想，以"仁"的原则建立起来的社会是"人人能自由"，既无国界又无战争；"彼我亡，平等出"；"君主废，则贵贱平；公理明，则贫富均"；"千里万里，一宗一人。"（同上）可以说这也就是他所称的理想的王国——大同世界。

（三）"贵日新"与"破对待"

谭嗣同不仅将"以太"与"仁"结合起来，也将其与中国古代哲学中的"日新"概念结合了起来。

他认为，天地万物均是变动不居的，"今日之神奇，明日即以腐朽"（《上欧阳瓣姜师书》）；"吾身所附丽之地球，本变动不居，而凡泥不变之说者为逆天矣"（《论今日西学与中国古学》）。据此，他发挥了王夫之"天地之化日新"的观点。"天地以日新，生物无一瞬不新也"（《上欧阳瓣姜师书》）；"新也者，夫亦群教之公理也"（《仁学》）又说："反乎逝而观，则名之曰'日新'。孔曰，'革去故，鼎取新'；又曰，'日新之谓盛德'。夫善至于日新而止矣，夫恶亦至于不日新而止矣。天不新，何以生？地不新，何以运行？日月不新，何以光明？四时不新，何以寒暑发敛之迭更？草木不新，丰缛者歇矣；血气不新，经络者绝矣；以太不新，三界万法皆灭矣"（《仁学·十八》）。他盛赞《礼》《易》中的日新思想，"《礼》著成汤之铭：'苟日新，日日新，又日新。'《易·系》孔子之赞：'日新之谓盛德。'言新必极之于时新，始是以为盛美而无憾，执此以言治言学，固无往不贵日新矣"（《湘报·后叙上》）。据此，他批驳不愿变法的守旧之鄙生是"自断其方生之化机，而与于不仁之甚，则终成为极旧极敝一残朽不灵之废物而已矣。"（《仁学·十八》）

在论述"日新"思想的过程中，谭嗣同也看到了"对待"的存在。"日新乌乎本？曰：以太之动机而已矣。独不见夫雷乎？虚空洞杳，都无一物，忽有云雨相值，则含两电，两则有正有负，正负则有异有同，异则相攻，同则相取，而奔崩轰訇发焉。"（《仁学·十九》）万物的产生也是由于"振微明玄，叁伍错综，而有有矣。有有之生也，其惟异同攻取乎了。"（同上）又说："比如陶埴，失手而碎之，其为器也毁也；然陶埴，土所为也，方其为陶埴也，在陶埴曰成，在土则毁；及其碎也，还归乎土，在陶埴曰毁，在土又以成。"（同上）对于"对待"，他说："有此则有彼；无独而有偶焉，不待问而知之，辨对待之说也。"（同上）

可见，谭嗣同看到了事物的发生、运动起于"异同、攻取"，但其"仁学"宗旨是将"破对待"看作是事物的最高境界。"仁以通为第一义"；"通之象为平

等",而平等的达到需要"无对待","无对待,然后平等","无无然后平等",即"仁一而已,凡对待之词,皆当破之"(《仁学·界说》)。在他看来,对待产生于妄生分别,"对待生于彼此,彼此生于有我";"一切对待之名,一切对待之分别,涽然哄然。其瞒也,其自瞒也,不可以解矣"(《仁学》)。谭嗣同曾以大与小之间的关系来说明"对待"是相对的,"虚空有无量之星日,星日有无量之虚空,可谓大矣。非彼大也,以我小也。有人不能见之微生物,有微生物不能见之微生物,可谓小矣。非彼小矣,以我大也。何以有大?比例于我小而得之;何以有小?比例于我而得之。然则但有我见,世界果无大小矣。多寡、长短、久暂,亦复如是。"(《仁学·十七》)因此,谭嗣同认为必须了解"无彼复无此,此即彼,彼即此"的"破对待之说"。破对待在于主观上不起对待。"苟不以眼见,不以耳闻,不以鼻嗅,不以舌尝,不以身处,乃至不以心思,转业识而成智慧,然后'一多相容','三世一时'之真理乃日见乎前。任逝者之逝而我不逝,任我之逝而逝者卒未尝逝。真理出,斯对待不破以自破。"(同上)

除了通过"破我见"而"破对待",谭嗣同还主张事物随生随灭而无相对稳定性来达到这一目的。他认为时间的变化是:"日析为时,时析为刻,刻析为分,分析为秒忽,秒忽随生而随灭,指某秒某忽为今日,某秒某忽为今日之秒忽,不能也。"对于人和物,它们可被分为无数之"质点",而"穷其数可由一而万万也",可以不可确指某者是"我"。因此,事物的变化,"旋生旋灭,即生即灭。生与灭相授之际,微之又微,至于无可微,密之又密,至于无可密。夫是以融化为一,而成乎不生不灭。"又说:事物"但有回环,都无成毁","但有变易,复何存亡"。

(四)"一切唯心所造"

谭嗣同深受佛学影响,而将"仁"与"心"联系起来。他说:"仁为天地之源,故唯心,故唯识"(《仁学·界说》);"以太者,亦唯识之相分,谓无以太可也"(《仁学·二十六》);"以太也,电也,粗浅之具也,借其名以质心力"(《仁学·界说》)。在他看来,实际的情况是"惟一心是实,……虽天地之大,可以由心成之、毁之、改造之,无不如意"(《上欧阳瓣蘤师书》)。又说:"一切唯心所造"(《仁学》)。

此处的"心"(或曰心力)即佛教法相宗所谓"藏识""第八识""阿赖耶识","佛之所谓藏,孔子所谓心"。藏识是天地万物的最后根源,"即彼藏识,亦无生灭。佛与众生,同其不断,忽被七识所执,转为我相。执生意识,所见成相。眼耳鼻舌身,又名有见,一一成相。相实无枉受熏习,此生所造,还入藏识,为来生因。因又成果,颠倒循环,开始沦滔。沦滔不已,乃灼然谓天地万物矣"(同上)。谭嗣同认为,心的力量是广大的,"因念人所以灵者,以心也。人力或做不到,心当无有做不到者"(《上欧阳瓣藻师书》);"夫心力最大者,无可为"(《仁学·四十三》)。因此,中国之劫运"亦惟以心解之,缘劫运既由心造,自可以心解之"(《北游访学记》)。

(五)"两三世"说

谭嗣同将历史进化思想与《春秋公羊》"三世"说、《周易》的一些卦辞糅合起来,提出了"两三世"说,即"内卦之逆三世"与"外卦之顺三世"说。

他说:"'初九,潜龙勿用',太平世也,无统也,无教主,亦无君主,于时为洪荒太古";"'九二,见龙在田,利见大人',升平世也,天统也,时则渐有教主君主矣,……于时为三皇五帝";"'九三,君子终日乾乾,夕惕若厉,无咎',据乱世也,君统也,君主始横肆,教主乃不得不出而剖其平,……于时为三代"。这即是"内卦之逆三世"。又说:"'九四,或跃在渊,无咎',据乱世也,君统也,……于时则自孔子之时至于今日,皆是也";"'九五,飞龙在天,利见大人',升平世也,天统也,地球群教同奉一教主,地球人群国将同奉一君主,于时为大

谭嗣同故居——大夫第

一统";"'上九,亢龙有悔',太平世也,无统也,……人人有君主之权,而君主废,于时为遍地民主"。这即是"外卦之顺三世"(《仁学·四十八》)。

综观以上关于谭嗣同思想的论述,我们可以看出其理论受到了中、西、印三种文化的共同影响,正如他对仁学内容所作的如下论述:"凡为仁学者,于佛书当通华严及心宗、相宗之书;于西书当通《新约》及算学、格致、社会学之书;于中国当通《易》《春秋公传》《论语》《礼记》《孟子》《庄子》《墨子》《史记》及陶渊明、周茂叔、张横渠、陆子、王阳明、黄梨洲(《仁学》)"。不过,对于三种文化的共同运用,并没有避免牵强附会的杂糅弊病。

六、梁启超的哲学思想

梁启超(1873—1929),字卓如,号任公,广东新会人。1890年拜康有为为师,长达四年之久。这使他逐步摆脱了训诂辞章之旧学,而接受了维新变法的"新学"。1898年赴京参加百日维新,失败后逃亡日本,创办《新民丛报》《清议报》,挑起了革命派和改良派之间的思想论战。辛亥革命后,曾出任袁世凯政府司法总长、段祺瑞内阁财政总长,并参与了倒袁运动和反张勋复辟。1920年以后,致力于学术研究和著述。

其著作丰富,主要有《饮冰室合集》,由中华书局1932年出版。另外还有上海人民出版社1984年出版的《梁启超全集》。

(一)世有不死者存

梁启超作为一个变法维新的思想家,虽然观点常常变化,甚至前后矛盾,但是其中又有一以贯之的东西,作为他的精神支柱和终极关怀,这就是他对永恒精神意义和不朽价值的追求。所以他表达了对唯心哲学的推崇:"盖唯心哲学,亦殆近于宗教矣。吾昔读欧洲史,见其争自由而流血者,前后相接,数百年如一日,而其人物类皆出于宗教迷信,窃疑非以迷信之力,不能夺人生死之念。及考俄国虚无党历史,其人不信耶稣教者十而八九,而何以能甘鼎镬如饴,无挂碍无恐怖若此,吾深求其故,而知彼有唯心派哲学以代之也。唯心哲学亦宗教之类也。吾国之王学,唯心派也,苟学此而有得者,则其人必发强刚毅,而任事必加

梁启超

勇猛。观明末儒者之风节可见也。本朝二百余年，斯学销沈，而其支流超渡东海，遂成日本维新之治，是心学之为用也。心学者实宗教之最上乘也。"(《饮冰室合集·文集之九》)

在梁启超看来，唯心哲学近似于宗教，对于那些没有信仰的人，它起着与宗教一样的作用。不仅俄国如此，中国晚明时期的士子在民族危难之际，视死如归，以死报国。阳明心学传到日本，其精神力量成为日本明治维新的精神动力之一。基于这些理由，梁启超认为唯心哲学不是宗教却胜过宗教。

梁启超看到人们能够视死如归，或是因为有宗教信仰，或是因为有唯心哲学理念，说明二者之间有相通之处。在梁启超看来，它就是"不死者"。他说："我见我国若全世界过去之圣哲，皆有其不死者存；我见我国若全世界过去之豪杰，皆有其不死者存；我见我国若过去亿兆京垓无量数不可思议之人类，无论智愚贤不肖，皆有其不死者存。故知我与君皆有其不死者存。"(《饮冰室合集·文集之十七》)

那么所谓的"不死者"是什么呢？他又进一步解释说："此不死之物，或名之为灵魂，或不名之为灵魂，或语其一局部，或语其全体，实则所指同而所名不同，或所证同而所修不同，此辩争之所由起也。吾今欲假名此物，不举其局义而举其遍义。故不名曰灵魂而名曰精神。"(同上)

无论称为灵魂与否，无论指其一部分或涵盖其全部，都是指一个东西，只是名称不同而已，最终目的相同而所经由的途径不同，矛盾与争论仅此。而梁启超意欲以一个名词来指称它，不是它的局部意义，而是它的全部意义，所以他不称为"灵魂"，而称为"精神"。也就是说，他所谓的"不死之物"就是人的精神。

（二）至诚与自由

这种不死的永恒精神本体，自然要表现在个体生命过程之中。这种表现，在梁启超的思想中，就是他对人的主体力量、对觉醒的自我以及对自由境界的追求。这种永恒的精神，作为主体的情感体验和自我要求，就是所谓"至诚"。这种至诚之心，在过去的圣贤和豪杰身上有充分的表现。或者说，这些伟大人物，之所以伟大，就在于他们有这种至诚的精神追求。他说："凡古今来之圣贤豪杰，彼其毕生之所经营所贯注，旁观人观之为惊天动地，能人所难；百世之下，震骇之，膜拜之。而返诸彼圣贤豪杰之本心，亦不过视为纵欲之具而已。人见有男女之为情而死者，辄笑之曰：嘻！抑何其痴。而不知圣贤豪杰之为道而死，为国而死，为民而死，其与彼情死者，分量之大小，关系之轻重，虽有不同，至其专注一欲而断弃他欲，则一而已。夫是之谓至诚。"（《饮冰室合集·专集之二》）

就是说，古往今来英雄豪杰，一生执着追求，成就了常人叹为观止的伟业。当了解这些人物的内心世界，却发现他们之所以成就事业，恰恰是一任自己精神的满足。那些为国为民而死的英雄豪杰，与为爱情而死的男女一样地痴情。因为二者表现出同样的专一与执着，这就是梁启超所谓的"至诚"。

梁启超墓

至诚的品格还在于它的持久性。他说:"伟大之民族,其举动常有一远大之目的,汲汲焉向之以进行,历数十百年如一。"(《饮冰室合集·专集之四》)而个人要成就精神的不死,也必须具有这种精神品质,始终如一,终生不渝。有了这种始终不渝的精神,一切阻力和困难才能够被克服。

希望越大,欲望越高,人们所面临的困难与阻力也就会越大,从而人们的精神也就越需要具有持久力和永恒性的至诚精神。所谓"至诚所感,金石为开,何阻力之有焉?"(《饮冰室合集·专集之二》)冲破了阻力,克服了困难,达到欲望所求的目的,人便获得了自由。对自由的追求,可以说是梁启超精神追求的一个重要内容:"自由者亦精神界之生命也,文明国民每不惜掷多少形质界之生命,以易此精神界之生命,为其重也。"(《饮冰室合集·文集之五》)

他认为,自由是精神世界中的生命,没有自由便没有了人的精神,所以人们会不惜牺牲生命而追求自由,以获得这精神的生命,以求精神的不死。

然而,并非人人都意识到自由的重要,而人们之所以不能够自由的原因主要是因为人们的奴性,所以梁启超提出破奴性的主张:"倍氏笛氏之学派虽殊,至其所以有大功于世界者,则惟一向已,曰破学界之奴性是也。学者之大患,莫甚于不自有其耳目,而以古人之耳目为耳目,不自有其心思,而以古人之心思为心思。审如是也,则吾之在世界,不成赘疣乎?"(《饮冰室合集·文集之十三》)

在他看来,学者的奴性最主要是表现在不相信自己的耳目,而以古人的耳目为耳目;不相信自己的思想,而以古人的思想为思想。如此,我之于世界岂不成了多余的人?何谈自由之有?

为了破奴性,首先要具有鲜明的个性自我,梁启超将其亦称为精神。他说:"所谓精神者,何也?即常有一种自由独立不傍门户不拾唾余之气概而已……我有耳目,我物我格;我有心思,我理我穷。"(同上)

这是个性自我的精神,是自由的精神。我有自己的耳目,我的世界要靠自我去认识;我有思维,我的真理当然要靠自我去探索。这种来自于自我努力和探求而不拾人唾余的所得,才能够达到自由的精神境界。

（三）民族精神与国魂

这种不死的自由精神，表现在群体之中，就是一个民族的精神，一个国家的精神，用梁启超的话说就是"民气"与"国魂"。而个人的自我，都必须服从这个群体的精神，这是民族命运的需要。因此，梁启超在追求个体自由与主体性的同时，又强调群体的重要："合群之义，今举国中稍有知识者，皆能言之矣。问有能举合群之实者乎？无有也。非惟国民全体之大群不能，即一部分之小群亦不能也。非惟顽固愚陋者不能，即号称贤达有志者亦不能也。呜呼！苟此不群之恶性而终不可以变也，则此蠕蠕芸芸之四百兆人遂不能逃劣败之数。遂必与前此之萎然落渐然灭者同一命运。夫安得不痛！夫安得不惧！"（《饮冰室合集·专集之四》）

在理论上，人们都能够认识到合群的重要和必要，但现实生活中却很难找到合群的例子。不仅整个民族不合群，一些小的团体也不合群。更为可悲的是，号称贤达的人士也不能合群。如此不合群的劣性，如果不能够改变的话，四亿中国人岂能逃脱败亡的结局！

为了合群这一目的，为了整个群体的利益，个体的自由是有限的，甚至是不自由的，每个个体为了群体，对于自己的权利必须有所放弃，这表现了个体的觉悟，也是群体的文明。然而，仅仅是放弃个体的权利还是不够的，还必须承担一定的义务。关于权利与义务，梁启超说："义务与权利对待者也，人人生而有应得之权利，即人人生而有应尽之义务，二者其量适相均。其在野蛮之世，彼有权利无义务，有义务无权利之人，盖有焉矣。然此其不正者也，不正者固不可以久。苟世界渐趋于文明，则断无无权利之义务，亦断无无义务之权利。惟无无权利之义务也，故尽瘁焉者不必有所惧；惟无无义务之权利也，故自逸焉者不必有所歆。"（同上）

照此，则义务与权利是相互对应的，每个人生来就应该有权利，同时也就意味着他必须承担一定的义务，有多少权利就应该尽多少义务，二者是相等的。如果一个社会群体之中，一部分人只享受权利而不尽义务，另一部分人只尽义务而享受不到应有的权利，这样的社会是野蛮的，也是不可能持久的。世界渐渐趋于文明，其标志之一就是没有无权利的义务，也没有无义务的权利。这样的社会是合理的，它使竭尽义务的人不必担心自己的权利会受到侵害，也会让那些只想享受权利而妄图逃避义务的人无机可乘。

由于每个人都谋求私利与公利的兼得，追求自由与自治的统一，做到权利与义务的不二，那么这样的群体就形成了一种梁启超极力提倡的全新道德："知有合群之独立，则独立而不轧轹；知有制裁之自由，则自由而不乱暴；知有虚心之自信，则自信而不骄盈；知有爱他之利己，则利己而不偏私；知有成立之破坏，则破坏而不危险。所以治身之道在是，所以救国之道亦在是。"（《饮冰室合集·文集之五》）

这种新道德包含着个体的独立与群体的和谐，所以独立而不相互争斗，自由而不发生混乱，利己而不偏私。这种个体与群体兼顾的道德，在今天看来也是很有建设性和启发意义的。

群体不是抽象的实体，在一定的历史时期，它体现为国家。在梁启超看来，国家应该是整个民族意志的体现："敢问国。曰：有君焉者，有官焉者，有士焉者，有农焉者，有工焉者，有商焉者，有兵焉者。万其目，一其视；万其耳，一其听；万其手，万其足，一其心，一其力；万其力，一其事。其位望之差别也万，其执业之差别也万，而其知此事也一，而其志此事也一，而其治此事也一。心相构，力相摩，点相切，线相交，是之谓万其途，一其归。是之谓国。"（《饮冰室合集·文集之二》）

所谓国家，就是包括全民族在内的整个群体。这个群体必须统一意志。这个群体内部，人们的地位不同，职业有别，但对于国家利益的了解、关心和支持，却是一样的。精神凝聚在一起，力量交会在一起，形成一个强大的合力，这就是国家。它代表着群体的共同利益，所以说："以一国之人，办一国之事，不以国为君相之私产，而以为国民之公器。"（《饮冰室合集·文集之三》）

国家不是抽象的，它以其民为实体，正所谓："夫国家本非有体也，借人民以成体。"（《饮冰室合集·专集之四》）所以，国之富在于民之富，国之强在于民之强，国之自尊在于民之自尊，国之精神在于民之精神，国魂就是民族之魂。梁启超说："一国中大多数人，对于国家之尊荣及公众之权利，为严重之保障，常凛然有介胄不可犯之色，若是者谓之民气。民气者，国家所以自存之一要素也。"（同上）

民族之气就是民族精神，它是国家自存的重要因素，是一个国家的国魂，对于国家来说是非常重要的。他说："今日所最要者，则制造中国魂是也。中国魂

者何？兵魂是也。有有魂之兵，斯为有魂之国。夫所谓爱国心与自爱心者，则兵之魂也。而将欲制造之，则不可无其药料与其机器。人民以国家为己之国家，则制造国魂之药料也，使国家成为人民之国家，则制造国魂之机器也。"（《饮冰室合集·专集之二》）

国魂就是军魂，就是每个军人，当然也包括每个公民的爱国心与自爱之心。造国魂是要有条件的，这些条件就是：人民必须将国家当作自己的国家，而更重要的是要使国家真正成为人民自己的国家。这个时候，人民才能真正爱国，这样的爱国之心凝聚起来，就是这伟大中华民族的国魂。

七、近代早期改良主义代表人物的哲学思想

近代早期改良主义代表人物有郭嵩焘、王韬、薛福成、郑观应等人。郭嵩焘是从洋务派营垒中分化出来的最早对西方进行实际考察的早期改良主义的思想代表。王韬在早期改良主义思想家中是一位不做官、不经营洋务的纯思想型人物，他通过办报纸、写文章而使改良主义思想得以传播。薛福成是一位出使欧洲多国、对西方较为熟知了解的早期改良主义思想家。郑观应的思想和论著成型较晚，得以兼容并包，成为早期改良主义集大成的思想家。

郭嵩焘（1818—1911），字伯琛，号筠仙，学者称养知先生。湖南湘阴人。道光进士。早年游学岳麓书院，后随曾国藩办团练。曾任广东巡抚、福建按察使，首任驻法公使。主张办铁路，开矿务，"以立富强之基"，遭到顽固派的猛烈攻击。

郭嵩焘的思想史料主要见于他的《使西纪程》《郭嵩焘日记》以及他写的一些条陈之中。在咸丰九年的日记中，他指出：中外"通市二百余年，交兵议款二十余年，始终无一人通知夷情，熟

郭嵩焘

悉其语言文字者。"在次年的日记中，他又指出，"中国与西夷交接二十余年，至今懵然莫知其指要，犹谓国有人乎？"故欲办洋务，必先"通其情，达其理"。在《条议海防事宜》中，他提出"能通知洋人之情，而后可以应变；能博考洋人之法，而后可以审机"的重要命题。在这个《条议》中，他还指出："西洋立国，有本有末。其本在朝廷政教，其末在商贾。"中国的改革也应"先明本末之序"："政教之及人，本也；防边，末也……敬绎六条之议，如练兵、制器、造船、理财、数者皆末也。"这是比洋务派领袖高明得多的认识。此外，郭嵩焘还有《礼记质疑》《大学质疑》《中庸质疑》，是分析批判传统儒学思想的重要著作。

王韬（1828—1897），原名利宾。江苏长洲（今吴县）人。早年曾在上海英教会所办墨海书馆任职。后因被控里通太平军而遭清政府通缉。在英国领事麦华陀庇护下，他流亡香港，并去英、法、俄等国游历。1874年在香港主编《循环日报》，宣传变法自强。晚年住上海格致书院掌院。

王韬的思想史料主要反映在《弢园文录外编》一书中。该书《变法》篇提出："变古以通今者，势也。"中国之变法必须"以欧洲诸大国为富强之纲领，制作之枢纽"。

王韬

同时，该书《重民》篇所提出的"君民共治"、"上下相通"，当是中国近代最早的君主立宪的主张。

薛福成（1838—1894），字叔耘，号庸庵。江苏无锡人。早年入曾国藩幕府，后随李鸿章办外交。中法战争期间因筹防浙东政绩卓著，被擢为湖南按察使。1889年出使英、法、比、意四国，为钦差大臣。1894年离任回国，抵达上海即病逝。

薛福成的思想史料集中反映在《筹洋刍议》中。该书《变法》篇提出变易进化观念，认为"天道数百年小变，数千年大变"，"世变无穷，圣人驭变之道亦无穷"。反对闭关锁国："华夷隔绝之天下，一变而为中外联属之天下"，"虽尧舜当之，终不能闭关独治"。持"中体西用"观念："今诚取西人器数之学，以卫吾尧、舜、禹、汤、文、武、周公之道"；同时亦有道器一致的见解："其风气所趋，不能不然者，道也，而道之所寓者，器也"，"然道之中未尝无器，器之至者亦通乎道"。

郑观应（1841—1920），本名官应，字正翔，号陶斋，别号杞忧生等。广东香山（今中山）人。早年学习商务，1880年后，由李鸿章、盛宣怀委任，先后任上海机器织布局、轮船招商局、上海电报局、汉阳铁厂总办等职。晚年任轮船招商局董事。

郑观应的思想主要反映在《易言》和《盛世危言》之中。《盛世危言》晚出，可以囊括《易言》中的思想，堪称郑观应思想的代表作。该书《初刊自序》提出"富强之本，不尽在船坚炮利"，而主要在"使人尽其才"，"地尽其利"，"货畅其疏"。《技艺》提出"商战为主，兵战为末"的重商主张，强调"通商以为富，练兵以为强"。《道器》主张中国人向西方学习，既要学轮船火炮、汽机工艺等西学之"用"，也要学"育才于学堂，议政于议院，君民一体"等西学之"体"。《西学》却提出："中学其本也，西学其末也，主以中学，辅以西学"的"中体西用"论主张。

薛福成

八、孙中山的哲学思想

孙中山，名孙文，字载之，号逸仙，广东香山县（今为中山市）人。诞生于1866年11月12日，深受全国各族人民乃至全世界人民的尊崇和景仰。他是中国近代民主主义革命的先行者，中华民国和中国国民党创始人，三民主义的倡导

孙中山

者。他首举彻底反封建的旗帜,"起共和而终帝制"。1905年成立中国同盟会。1911年辛亥革命后被推举为中华民国临时大总统。1940年,国民政府通令全国,尊称其为"中华民国国父"。1929年6月1日,根据其生前遗愿,将陵墓永久迁葬于南京紫金山中山陵。

孙中山曾自述其思想的传承,"余之谋中国革命,其所持主义,有因袭吾国固有之思想者,有规抚欧洲之学说事迹者,有吾所独见而创获者"。一部分来自中国传统文化,一部分来自西方思潮,另一部分来自当时中国知识界的主流思想。孙中山思想,包括"三民主义"、"孙文学说"及"建国方略"等,具有许多独创的理论与政策。其特色在于:融合中西文化,凸显中国特色,政策具体可行,洞察世局演变。

孙中山思想体系中,在哲学层次的贡献,是他创立"知难行易"的理论,与中国传统"知易行难"及王阳明的"知行合一"持相反见解。他认为,"知"为科学之知,"行"为具体之行。

在"孙文学说"中,他处处强调要尊重知识、尊重科学,正是当代科学文明的特征。而近年风靡各国的"知识经济",在孙文学说中,早已阐发其精义。

孙中山"济弱扶倾"的民族主义有这样的内含:一是不念旧恶,与人为善。他反清并不排满。辛亥革命成功后即强调"五族共和","五族一家"。二是寻求合作,共存共荣。孙中山主张开放门户,欢迎外资共同开发中国。三是世界大同。孙中山民族主义的终极目标,是实现世界大同。

孙中山民权主义最重要的创新是提出权能区分的制度,"五权宪法"的观念,即政府拥有立法、行政、司法、考试、监察五种治权,其中行政、立法、司法三权分立,由孟德斯鸠"三权分立,互相制衡"的理论而来,并参照美国联邦制

度，另加入中国特有的考试及监察两权。

孙中山革命的中心目标是推翻君主专制，实施民主宪政。孙中山采取循序渐进办法，将宪政程序划分为三个阶段：即军政时期、训政时期及宪政时期。孙氏的政治思想，也吸收了美国政治学者威尔可斯"全民政治"的理论。林肯所主张的'民有、民治、民享'，就是孙中山所主张的民族、民权和民生主义"。

在哲学上，孙中山在总结概括丰富的革命经验和教训的基础上，吸收19世纪、20世纪初的自然科学新成果，基本形成了一个具有中国近代特色和资产阶级民主革命精神的哲学体系。

孙中山的哲学的基础是达尔文的进化论。认为世界是进化发展的，它经历了"物质进化之时期"到"物种进化之时期"再到"人类进化之时期"的过程。他提出了"生元说"。把细胞看作是生物的"原子"，称为"生元"，认为生元有知。在物质与精神的关系上，从自然界的本原是物质，生物和人类都是由物质进化而来的以观点出发，孙中山认为物质是"体"，精神是"用"，只有人类这种高度进化的物质之"体"，才具有精神的作用；而精神一旦从物质中产生就能"制驭"物质。

坚持进化发展的观念，既是孙中山哲学世界观的基本内容，也是他的社会历史观的理论根据。孙中山特别服膺达尔文的进化论学说，并赋予其资产阶级革命的内容，主张以革命促进化，使进化论成为他社会革命的理论基础。孙中山认为达尔文的《物种起源》是一部划时代的著作，说它的出现使"世界思想为之一变"，"从此各种学术皆依归于进化"。孙中山坚信，自然界和人类社会都处于不断进化、不断更替的状态中，没有止境。

孙中山接受达尔文的生物进化思想，主张社会历史与生物界一样，是不断进化发展的自然历史过程。他认为，进化是自然与社会的普遍规律，"夫进化者，自然之道也"，"世界万物皆由进化而成"，人类社会亦是如此。关于人类进化，孙中山说："人类初出之时，亦与禽兽无异，再经几许万年之进化，而始长成人性，而人类之进化，于是乎起源"。这就是说，人类的发展，是逐渐摆脱"兽性"进而形成"人性"的过程。孙中山将世界进化分为三个时期，即物质进化时期、物种进化时期和人类进化时期。他认为人类的历史只是世界进化的一部分，是物质进化、生物进化的延续。这就将社会历史与自然的发展连接在一起，坚持

清代哲学

了唯物论的立场。

孙中山认为人类历史的进化有四个时期，即洪荒时代、神权时代、君权时代和民权时代。他说洪荒时代是"人同兽争"，不是用权，用的是气力；神权时代是"人同天争"，圣人用神道设教来维持社会；君权时代是"人同人争"，君权替代了神权；民权时代是"人同君主相争"，再不需要君主统治了。这实际上是指出历史不是圆圈式的循环，而是从低级到高级的发展。在孙中山眼中，一切都在进化，一切都在发展，"民权"的兴起便是这种进化和发展的必然结果。

孙中山又认为，人类的进化，一方面有其"天然的顺序"，另一方面，也由于"人力的进步"，存在着飞跃，有的国家可以"由野蛮一跃而为共和"，有的弱国也可以"一跃而为头等强国"，并非如康、梁所说的那样必须"拾级而上"。他明确指出，历史的进化发展，有"突飞速率"、"突飞之进步"，中国如能发扬固有文明，并向先进国家学习，"从最上之改革着手"，"迎头赶上"，积极猛进，就可以后来居上，超越别国，即"突驾"。为此，孙中山又进一步说明："中国不仅足以突驾日本也。……近今十年思想之变迁，有异常之速度，以此速度推之，十年二十年之后，不难举西人之文明而尽有之，即或胜之焉，亦非不可能之事也。"他举例说中国修筑铁路，当然应采用西方经过革新、改良的最先进的火车头及其技术，而无须再用其最初的粗劣的火车头及其技术。他认为如果建设国家也能这样，则中国可"一跃"而"转弱为强，易旧为新"，甚而"将来我中国的国力能凌驾全球，也是可预料的"。孙中山还指出："人类之进化。当然踵事增华，变本加厉，而后来居上也。"这就是说，中国的后来居上，是可以实现的，其条件就是"改革"和"猛进"，这是极有价值的思想。我们要发愤图强，立于世界民族之林，不是能从孙中山的这些论述中得到相当的启发吗？

不仅如此，孙中山还把民权看作是历史进化的不可逆转的世界潮流，论证了民主革命的历史必然性。他说，以民族、民权、民生为主要内容的三民主义体现了西方发展的三个历史进化阶段，"国家进化，由野蛮而进于文明，人类亦然，由无知识而进于有知识"，因此，"脱离旧观念，发生新观念，脱离旧思想，发生新思想"就成为合乎自然规律的要求。他指出，人们按照这个规律，"以人事速其进行，是谓之革命"。这样，孙中山就从进化论中引出了革命的结论，将进化与革命结合在一起，把资产阶级革命看成是社会历史发展进化的必然归宿。

孙中山的历史观以民生为中心。孙中山摒弃了马克思阶级斗争学说。他认为社会之所以有进步，由于社会上大多数经济利益的调和，而非由于经济利益的冲突。"他强调："人类求生存才是社会进化的原因，阶级斗争不是社会进化的原因。""民生史观"是孙中山历史哲学的理论核心和基础。在这一点上，他既有唯物主义的特征，也有唯心主义的倾向。

孙中山明确提出"历史的重心是民生"，"民生是社会进化的重心"。他说："民生就是政治的中心，就是经济的中心和种种历史活动的中心，好像天空以内的重心一样。""人类求解决生存问题，才是社会进化的定律，才是历史的重心"，"所以民生问题才可说是社会进化的原动力。"孙中山所谓的"民生"，就是"人民的生活"，即"社会的生存、国民的生计、群众的生命。"在孙中山看来，社会进步的动力和面貌取决于人们的"生存"问题："吃饭就是民生的第一个需要……照我的研究，应该有四种，于衣食住之外，还有一个是行。"这里，充分表现了孙中山对于人民生活的深刻关怀。他把解决人民衣食住行的基本需要视为民生，认为政治、经济以及其他人类活动都是围绕民生问题而进行，指出文明的进步和经济的变化都随着这个民生问题的变化而变化，把人类社会的物质生活当作社会的基础，这就比各种英雄史观、天才史观要进步得多。

由于把社会历史"重心"和社会发展归结为人民的物质生活，使孙中山站在人民的立场作出了许多接近正确的论断。他曾说："实际则物质文明与心性文明相待，而后能进步。中国近代物质文明不进步，因之心性文明之进步亦为之稽迟"，这种论点与客观实际是相符的。把物质生活作为精神生活的缘由和基础，认为近代中国精神生活落后是由于物质生活进展缓慢的缘故，这就比那些坐井观天的东方文明优越论者的理论要高明和进步。高度关怀人民生活和重视物质文明，并以此作为社会历史发展的前提，是孙中山"民生史观"中最为合理和值得认真研究的部分。

孙中山不仅认为历史活动是围绕"民生"问题进行的，而且认为"民生"是历史进化的原动力，并把一切历史冲突和全部社会问题的产生统统归之于"民生不遂"。他说："民生就是社会一切活动中的原动力。因为民生不遂，所以社会的文明不能发达"，"像阶级战争和工人痛苦，那些种种压迫，都是由于民生不遂的问题没有解决"。从唯物史观一般原则来看，这种说法没有错。根本上讲，人类从茹毛饮血发展到今天的现代社会,不正是物质需求的不断增长推动的吗?但孙中山把阶级斗争看作是社会进化过程中的"病症",认为"这种病症的结果,便起战争"。这种理解显然就是错误的了。他只看到作为对立面的阶级矛盾的同一性,忽略它的斗争性,特别是在资产阶级民主革命时期,阶级斗争是经常处于不可调和的激烈的状态之中。正如列宁所说,孙中山承认阶级斗争,没有超出资产阶级思想与资产阶级政治范围。

对于社会进化,孙中山还提出人类互助的原则。他说社会之所以有进化,"是由于社会上大多数的经济利益是相调和",而不是"冲突",古今一切人类之所以努力奋斗,就是要"求生存",并认为这是社会进化的"定律"。这显然是把社会的人看成了人类学、生物学上的人,看成了抽象的人,错误地理解了概念与其来源的关系。从这样的前提出发,孙中山说:"归结到历史的重心是民生,不是物质。"如此一来,孙中山的"民生"又被加入了精神的内容,把社会意识作为社会进化的原因,从而打上了历史唯心主义的印记。

但孙中山说"历史的重心是民生",是社会进化的"原动力",是从社会历史进化的根源上说的;说"互助"是社会进化的原则,是社会进化的"主动力",是从社会发展规律上说的。对他而言,这两者似乎并不矛盾。在孙中山眼中,人类为了"求生存",必须进行互助;人类不断发展,社会才不断进化,进而达到"天下为公"的大同世界。总之,把"民生"看作"历史的重心"、社会进化的"原动力",难免流于唯心史观一途。但更要看到的是,孙中山认为促进社会发展首先得解决人民大众最重要的衣食住行等物质生活问题,实际上是揭示了人们在从事社会活动之前必须穿衣吃饭这条朴素的道理,其唯物主义的倾向跃然纸上。这正是孙中山胜过许多前人的地方。

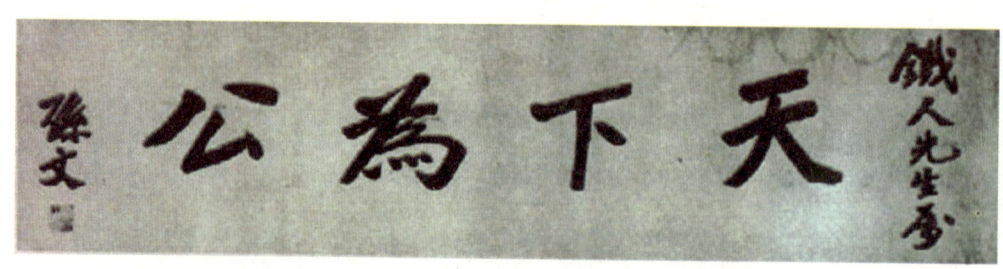

孙中山"天下为公"字幅

孙中山手书"知难行易"

　　自由与平等是近代民主政治的基石。孙中山的自由平等观念，也使他与西方政治学者的论点截然不同，其独在"天下为公"的原则上，他把尧舜时代解释为"民主"时代，把井田制和均田制认为具有社会主义的性质，都受到康有为的启发。

　　在知行问题方面，孙中山力辟"知易行难"说，倡导"知难行易"。其知行学说的基本出发点先有事实，才发生言论。认为可以被"明白了解"的宇宙万物及其进化是人类认识"智"的范围和对象，表现了唯物主义反映论的特点。同时，孙中山主张"先行后知"，认为"先行后知，进化之初级也；先知后行，进化之盛轨也。"人类获得知识的过程是由"行"到"知"，再由"知"到"行"的过程。"以行而求知，因知以进行"，既强调求知的途径是"要靠实地去考察"，又强调以"知"促进"行"的能动作用，这是一个相生相长、不断前进的进化过程。

　　孙中山以知行观为核心的认识论基本上是唯物主义的，其中还包含不少辩证法因素，没有能够解决行与知的唯物辩证的统一关系。其"知难行易"观具有浓厚的进化论特色和民主革命的背景，体现了孙中山追求历史进步的思想。

　　孙中山既强调社会进化的客观规律，又重视人在历史发展中的能动作用。他认为人类社会是由低级阶段向高级阶段的不断进化，对这种进化的趋势只能顺应不能阻挡。他曾形象地说："世界潮流的趋势，好比长江黄河的水流一样，水流的方向，或者有许多曲折，向北流或向南流的，但是流到最后，一定是向东的，无论是怎么样，都阻止不住的。所以世界的潮流，由神权流到君权，由君权流到民权；现在流到了民权，便没有方法可以反抗。如果反抗潮流，就是有很大的力量像袁世凯，很蛮悍的军人像张勋，都是终归失败。"因此，就规律的层面上讲，民主革命无论怎么暂时遭受挫折和失败，最终一定会成功。孙中山就是这样以具有客观必然性规律的进化论为思想依据，乐观地看待革命前途的。他的这种世界观成了革命派进行革命的重要思想基础，同时也表明孙中山承认社会制度更替和历史发展趋势是不以人的意志为转移的客观存在。

尽管如此，孙中山又非常重视人在历史发展中的主动性。他认为人对历史发展既可以起推动作用，又可以起阻碍作用。他说列强侵略中国，要使中国灭亡，就是"阻止世界的进化"，是逆历史潮流的，对历史发展起阻碍作用。至于人对历史的推动作用，孙中山认为其一是参与社会事件，防止大灾大祸的发生。"大凡社会现象，总不能全听其自然，好像树木由他自然生长，定然支蔓，社会问题也是如此。"其二是顺应社会发展的潮流趋利避害。因为"文明进步是自然所致，不能逃避的，文明有善果，也有恶果，须要取那善果，避那恶果。"即人应顺应历史发展的趋势，参与历史事件，促使社会历史向有利于人类的方向发展。为此，他进一步说："夫事有顺乎天理，应乎人情，适乎世界之潮流，合乎人群之需要，而为先知先觉者所决志行之，则断无不成者也。"革命者一方面遵循规律，适乎世界潮流，另一方面根据人情，合乎人群需要，把这两方面结合起来，"决志行之"，就可以凭人力促成革命维新、兴邦建国之大业。

在孙中山看来，虽然社会的进化是天然力和人为力的共同作用，但在民族兴亡的关键时刻，后者的力量更大。"人为的力量，可以巧夺天工，所谓人事胜天。这种人为的力，最大的有两种：一种是政治力，另一种是经济力，这两种力关系于民族兴亡，比较天然力还要大。"为此，他提出"突驾"理论，主张人力胜天。在这里，孙中山已经看到了人在社会进化中的能动作用。他明确表示，中国近代的落后，不是因为缺少"天然力"，而是"缺少人为的工夫"。这种把"人力"放在推动历史进步的重要位置的人力胜天的思想，是革命家的思想，鼓舞了千千万万仁人志士，为中国的独立、昌盛而奋斗，其理论价值，是不可忽视的。

在社会历史观方面，孙中山把进化论运用于人类社会，认为人类社会是由"物种进化"而来的。它本身又在不断进化着，即由"洪荒时代"到"神权时代"，到"君权时代"，再到"民权时代"。"人类求生存才是社会进化的原因"。"所以民生问题才可说是社会进化的原动力"。认为社会历史进化的原动力不是英雄人物而是"群众心理"。陷入了历史唯心主义。

在伦理思想方面，孙中山主张"道德仁义者，互助之用也"。以"互助论"解释道德的本原和作用。批判封建君主专制及其纲常名教。调信仰和立志在人生中的意义。要求建立一个以"三民主义"普遍原则和一贯精神的社会。

孙中山哲学是中国资产阶级革命哲学的集中代表，在中国近代哲学思想发展史上，占有重要的历史地位。孙中山哲学是对中国近代资产阶级哲学的全面的系统的总结，并为中国无产阶级哲学的诞生准备了条件。孙中山比康有为、严复、章太炎等人有更完备的形式表述了进化的唯物主义宇宙观，否定了在自然、社会、认识等领域的庸俗进化论，强调"突变"、"革命"、"后来居上"在进化中的作用，为资产阶级旧民主革命提供了理论依据。

九、佛学对清代思想界的影响

清朝统治者最初接触到的佛教，是我国西藏地区所传的喇嘛教。从17世纪初起，已有喇嘛到关外传教，曾受到清太祖的礼遇。太宗时（1627—1643），盛京（今沈阳）方面已开始和当时西藏的达赖喇嘛第五世（1617—1682）建立关系。世祖顺治九年（1652）达赖第五世应请入京，受清朝册封。世祖又好参禅，先召京师海会寺憨璞性聪（1610—1666）说法。又召浙江玉林通琇（1614—1675）、木陈道忞（1596—1674）等入京说法。清朝对于西藏地区的政教事务非常重视，于雍正六年（1728）设驻藏大臣，管理西藏政务。乾隆五十八年（1793）制定章程二十九条（《钦定章程》），确定了西藏地区政教合一的制度。所有西藏地区寺庙和喇嘛都受清朝理藩院管理。

清代佛教宗派继承明末遗绪，仍以禅宗为最盛，净土次之，天台、华严，律宗、法相等又次之。

杨文会是近代佛教复兴的肇始者，居士佛教和法相唯识学的兴盛是这一过程的主要内容和标志。

杨文会（1837—1911），清代著名佛学家，字仁山，号深柳堂主人，自号仁山居士，安徽石埭（今石台）人。设立金陵刻经处，募款重刻方册藏经。对中国和日本、印度等地佛教文化的交流作出贡献。著有《大宗地玄文本论略注》四卷，《佛教初学课本》并《注》各一卷，《十宗略说》一卷等。《杨文会与中国

近代佛教复兴的肇始者杨文会

佛教近代化探析》文中美、日学者称其为"现代中国佛教复兴之父"、"中国佛学的中兴之祖"。梁启超认为,"故晚清所谓新学家者,殆无一不与佛学有关系,而凡有真信仰者率皈依文会。"太虚称其为"中国佛学重昌关系最巨之一人。"

杨文会作为一个中国知识分子,其佛教振兴的理念,必然会涉及到与传统儒家和道家的关系问题。在这个问题上,杨文会的思路是比较明确的:站在佛教的立场上,采取以佛释儒和以佛释道的方式,把儒家和道家的思想融会到佛教中去。

对于儒家,杨文会基本上是采取尊孔抑孟的措施,仅仅肯定孔颜心法可与佛法融通,对于孟子以及宋明理学家基本上采取否三的态度。他对《论语·子罕》中"子曰:吾有知乎哉?无知也。有鄙夫问于我,空空如也。我叩其两端而竭也"一章十分推崇,认为孔子在这一章中的基本思想与佛理最为契合:"夫无知者,般若真空也。情与无情,莫不以此为体。虽遇劣机,一以本分接之。盖鄙夫所执,不出两端,所谓有无、二异、俱不俱、常无常等法。孔子叩其两端而竭其妄知,则鄙夫当体空空,与孔子之无知,何以异哉!"又说:"真知即是无知而无不知,达磨答梁武帝云不识,即显示真现量也。孔子曰:吾有知乎哉?无知也。开迹显本之旨也。到此境界,儒释同源,诤论都息矣。"至于孟子,杨文会则认为"未入孔圣堂奥"、"我执未破,离孔颜尚隔两重关"。至于宋明理学之"周张程朱心学分际,仅在明了意识上用功,初关尚未破",与孔颜之旨乃至佛法更远。

对于道家,杨文会也采取了同样的路数,分别作了《阴符经》《道德经》《冲

386

虚经》《南华经》四部书的《发隐》予以阐释。他认为，这些道家著作"实与佛经相表里"，真真文似各别，而义实相贯也"。在杨文会看来，道家之书，"或论处世，或论出世。出世之言，或浅或深。浅者不出天乘，深者直达佛界。以是知老、列、庄三子皆从娑婆苦海逆流而出，和光混俗，说五乘法（人乘、天乘、声闻乘、菩萨乘、佛乘），能令众生随根获益。后之解者，局于一途，终不能尽三大士之蕴奥也"。简直是把道家义理与佛家旨趣相等同了。当然，道家求长生的主张，并不为杨文会所看重，因为佛家"直须命根断。命根断，则当下无生"的思想，显然要比儒家高明。正是基于这种认识，杨文会才"始则释、道兼学"，终则"舍道而专学佛。如果有年，始知佛法之深妙？统摄诸教而无遗也"。绕了一圈，还是佛教最高明。当然，这是杨文会佛学思想的落脚点。

总之，杨文会对于净土信仰的理解不同于传统的佛教信仰，而是融入了时代的内容，富有一定的时代精神，比如对自、他二力并用的强调，就体现出一定的圆融精神。"教宗贤首"则体现出杨文会对于佛教圆融精神的把握，平等对待佛教各宗，实际上就表现出他对近代平等精神的理解与尊重。至于他对法相唯识学和因明学经典的刊刻与提倡；对近代唯识学的复兴具有开山之功，从而电是他对近代理性主义思潮的积极回应。正是在这种意义上；我们才可以真正理解"近代佛教复兴之父"的含义。当然，杨文会对于净土宗、华严宗和唯识宗三者的强调，侧重点是不一样的信，对净土宗的重视，相当程度上是基于佛教实践的需要，是对佛教修行目的的重视；而对于华严宗和唯识宗的强调与提倡；在一定意义上体现着他对佛教义理的取舍以及对时代精神的反映，属于修学"的范畴，实现佛教修行目的的辅助手段。

在清代，由于时代的变迁，中国佛教发展到近代已不可能再照原来的样子继续下去了，而必须在各个方面做适应时代的调整和改革。佛教文化教育事业的兴盛和慈善事业的展开，使佛教与现代社会更为协调，由太虚大师倡导并实践的"人间佛教"成为佛教思想的主流，佛教也进一步进入专门的学术研究领域。

太虚（1890—1947）法名唯心，字太虚，号昧庵，俗姓吕，乳名淦森，学名沛林。原籍浙江崇德（今浙江桐乡），生于浙江海宁。太虚大师是中国近代佛教改革运动中的一位理论家和实践家。

太虚大师早年受资产阶级改良主义和民主主义思想的影响，那时就认为，

"中国政治革命后,中国的佛学亦须经过革命。"(《自传》)因此,他把自己的一生都献给了振兴佛教、建设新佛教文化的事业,鞠躬尽瘁,死而后已。他在创办僧伽佛学院,培养新僧人才;组织居士正信会,团结各界信众;出版书报杂志,宣传佛教文化等方面,都作出了卓越的贡献。他对于佛教改革的某些主张和意见,就是在今天也还有其重要的参考价值。

大师对于佛教改革的主张和实践是多方面的,而主要集中在两大方面。这就是他在《志行之自述》中所归纳的:"志在整兴佛教僧会,行在瑜伽菩萨戒本"。对此,他自述说:"斯志斯行,余盖决定于民四(1915年)之冬,而迄今(民十三年,1924年)持之弗渝者也。"再进一步讲,此"志行之所在",也是他"将奉之以尽此一报身,而为长劫修菩萨道之资粮者。"所以,从这两方面入手来探讨太虚大师对中国近代佛教发展的构想与贡献,无疑是最为恰当的。

太虚大师指出,近代佛教应当朝着建设"人生佛教"的方向发展。他在1928年发表的《对于中国佛教革命僧的训词》一文中,从四个方面具体地阐发了建设人生佛教的问题。他认为,由于时代的发展,中国从前儒化文化地位,必将为提取了"中国民族五千年文化及现代世界科学文化的精华"所建设起来的新文化取而代之。因此,第一,"佛教亦当如此,而连接以大乘十信位的菩萨行,而建设由人而菩萨而佛的人生佛教"。第二,"以大乘的人生佛教精神,整理原来的寺僧,而建设适应现时中国环境的佛教僧伽制"。第三,"宣传大乘的人生佛教以吸收新的信佛民众,及开化旧的信佛民众,团结组织起来,而建

太虚大师

设适应现时中国环境的佛教信众制"。第四,"昌明大乘的人生佛教于中国的全民众,使农工商学军政教艺各群众皆融洽于佛教的十善化,养成中华国族为十善文化的国俗,扩充至全人世成为十善文化的人世"。这是太虚大师构想的一幅"人生佛教"的理想蓝图,虽说后来这些理想并未能实现,大师晚年还写了《我的佛教革命失败史》一文来总结过其中的教训。但是,大师所指出的佛教改革的总方向和他的实践精神,至今仍在激励着中国的广大佛教僧伽和信众去为之奋斗。

太虚大师提倡"人生佛教"的根本宗旨是在于:以大乘佛教"舍己利人"、"饶益有情"的精神去改进社会和人类,建立完善的人格、僧格。他常说:"末法期佛教之主潮,必在密切人间生活,而导善信男女向上增上,即人成佛之人生佛教"。因此,他提出了"即人成佛"、"人圆佛即成"等口号,以鼓励僧众和信众从现实人生出发,由自身当下做起。这也就是说,成佛就在人的现实生活中,就在人的日常道德行为中。否则,人格尚亏,菩萨的地位便无处安置,更谈不上佛陀果成了。太虚大师有一首自述偈充分说明了人生佛教的这一特征,偈曰:"仰止唯佛陀,完成在人格,人圆佛即成,是名真现实"(《人成佛的真现实论》)。这是他建设人生佛教的理论基础。

杨文会和太虚大师的成就只是阐扬佛教的一个缩影,清代知识分子中与佛教密切关联的人不在少数。从中国近代哲学这一大的范畴来看,其开端就在于资产阶级改良派(维新派),正如梁启超所言:"晚清所谓新学家者,殆无一不与佛学有关系"(《清代学术概论》)。如,维新派领袖、中国近代哲学的开端者康有为的哲学思想中就有明显的佛学成分。他的弟子梁启超在概述他的思想时说:"先生于佛教尤为受用者也。先生由阳明学以入佛学,最得力于禅家,而以华严为归宿焉。"(同前)梁氏本人也是维新派的思想领袖之一,他对于佛学也是十分推崇的。他自述说,自己对佛学虽说"不能深造,顾亦好焉。其所论著,往往推挹佛教。"(同前)他甚至声称:"佛教是全世界文化的最高产品。"(《治国学的两条大路》)

为维新变法而献出生命的谭嗣同,同样也竭力推崇佛学,他在比较了世界各种宗教、学术后说:"佛教大矣,孔次之,耶又次之。"(《仁学》)。而他义无反顾地为维新变法去赴死,也是与他崇拜佛教舍己度众生的精神分不开的。他尝

康有为

说:"佛说以无畏为主,已成德者名大无畏,教人也名施无畏。而无畏之源出于慈悲。故为度一切众生故,无不活畏,无恶名畏,无死畏,无地狱恶道畏,乃至无大众威德畏,盖仁之至矣。"(《上欧阳中鹄书》)

此外,清代著名的思想家,也无不与佛教思想有所交涉。如著名的民主主义革命家、学者章太炎,推崇佛教、精于佛学,是人所共知的。他曾鼓吹要以宗教(主要指佛教)来激励民众,"发起信心","增进国民之道德",坚定革命的意志,以达到"众志成城"的目的。他认为,佛教是无神的宗教,最合乎人类理性与时代的要求,因此他主张要大力弘扬无神的宗教(佛教)。又如中国新文化运动中反封建礼教的主将之一的吴虞,最后也以佛教为自身安身立命的归宿处。他自述道:"学术知识虽渐有系统,而于安身立命之地,终觉茫无所归着","此后当以佛学为归宿。"(《吴虞日记》上册)再如,被海外学者称为"中国最后的儒家"的梁漱溟,也自白说:"我自二十岁后,思想折入佛家一路,专心佛典者四五年。"(《究元决疑论》单行本附记)晚年则更强调说:"对于人生苦乐的留心观察,是我出世思想的开窍由来,从而奠定了此后一生归宿于佛法。"(《自述早年思想之再转再变》)梁漱溟自谓"一生归宿于佛法",不免有所夸张,但说他一生未能脱出佛学的影响,当无不妥。这些人融会儒佛的"体用"理论,吸收西方哲学的有关论述,对中国传统哲学的现代转化作出了有益的探索。

作为传统文化的三大支柱之一,佛教深深地影响着中国的哲学思想。在晚清时期,中国知识界研究佛学成为普遍的风气。一些民主思想启蒙者,如康有为、谭嗣同、章炳麟、严复、梁启超等学术名流,都采取了佛教中一部分教理来作他们的思想武器。佛教的慈悲、平等、无常、无我的思想,在当时的知识界起了启发和鼓舞的作用。

总的来看，佛学在清代哲学中占有一定的地位，并对清代哲学的发展有着广泛而深刻的影响。佛教作为一种宗教和哲学，它已和中国的文化错综地交织在一起，并深入人们的日常生活之中，影响到我国的哲学、道德、文学、音乐、雕塑、美术等各个文化领域。